THE WHO'S BUYING SERIES
BY THE NEW STRATEGIST EDITORS

Who's Buying by Age

7th EDITION

New Strategist Press
26 Austin Avenue
Box 635
Amityville, NY 11701
Toll-free: 800 848-0842; Phone: 631 608-8795
Fax: 631 691-1770
www.newstrategist.com

ISBN 978-1-935775-83-6

Printed in the United States of America

Contents

About the Data in *Who's Buying by Age*

Introduction

The spending data in *Who's Buying by Age* are based on the Bureau of Labor Statistics' Consumer Expenditure Survey, an ongoing, nationwide survey of household spending. The Consumer Expenditure Survey is a complete accounting of household expenditures. It includes everything from big-ticket items such as homes and cars, to small purchases like laundry detergent and videos. The survey does not include expenditures by government, businesses, or institutions. The data in this report are from the 2010 Consumer Expenditure Survey, unless otherwise noted. For more about the methodology behind the Consumer Expenditure Survey, see Appendix A.

To produce this report, New Strategist Publications analyzed the Consumer Expenditure Survey's household spending data by age. Here you will find detailed annual, quarterly, and weekly spending data for the major product and service categories: Alcoholic Beverages; Apparel; Entertainment; Financial Products and Services; Gifts for People in Other Households; Groceries; Health Care; Housing: Household Operations; Housing: Shelter and Utilities; Personal Care, Reading, Education, and Tobacco; Restaurant Meals and Other Food Away from Home; and Transportation.

On the following pages you will see three types of tables: annual spending, quarterly spending, and weekly spending. Each type of table provides insights into consumer spending patterns and how they differ by age.

Annual Spending

The Consumer Expenditure Survey consists of two separate surveys, a diary survey and an interview survey. In the diary survey, a representative sample of households records the purchases of smaller, less expensive items (such as bread and shampoo) for a two-week period. In the interview survey, government surveyors ask a different representative sample of households about their expenditures on less frequently purchased items (such as refrigerators and property insurance) over the past three months. Bureau of Labor Statistics statisticians integrate the results of the diary and interview surveys to produce the annual average spending figures. (Note: The Consumer Expenditure Survey uses "consumer unit" rather than "household" as the sampling unit. The term household is used interchangeably with the term consumer unit in this report for convenience, although they are not exactly the same. For the definitions, see Appendix A.)

New Strategist's editors use the Consumer Expenditure Survey's average annual spending data to calculate the indexes, aggregates, and market shares shown in this report. The indexed annual spending tables reveal whether households in a given segment spend more or less than the average household on an item and by how much. The total (or aggregate) annual spending tables show the overall size of the household market for each item. The market share tables reveal how much spending on an item each household segment controls. These analyses are described in detail below.

• **Average Annual Spending** These tables show the average annual spending of households in 2010. The Consumer Expenditure Survey produces average annual spending data for all households in a segment, e.g., all households with a householder aged 25 to 34, not just for those who purchased the item. When examining annual spending data, it is important to remember that by including both purchasers and nonpurchasers in the calculation, the average is less than the amount spent on the item by buyers. (For the percentage of households that purchased an item and how much purchasers spent, see the quarterly or weekly spending tables in each chapter.)

Because average spending figures include both buyers and nonbuyers, they reveal spending patterns by demographic characteristic. By knowing who is most likely to spend on an item, marketers can target their advertising and promotions more efficiently and businesses can determine the market potential of a product or service in a city or neighborhood. By multiplying the average amount householders under age 35 spend on fast-food breakfasts in a local area, for example, a restaurant chain can determine the importance of young adults to its market and determine how best to reach them with promotional offers.

• **Indexed Annual Spending (Best Customers)** The indexed annual spending figures compare the spending of each household segment with that of the average household. To compute the indexes, New Strategist divides the average annual amount a household segment spends on an item by average household spending and multiplies the resulting figure by 100.

An index of 100 represents the average for all households. An index of 125 means the spending of a household segment is 25 percent above average (100 plus 25). An index of 75 indicates spending that is 25 percent below the average (100 minus 25). Indexed spending figures identify the best customers for a product or service and can reveal hidden markets—household segments with a high propensity to buy a particular product or service but which are overshadowed by other segments that account for a larger share of the market. Householders aged 65 to 74, for example, account for 13 percent of spending on breakfasts at full-service restaurants, a smaller share than the 16 percent accounted for by householders aged 25 to 34. But a look at the indexed spending figures reveals that, in fact, the older householders are the better customers. They spend 18 percent more than the average household on breakfasts at full-service restaurants compared with 6 percent below average spending (index of 94) by householders aged 25 to 34. Restaurants can use this information to target their best customers.

Note that because of sampling errors, small differences in index values may be insignificant. But the broader patterns revealed by indexes can guide marketers to the best customers.

• **Total (Aggregate) Annual Spending** To produce the total (aggregate) spending figures, New Strategist multiplies average spending by the number of households in a segment. The result is the dollar size of the total household market and of each market segment. All totals are shown in thousands of dollars. To convert the numbers in the total spending tables to dollars, you must append "000" to the number. For example, households headed by people aged 35 to 44 spent approximately $2.4 billion ($2,362,114,000) on ready-to-eat and cooked cereals in 2010.

When comparing the total spending figures in this report with total spending estimates from the Bureau of Economic Analysis, other government agencies, or trade associations, keep in mind that the Consumer Expenditure Survey includes only household spending, not spending by businesses or institutions. Sales data also differ from household spending totals because sales figures for consumer products include the value of goods sold to industries, government, and foreign markets, which may be a significant proportion of sales.

• **Market Shares (Biggest Customers)** New Strategist produces market share figures by converting total (aggregate) spending data into percentages. To calculate the percentage of total spending on an item that is controlled by an age group—i.e., its market share—each segment's total spending on the item is divided by aggregate household spending on the item.

Market shares reveal the biggest customers—the demographic segments that account for the largest share of spending on a particular product or service. Householders aged 55 or older, for example, control 66 percent of annual household spending on newspaper and magazine subscriptions. This stunning fact should not only help publishers sell advertising, but also alert them to the need to target younger householders or become increasingly irrelevant.

Quarterly Spending

The quarterly spending tables come from the interview portion of the Consumer Expenditure Survey, in which government interviewers ask respondents whether they bought big-ticket or less frequently purchased items over the past three months. Two types of quarterly spending tables are presented in this report—the percentage of households that bought a particular item and the amount purchasers spent.

• **Percent Purchasing during Quarter** These tables show the percentage of households that bought an item during the average quarter of 2010 by age. The percent purchasing tables give researchers an indication of how commonly items are purchased. For example, 0.9 percent of households headed by 25-to-34-year-olds purchased new cars during the average quarter of 2010, and 10.6 percent purchased airline tickets.

• **Amount Spent during Quarter** These tables, calculated by New Strategist, show how much households that bought an item during the average quarter spent on the item during the quarter. The 0.9 percent of householders aged 25 to 34 who purchased new cars during the average quarter of 2010, for example, spent an average of $19,691 on them during the quarter. (Note: The entire cost of an item is included in the purchase amount, whether it is financed or not.) While it is likely that these households purchased only one new car during the quarter, this is not necessarily true for all items in the interview survey. The 10.9 percent of householders aged 25 to 34 who purchased airline fares during the average quarter of 2010, for example, spent an average of $647 on the tickets. Some of these purchasers bought more than one airline ticket.

Weekly Spending

The weekly spending tables come from the diary portion of the Consumer Expenditure Survey, which asks respondents to record their purchases of smaller items over a two-week period of time. Two types of weekly spending tables are presented in this report, one showing the percentage of households that bought an item during an average week and the other showing the amount purchasers spent on the item during the week.

• **Percent Purchasing during Week** These tables show the percentage of households that purchased an item during the average week of 2010 by age of householder. The percent purchasing tables give researchers an indication of how commonly items are purchased. For example, 47 percent of households headed by 35-to-44-year-olds purchased lunch at a fast-food restaurant during the average week of 2010, but only 20 percent purchased lunch at a full-service restaurant.

• **Amount Spent during Week** These tables, calculated by New Strategist, show how much the households that purchased an item during the average week spent on the item. The 46.6 percent of householders aged 35 to 44 who purchased fast-food lunches, for example, spent an average of $19.42 on them. Note that this is not the amount they spent on one fast-food lunch, but how much the household spent on all fast-food lunches during the week. The 20.0 percent of householders aged 35 to 44 who purchased full-service lunches during the average week of 2010 spent an average of $29.79 on them.

For More Information

To find out more about the Consumer Expenditure Survey, contact the specialists at the Bureau of Labor Statistics at (202) 691-6900, or visit the Consumer Expenditure Survey home page at http://www.bls.gov/cex/. The web site includes news releases, technical documentation, and current and historical summary-level data. The detailed spending data shown in most of the tables of this report are available from the Bureau of Labor Statistics only by special request.

For a comprehensive look at detailed household spending patterns by household type, race and Hispanic origin, income, region of residence, and education, see the 17th edition of *Household Spending: Who Spends How Much on What* available from New Strategist Publications.

For detailed household spending data by single product category, see New Strategist's Who's Buying series of reports. These reports examine spending patterns by demographic characteristics for the categories Alcoholic and Nonalcoholic Beverages, Apparel, Entertainment, Groceries, Health Care, Household Furnishings, Information and Consumer Electronics, Pets, Restaurants, Transportation, and Travel.

New Strategist's books are available in hardcopy or as downloads with links to the Excel version of each table. Find out more by visiting http://www.newstrategist.com or by calling 1-800-848-0842.

Household Spending Trends, 2000 to 2010

As American households struggle with the aftermath of the Great Recession, their spending has declined. Average household spending climbed 9 percent between 2000 and 2006, peaking at $52,349 (in 2010 dollars). Then the recession set in. Average household spending fell 8 percent between 2006 and 2010, to $48,109.

On many products and services, households boosted their spending between 2000 and 2006 and cut back between 2006 and 2010. Average household spending on alcoholic beverages, for example, grew by a substantial 14 percent between 2000 and 2006, after adjusting for inflation. Between 2006 and 2010, household spending on alcoholic beverages fell 23 percent. Similarly, average household spending on food away from home (primarily restaurant meals) increased 8 percent between 2000 and 2006, then fell 14 percent between 2006 and 2010. Spending on mortgage interest increased by 21 percent between 2000 and 2006 as the housing bubble inflated, then fell 17 percent between 2006 and 2010 as the bubble burst and foreclosures became common.

Despite the recession, the cost of living continued to rise. Consequently, the average household was forced to spend more on necessities such as health care. Average household spending on health care climbed 14 percent between 2000 and 2006 and by another 6 percent between 2006 and 2010. Behind the continuing increase was the rise in health insurance premiums, average household spending on health insurance growing by 27 percent between 2000 and 2006 and by another 16 percent between 2006 and 2010. The average household spent 13 percent less on drugs in 2010 than in 2006 as the Medicare prescription drug program kicked in and lowered drug costs for older Americans.

Spending on nondiscretionary items fits the downward trend with one exception. The average household spent 36 percent more on the category "pets, toys, and playground equipment" in 2010 than in 2006, after adjusting for inflation. Most of the increase was accounted for by much greater spending on pet medicines such as heartworm and flea treatments. Spending on entertainment, which had seen increases until 2009, declined 9 percent between that year and 2010 and now also fits the overall pattern with a 3 percent decline for the 2006-to-2010 period despite higher cable bills, the popularity of big-screen television sets, and much more spending on pets.

Some spending categories experienced a decline in both time periods. Despite the rising homeownership rate, spending on household furnishings and equipment fell 6 percent between 2000 and 2006 and another 21 percent between 2006 and 2010. Households were devoting so much to mortgage payments that they were forced to reduce spending on items for outfitting their home. Spending on apparel continued its long-term downward trend in both time periods as well.

Spending on food at home fell 3 percent in the 2000-to-2006 time period, then declined another 2 percent from 2006 to 2010 although Americans ate more often at home as evidenced by the 14 percent decline in spending on restaurant meals between 2006 and 2010. These spending shifts, and the sharp reduction in spending on so many items, show that American consumers have become not just cautious spenders but penny-pinchers—with enormous consequences for our economy.

Households spent more, then cut back, on many items

(percent change in spending by the average household on selected products and services, 2000–06 and 2006–10; in 2010 dollars)

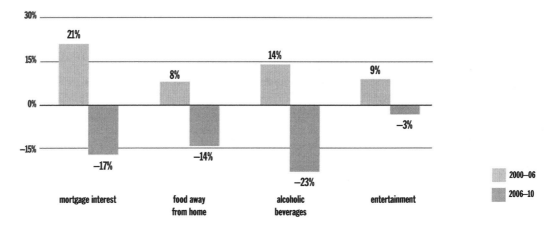

Household Spending Trends, 2000 to 2010

(average annual spending of total consumer units, 2000, 2006, 2009, and 2010; percent change, 2006–10, 2000–06, and 2000–10; in 2010 dollars)

	2010	2009	2006	2000	percent change 2006–10	percent change 2000–06	percent change 2000–10
Number of consumer units (in 000s)	121,107	120,847	118,843	109,367	1.9%	8.7%	10.7%
Average before-tax income of consumer units	$62,481	$63,888	$65,474	$56,539	–4.6	15.8	10.5
Average annual spending of consumer units	**48,109**	**49,872**	**52,349**	**48,176**	**–8.1**	**8.7**	**–0.1**
FOOD	**6,129**	**6,477**	**6,610**	**6,532**	**–7.3**	**1.2**	**–6.2**
Food at home	**3,624**	**3,815**	**3,696**	**3,825**	**–1.9**	**–3.4**	**–5.3**
Cereals and bakery products	502	514	482	574	4.1	–15.9	–12.5
Cereals and cereal products	165	176	155	198	6.7	–21.7	–16.5
Bakery products	337	339	329	376	2.5	–12.6	–10.4
Meats, poultry, fish, and eggs	784	855	862	1,007	–9.1	–14.4	–22.1
Beef	217	230	255	301	–15.0	–15.3	–28.0
Pork	149	171	170	211	–12.3	–19.7	–29.5
Other meats	117	116	114	128	3.0	–11.2	–8.5
Poultry	138	157	153	184	–9.5	–16.9	–24.8
Fish and seafood	117	137	132	139	–11.3	–5.3	–16.0
Eggs	46	45	40	43	14.9	–7.0	6.8
Dairy products	380	413	398	412	–4.5	–3.3	–7.7
Fresh milk and cream	141	146	151	166	–6.9	–8.7	–15.0
Other dairy products	240	266	247	244	–2.7	0.9	–1.8
Fruits and vegetables	679	667	640	660	6.0	–2.9	2.9
Fresh fruits	232	224	211	206	10.0	2.2	12.4
Fresh vegetables	210	212	209	201	0.6	3.7	4.3
Processed fruits	113	120	118	146	–4.2	–19.0	–22.4
Processed vegetables	124	112	103	106	20.7	–3.4	16.6
Other food at home	1,278	1,365	1,311	1,174	–2.5	11.7	8.9
Sugar and other sweets	132	143	135	148	–2.4	–8.7	–10.9
Fats and oils	103	104	93	105	10.7	–11.5	–2.0
Miscellaneous foods	667	727	678	553	–1.6	22.6	20.5
Nonalcoholic beverages	333	343	359	317	–7.3	13.4	5.2
Food prepared by consumer unit on trips	43	50	47	51	–7.5	–8.2	–15.1
Food away from home	**2,505**	**2,662**	**2,914**	**2,706**	**–14.0**	**7.7**	**–7.4**
ALCOHOLIC BEVERAGES	**412**	**442**	**538**	**471**	**–23.4**	**14.1**	**–12.5**
HOUSING	**16,557**	**17,172**	**17,702**	**15,599**	**–6.5**	**13.5**	**6.1**
Shelter	**9,812**	**10,240**	**10,463**	**9,008**	**–6.2**	**16.1**	**8.9**
Owned dwellings	6,277	6,650	7,048	5,827	–10.9	20.9	7.7
Mortgage interest and charges	3,351	3,653	4,059	3,342	–17.4	21.5	0.3
Property taxes	1,814	1,841	1,784	1,442	1.7	23.7	25.8
Maintenance, repair, insurance, other expenses	1,112	1,157	1,206	1,045	–7.8	15.4	6.4
Rented dwellings	2,900	2,907	2,801	2,576	3.5	8.8	12.6
Other lodging	635	683	613	605	3.5	1.3	4.9
Utilities, fuels, and public services	**3,660**	**3,705**	**3,674**	**3,152**	**–0.4**	**16.6**	**16.1**
Natural gas	440	491	551	389	–20.1	41.6	13.2
Electricity	1,413	1,400	1,369	1,154	3.2	18.7	22.5
Fuel oil and other fuels	140	143	149	123	–6.2	21.5	14.0
Telephone services	1,178	1,181	1,176	1,111	0.2	5.9	6.1
Water and other public services	489	489	429	375	13.9	14.6	30.5
Household services	**1,007**	**1,028**	**1,025**	**866**	**–1.8**	**18.4**	**16.3**
Personal services	340	395	425	413	–20.0	3.0	–17.6
Other household services	667	632	600	453	11.1	32.4	47.1
Housekeeping supplies	**612**	**670**	**692**	**610**	**–11.6**	**13.4**	**0.3**
Laundry and cleaning supplies	150	159	163	166	–8.2	–1.5	–9.6
Other household products	329	366	357	286	–7.8	24.7	15.0
Postage and stationery	132	145	172	160	–23.2	7.8	–17.3

	2010	2009	2006	2000	percent change		
					2006–10	2000–06	2000–10
Household furnishings and equipment	**$1,467**	**$1,531**	**$1,847**	**$1,961**	**–20.6%**	**–5.8%**	**–25.2%**
Household textiles	102	126	167	134	–38.8	24.1	–24.0
Furniture	355	349	501	495	–29.1	1.1	–28.3
Floor coverings	36	30	52	56	–30.7	–6.8	–35.4
Major appliances	209	197	261	239	–19.8	8.9	–12.7
Small appliances and miscellaneous housewares	107	95	118	110	–9.2	7.0	–2.9
Miscellaneous household equipment	657	733	750	926	–12.3	–19.0	–29.0
APPAREL AND RELATED SERVICES	**1,700**	**1,753**	**2,027**	**2,350**	**–16.1**	**–13.8**	**–27.7**
Men and boys	**382**	**389**	**480**	**557**	**–20.5**	**–13.8**	**–31.4**
Men, aged 16 or older	304	309	382	436	–20.4	–12.3	–30.2
Boys, aged 2 to 15	78	80	98	122	–20.8	–19.0	–35.8
Women and girls	**663**	**689**	**812**	**918**	**–18.4**	**–11.5**	**–27.8**
Women, aged 16 or older	562	570	680	769	–17.4	–11.5	–26.9
Girls, aged 2 to 15	101	120	132	149	–23.5	–11.7	–32.4
Children under age 2	**91**	**92**	**104**	**104**	**–12.4**	**0.0**	**–12.4**
Footwear	**303**	**328**	**329**	**434**	**–7.9**	**–24.3**	**–30.2**
Other apparel products and services	**261**	**253**	**303**	**337**	**–13.8**	**–10.1**	**–22.5**
TRANSPORTATION	**7,677**	**7,784**	**9,202**	**9,392**	**–16.6**	**–2.0**	**–18.3**
Vehicle purchases	**2,588**	**2,701**	**3,700**	**4,328**	**–30.1**	**–14.5**	**–40.2**
Cars and trucks, new	1,219	1,318	1,945	2,032	–37.3	–4.3	–40.0
Cars and trucks, used	1,318	1,325	1,696	2,241	–22.3	–24.3	–41.2
Gasoline and motor oil	**2,132**	**2,019**	**2,409**	**1,635**	**–11.5**	**47.3**	**30.4**
Other vehicle expenses	**2,464**	**2,578**	**2,547**	**2,888**	**–3.3**	**–11.8**	**–14.7**
Vehicle finance charges	243	286	322	415	–24.6	–22.4	–41.5
Maintenance and repairs	787	745	744	790	5.8	–5.8	–0.4
Vehicle insurance	1,010	1,093	958	985	5.4	–2.7	2.5
Vehicle rentals, leases, licenses, other charges	423	454	521	698	–18.9	–25.3	–39.4
Public transportation	**493**	**487**	**546**	**541**	**–9.7**	**1.0**	**–8.8**
HEALTH CARE	**3,157**	**3,177**	**2,992**	**2,616**	**5.5**	**14.4**	**20.7**
Health insurance	1,831	1,814	1,585	1,245	15.6	27.3	47.1
Medical services	722	748	725	719	–0.4	0.8	0.4
Drugs	485	494	556	527	–12.8	5.5	–7.9
Medical supplies	119	121	127	125	–6.0	0.9	–5.1
ENTERTAINMENT	**2,504**	**2,737**	**2,570**	**2,359**	**–2.6**	**8.9**	**6.1**
Fees and admissions	581	638	655	652	–11.4	0.5	–10.9
Audio and visual equipment and services	954	991	980	788	–2.6	24.4	21.1
Pets, toys, and playground equipment	606	701	446	423	36.0	5.4	43.3
Other entertainment products and services	364	407	488	498	–25.4	–2.0	–26.9
PERSONAL CARE PRODUCTS AND SERVICES	**582**	**606**	**633**	**714**	**–8.0**	**–11.4**	**–18.5**
READING	**100**	**112**	**127**	**185**	**–21.0**	**–31.5**	**–45.9**
EDUCATION	**1,074**	**1,086**	**960**	**800**	**11.8**	**20.0**	**34.2**
TOBACCO PRODUCTS AND SMOKING SUPPLIES	**362**	**386**	**354**	**404**	**2.3**	**–12.4**	**–10.4**
MISCELLANEOUS	**849**	**829**	**915**	**983**	**–7.2**	**–6.9**	**–13.6**
CASH CONTRIBUTIONS	**1,633**	**1,751**	**2,022**	**1,509**	**–19.2**	**33.9**	**8.2**
PERSONAL INSURANCE AND PENSIONS	**5,373**	**5,561**	**5,700**	**4,261**	**–5.7**	**33.8**	**26.1**
Life and other personal insurance	318	314	348	505	–8.7	–31.1	–37.1
Pensions and Social Security*	5,054	5,247	5,352	3,756	–5.6	–	–
PERSONAL TAXES	**1,769**	**2,139**	**2,631**	**3,947**	**–32.8**	**–33.4**	**–55.2**
Federal income taxes	1,136	1,427	1,851	3,051	–38.6	–39.3	–62.8
State and local income taxes	482	533	561	712	–14.1	–21.1	–32.3
Other taxes	151	180	218	185	–30.9	18.2	–18.3
GIFTS FOR PEOPLE IN OTHER HOUSEHOLDS	**1,029**	**1,085**	**1,248**	**1,371**	**–17.6**	**–9.0**	**–25.0**

*Recent spending on pensions and Social Security is not comparable with 2000 because of changes in methodology.
Note: Spending by category does not add to total spending because gift spending is also included in the preceding product and service categories and personal taxes are not included in the total. "–" means data are not comparable.
Source: Bureau of Labor Statistics, 2000, 2006, 2009, and 2010 Consumer Expenditure Surveys, Internet site http://www.bls.gov/cex/; calculations by New Strategist

CHAPTER

1

Spending by Age Overview, 2000 to 2010

Householders aged 45 to 54 are the nation's biggest spenders. Households headed by 45-to-54-year-olds spent $57,788 on average in 2010—20 percent more than the average household. The spending of this age group increased by an inflation-adjusted 6.5 percent between 2000 and 2006 (the peak year for overall household spending), then fell 7.2 percent between 2006 and 2010 as the Great Recession took hold.

The spending of householders aged 75 or older grew faster than the spending of any other age group between 2000 and 2010, up 14 percent after adjusting for inflation. The oldest age group was the only one that boosted its spending during the 2006–2010 time period (up 0.8 percent).

Although householders aged 45 to 54 spend the most overall, younger or older householders are the bigger spenders on many individual categories. Householders under age 35 spend more than other age groups on rent. Householders aged 25 to 34 spend the most (more than twice the average) on clothes for children under age 2. Householders aged 35 to 44 spend the most on vehicle finance charges—28 percent more than the average household. These householders also spend more than others on food, shelter (especially, mortgage interest), and household furnishing and equipment. Householders aged 45 to 54 spend more than others on gifts for people in other households, personal insurance and pensions, property taxes, and vehicle insurance among other categories. Householders aged 55 to 64 spend the most on other lodging (mostly hotels and motels on trips) and household textiles. Householders aged 65 to 74 spend more than other age groups on health insurance and reading materials. Householders aged 75 or older—as well as those aged 65 to 74—spend the most on cash contributions to organizations as well as to family members.

Together, householders aged 35 to 54 account for slightly less than half (45.9 percent) of household spending, a share that has been falling as the large baby-boom generation exited the younger half of the age group. The share of spending controlled by householders aged 55 to 64 is rising now that it is entirely filled with boomers.

Table 1.1 Average Annual Spending of Householders under Age 25, 2000, 2006, and 2010

(average annual spending of consumer units headed by people under age 25, 2000, 2006, and 2010; percent change, 2000–10, 2000–06, and 2006–10; in 2010 dollars)

	2010 average household spending	2006 average household spending (in 2010$)	2000 average household spending (in 2010$)	percent change		
				2006–10	2000–06	2000–10
Number of consumer units (in 000s)	8,034	8,167	8,306	–1.6%	–1.7%	–3.3%
Average before-tax income	$26,881	$31,429	$25,002	–14.5	25.7	7.5
Average annual spending	27,483	30,481	28,546	–9.8	6.8	–3.7
FOOD	**4,073**	**4,239**	**4,069**	**–3.9**	**4.2**	**0.1**
Food at home	**2,197**	**2,105**	**2,081**	**4.4**	**1.2**	**5.6**
Cereals and bakery products	312	260	301	20.2	–13.9	3.5
Cereals and cereal products	103	102	114	1.3	–10.8	–9.6
Bakery products	209	158	187	32.3	–15.7	11.5
Meats, poultry, fish, and eggs	447	469	553	–4.8	–15.2	–19.2
Beef	136	140	171	–2.5	–18.4	–20.4
Pork	83	96	113	–13.8	–14.6	–26.4
Other meats	69	64	70	8.1	–8.4	–0.9
Poultry	84	87	109	–2.9	–20.5	–22.9
Fish and seafood	45	57	66	–21.5	–12.9	–31.7
Eggs	31	25	27	24.6	–6.4	16.6
Dairy products	218	237	222	–8.0	6.9	–1.6
Fresh milk and cream	88	100	92	–11.6	7.6	–4.8
Other dairy products	130	137	128	–5.4	7.4	1.6
Fruits and vegetables	395	345	320	14.5	7.7	23.3
Fresh fruits	119	107	98	11.1	9.8	22.0
Fresh vegetables	131	107	94	22.3	14.3	39.8
Processed fruits	68	74	79	–7.5	–6.3	–13.4
Processed vegetables	77	57	52	34.3	10.4	48.3
Other food at home	826	794	685	4.0	15.9	20.6
Sugar and other sweets	63	75	76	–15.6	–1.8	–17.1
Fats and oils	64	51	53	25.9	–4.4	20.3
Miscellaneous foods	463	434	343	6.7	26.4	34.9
Nonalcoholic beverages	223	216	186	3.1	16.2	19.8
Food prepared by consumer unit on trips	13	17	24	–24.9	–28.1	–46.0
Food away from home	**1,876**	**2,134**	**1,987**	**–12.1**	**7.4**	**–5.6**
ALCOHOLIC BEVERAGES	**406**	**512**	**496**	**–20.6**	**3.1**	**–18.2**
HOUSING	**9,553**	**10,119**	**9,002**	**–5.6**	**12.4**	**6.1**
Shelter	**6,166**	**6,406**	**5,792**	**–3.8**	**10.6**	**6.5**
Owned dwellings	1,123	1,520	803	–26.1	89.3	39.9
Mortgage interest and charges	686	984	489	–30.3	101.4	40.3
Property taxes	252	387	223	–34.9	73.7	13.1
Maintenance, repair, insurance, other expenses	185	148	91	24.8	62.5	102.9
Rented dwellings	4,813	4,667	4,581	3.1	1.9	5.1
Other lodging	231	220	408	5.2	–46.2	–43.3
Utilities, fuels, and public services	**1,818**	**1,926**	**1,580**	**–5.6**	**21.9**	**15.0**
Natural gas	186	201	129	–7.5	55.8	44.0
Electricity	716	750	562	–4.5	33.3	27.3
Fuel oil and other fuels	20	32	27	–38.4	22.0	–24.8
Telephone service	713	781	746	–8.7	4.7	–4.4
Water and other public services	184	162	115	13.4	40.8	59.7
Household services	**416**	**405**	**286**	**2.8**	**41.4**	**45.4**
Personal services	154	230	195	–33.2	18.1	–21.0
Other household services	261	174	91	49.9	91.0	186.3
Housekeeping supplies	**279**	**319**	**246**	**–12.6**	**29.9**	**13.6**
Laundry and cleaning supplies	90	90	70	0.3	28.9	29.2
Other household products	155	161	113	–3.8	43.0	37.5
Postage and stationery	34	69	63	–50.9	9.3	–46.3

	2010 average household spending	2006 average household spending (in 2010$)	2000 average household spending (in 2010$)	percent change		
				2006–10	2000–06	2000–10
Household furnishings and equipment	**$874**	**$1,062**	**$1,098**	**−17.7%**	**−3.3%**	**−20.4%**
Household textiles	53	61	44	−12.5	36.7	19.6
Furniture	268	379	342	−29.2	10.7	−21.6
Floor coverings	8	26	8	−69.2	241.7	5.3
Major appliances	92	112	98	−18.2	15.4	−5.6
Small appliances, miscellaneous housewares	45	56	63	−20.0	−11.2	−28.9
Miscellaneous household equipment	409	428	543	−4.5	−21.2	−24.7
APPAREL AND RELATED SERVICES	**1,559**	**1,584**	**1,798**	**−1.5**	**−11.9**	**−13.3**
Men and boys	**260**	**318**	**405**	**−18.2**	**−21.5**	**−35.8**
Men, aged 16 or older	219	295	372	−25.8	−20.7	−41.2
Boys, aged 2 to 15	41	23	33	80.5	−31.0	24.5
Women and girls	**670**	**599**	**551**	**11.8**	**8.8**	**21.6**
Women, aged 16 or older	628	562	513	11.7	9.7	22.5
Girls, aged 2 to 15	42	36	39	17.7	−9.1	7.0
Children under age 2	**146**	**141**	**128**	**3.8**	**9.9**	**14.2**
Footwear	**305**	**271**	**460**	**12.3**	**−40.9**	**−33.6**
Other apparel products and services	**177**	**253**	**255**	**−30.1**	**−0.6**	**−30.5**
TRANSPORTATION	**4,692**	**6,130**	**6,571**	**−23.5**	**−6.7**	**−28.6**
Vehicle purchases	**1,591**	**2,592**	**3,328**	**−38.6**	**−22.1**	**−52.2**
Cars and trucks, new	393	1,020	1,344	−61.5	−24.1	−70.7
Cars and trucks, used	1,107	1,521	1,959	−27.2	−22.4	−43.5
Gasoline and motor oil	**1,493**	**1,771**	**1,199**	**−15.7**	**47.7**	**24.5**
Other vehicle expenses	**1,333**	**1,528**	**1,769**	**−12.8**	**−13.6**	**−24.6**
Vehicle finance charges	137	215	289	−36.4	−25.4	−52.5
Maintenance and repairs	480	433	560	10.9	−22.7	−14.2
Vehicle insurance	498	593	569	−16.0	4.3	−12.4
Vehicle rentals, leases, licenses, other charges	217	288	352	−24.6	−18.3	−38.4
Public transportation	**275**	**239**	**274**	**15.0**	**−12.6**	**0.5**
HEALTH CARE	**775**	**764**	**638**	**1.5**	**19.7**	**21.4**
Health insurance	405	397	267	2.0	48.6	51.6
Medical services	236	209	225	13.1	−7.4	4.7
Drugs	102	105	103	−2.8	2.3	−0.6
Medical supplies	32	53	43	−39.6	23.1	−25.7
ENTERTAINMENT	**1,221**	**1,458**	**1,382**	**−16.3**	**5.5**	**−11.6**
Fees and admissions	235	303	343	−22.4	−11.7	−31.5
Audio and visual equipment and services	595	727	599	−18.1	21.4	−0.7
Pets, toys, hobbies, and playground equipment	232	226	219	2.6	3.2	5.9
Other entertainment products and services	158	202	222	−21.9	−8.7	−28.7
PERSONAL CARE PRODUCTS AND SERVICES	**347**	**376**	**437**	**−7.8**	**−13.8**	**−20.6**
READING	**39**	**50**	**72**	**−21.6**	**−31.1**	**−46.0**
EDUCATION	**1,906**	**1,362**	**1,592**	**40.0**	**−14.4**	**19.7**
TOBACCO PRODUCTS AND SMOKING SUPPLIES	**283**	**309**	**300**	**−8.5**	**3.1**	**−5.7**
MISCELLANEOUS	**277**	**420**	**408**	**−34.0**	**2.9**	**−32.1**
CASH CONTRIBUTIONS	**314**	**684**	**239**	**−54.1**	**185.6**	**31.2**
PERSONAL INSURANCE AND PENSIONS	**2,036**	**2,478**	**1,540**	**−17.8**	**60.9**	**32.2**
Life and other personal insurance	22	45	68	−51.6	−33.6	−67.8
Pensions and Social Security	2,013	2,433	–	−17.2	–	–
PERSONAL TAXES	**104**	**565**	**1,179**	**−81.6**	**−52.1**	**−91.2**
Federal income taxes	−47	359	881	−113.1	−59.3	−105.3
State and local income taxes	145	178	286	−18.8	−37.6	−49.3
Other taxes	6	27	11	−77.8	137.3	−47.4
GIFTS FOR PEOPLE IN OTHER HOUSEHOLDS	**423**	**425**	**756**	**−0.5**	**−43.8**	**−44.0**

Note: The Bureau of Labor Statistics uses consumer unit rather than household as the sampling unit in the Consumer Expenditure Survey; for the definition of consumer unit, see the glossary. Figures shown are integrated data from the interview and diary portions of the Consumer Expenditure Survey; for more information about the survey, see Appendix A. Annual average spending figures for some items may seem low because both purchasers and nonpurchasers are used to calculate the annual average; to find out how much purchasers spend on items, see the quarterly or weekly spending tables. Spending by category does not add to total spending because gift spending is also included in the preceding product and service categories and personal taxes are not included in the total. – means data are noncomparable because of change in methodology.
Source: Bureau of Labor Statistics, 2000, 2006, and 2010 Consumer Expenditure Surveys, Internet site http://www.bls.gov/cex/; calculations by New Strategist

Table 1.2 Average Annual Spending of Householders Aged 25 to 34, 2000, 2006, and 2010

(average annual spending of consumer units headed by people aged 25 to 34, 2000, 2006, and 2010; percent change, 2000–10, 2000–06, and 2006–10; in 2010 dollars)

	2010 average household spending	2006 average household spending (in 2010$)	2000 average household spending (in 2010$)	percent change 2006–10	percent change 2000–06	percent change 2000–10
Number of consumer units (in 000s)	20,166	20,071	18,887	0.5%	6.3%	6.8%
Average before-tax income	$59,613	$61,878	$57,614	–3.7	7.4	3.5
Average annual spending	46,617	51,466	49,316	–9.4	4.4	–5.5
FOOD	**6,091**	**6,602**	**6,661**	**–7.7**	**–0.9**	**–8.6**
Food at home	**3,338**	**3,446**	**3,737**	**–3.1**	**–7.8**	**–10.7**
Cereals and bakery products	441	439	543	0.4	–19.2	–18.8
Cereals and cereal products	153	155	211	–1.1	–26.9	–27.6
Bakery products	288	284	333	1.2	–14.6	–13.5
Meats, poultry, fish, and eggs	713	807	975	–11.6	–17.2	–26.9
Beef	182	248	303	–26.5	–18.2	–39.9
Pork	124	153	196	–18.7	–22.3	–36.8
Other meats	105	100	124	5.5	–19.8	–15.4
Poultry	152	155	184	–1.7	–15.8	–17.2
Fish and seafood	104	117	129	–11.0	–9.6	–19.5
Eggs	46	37	38	25.1	–3.2	21.1
Dairy products	353	381	401	–7.3	–5.2	–12.1
Fresh milk and cream	135	154	170	–12.1	–9.5	–20.4
Other dairy products	218	227	232	–4.0	–2.0	–5.9
Fruits and vegetables	614	581	618	5.7	–6.0	–0.6
Fresh fruits	210	178	185	17.7	–3.5	13.6
Fresh vegetables	190	193	187	–1.3	2.7	1.4
Processed fruits	102	118	143	–13.5	–17.6	–28.7
Processed vegetables	113	93	104	21.5	–10.4	8.8
Other food at home	1,217	1,237	1,198	–1.6	3.3	1.6
Sugar and other sweets	111	103	133	8.0	–22.7	–16.5
Fats and oils	86	82	98	4.6	–15.7	–11.8
Miscellaneous foods	684	674	614	1.5	9.7	11.4
Nonalcoholic beverages	311	341	313	–8.7	8.9	–0.6
Food prepared by consumer unit on trips	25	38	39	–34.0	–3.6	–36.3
Food away from home	**2,753**	**3,156**	**2,924**	**–12.8**	**7.9**	**–5.8**
ALCOHOLIC BEVERAGES	**473**	**711**	**546**	**–33.4**	**30.2**	**–13.3**
HOUSING	**16,845**	**18,538**	**16,525**	**–9.1**	**12.2**	**1.9**
Shelter	**10,451**	**11,600**	**10,010**	**–9.9**	**15.9**	**4.4**
Owned dwellings	5,126	6,633	5,245	–22.7	26.5	–2.3
Mortgage interest and charges	3,415	4,632	3,657	–26.3	26.6	–6.6
Property taxes	1,108	1,288	956	–14.0	34.7	15.9
Maintenance, repair, insurance, other expenses	602	714	632	–15.7	13.0	–4.7
Rented dwellings	4,989	4,636	4,450	7.6	4.2	12.1
Other lodging	336	332	314	1.2	5.7	7.0
Utilities, fuels, and public services	**3,228**	**3,345**	**2,964**	**–3.5**	**12.9**	**8.9**
Natural gas	355	455	346	–22.0	31.7	2.7
Electricity	1,253	1,225	1,046	2.2	17.2	19.8
Fuel oil and other fuels	70	79	73	–11.3	7.5	–4.7
Telephone service	1,160	1,221	1,203	–5.0	1.5	–3.6
Water and other public services	390	365	296	7.0	23.0	31.6
Household services	**1,244**	**1,222**	**1,103**	**1.8**	**10.8**	**12.8**
Personal services	757	764	812	–0.9	–5.9	–6.7
Other household services	487	459	291	6.2	57.5	67.2
Housekeeping supplies	**465**	**574**	**553**	**–19.0**	**3.8**	**–16.0**
Laundry and cleaning supplies	126	168	158	–24.8	5.9	–20.4
Other household products	245	288	255	–14.8	13.0	–3.7
Postage and stationery	93	120	142	–22.5	–15.3	–34.4

	2010 average household spending	2006 average household spending (in 2010$)	2000 average household spending (in 2010$)	percent change		
				2006–10	2000–06	2000–10
Household furnishings and equipment	**$1,458**	**$1,796**	**$1,893**	**–18.8%**	**–5.2%**	**–23.0%**
Household textiles	79	134	152	–41.1	–11.7	–48.0
Furniture	429	552	579	–22.2	–4.7	–25.9
Floor coverings	44	38	53	16.2	–28.8	–17.3
Major appliances	160	210	229	–23.7	–8.4	–30.2
Small appliances, miscellaneous housewares	97	118	99	–17.7	19.4	–1.8
Miscellaneous household equipment	650	743	781	–12.5	–4.9	–16.8
APPAREL AND RELATED SERVICES	**2,087**	**2,328**	**2,607**	**–10.3**	**–10.7**	**–20.0**
Men and boys	**429**	**588**	**647**	**–27.1**	**–9.1**	**–33.7**
Men, aged 16 or older	325	442	466	–26.5	–5.1	–30.3
Boys, aged 2 to 15	104	146	181	–28.8	–19.4	–42.6
Women and girls	**675**	**797**	**891**	**–15.3**	**–10.6**	**–24.3**
Women, aged 16 or older	550	626	710	–12.2	–11.8	–22.6
Girls, aged 2 to 15	125	171	182	–26.9	–6.3	–31.4
Children under age 2	**195**	**202**	**209**	**–3.6**	**–3.2**	**–6.7**
Footwear	**313**	**401**	**499**	**–22.0**	**–19.6**	**–37.3**
Other apparel products and services	**475**	**339**	**361**	**40.3**	**–6.2**	**31.6**
TRANSPORTATION	**8,231**	**9,785**	**10,582**	**–15.9**	**–7.5**	**–22.2**
Vehicle purchases	**3,415**	**4,231**	**5,241**	**–19.3**	**–19.3**	**–34.8**
Cars and trucks, new	1,483	2,120	2,336	–30.0	–9.3	–36.5
Cars and trucks, used	1,894	2,035	2,807	–6.9	–27.5	–32.5
Gasoline and motor oil	**2,208**	**2,537**	**1,698**	**–13.0**	**49.4**	**30.0**
Other vehicle expenses	**2,174**	**2,533**	**3,143**	**–14.2**	**–19.4**	**–30.8**
Vehicle finance charges	303	434	552	–30.1	–21.4	–45.1
Maintenance and repairs	705	675	722	4.5	–6.5	–2.3
Vehicle insurance	741	889	980	–16.7	–9.3	–24.4
Vehicle rentals, leases, licenses, other charges	424	535	888	–20.8	–39.7	–52.2
Public transportation	**434**	**485**	**500**	**–10.4**	**–3.1**	**–13.2**
HEALTH CARE	**1,800**	**1,787**	**1,590**	**0.7**	**12.3**	**13.2**
Health insurance	1,086	955	810	13.7	17.8	34.0
Medical services	443	507	465	–12.7	9.2	–4.7
Drugs	200	263	229	–23.9	14.7	–12.7
Medical supplies	71	63	87	13.2	–28.2	–18.7
ENTERTAINMENT	**2,251**	**2,420**	**2,376**	**–7.0**	**1.9**	**–5.2**
Fees and admissions	460	514	582	–10.5	–11.8	–21.0
Audio and visual equipment and services	965	1,048	861	–7.9	21.7	12.1
Pets, toys, hobbies, and playground equipment	480	441	444	8.8	–0.7	8.0
Other entertainment products and services	346	416	488	–16.9	–14.6	–29.0
PERSONAL CARE PRODUCTS AND SERVICES	**517**	**592**	**729**	**–12.6**	**–18.9**	**–29.1**
READING	**61**	**89**	**149**	**–31.2**	**–40.6**	**–59.2**
EDUCATION	**839**	**768**	**741**	**9.3**	**3.7**	**13.3**
TOBACCO PRODUCTS AND SMOKING SUPPLIES	**362**	**344**	**393**	**5.2**	**–12.4**	**–7.8**
MISCELLANEOUS	**668**	**665**	**1,018**	**0.4**	**–34.7**	**–34.4**
CASH CONTRIBUTIONS	**1,074**	**1,157**	**821**	**–7.2**	**41.0**	**30.9**
PERSONAL INSURANCE AND PENSIONS	**5,318**	**5,681**	**4,576**	**–6.4**	**24.1**	**16.2**
Life and other personal insurance	167	186	306	–10.2	–39.3	–45.5
Pensions and Social Security	5,151	5,494	–	–6.2	–	–
PERSONAL TAXES	**1,055**	**1,657**	**3,587**	**–36.3**	**–53.8**	**–70.6**
Federal income taxes	521	1,071	2,792	–51.3	–61.6	–81.3
State and local income taxes	463	479	722	–3.4	–33.6	–35.9
Other taxes	71	107	73	–33.7	45.8	–3.3
GIFTS FOR PEOPLE IN OTHER HOUSEHOLDS	**541**	**1,005**	**907**	**–46.2**	**10.8**	**–40.3**

Note: The Bureau of Labor Statistics uses consumer unit rather than household as the sampling unit in the Consumer Expenditure Survey; for the definition of consumer unit, see the glossary. Figures shown are integrated data from the interview and diary portions of the Consumer Expenditure Survey; for more information about the survey, see Appendix A. Annual average spending figures for some items may seem low because both purchasers and nonpurchasers are used to calculate the annual average; to find out how much purchasers spend on items, see the quarterly or weekly spending tables. Spending by category does not add to total spending because gift spending is also included in the preceding product and service categories and personal taxes are not included in the total. "–" means data are noncomparable because of change in methodology.
Source: Bureau of Labor Statistics, 2000, 2006, and 2010 Consumer Expenditure Surveys, Internet site http://www.bls.gov/cex/; calculations by New Strategist

Table 1.3 Average Annual Spending of Householders Aged 35 to 44, 2000, 2006, and 2010

(average annual spending of consumer units headed by people aged 35 to 44, 2000, 2006, and 2010; percent change, 2000–10, 2000–06, and 2006–10; in 2010 dollars)

	2010 average household spending	2006 average household spending (in 2010$)	2000 average household spending (in 2010$)	percent change		
				2006–10	2000–06	2000–10
Number of consumer units (in 000s)	21,912	23,950	23,983	–8.5%	–0.1%	–8.6%
Average before-tax income	$76,128	$81,785	$71,546	–6.9	14.3	6.4
Average annual spending	55,946	62,168	57,172	–10.0	8.7	–2.1
FOOD	**7,483**	**7,929**	**7,714**	**–5.6**	**2.8**	**–3.0**
Food at home	**4,255**	**4,465**	**4,412**	**–4.7**	**1.2**	**–3.6**
Cereals and bakery products	607	598	672	1.5	–11.0	–9.7
Cereals and cereal products	212	200	241	5.9	–16.8	–11.9
Bakery products	395	399	432	–1.0	–7.6	–8.5
Meats, poultry, fish, and eggs	896	1,041	1,162	–13.9	–10.5	–22.9
Beef	230	294	342	–21.8	–14.0	–32.7
Pork	172	201	236	–14.5	–14.6	–27.0
Other meats	140	142	152	–1.2	–6.8	–7.9
Poultry	168	200	225	–16.0	–11.2	–25.5
Fish and seafood	132	155	160	–14.7	–3.1	–17.3
Eggs	54	49	47	10.9	3.9	15.3
Dairy products	458	489	485	–6.3	0.8	–5.6
Fresh milk and cream	177	194	199	–8.6	–2.6	–11.0
Other dairy products	281	295	286	–4.8	3.2	–1.8
Fruits and vegetables	787	726	699	8.4	3.8	12.6
Fresh fruits	273	237	214	15.3	10.7	27.6
Fresh vegetables	233	224	208	4.1	7.8	12.2
Processed fruits	134	142	158	–5.4	–10.5	–15.3
Processed vegetables	146	123	116	18.4	5.8	25.3
Other food at home	1,508	1,612	1,394	–6.4	15.6	8.2
Sugar and other sweets	154	157	186	–1.8	–15.7	–17.3
Fats and oils	119	105	114	13.4	–7.9	4.4
Miscellaneous foods	798	858	656	–7.0	30.8	21.7
Nonalcoholic beverages	384	442	380	–13.2	16.5	1.1
Food prepared by consumer unit on trips	53	49	58	8.9	–16.4	–9.0
Food away from home	**3,227**	**3,464**	**3,301**	**–6.9**	**4.9**	**–2.2**
ALCOHOLIC BEVERAGES	**497**	**536**	**532**	**–7.4**	**0.9**	**–6.6**
HOUSING	**20,041**	**21,960**	**19,135**	**–8.7**	**14.8**	**4.7**
Shelter	**12,139**	**13,461**	**11,308**	**–9.8**	**19.0**	**7.3**
Owned dwellings	8,149	9,697	8,146	–16.0	19.0	0.0
Mortgage interest and charges	5,196	6,397	5,448	–18.8	17.4	–4.6
Property taxes	1,975	2,095	1,578	–5.7	32.8	25.2
Maintenance, repair, insurance, other expenses	978	1,205	1,119	–18.8	7.6	–12.6
Rented dwellings	3,475	3,178	2,617	9.4	21.4	32.8
Other lodging	515	585	545	–12.0	7.5	–5.4
Utilities, fuels, and public services	**4,077**	**4,169**	**3,558**	**–2.2**	**17.2**	**14.6**
Natural gas	497	605	443	–17.8	36.4	12.1
Electricity	1,567	1,535	1,278	2.1	20.1	22.6
Fuel oil and other fuels	105	170	123	–38.2	38.3	–14.5
Telephone service	1,364	1,375	1,289	–0.8	6.6	5.8
Water and other public services	544	486	425	12.0	14.1	27.9
Household services	**1,414**	**1,493**	**1,135**	**–5.3**	**31.6**	**24.6**
Personal services	735	877	686	–16.2	27.8	7.1
Other household services	679	615	448	10.3	37.3	51.5
Housekeeping supplies	**663**	**823**	**722**	**–19.5**	**14.0**	**–8.1**
Laundry and cleaning supplies	184	204	199	–10.0	2.8	–7.4
Other household products	332	447	355	–25.7	26.0	–6.4
Postage and stationery	148	172	168	–13.9	2.1	–12.1

	2010 average household spending	2006 average household spending (in 2010$)	2000 average household spending (in 2010$)	percent change		
				2006–10	2000–06	2000–10
Household furnishings and equipment	**$1,748**	**$2,016**	**$2,414**	**–13.3%**	**–16.5%**	**–27.6%**
Household textiles	111	151	157	–26.7	–3.6	–29.3
Furniture	447	580	632	–22.9	–8.2	–29.3
Floor coverings	42	43	67	–2.9	–35.5	–37.4
Major appliances	262	294	268	–10.9	9.6	–2.4
Small appliances, miscellaneous housewares	105	122	118	–14.1	3.8	–10.8
Miscellaneous household equipment	780	824	1,173	–5.4	–29.7	–33.5
APPAREL AND RELATED SERVICES	**2,040**	**2,561**	**2,942**	**–20.4**	**–12.9**	**–30.7**
Men and boys	**487**	**622**	**698**	**–21.7**	**–10.9**	**–30.2**
Men, aged 16 or older	320	436	465	–26.6	–6.2	–31.1
Boys, aged 2 to 15	166	186	233	–10.8	–20.2	–28.8
Women and girls	**765**	**997**	**1,184**	**–23.3**	**–15.8**	**–35.4**
Women, aged 16 or older	555	726	876	–23.5	–17.2	–36.7
Girls, aged 2 to 15	210	271	306	–22.6	–11.4	–31.5
Children under age 2	**117**	**138**	**133**	**–15.5**	**4.1**	**–12.0**
Footwear	**414**	**437**	**508**	**–5.3**	**–13.9**	**–18.5**
Other apparel products and services	**258**	**366**	**419**	**–29.4**	**–12.8**	**–38.4**
TRANSPORTATION	**8,763**	**10,791**	**11,019**	**–18.8**	**–2.1**	**–20.5**
Vehicle purchases	**2,905**	**4,388**	**5,060**	**–33.8**	**–13.3**	**–42.6**
Cars and trucks, new	1,341	2,162	2,183	–38.0	–1.0	–38.6
Cars and trucks, used	1,478	2,134	2,783	–30.7	–23.3	–46.9
Gasoline and motor oil	**2,537**	**2,851**	**1,997**	**–11.0**	**42.8**	**27.0**
Other vehicle expenses	**2,776**	**2,947**	**3,390**	**–5.8**	**–13.1**	**–18.1**
Vehicle finance charges	310	405	514	–23.4	–21.3	–39.7
Maintenance and repairs	889	805	897	10.5	–10.2	–0.8
Vehicle insurance	1,074	1,056	1,119	1.7	–5.7	–4.1
Vehicle rentals, leases, licenses, other charges	503	683	861	–26.3	–20.7	–41.6
Public transportation	**545**	**605**	**571**	**–9.9**	**5.9**	**–4.6**
HEALTH CARE	**2,583**	**2,470**	**2,246**	**4.6**	**10.0**	**15.0**
Health insurance	1,453	1,313	1,076	10.7	22.0	35.0
Medical services	681	686	703	–0.7	–2.4	–3.1
Drugs	340	373	360	–8.9	3.8	–5.5
Medical supplies	109	97	108	12.0	–9.6	1.3
ENTERTAINMENT	**3,058**	**3,208**	**3,120**	**–4.7**	**2.8**	**–2.0**
Fees and admissions	849	907	905	–6.4	0.2	–6.2
Audio and visual equipment and services	1,078	1,138	999	–5.3	13.9	7.9
Pets, toys, hobbies, and playground equipment	716	538	571	33.2	–5.9	25.4
Other entertainment products and services	414	625	645	–33.8	–3.0	–35.8
PERSONAL CARE PRODUCTS AND SERVICES	**682**	**744**	**815**	**–8.4**	**–8.7**	**–16.4**
READING	**80**	**121**	**191**	**–34.0**	**–36.6**	**–58.2**
EDUCATION	**963**	**927**	**779**	**3.9**	**19.0**	**23.7**
TOBACCO PRODUCTS AND SMOKING SUPPLIES	**358**	**383**	**541**	**–6.5**	**–29.2**	**–33.8**
MISCELLANEOUS	**922**	**1,020**	**1,079**	**–9.6**	**–5.5**	**–14.5**
CASH CONTRIBUTIONS	**1,532**	**1,846**	**1,270**	**–17.0**	**45.4**	**20.6**
PERSONAL INSURANCE AND PENSIONS	**6,944**	**7,669**	**5,787**	**–9.5**	**32.5**	**20.0**
Life and other personal insurance	280	394	522	–28.9	–24.5	–46.3
Pensions and Social Security	6,664	7,275	–	–8.4	–	–
PERSONAL TAXES	**1,992**	**3,426**	**4,906**	**–41.8**	**–30.2**	**–59.4**
Federal income taxes	1,242	2,428	3,817	–48.9	–36.4	–67.5
State and local income taxes	650	786	929	–17.3	–15.4	–30.1
Other taxes	100	211	160	–52.6	32.2	–37.3
GIFTS FOR PEOPLE IN OTHER HOUSEHOLDS	**732**	**838**	**1,268**	**–12.7**	**–33.9**	**–42.3**

Note: The Bureau of Labor Statistics uses consumer unit rather than household as the sampling unit in the Consumer Expenditure Survey; for the definition of consumer unit, see the glossary. Figures shown are integrated data from the interview and diary portions of the Consumer Expenditure Survey; for more information about the survey, see Appendix A. Annual average spending figures for some items may seem low because both purchasers and nonpurchasers are used to calculate the annual average; to find out how much purchasers spend on items, see the quarterly or weekly spending tables. Spending by category does not add to total spending because gift spending is also included in the preceding product and service categories and personal taxes are not included in the total. "–" means data are noncomparable because of change in methodology.
Source: Bureau of Labor Statistics, 2000, 2006, and 2010 Consumer Expenditure Surveys, Internet site http://www.bls.gov/cex/; calculations by New Strategist

Table 1.4 Average Annual Spending of Householders Aged 45 to 54, 2000, 2006, and 2010

(average annual spending of consumer units headed by people aged 45 to 54, 2000, 2006, and 2010; percent change, 2000–10, 2000–06, and 2006–10; in 2010 dollars)

	2010 average household spending	2006 average household spending (in 2010$)	2000 average household spending (in 2010$)	percent change 2006–10	percent change 2000–06	percent change 2000–10
Number of consumer units (in 000s)	25,054	24,696	21,874	1.4%	12.9%	14.5%
Average before-tax income	$79,589	$83,332	$74,571	–4.5	11.7	6.7
Average annual spending	57,788	62,262	58,452	–7.2	6.5	–1.1
FOOD	**7,230**	**7,926**	**7,971**	**–8.8**	**–0.6**	**–9.3**
Food at home	**4,369**	**4,365**	**4,631**	**0.1**	**–5.7**	**–5.7**
Cereals and bakery products	600	552	709	8.8	–22.2	–15.4
Cereals and cereal products	199	175	228	13.6	–23.1	–12.7
Bakery products	401	376	481	6.5	–21.8	–16.7
Meats, poultry, fish, and eggs	966	1,051	1,228	–8.1	–14.4	–21.4
Beef	263	333	375	–21.1	–11.1	–29.8
Pork	182	209	251	–12.8	–16.7	–27.4
Other meats	147	143	153	3.0	–6.8	–4.1
Poultry	174	172	214	1.2	–19.6	–18.7
Fish and seafood	144	154	185	–6.2	–16.9	–22.1
Eggs	55	42	51	30.4	–16.7	8.6
Dairy products	453	454	477	–0.3	–4.8	–5.1
Fresh milk and cream	164	163	185	0.4	–11.7	–11.3
Other dairy products	289	290	294	–0.3	–1.3	–1.6
Fruits and vegetables	819	739	793	10.9	–6.8	3.3
Fresh fruits	274	243	237	12.6	2.8	15.7
Fresh vegetables	251	253	255	–0.8	–0.6	–1.4
Processed fruits	134	128	168	5.0	–24.2	–20.4
Processed vegetables	159	115	133	38.7	–13.8	19.6
Other food at home	1,532	1,569	1,423	–2.4	10.3	7.6
Sugar and other sweets	162	169	181	–4.0	–6.8	–10.5
Fats and oils	124	105	129	18.2	–18.8	–4.0
Miscellaneous foods	780	791	669	–1.3	18.3	16.7
Nonalcoholic beverages	419	447	380	–6.2	17.6	10.3
Food prepared by consumer unit on trips	48	57	66	–16.3	–12.9	–27.1
Food away from home	**2,861**	**3,561**	**3,340**	**–19.7**	**6.6**	**–14.4**
ALCOHOLIC BEVERAGES	**414**	**662**	**528**	**–37.5**	**25.4**	**–21.6**
HOUSING	**18,900**	**19,877**	**17,955**	**–4.9**	**10.7**	**5.3**
Shelter	**11,517**	**11,785**	**10,506**	**–2.3**	**12.2**	**9.6**
Owned dwellings	8,163	8,679	7,552	–5.9	14.9	8.1
Mortgage interest and charges	4,667	5,211	4,505	–10.4	15.7	3.6
Property taxes	2,295	2,198	1,863	4.4	18.0	23.2
Maintenance, repair, insurance, other expenses	1,200	1,271	1,184	–5.6	7.3	1.4
Rented dwellings	2,493	2,232	2,044	11.7	9.2	22.0
Other lodging	861	873	910	–1.4	–4.1	–5.4
Utilities, fuels, and public services	**4,213**	**4,231**	**3,618**	**–0.4**	**17.0**	**16.5**
Natural gas	506	647	436	–21.8	48.5	16.2
Electricity	1,578	1,563	1,323	1.0	18.1	19.2
Fuel oil and other fuels	150	162	138	–7.5	17.5	8.7
Telephone service	1,428	1,373	1,275	4.0	7.6	12.0
Water and other public services	551	486	446	13.5	9.0	23.6
Household services	**935**	**858**	**738**	**9.0**	**16.2**	**26.7**
Personal services	192	208	186	–7.5	11.6	3.1
Other household services	743	650	551	14.3	18.0	34.9
Housekeeping supplies	**650**	**786**	**674**	**–17.3**	**16.7**	**–3.5**
Laundry and cleaning supplies	165	173	173	–4.7	–0.2	–4.9
Other household products	344	399	313	–13.8	27.6	10.0
Postage and stationery	140	214	186	–34.6	15.1	–24.8

	2010 average household spending	2006 average household spending (in 2010$)	2000 average household spending (in 2010$)	percent change		
				2006–10	2000–06	2000–10
Household furnishings and equipment	**$1,585**	**$2,217**	**$2,420**	**–28.5%**	**–8.4%**	**–34.5%**
Household textiles	109	189	158	–42.4	19.6	–31.1
Furniture	325	615	596	–47.2	3.2	–45.5
Floor coverings	37	52	65	–28.7	–19.6	–42.7
Major appliances	220	308	282	–28.6	9.2	–22.1
Small appliances, miscellaneous housewares	112	161	160	–30.5	1.0	–29.8
Miscellaneous household equipment	783	891	1,159	–12.1	–23.1	–32.4
APPAREL AND RELATED SERVICES	**1,966**	**2,354**	**3,002**	**–16.5**	**–21.6**	**–34.5**
Men and boys	**469**	**582**	**731**	**–19.4**	**–20.4**	**–35.8**
Men, aged 16 or older	390	475	610	–17.9	–22.2	–36.1
Boys, aged 2 to 15	79	108	120	–27.0	–10.1	–34.3
Women and girls	**838**	**988**	**1,237**	**–15.1**	**–20.2**	**–32.3**
Women, aged 16 or older	722	846	1,076	–14.6	–21.4	–32.9
Girls, aged 2 to 15	116	142	160	–18.1	–11.2	–27.3
Children under age 2	**59**	**78**	**68**	**–24.2**	**13.9**	**–13.7**
Footwear	**360**	**371**	**555**	**–3.0**	**–33.1**	**–35.1**
Other apparel products and services	**241**	**336**	**412**	**–28.4**	**–18.3**	**–41.4**
TRANSPORTATION	**9,255**	**10,936**	**11,178**	**–15.4**	**–2.2**	**–17.2**
Vehicle purchases	**3,041**	**4,308**	**4,892**	**–29.4**	**–11.9**	**–37.8**
Cars and trucks, new	1,480	2,257	2,140	–34.4	5.5	–30.8
Cars and trucks, used	1,522	1,959	2,695	–22.3	–27.3	–43.5
Gasoline and motor oil	**2,575**	**2,913**	**2,016**	**–11.6**	**44.5**	**27.7**
Other vehicle expenses	**3,023**	**3,049**	**3,632**	**–0.9**	**–16.0**	**–16.8**
Vehicle finance charges	298	361	495	–17.5	–27.0	–39.8
Maintenance and repairs	947	937	1,014	1.1	–7.7	–6.6
Vehicle insurance	1,262	1,195	1,269	5.6	–5.8	–0.5
Vehicle rentals, leases, licenses, other charges	516	556	853	–7.2	–34.9	–39.5
Public transportation	**616**	**666**	**639**	**–7.5**	**4.2**	**–3.7**
HEALTH CARE	**3,261**	**2,982**	**2,786**	**9.4**	**7.0**	**17.1**
Health insurance	1,747	1,417	1,236	23.3	14.6	41.4
Medical services	879	863	885	1.8	–2.5	–0.7
Drugs	497	540	515	–7.9	4.7	–3.6
Medical supplies	137	163	149	–16.1	9.3	–8.3
ENTERTAINMENT	**3,088**	**2,996**	**2,825**	**3.1**	**6.1**	**9.3**
Fees and admissions	780	819	807	–4.7	1.5	–3.3
Audio and visual equipment and services	1,025	1,103	881	–7.1	25.2	16.3
Pets, toys, hobbies, and playground equipment	736	538	486	36.9	10.6	51.4
Other entertainment products and services	548	535	651	2.4	–17.7	–15.8
PERSONAL CARE PRODUCTS AND SERVICES	**673**	**753**	**864**	**–10.6**	**–12.8**	**–22.1**
READING	**104**	**144**	**225**	**–27.7**	**–36.2**	**–53.9**
EDUCATION	**2,094**	**1,878**	**1,451**	**11.5**	**29.4**	**44.3**
TOBACCO PRODUCTS AND SMOKING SUPPLIES	**449**	**468**	**476**	**–4.1**	**–1.6**	**–5.7**
MISCELLANEOUS	**938**	**1,050**	**1,174**	**–10.7**	**–10.5**	**–20.1**
CASH CONTRIBUTIONS	**1,747**	**2,291**	**1,946**	**–23.7**	**17.7**	**–10.2**
PERSONAL INSURANCE AND PENSIONS	**7,668**	**7,946**	**6,072**	**–3.5**	**30.9**	**26.3**
Life and other personal insurance	441	447	695	–1.3	–35.7	–36.6
Pensions and Social Security	7,227	7,499	–	–3.6	–	–
PERSONAL TAXES	**3,323**	**3,634**	**6,002**	**–8.6**	**–39.5**	**–44.6**
Federal income taxes	2,309	2,592	4,694	–10.9	–44.8	–50.8
State and local income taxes	831	787	1,074	5.5	–26.7	–22.6
Other taxes	183	255	234	–28.3	9.0	–21.9
GIFTS FOR PEOPLE IN OTHER HOUSEHOLDS	**1,623**	**1,962**	**2,183**	**–17.3**	**–10.1**	**–25.7**

Note: The Bureau of Labor Statistics uses consumer unit rather than household as the sampling unit in the Consumer Expenditure Survey; for the definition of consumer unit, see the glossary. Figures shown are integrated data from the interview and diary portions of the Consumer Expenditure Survey; for more information about the survey, see Appendix A. Annual average spending figures for some items may seem low because both purchasers and nonpurchasers are used to calculate the annual average; to find out how much purchasers spend on items, see the quarterly or weekly spending tables. Spending by category does not add to total spending because gift spending is also included in the preceding product and service categories and personal taxes are not included in the total. "–" means data are noncomparable because of change in methodology.
Source: Bureau of Labor Statistics, 2000, 2006, and 2010 Consumer Expenditure Surveys, Internet site http://www.bls.gov/cex/; calculations by New Strategist

Table 1.5 Average Annual Spending of Householders Aged 55 to 64, 2000, 2006, and 2010

(average annual spending of consumer units headed by people aged 55 to 64, 2000, 2006, and 2010; percent change, 2000–10, 2000–06, and 2006–10; in 2010 dollars)

	2010 average household spending	2006 average household spending (in 2010$)	2000 average household spending (in 2010$)	percent change 2006–10	percent change 2000–06	percent change 2000–10
Number of consumer units (in 000s)	21,359	18,952	14,161	12.7%	33.8%	50.8%
Average before-tax income	$68,906	$69,684	$60,919	–1.1	14.4	13.1
Average annual spending	50,900	54,935	49,816	–7.3	10.3	2.2
FOOD	**6,068**	**6,633**	**6,544**	**–8.5**	**1.3**	**–7.3**
Food at home	**3,681**	**3,805**	**3,889**	**–3.3**	**–2.2**	**–5.3**
Cereals and bakery products	507	490	558	3.5	–12.3	–9.2
Cereals and cereal products	159	146	177	8.9	–17.6	–10.3
Bakery products	347	344	381	0.9	–9.8	–9.0
Meats, poultry, fish, and eggs	792	866	1,054	–8.6	–17.8	–24.8
Beef	223	243	308	–8.4	–20.9	–27.5
Pork	153	171	236	–10.5	–27.4	–35.0
Other meats	117	108	125	8.2	–13.7	–6.7
Poultry	123	150	185	–18.2	–18.7	–33.5
Fish and seafood	132	149	146	–11.6	2.5	–9.4
Eggs	44	43	54	1.7	–20.5	–19.2
Dairy products	378	400	406	–5.5	–1.5	–7.0
Fresh milk and cream	138	138	160	–0.3	–13.2	–13.5
Other dairy products	240	262	247	–8.3	6.0	–2.8
Fruits and vegetables	692	710	707	–2.5	0.4	–2.1
Fresh fruits	243	249	234	–2.3	6.2	3.7
Fresh vegetables	218	237	219	–8.0	8.1	–0.5
Processed fruits	112	116	146	–3.2	–20.5	–23.1
Processed vegetables	119	109	110	8.9	–0.8	8.0
Other food at home	1,312	1,339	1,162	–2.0	15.2	12.9
Sugar and other sweets	138	131	146	5.4	–10.1	–5.2
Fats and oils	109	107	114	1.8	–6.0	–4.4
Miscellaneous foods	649	672	504	–3.4	33.3	28.8
Nonalcoholic beverages	360	370	333	–2.7	11.1	8.1
Food prepared by consumer unit on trips	56	59	66	–5.9	–9.7	–15.0
Food away from home	**2,387**	**2,826**	**2,655**	**–15.5**	**6.4**	**–10.1**
ALCOHOLIC BEVERAGES	**402**	**516**	**470**	**–22.1**	**9.8**	**–14.4**
HOUSING	**16,673**	**17,878**	**15,654**	**–6.7**	**14.2**	**6.5**
Shelter	**9,397**	**9,950**	**8,341**	**–5.6**	**19.3**	**12.7**
Owned dwellings	6,777	7,426	6,053	–8.7	22.7	12.0
Mortgage interest and charges	3,198	3,538	2,885	–9.6	22.7	10.9
Property taxes	2,216	2,076	1,851	6.8	12.1	19.7
Maintenance, repair, insurance, other expenses	1,362	1,813	1,317	–24.9	37.7	3.4
Rented dwellings	1,689	1,579	1,422	7.0	11.0	18.8
Other lodging	931	944	867	–1.4	8.9	7.3
Utilities, fuels, and public services	**3,979**	**3,937**	**3,490**	**1.1**	**12.8**	**14.0**
Natural gas	456	609	432	–25.1	41.0	5.6
Electricity	1,546	1,473	1,327	4.9	11.0	16.5
Fuel oil and other fuels	194	181	143	7.4	26.2	35.6
Telephone service	1,224	1,206	1,151	1.5	4.8	6.3
Water and other public services	558	468	437	19.1	7.2	27.7
Household services	**882**	**1,010**	**686**	**–12.7**	**47.2**	**28.5**
Personal services	72	239	118	–69.9	103.0	–38.9
Other household services	810	772	569	4.9	35.8	42.5
Housekeeping supplies	**717**	**799**	**741**	**–10.3**	**7.9**	**–3.2**
Laundry and cleaning supplies	157	178	233	–12.0	–23.4	–32.6
Other household products	403	399	332	1.0	20.3	21.5
Postage and stationery	157	222	176	–29.2	26.0	–10.8

	2010 average household spending	2006 average household spending (in 2010$)	2000 average household spending (in 2010$)	percent change		
				2006–10	2000–06	2000–10
Household furnishings and equipment	**$1,698**	**$2,182**	**$2,395**	**–22.2%**	**–8.9%**	**–29.1%**
Household textiles	138	224	158	–38.4	41.5	–12.8
Furniture	406	500	457	–18.8	9.3	–11.2
Floor coverings	51	87	71	–41.1	22.0	–28.1
Major appliances	249	319	280	–22.0	14.0	–11.0
Small appliances, miscellaneous housewares	149	120	134	24.1	–10.6	11.0
Miscellaneous household equipment	705	932	1,294	–24.4	–28.0	–45.5
APPAREL AND RELATED SERVICES	**1,571**	**2,046**	**2,145**	**–23.2**	**–4.6**	**–26.8**
Men and boys	**370**	**433**	**500**	**–14.5**	**–13.5**	**–26.0**
Men, aged 16 or older	331	383	446	–13.6	–14.1	–25.7
Boys, aged 2 to 15	39	50	53	–21.6	–6.4	–26.7
Women and girls	**614**	**903**	**870**	**–32.0**	**3.8**	**–29.4**
Women, aged 16 or older	564	836	798	–32.5	4.8	–29.3
Girls, aged 2 to 15	50	67	72	–25.4	–7.1	–30.7
Children under age 2	**54**	**71**	**67**	**–24.4**	**6.4**	**–19.5**
Footwear	**292**	**312**	**380**	**–6.3**	**–18.0**	**–23.1**
Other apparel products and services	**241**	**328**	**328**	**–26.5**	**–0.1**	**–26.5**
TRANSPORTATION	**8,111**	**9,384**	**9,930**	**–13.6**	**–5.5**	**–18.3**
Vehicle purchases	**2,584**	**3,423**	**4,588**	**–24.5**	**–25.4**	**–43.7**
Cars and trucks, new	1,452	2,019	2,655	–28.1	–24.0	–45.3
Cars and trucks, used	1,053	1,375	1,910	–23.4	–28.0	–44.9
Gasoline and motor oil	**2,215**	**2,475**	**1,708**	**–10.5**	**44.9**	**29.7**
Other vehicle expenses	**2,763**	**2,853**	**3,007**	**–3.2**	**–5.1**	**–8.1**
Vehicle finance charges	248	323	442	–23.3	–26.8	–43.9
Maintenance and repairs	894	864	851	3.4	1.6	5.1
Vehicle insurance	1,181	1,018	1,008	16.0	1.0	17.2
Vehicle rentals, leases, licenses, other charges	440	648	708	–32.1	–8.5	–37.8
Public transportation	**548**	**632**	**627**	**–13.2**	**0.8**	**–12.6**
HEALTH CARE	**3,859**	**3,846**	**3,176**	**0.3**	**21.1**	**21.5**
Health insurance	2,110	1,813	1,433	16.4	26.5	47.2
Medical services	943	1,058	913	–10.9	15.9	3.3
Drugs	665	821	681	–19.0	20.5	–2.4
Medical supplies	142	155	148	–8.2	4.4	–4.2
ENTERTAINMENT	**2,683**	**2,884**	**2,476**	**–7.0**	**16.5**	**8.4**
Fees and admissions	545	654	645	–16.7	1.5	–15.4
Audio and visual equipment and services	1,061	980	736	8.3	33.2	44.2
Pets, toys, hobbies, and playground equipment	705	519	453	35.8	14.5	55.5
Other entertainment products and services	372	730	642	–49.0	13.7	–42.1
PERSONAL CARE PRODUCTS AND SERVICES	**599**	**634**	**721**	**–5.5**	**–12.0**	**–16.9**
READING	**126**	**159**	**227**	**–20.8**	**–29.9**	**–44.4**
EDUCATION	**917**	**716**	**481**	**28.1**	**48.8**	**90.6**
TOBACCO PRODUCTS AND SMOKING SUPPLIES	**450**	**400**	**442**	**12.4**	**–9.4**	**1.8**
MISCELLANEOUS	**1,146**	**1,195**	**1,043**	**–4.1**	**14.5**	**9.8**
CASH CONTRIBUTIONS	**1,893**	**2,451**	**1,647**	**–22.8**	**48.8**	**14.9**
PERSONAL INSURANCE AND PENSIONS	**6,403**	**6,193**	**4,860**	**3.4**	**27.4**	**31.7**
Life and other personal insurance	471	495	743	–4.9	–33.4	–36.6
Pensions and Social Security	5,932	5,697	–	4.1	–	–
PERSONAL TAXES	**2,295**	**3,819**	**5,064**	**–39.9**	**–24.6**	**–54.7**
Federal income taxes	1,520	2,817	3,877	–46.0	–27.4	–60.8
State and local income taxes	529	711	889	–25.6	–20.1	–40.5
Other taxes	247	292	298	–15.4	–1.9	–17.0
GIFTS FOR PEOPLE IN OTHER HOUSEHOLDS	**1,484**	**1,646**	**1,703**	**–9.9**	**–3.3**	**–12.9**

Note: The Bureau of Labor Statistics uses consumer unit rather than household as the sampling unit in the Consumer Expenditure Survey; for the definition of consumer unit, see the glossary. Figures shown are integrated data from the interview and diary portions of the Consumer Expenditure Survey; for more information about the survey, see Appendix A. Annual average spending figures for some items may seem low because both purchasers and nonpurchasers are used to calculate the annual average; to find out how much purchasers spend on items, see the quarterly or weekly spending tables. Spending by category does not add to total spending because gift spending is also included in the preceding product and service categories and personal taxes are not included in the total. "–" means data are noncomparable because of change in methodology.
Source: Bureau of Labor Statistics, 2000, 2006, and 2010 Consumer Expenditure Surveys, Internet site http://www.bls.gov/cex/; calculations by New Strategist

Table 1.6 Average Annual Spending of Householders Aged 65 to 74, 2000, 2006, and 2010

(average annual spending of consumer units headed by people aged 65 to 74, 2000, 2006, and 2010; percent change, 2000–10, 2000–06, and 2006–10; in 2010 dollars)

	2010 average household spending	2006 average household spending (in 2010$)	2000 average household spending (in 2010$)	percent change 2006–10	percent change 2000–06	percent change 2000–10
Number of consumer units (in 000s)	13,031	11,764	11,538	10.8%	2.0%	12.9%
Average before-tax income	$49,711	$49,824	$37,164	–0.2	34.1	33.8
Average annual spending	41,434	44,303	38,979	–6.5	13.7	6.3
FOOD	**5,148**	**5,594**	**5,291**	**–8.0**	**5.7**	**–2.7**
Food at home	**3,213**	**3,312**	**3,495**	**–3.0**	**–5.2**	**–8.1**
Cereals and bakery products	442	447	524	–1.1	–14.8	–15.7
Cereals and cereal products	134	123	168	8.7	–26.8	–20.4
Bakery products	308	324	356	–5.1	–8.8	–13.4
Meats, poultry, fish, and eggs	688	782	921	–12.0	–15.1	–25.3
Beef	170	223	275	–23.7	–18.9	–38.1
Pork	154	170	213	–9.3	–20.2	–27.6
Other meats	106	98	109	7.7	–9.6	–2.7
Poultry	107	119	165	–10.1	–27.7	–35.0
Fish and seafood	110	134	120	–18.0	11.5	–8.6
Eggs	42	37	41	14.2	–9.2	3.6
Dairy products	351	357	393	–1.7	–9.1	–10.6
Fresh milk and cream	119	130	149	–8.3	–13.1	–20.4
Other dairy products	232	226	243	2.6	–7.0	–4.6
Fruits and vegetables	620	619	670	0.2	–7.6	–7.4
Fresh fruits	214	199	208	7.5	–4.2	3.0
Fresh vegetables	206	208	205	–0.8	1.2	0.4
Processed fruits	99	111	151	–11.1	–26.1	–34.3
Processed vegetables	102	101	106	1.4	–5.4	–4.1
Other food at home	1,111	1,108	986	0.3	12.3	12.6
Sugar and other sweets	130	140	133	–6.8	4.9	–2.2
Fats and oils	96	96	110	–0.3	–12.6	–12.9
Miscellaneous foods	542	528	441	2.7	19.8	23.0
Nonalcoholic beverages	279	288	252	–3.0	14.2	10.7
Food prepared by consumer unit on trips	63	55	51	14.2	8.9	24.4
Food away from home	**1,935**	**2,282**	**1,796**	**–15.2**	**27.1**	**7.8**
ALCOHOLIC BEVERAGES	**392**	**367**	**331**	**6.9**	**10.9**	**18.6**
HOUSING	**14,420**	**14,356**	**12,246**	**0.4**	**17.2**	**17.7**
Shelter	**7,850**	**7,500**	**6,476**	**4.7**	**15.8**	**21.2**
Owned dwellings	5,809	5,571	4,583	4.3	21.6	26.8
Mortgage interest and charges	1,888	2,128	1,493	–11.3	42.5	26.5
Property taxes	2,125	1,912	1,611	11.1	18.7	31.9
Maintenance, repair, insurance, other expenses	1,797	1,532	1,479	17.3	3.6	21.5
Rented dwellings	1,275	1,288	1,206	–1.0	6.9	5.8
Other lodging	766	640	688	19.6	–6.9	11.4
Utilities, fuels, and public services	**3,644**	**3,566**	**3,087**	**2.2**	**15.5**	**18.0**
Natural gas	455	569	403	–20.0	41.3	13.0
Electricity	1,482	1,379	1,166	7.5	18.2	27.1
Fuel oil and other fuels	192	182	191	5.7	–5.0	0.4
Telephone service	1,001	962	912	4.1	5.5	9.8
Water and other public services	514	474	415	8.5	14.1	23.8
Household services	**868**	**777**	**631**	**11.8**	**23.2**	**37.6**
Personal services	70	59	125	18.6	–52.9	–44.2
Other household services	798	717	505	11.3	41.9	57.9
Housekeeping supplies	**761**	**714**	**647**	**6.6**	**10.3**	**17.6**
Laundry and cleaning supplies	147	143	139	3.0	2.5	5.5
Other household products	441	381	305	15.8	24.8	44.5
Postage and stationery	173	190	203	–9.1	–6.0	–14.6

	2010 average household spending	2006 average household spending (in 2010$)	2000 average household spending (in 2010$)	percent change		
				2006–10	2000–06	2000–10
Household furnishings and equipment	**$1,297**	**$1,800**	**$1,406**	**–27.9%**	**28.0%**	**–7.7%**
Household textiles	114	259	128	–55.9	102.1	–10.9
Furniture	252	398	324	–36.7	22.8	–22.3
Floor coverings	20	56	51	–64.4	11.0	–60.5
Major appliances	181	279	248	–35.1	12.4	–27.1
Small appliances, miscellaneous housewares	118	106	86	11.3	23.1	37.0
Miscellaneous household equipment	612	702	570	–12.8	23.2	7.4
APPAREL AND RELATED SERVICES	**1,186**	**1,311**	**1,431**	**–9.5**	**–8.4**	**–17.1**
Men and boys	**273**	**305**	**341**	**–10.5**	**–10.5**	**–19.9**
Men, aged 16 or older	246	273	304	–9.7	–10.3	–19.1
Boys, aged 2 to 15	27	34	37	–19.5	–8.7	–26.5
Women and girls	**493**	**582**	**571**	**–15.3**	**1.9**	**–13.7**
Women, aged 16 or older	450	530	533	–15.1	–0.6	–15.6
Girls, aged 2 to 15	43	51	39	–15.4	29.5	9.5
Children under age 2	**34**	**30**	**39**	**12.3**	**–22.8**	**–13.4**
Footwear	**176**	**173**	**236**	**1.7**	**–26.5**	**–25.3**
Other apparel products and services	**210**	**221**	**243**	**–4.8**	**–9.2**	**–13.6**
TRANSPORTATION	**6,086**	**8,092**	**7,341**	**–24.8**	**10.2**	**–17.1**
Vehicle purchases	**1,638**	**3,540**	**3,332**	**–53.7**	**6.3**	**–50.8**
Cars and trucks, new	719	2,390	1,832	–69.9	30.5	–60.8
Cars and trucks, used	910	1,150	1,485	–20.9	–22.6	–38.7
Gasoline and motor oil	**1,766**	**1,910**	**1,213**	**–7.5**	**57.5**	**45.6**
Other vehicle expenses	**2,199**	**2,133**	**2,236**	**3.1**	**–4.6**	**–1.7**
Vehicle finance charges	154	206	230	–25.1	–10.8	–33.2
Maintenance and repairs	701	692	707	1.3	–2.0	–0.8
Vehicle insurance	979	872	852	12.3	2.3	14.9
Vehicle rentals, leases, licenses, other charges	365	363	447	0.4	–18.7	–18.3
Public transportation	**483**	**509**	**560**	**–5.2**	**–9.0**	**–13.7**
HEALTH CARE	**4,922**	**4,736**	**4,005**	**3.9**	**18.3**	**22.9**
Health insurance	3,133	2,940	2,036	6.6	44.4	53.9
Medical services	849	688	869	23.4	–20.8	–2.3
Drugs	797	929	942	–14.2	–1.4	–15.4
Medical supplies	144	180	160	–19.8	12.5	–9.7
ENTERTAINMENT	**2,341**	**2,216**	**1,777**	**5.6**	**24.7**	**31.8**
Fees and admissions	473	605	527	–21.8	14.8	–10.2
Audio and visual equipment and services	864	856	593	1.0	44.4	45.8
Pets, toys, hobbies, and playground equipment	702	372	332	88.7	12.2	111.6
Other entertainment products and services	302	384	325	–21.3	18.0	–7.2
PERSONAL CARE PRODUCTS AND SERVICES	**571**	**570**	**607**	**0.2**	**–6.0**	**–5.9**
READING	**147**	**155**	**210**	**–5.0**	**–26.4**	**–30.1**
EDUCATION	**240**	**296**	**189**	**–19.0**	**57.1**	**27.2**
TOBACCO PRODUCTS AND SMOKING SUPPLIES	**298**	**261**	**282**	**14.3**	**–7.7**	**5.5**
MISCELLANEOUS	**761**	**1,045**	**964**	**–27.2**	**8.4**	**–21.0**
CASH CONTRIBUTIONS	**2,276**	**2,294**	**2,560**	**–0.8**	**–10.4**	**–11.1**
PERSONAL INSURANCE AND PENSIONS	**2,648**	**3,009**	**1,746**	**–12.0**	**72.3**	**51.6**
Life and other personal insurance	386	395	651	–2.2	–39.3	–40.7
Pensions and Social Security	2,261	2,614	–	–13.5	–	–
PERSONAL TAXES	**1,116**	**1,903**	**2,274**	**–41.3**	**–16.3**	**–50.9**
Federal income taxes	739	1,337	1,694	–44.7	–21.1	–56.4
State and local income taxes	122	226	253	–46.0	–10.7	–51.8
Other taxes	255	341	325	–25.2	4.7	–21.6
GIFTS FOR PEOPLE IN OTHER HOUSEHOLDS	**972**	**1,319**	**1,226**	**–26.3**	**7.6**	**–20.7**

Note: The Bureau of Labor Statistics uses consumer unit rather than household as the sampling unit in the Consumer Expenditure Survey; for the definition of consumer unit, see the glossary. Figures shown are integrated data from the interview and diary portions of the Consumer Expenditure Survey; for more information about the survey, see Appendix A. Annual average spending figures for some items may seem low because both purchasers and nonpurchasers are used to calculate the annual average; to find out how much purchasers spend on items, see the quarterly or weekly spending tables. Spending by category does not add to total spending because gift spending is also included in the preceding product and service categories and personal taxes are not included in the total. "–" means data are noncomparable because of change in methodology.
Source: Bureau of Labor Statistics, 2000, 2006, and 2010 Consumer Expenditure Surveys, Internet site http://www.bls.gov/cex/; calculations by New Strategist

Table 1.7 Average Annual Spending of Householders Aged 75 or Older, 2000, 2006, and 2010

(average annual spending of consumer units headed by people aged 75 or older, 2000, 2006, and 2010; percent change, 2000–10, 2000–06, and 2006–10; in 2010 dollars)

	2010 average household spending	2006 average household spending (in 2010$)	2000 average household spending (in 2010$)	percent change 2006–10	percent change 2000–06	percent change 2000–10
Number of consumer units (in 000s)	11,551	11,243	10,617	2.7%	5.9%	8.8%
Average before-tax income	$31,782	$31,935	$26,039	–0.5	22.6	22.1
Average annual spending	31,529	31,263	27,742	0.8	12.7	13.7
FOOD	**3,873**	**3,718**	**3,896**	**4.2**	**–4.6**	**–0.6**
Food at home	**2,643**	**2,427**	**2,667**	**8.9**	**–9.0**	**–0.9**
Cereals and bakery products	385	352	423	9.5	–16.9	–9.0
Cereals and cereal products	109	97	142	12.0	–31.4	–23.1
Bakery products	276	255	281	8.1	–9.2	–1.8
Meats, poultry, fish, and eggs	627	535	652	17.1	–17.9	–3.9
Beef	248	158	182	57.0	–13.4	36.0
Pork	110	103	147	7.1	–30.0	–25.1
Other meats	76	76	89	0.4	–14.6	–14.3
Poultry	79	87	106	–8.7	–18.7	–25.7
Fish and seafood	82	84	92	–2.8	–8.7	–11.3
Eggs	32	28	35	13.8	–20.7	–9.7
Dairy products	274	277	299	–1.0	–7.3	–8.3
Fresh milk and cream	99	114	132	–12.8	–13.8	–24.8
Other dairy products	176	163	167	7.8	–2.3	5.3
Fruits and vegetables	525	475	579	10.6	–17.9	–9.3
Fresh fruits	182	172	222	5.8	–22.4	–17.9
Fresh vegetables	159	142	162	12.2	–12.6	–1.9
Processed fruits	93	91	123	2.4	–26.0	–24.3
Processed vegetables	91	70	72	29.4	–2.6	26.1
Other food at home	831	789	713	5.4	10.6	16.6
Sugar and other sweets	99	116	101	–14.5	14.2	–2.3
Fats and oils	75	62	76	21.6	–18.9	–1.3
Miscellaneous foods	457	401	324	13.9	23.8	41.0
Nonalcoholic beverages	177	190	191	–7.0	–0.4	–7.4
Food prepared by consumer unit on trips	23	19	22	18.1	–9.6	6.8
Food away from home	**1,230**	**1,290**	**1,230**	**–4.7**	**4.9**	**0.0**
ALCOHOLIC BEVERAGES	**184**	**199**	**196**	**–7.5**	**1.4**	**–6.3**
HOUSING	**11,421**	**11,072**	**9,834**	**3.2**	**12.6**	**16.1**
Shelter	**6,098**	**6,054**	**5,108**	**0.7**	**18.5**	**19.4**
Owned dwellings	3,834	3,487	3,062	9.9	13.9	25.2
Mortgage interest and charges	673	659	475	2.2	38.7	41.7
Property taxes	1,687	1,480	1,355	14.0	9.2	24.5
Maintenance, repair, insurance, other expenses	1,473	1,349	1,232	9.2	9.5	19.6
Rented dwellings	1,783	2,261	1,702	–21.1	32.8	4.8
Other lodging	481	307	344	56.6	–10.8	39.7
Utilities, fuels, and public services	**3,130**	**2,926**	**2,453**	**7.0**	**19.3**	**27.6**
Natural gas	467	528	381	–11.5	38.5	22.5
Electricity	1,197	1,112	937	7.7	18.7	27.7
Fuel oil and other fuels	235	200	153	17.4	30.6	53.4
Telephone service	751	698	647	7.6	7.8	16.1
Water and other public services	480	388	334	23.6	16.2	43.6
Household services	**779**	**781**	**1,062**	**–0.2**	**–26.5**	**–26.7**
Personal services	113	170	431	–33.5	–60.6	–73.8
Other household services	667	611	631	9.1	–3.1	5.8
Housekeeping supplies	**552**	**481**	**408**	**14.7**	**18.0**	**35.4**
Laundry and cleaning supplies	130	98	100	32.1	–1.6	30.0
Other household products	292	244	185	19.5	32.2	57.9
Postage and stationery	130	138	123	–6.1	12.7	5.8

	2010 average household spending	2006 average household spending (in 2010$)	2000 average household spending (in 2010$)	percent change		
				2006–10	2000–06	2000–10
Household furnishings and equipment	**$862**	**$830**	**$803**	**3.9%**	**3.3%**	**7.4%**
Household textiles	66	92	54	−28.2	68.8	21.2
Furniture	203	190	179	6.6	6.6	13.7
Floor coverings	21	44	46	−52.6	−2.7	−53.9
Major appliances	211	169	154	25.0	9.2	36.6
Small appliances, miscellaneous housewares	64	63	49	2.0	27.0	29.6
Miscellaneous household equipment	296	271	322	9.0	−15.6	−8.0
APPAREL AND RELATED SERVICES	**708**	**691**	**888**	**2.4**	**−22.1**	**−20.2**
Men and boys	**138**	**140**	**148**	**−1.1**	**−5.8**	**−6.9**
Men, aged 16 or older	119	129	137	−7.5	−5.9	−13.0
Boys, aged 2 to 15	18	11	11	66.4	−5.1	57.9
Women and girls	**333**	**314**	**434**	**6.2**	**−27.8**	**−23.3**
Women, aged 16 or older	308	302	419	2.1	−28.0	−26.5
Girls, aged 2 to 15	25	12	15	110.1	−21.7	64.5
Children under age 2	**22**	**13**	**10**	**69.5**	**28.1**	**117.2**
Footwear	**118**	**115**	**165**	**2.9**	**−30.4**	**−28.3**
Other apparel products and services	**98**	**109**	**130**	**−10.3**	**−16.2**	**−24.9**
TRANSPORTATION	**4,288**	**4,057**	**3,641**	**5.7**	**11.4**	**17.8**
Vehicle purchases	**1,335**	**1,389**	**1,411**	**−3.9**	**−1.5**	**−5.4**
Cars and trucks, new	670	562	852	19.1	−34.0	−21.4
Cars and trucks, used	665	826	558	−19.5	48.0	19.1
Gasoline and motor oil	**980**	**1,010**	**622**	**−3.0**	**62.5**	**57.6**
Other vehicle expenses	**1,686**	**1,275**	**1,199**	**32.2**	**6.3**	**40.6**
Vehicle finance charges	56	57	54	−2.3	5.3	2.8
Maintenance and repairs	503	401	398	25.3	0.9	26.5
Vehicle insurance	878	614	546	42.9	12.6	60.9
Vehicle rentals, leases, licenses, other charges	249	203	201	22.5	1.0	23.7
Public transportation	**288**	**383**	**408**	**−24.8**	**−6.1**	**−29.4**
HEALTH CARE	**4,754**	**4,632**	**4,227**	**2.6**	**9.6**	**12.5**
Health insurance	3,031	2,716	2,065	11.6	31.5	46.8
Medical services	735	748	833	−1.8	−10.2	−11.8
Drugs	814	991	1,150	−17.8	−13.8	−29.2
Medical supplies	173	176	179	−1.9	−1.3	−3.1
ENTERTAINMENT	**1,374**	**1,189**	**895**	**15.6**	**32.8**	**53.5**
Fees and admissions	283	324	271	−12.8	19.7	4.4
Audio and visual equipment and services	700	566	412	23.7	37.5	70.1
Pets, toys, hobbies, and playground equipment	294	176	132	66.8	33.9	123.2
Other entertainment products and services	96	123	80	−22.1	54.6	20.3
PERSONAL CARE PRODUCTS AND SERVICES	**455**	**455**	**466**	**−0.1**	**−2.3**	**−2.4**
READING	**135**	**140**	**162**	**−3.2**	**−13.9**	**−16.7**
EDUCATION	**140**	**175**	**80**	**−20.1**	**119.6**	**75.5**
TOBACCO PRODUCTS AND SMOKING SUPPLIES	**147**	**105**	**125**	**40.1**	**−16.3**	**17.3**
MISCELLANEOUS	**787**	**594**	**700**	**32.5**	**−15.2**	**12.4**
CASH CONTRIBUTIONS	**2,267**	**3,308**	**2,049**	**−31.5**	**61.4**	**10.6**
PERSONAL INSURANCE AND PENSIONS	**996**	**932**	**582**	**6.8**	**60.1**	**71.0**
Life and other personal insurance	233	250	291	−6.7	−14.2	−20.0
Pensions and Social Security	763	683	–	11.8	–	–
PERSONAL TAXES	**144**	**730**	**1,018**	**−80.3**	**−28.3**	**−85.9**
Federal income taxes	22	381	727	−94.2	−47.6	−97.0
State and local income taxes	−3	110	105	−102.7	5.0	−102.9
Other taxes	125	239	186	−47.7	28.4	−32.8
GIFTS FOR PEOPLE IN OTHER HOUSEHOLDS	**798**	**845**	**956**	**−5.5**	**−11.6**	**−16.5**

Note: The Bureau of Labor Statistics uses consumer unit rather than household as the sampling unit in the Consumer Expenditure Survey; for the definition of consumer unit, see the glossary. Figures shown are integrated data from the interview and diary portions of the Consumer Expenditure Survey; for more information about the survey, see Appendix A. Annual average spending figures for some items may seem low because both purchasers and nonpurchasers are used to calculate the annual average; to find out how much purchasers spend on items, see the quarterly or weekly spending tables. Spending by category does not add to total spending because gift spending is also included in the preceding product and service categories and personal taxes are not included in the total. "–" means data are noncomparable because of change in methodology.
Source: Bureau of Labor Statistics, 2000, 2006, and 2010 Consumer Expenditure Surveys, Internet site http://www.bls.gov/cex/; calculations by New Strategist

Table 1.8 Average Annual Spending by Age of Householder, 2010

(average annual spending of consumer units by product and service category and age of consumer unit reference person, 2010)

	total consumer units	under age 25	25 to 34	35 to 44	45 to 54	55 to 64	65 to 74	75 or older
Number of consumer units (in 000s)	121,107	8,034	20,166	21,912	25,054	21,359	13,031	11,551
Average number of persons per consumer unit	2.5	2.0	2.9	3.3	2.8	2.2	1.9	1.6
Average income before taxes	$62,481	$26,881	$59,613	$76,128	$79,589	$68,906	$49,711	$31,782
Average annual spending	48,109	27,483	46,617	55,946	57,788	50,900	41,434	31,529
FOOD	**6,129**	**4,073**	**6,091**	**7,483**	**7,230**	**6,068**	**5,148**	**3,873**
Food at home	**3,624**	**2,197**	**3,338**	**4,255**	**4,369**	**3,681**	**3,213**	**2,643**
Cereals and bakery products	502	312	441	607	600	507	442	385
Cereals and cereal products	165	103	153	212	199	159	134	109
Bakery products	337	209	288	395	401	347	308	276
Meats, poultry, fish, and eggs	784	447	713	896	966	792	688	627
Beef	217	136	182	230	263	223	170	248
Pork	149	83	124	172	182	153	154	110
Other meats	117	69	105	140	147	117	106	76
Poultry	138	84	152	168	174	123	107	79
Fish and seafood	117	45	104	132	144	132	110	82
Eggs	46	31	46	54	55	44	42	32
Dairy products	380	218	353	458	453	378	351	274
Fresh milk and cream	141	88	135	177	164	138	119	99
Other dairy products	240	130	218	281	289	240	232	176
Fruits and vegetables	679	395	614	787	819	692	620	525
Fresh fruits	232	119	210	273	274	243	214	182
Fresh vegetables	210	131	190	233	251	218	206	159
Processed fruits	113	68	102	134	134	112	99	93
Processed vegetables	124	77	113	146	159	119	102	91
Other food at home	1,278	826	1,217	1,508	1,532	1,312	1,111	831
Sugar and other sweets	132	63	111	154	162	138	130	99
Fats and oils	103	64	86	119	124	109	96	75
Miscellaneous foods	667	463	684	798	780	649	542	457
Nonalcoholic beverages	333	223	311	384	419	360	279	177
Food prepared by consumer unit on trips	43	13	25	53	48	56	63	23
Food away from home	**2,505**	**1,876**	**2,753**	**3,227**	**2,861**	**2,387**	**1,935**	**1,230**
ALCOHOLIC BEVERAGES	**412**	**406**	**473**	**497**	**414**	**402**	**392**	**184**
HOUSING	**16,557**	**9,553**	**16,845**	**20,041**	**18,900**	**16,673**	**14,420**	**11,421**
Shelter	**9,812**	**6,166**	**10,451**	**12,139**	**11,517**	**9,397**	**7,850**	**6,098**
Owned dwellings	6,277	1,123	5,126	8,149	8,163	6,777	5,809	3,834
Mortgage interest and charges	3,351	686	3,415	5,196	4,667	3,198	1,888	673
Property taxes	1,814	252	1,108	1,975	2,295	2,216	2,125	1,687
Maintenance, repair, insurance, other expenses	1,112	185	602	978	1,200	1,362	1,797	1,473
Rented dwellings	2,900	4,813	4,989	3,475	2,493	1,689	1,275	1,783
Other lodging	635	231	336	515	861	931	766	481
Utilities, fuels, and public services	**3,660**	**1,818**	**3,228**	**4,077**	**4,213**	**3,979**	**3,644**	**3,130**
Natural gas	440	186	355	497	506	456	455	467
Electricity	1,413	716	1,253	1,567	1,578	1,546	1,482	1,197
Fuel oil and other fuels	140	20	70	105	150	194	192	235
Telephone service	1,178	713	1,160	1,364	1,428	1,224	1,001	751
Water and other public services	489	184	390	544	551	558	514	480
Household services	**1,007**	**416**	**1,244**	**1,414**	**935**	**882**	**868**	**779**
Personal services	340	154	757	735	192	72	70	113
Other household services	667	261	487	679	743	810	798	667
Housekeeping supplies	**612**	**279**	**465**	**663**	**650**	**717**	**761**	**552**
Laundry and cleaning supplies	150	90	126	184	165	157	147	130
Other household products	329	155	245	332	344	403	441	292
Postage and stationery	132	34	93	148	140	157	173	130

	total consumer units	under age 25	25 to 34	35 to 44	45 to 54	55 to 64	65 to 74	75 or older
Household furnishings and equipment	**$1,467**	**$874**	**$1,458**	**$1,748**	**$1,585**	**$1,698**	**$1,297**	**$862**
Household textiles	102	53	79	111	109	138	114	66
Furniture	355	268	429	447	325	406	252	203
Floor coverings	36	8	44	42	37	51	20	21
Major appliances	209	92	160	262	220	249	181	211
Small appliances, miscellaneous housewares	107	45	97	105	112	149	118	64
Miscellaneous household equipment	657	409	650	780	783	705	612	296
APPAREL AND RELATED SERVICES	**1,700**	**1,559**	**2,087**	**2,040**	**1,966**	**1,571**	**1,186**	**708**
Men and boys	**382**	**260**	**429**	**487**	**469**	**370**	**273**	**138**
Men, aged 16 or older	304	219	325	320	390	331	246	119
Boys, aged 2 to 15	78	41	104	166	79	39	27	18
Women and girls	**663**	**670**	**675**	**765**	**838**	**614**	**493**	**333**
Women, aged 16 or older	562	628	550	555	722	564	450	308
Girls, aged 2 to 15	101	42	125	210	116	50	43	25
Children under age 2	**91**	**146**	**195**	**117**	**59**	**54**	**34**	**22**
Footwear	**303**	**305**	**313**	**414**	**360**	**292**	**176**	**118**
Other apparel products and services	**261**	**177**	**475**	**258**	**241**	**241**	**210**	**98**
TRANSPORTATION	**7,677**	**4,692**	**8,231**	**8,763**	**9,255**	**8,111**	**6,086**	**4,288**
Vehicle purchases	**2,588**	**1,591**	**3,415**	**2,905**	**3,041**	**2,584**	**1,638**	**1,335**
Cars and trucks, new	1,219	393	1,483	1,341	1,480	1,452	719	670
Cars and trucks, used	1,318	1,107	1,894	1,478	1,522	1,053	910	665
Gasoline and motor oil	**2,132**	**1,493**	**2,208**	**2,537**	**2,575**	**2,215**	**1,766**	**980**
Other vehicle expenses	**2,464**	**1,333**	**2,174**	**2,776**	**3,023**	**2,763**	**2,199**	**1,686**
Vehicle finance charges	243	137	303	310	298	248	154	56
Maintenance and repairs	787	480	705	889	947	894	701	503
Vehicle insurance	1,010	498	741	1,074	1,262	1,181	979	878
Vehicle rentals, leases, licenses, other charges	423	217	424	503	516	440	365	249
Public transportation	**493**	**275**	**434**	**545**	**616**	**548**	**483**	**288**
HEALTH CARE	**3,157**	**775**	**1,800**	**2,583**	**3,261**	**3,859**	**4,922**	**4,754**
Health insurance	1,831	405	1,086	1,453	1,747	2,110	3,133	3,031
Medical services	722	236	443	681	879	943	849	735
Drugs	485	102	200	340	497	665	797	814
Medical supplies	119	32	71	109	137	142	144	173
ENTERTAINMENT	**2,504**	**1,221**	**2,251**	**3,058**	**3,088**	**2,683**	**2,341**	**1,374**
Fees and admissions	581	235	460	849	780	545	473	283
Audio and visual equipment and services	954	595	965	1,078	1,025	1,061	864	700
Pets, toys, hobbies, and playground equipment	606	232	480	716	736	705	702	294
Other entertainment products and services	364	158	346	414	548	372	302	96
PERSONAL CARE PRODUCTS AND SERVICES	**582**	**347**	**517**	**682**	**673**	**599**	**571**	**455**
READING	**100**	**39**	**61**	**80**	**104**	**126**	**147**	**135**
EDUCATION	**1,074**	**1,906**	**839**	**963**	**2,094**	**917**	**240**	**140**
TOBACCO PRODUCTS AND SMOKING SUPPLIES	**362**	**283**	**362**	**358**	**449**	**450**	**298**	**147**
MISCELLANEOUS	**849**	**277**	**668**	**922**	**938**	**1,146**	**761**	**787**
CASH CONTRIBUTIONS	**1,633**	**314**	**1,074**	**1,532**	**1,747**	**1,893**	**2,276**	**2,267**
PERSONAL INSURANCE AND PENSIONS	**5,373**	**2,036**	**5,318**	**6,944**	**7,668**	**6,403**	**2,648**	**996**
Life and other personal insurance	318	22	167	280	441	471	386	233
Pensions and Social Security	5,054	2,013	5,151	6,664	7,227	5,932	2,261	763
PERSONAL TAXES	**1,769**	**104**	**1,055**	**1,992**	**3,323**	**2,295**	**1,116**	**144**
Federal income taxes	1,136	−47	521	1,242	2,309	1,520	739	22
State and local income taxes	482	145	463	650	831	529	122	−3
Other taxes	151	6	71	100	183	247	255	125
GIFTS FOR PEOPLE IN OTHER HOUSEHOLDS	**1,029**	**423**	**541**	**732**	**1,623**	**1,484**	**972**	**798**

Note: The Bureau of Labor Statistics uses consumer unit rather than household as the sampling unit in the Consumer Expenditure Survey; for the definition of consumer unit, see the glossary. Figures shown are integrated data from the interview and diary portions of the Consumer Expenditure Survey; for more information about the survey, see Appendix A. Annual average spending figures for some items may seem low because both purchasers and nonpurchasers are used to calculate the annual average; to find out how much purchasers spend on items, see the quarterly or weekly spending tables. Spending by category does not add to total spending because gift spending is also included in the preceding product and service categories and personal taxes are not included in the total.
Source: Bureau of Labor Statistics, 2010 Consumer Expenditure Survey, Internet site http://www.bls.gov/cex/

Table 1.9 Indexed Annual Spending by Age of Householder, 2010

(indexed average annual spending of consumer units (CU) by product and service category and age of consumer unit reference person, 2010; index definition: an index of 100 is the average for all consumer units; an index of 125 means that spending by consumer units in that group is 25 percent above the average for all consumer units; an index of 75 indicates spending that is 25 percent below the average for all consumer units)

	total consumer units	under 25	25 to 34	35 to 44	45 to 54	55 to 64	65 to 74	75 or older
Average annual spending of CU, total	$48,109	$27,483	$46,617	$55,946	$57,788	$50,900	$41,434	$31,529
Average annual spending of CU, index	100	57	97	116	120	106	86	66
FOOD	100	66	99	122	118	99	84	63
Food at home	100	61	92	117	121	102	89	73
Cereals and bakery products	100	62	88	121	120	101	88	77
Cereals and cereal products	100	62	93	128	121	96	81	66
Bakery products	100	62	85	117	119	103	91	82
Meats, poultry, fish, and eggs	100	57	91	114	123	101	88	80
Beef	100	63	84	106	121	103	78	114
Pork	100	56	83	115	122	103	103	74
Other meats	100	59	90	120	126	100	91	65
Poultry	100	61	110	122	126	89	78	57
Fish and seafood	100	38	89	113	123	113	94	70
Eggs	100	67	100	117	120	96	91	70
Dairy products	100	57	93	121	119	99	92	72
Fresh milk and cream	100	62	96	126	116	98	84	70
Other dairy products	100	54	91	117	120	100	97	73
Fruits and vegetables	100	58	90	116	121	102	91	77
Fresh fruits	100	51	91	118	118	105	92	78
Fresh vegetables	100	62	90	111	120	104	98	76
Processed fruits	100	60	90	119	119	99	88	82
Processed vegetables	100	62	91	118	128	96	82	73
Other food at home	100	65	95	118	120	103	87	65
Sugar and other sweets	100	48	84	117	123	105	98	75
Fats and oils	100	62	83	116	120	106	93	73
Miscellaneous foods	100	69	103	120	117	97	81	69
Nonalcoholic beverages	100	67	93	115	126	108	84	53
Food prepared by consumer unit on trips	100	30	58	123	112	130	147	53
Food away from home	100	75	110	129	114	95	77	49
ALCOHOLIC BEVERAGES	100	99	115	121	100	98	95	45
HOUSING	100	58	102	121	114	101	87	69
Shelter	100	63	107	124	117	96	80	62
Owned dwellings	100	18	82	130	130	108	93	61
Mortgage interest and charges	100	20	102	155	139	95	56	20
Property taxes	100	14	61	109	127	122	117	93
Maintenance, repair, insurance, other expenses	100	17	54	88	108	122	162	132
Rented dwellings	100	166	172	120	86	58	44	61
Other lodging	100	36	53	81	136	147	121	76
Utilities, fuels, and public services	100	50	88	111	115	109	100	86
Natural gas	100	42	81	113	115	104	103	106
Electricity	100	51	89	111	112	109	105	85
Fuel oil and other fuels	100	14	50	75	107	139	137	168
Telephone service	100	61	98	116	121	104	85	64
Water and other public services	100	38	80	111	113	114	105	98
Household services	100	41	124	140	93	88	86	77
Personal services	100	45	223	216	56	21	21	33
Other household services	100	39	73	102	111	121	120	100
Housekeeping supplies	100	46	76	108	106	117	124	90
Laundry and cleaning supplies	100	60	84	123	110	105	98	87
Other household products	100	47	74	101	105	122	134	89
Postage and stationery	100	26	70	112	106	119	131	98

	total consumer units	under age 25	25 to 34	35 to 44	45 to 54	55 to 64	65 to 74	75 or older
Household furnishings and equipment	**100**	**60**	**99**	**119**	**108**	**116**	**88**	**59**
Household textiles	100	52	77	109	107	135	112	65
Furniture	100	75	121	126	92	114	71	57
Floor coverings	100	22	122	117	103	142	56	58
Major appliances	100	44	77	125	105	119	87	101
Small appliances, miscellaneous housewares	100	42	91	98	105	139	110	60
Miscellaneous household equipment	100	62	99	119	119	107	93	45
APPAREL AND RELATED SERVICES	**100**	**92**	**123**	**120**	**116**	**92**	**70**	**42**
Men and boys	**100**	**68**	**112**	**127**	**123**	**97**	**71**	**36**
Men, aged 16 or older	100	72	107	105	128	109	81	39
Boys, aged 2 to 15	100	53	133	213	101	50	35	23
Women and girls	**100**	**101**	**102**	**115**	**126**	**93**	**74**	**50**
Women, aged 16 or older	100	112	98	99	128	100	80	55
Girls, aged 2 to 15	100	42	124	208	115	50	43	25
Children under age 2	**100**	**160**	**214**	**129**	**65**	**59**	**37**	**24**
Footwear	**100**	**101**	**103**	**137**	**119**	**96**	**58**	**39**
Other apparel products and services	**100**	**68**	**182**	**99**	**92**	**92**	**80**	**38**
TRANSPORTATION	**100**	**61**	**107**	**114**	**121**	**106**	**79**	**56**
Vehicle purchases	**100**	**61**	**132**	**112**	**118**	**100**	**63**	**52**
Cars and trucks, new	100	32	122	110	121	119	59	55
Cars and trucks, used	100	84	144	112	115	80	69	50
Gasoline and motor oil	**100**	**70**	**104**	**119**	**121**	**104**	**83**	**46**
Other vehicle expenses	**100**	**54**	**88**	**113**	**123**	**112**	**89**	**68**
Vehicle finance charges	100	56	125	128	123	102	63	23
Maintenance and repairs	100	61	90	113	120	114	89	64
Vehicle insurance	100	49	73	106	125	117	97	87
Vehicle rentals, leases, licenses, other charges	100	51	100	119	122	104	86	59
Public transportation	**100**	**56**	**88**	**111**	**125**	**111**	**98**	**58**
HEALTH CARE	**100**	**25**	**57**	**82**	**103**	**122**	**156**	**151**
Health insurance	100	22	59	79	95	115	171	166
Medical services	100	33	61	94	122	131	118	102
Drugs	100	21	41	70	102	137	164	168
Medical supplies	100	27	60	92	115	119	121	145
ENTERTAINMENT	**100**	**49**	**90**	**122**	**123**	**107**	**93**	**55**
Fees and admissions	100	40	79	146	134	94	81	49
Audio and visual equipment and services	100	62	101	113	107	111	91	73
Pets, toys, hobbies, and playground equipment	100	38	79	118	121	116	116	49
Other entertainment products and services	100	43	95	114	151	102	83	26
PERSONAL CARE PRODUCTS AND SERVICES	**100**	**60**	**89**	**117**	**116**	**103**	**98**	**78**
READING	**100**	**39**	**61**	**80**	**104**	**126**	**147**	**135**
EDUCATION	**100**	**177**	**78**	**90**	**195**	**85**	**22**	**13**
TOBACCO PRODUCTS AND SMOKING SUPPLIES	**100**	**78**	**100**	**99**	**124**	**124**	**82**	**41**
MISCELLANEOUS	**100**	**33**	**79**	**109**	**110**	**135**	**90**	**93**
CASH CONTRIBUTIONS	**100**	**19**	**66**	**94**	**107**	**116**	**139**	**139**
PERSONAL INSURANCE AND PENSIONS	**100**	**38**	**99**	**129**	**143**	**119**	**49**	**19**
Life and other personal insurance	100	7	53	88	139	148	121	73
Pensions and Social Security	100	40	102	132	143	117	45	15
PERSONAL TAXES	**100**	**6**	**60**	**113**	**188**	**130**	**63**	**8**
Federal income taxes	100	−4	46	109	203	134	65	2
State and local income taxes	100	30	96	135	172	110	25	−1
Other taxes	100	4	47	66	121	164	169	83
GIFTS FOR PEOPLE IN OTHER HOUSEHOLDS	**100**	**41**	**53**	**71**	**158**	**144**	**94**	**78**

Note: The Bureau of Labor Statistics uses consumer unit rather than household as the sampling unit in the Consumer Expenditure Survey; for the definition of consumer unit, see the glossary. Figures shown are integrated data from the interview and diary portions of the Consumer Expenditure Survey; for more information about the survey, see Appendix A.
Source: Calculations by New Strategist based on the Bureau of Labor Statistics 2010 Consumer Expenditure Survey

Table 1.10 Total Annual Spending by Age of Householder, 2010

(total annual spending of consumer units (CUs) by product and service category and age of consumer unit reference person, 2010; consumer units and dollars in thousands)

	total consumer units	under age 25	25 to 34	35 to 44	45 to 54	55 to 64	65 to 74	75 or older
Number of consumer units	121,107	8,034	20,166	21,912	25,054	21,359	13,031	11,551
Total annual spending of all CUs	$5,826,336,663	$220,798,422	$940,078,422	$1,225,888,752	$1,447,820,552	$1,087,173,100	$539,926,454	$364,191,479
FOOD	742,264,803	32,722,482	122,831,106	163,967,496	181,140,420	129,606,412	67,083,588	44,737,023
Food at home	438,891,768	17,650,698	67,314,108	93,235,560	109,460,926	78,622,479	41,868,603	30,529,293
Cereals and bakery products	60,795,714	2,506,608	8,893,206	13,300,584	15,032,400	10,829,013	5,759,702	4,447,135
Cereals and cereal products	19,982,655	827,502	3,085,398	4,645,344	4,985,746	3,396,081	1,746,154	1,259,059
Bakery products	40,813,059	1,679,106	5,807,808	8,655,240	10,046,654	7,411,573	4,013,548	3,188,076
Meats, poultry, fish, and eggs	94,947,888	3,591,198	14,378,358	19,633,152	24,202,164	16,916,328	8,965,328	7,242,477
Beef	26,280,219	1,092,624	3,670,212	5,039,760	6,589,202	4,763,057	2,215,270	2,864,648
Pork	18,044,943	666,822	2,500,584	3,768,864	4,559,828	3,267,927	2,006,774	1,270,610
Other meats	14,169,519	554,346	2,117,430	3,067,680	3,682,938	2,499,003	1,381,286	877,876
Poultry	16,712,766	674,856	3,065,232	3,681,216	4,359,396	2,627,157	1,394,317	912,529
Fish and seafood	14,169,519	361,530	2,097,264	2,892,384	3,607,776	2,819,388	1,433,410	947,182
Eggs	5,570,922	249,054	927,636	1,183,248	1,377,970	939,796	547,302	369,632
Dairy products	46,020,660	1,751,412	7,118,598	10,035,696	11,349,462	8,073,702	4,573,881	3,164,974
Fresh milk and cream	17,076,087	706,992	2,722,410	3,878,424	4,108,856	2,947,542	1,550,689	1,143,549
Other dairy products	29,065,680	1,044,420	4,396,188	6,157,272	7,240,606	5,126,160	3,023,192	2,032,976
Fruits and vegetables	82,231,653	3,173,430	12,381,924	17,244,744	20,519,226	14,780,428	8,079,220	6,064,275
Fresh fruits	28,096,824	956,046	4,234,860	5,981,976	6,864,796	5,190,237	2,788,634	2,102,282
Fresh vegetables	25,432,470	1,052,454	3,831,540	5,105,496	6,288,554	4,656,262	2,684,386	1,836,609
Processed fruits	13,685,091	546,312	2,056,932	2,936,208	3,357,236	2,392,208	1,290,069	1,074,243
Processed vegetables	15,017,268	618,618	2,278,758	3,199,152	3,983,586	2,541,721	1,329,162	1,051,141
Other food at home	154,774,746	6,636,084	24,542,022	33,043,296	38,382,728	28,023,008	14,477,441	9,598,881
Sugar and other sweets	15,986,124	506,142	2,238,426	3,374,448	4,058,748	2,947,542	1,694,030	1,143,549
Fats and oils	12,474,021	514,176	1,734,276	2,607,528	3,106,696	2,328,131	1,250,976	866,325
Miscellaneous foods	80,778,369	3,719,742	13,793,544	17,485,776	19,542,120	13,861,991	7,062,802	5,278,807
Nonalcoholic beverages	40,328,631	1,791,582	6,271,626	8,414,208	10,497,626	7,689,240	3,635,649	2,044,527
Food prepared by consumer unit on trips	5,207,601	104,442	504,150	1,161,336	1,202,592	1,196,104	820,953	265,673
Food away from home	303,373,035	15,071,784	55,516,998	70,710,024	71,679,494	50,983,933	25,214,985	14,207,730
ALCOHOLIC BEVERAGES	49,896,084	3,261,804	9,538,518	10,890,264	10,372,356	8,586,318	5,108,152	2,125,384
HOUSING	2,005,168,599	76,748,802	339,696,270	439,138,392	473,520,600	356,118,607	187,907,020	131,923,971
Shelter	1,188,301,884	49,537,644	210,754,866	265,989,768	288,546,918	200,710,523	102,293,350	70,437,998
Owned dwellings	760,188,639	9,022,182	103,370,916	178,560,888	204,515,802	144,749,943	75,697,079	44,286,534
Mortgage interest and charges	405,829,557	5,511,324	68,866,890	113,854,752	116,927,018	68,306,082	24,602,528	7,773,823
Property taxes	219,688,098	2,024,568	22,343,928	43,276,200	57,498,930	47,331,544	27,690,875	19,486,537
Maintenance, repair, insurance, other expenses	134,670,984	1,486,290	12,139,932	21,429,936	30,064,800	29,090,958	23,416,707	17,014,623
Rented dwellings	351,210,300	38,667,642	100,608,174	76,144,200	62,459,622	36,075,351	16,614,525	20,595,433
Other lodging	76,902,945	1,855,854	6,775,776	11,284,680	21,571,494	19,885,229	9,981,746	5,556,031
Utilities, fuels, and public services	443,251,620	14,605,812	65,095,848	89,335,224	105,552,502	84,987,461	47,484,964	36,154,630
Natural gas	53,287,080	1,494,324	7,158,930	10,890,264	12,677,324	9,739,704	5,929,105	5,394,317
Electricity	171,124,191	5,752,344	25,267,998	34,336,104	39,535,212	33,021,014	19,311,942	13,826,547
Fuel oil and other fuels	16,954,980	160,680	1,411,620	2,300,760	3,758,100	4,143,646	2,501,952	2,714,485
Telephone service	142,664,046	5,728,242	23,392,560	29,887,968	35,777,112	26,143,416	13,044,031	8,674,801
Water and other public services	59,221,323	1,478,256	7,864,740	11,920,128	13,804,754	11,918,322	6,697,934	5,544,480
Household services	121,954,749	3,342,144	25,086,504	30,983,568	23,425,490	18,838,638	11,310,908	8,998,229
Personal services	41,176,380	1,237,236	15,265,662	16,105,320	4,810,368	1,537,848	912,170	1,305,263
Other household services	80,778,369	2,096,874	9,820,842	14,878,248	18,615,122	17,300,790	10,398,738	7,704,517
Housekeeping supplies	74,117,484	2,241,486	9,377,190	14,527,656	16,285,100	15,314,403	9,916,591	6,376,152
Laundry and cleaning supplies	18,166,050	723,060	2,540,916	4,031,808	4,133,910	3,353,363	1,915,557	1,501,630
Other household products	39,844,203	1,245,270	4,940,670	7,274,784	8,618,576	8,607,677	5,746,671	3,372,892
Postage and stationery	15,986,124	273,156	1,875,438	3,242,976	3,507,560	3,353,363	2,254,363	1,501,630

	total consumer units	under age 25	25 to 34	35 to 44	45 to 54	55 to 64	65 to 74	75 or older
Household furnishings and equipment	**$177,663,969**	**$7,021,716**	**$29,402,028**	**$38,302,176**	**$39,710,590**	**$36,267,582**	**$16,901,207**	**$9,956,962**
Household textiles	12,352,914	425,802	1,593,114	2,432,232	2,730,886	2,947,542	1,485,534	762,366
Furniture	42,992,985	2,153,112	8,651,214	9,794,664	8,142,550	8,671,754	3,283,812	2,344,853
Floor coverings	4,359,852	64,272	887,304	920,304	926,998	1,089,309	260,620	242,571
Major appliances	25,311,363	739,128	3,226,560	5,740,944	5,511,880	5,318,391	2,358,611	2,437,261
Small appliances, miscellaneous housewares	12,958,449	361,530	1,956,102	2,300,760	2,806,048	3,182,491	1,537,658	739,264
Miscellaneous household equipment	79,567,299	3,285,906	13,107,900	17,091,360	19,617,282	15,058,095	7,974,972	3,419,096
APPAREL AND RELATED SERVICES	**205,881,900**	**12,525,006**	**42,086,442**	**44,700,480**	**49,256,164**	**33,554,989**	**15,454,766**	**8,178,108**
Men and boys	**46,262,874**	**2,088,840**	**8,651,214**	**10,671,144**	**11,750,326**	**7,902,830**	**3,557,463**	**1,594,038**
Men, aged 16 or older	36,816,528	1,759,446	6,553,950	7,011,840	9,771,060	7,069,829	3,205,626	1,374,569
Boys, aged 2 to 15	9,446,346	329,394	2,097,264	3,637,392	1,979,266	833,001	351,837	207,918
Women and girls	**80,293,941**	**5,382,780**	**13,612,050**	**16,762,680**	**20,995,252**	**13,114,426**	**6,424,283**	**3,846,483**
Women, aged 16 or older	68,062,134	5,045,352	11,091,300	12,161,160	18,088,988	12,046,476	5,863,950	3,557,708
Girls, aged 2 to 15	12,231,807	337,428	2,520,750	4,601,520	2,906,264	1,067,950	560,333	288,775
Children under age 2	**11,020,737**	**1,172,964**	**3,932,370**	**2,563,704**	**1,478,186**	**1,153,386**	**443,054**	**254,122**
Footwear	**36,695,421**	**2,450,370**	**6,311,958**	**9,071,568**	**9,019,440**	**6,236,828**	**2,293,456**	**1,363,018**
Other apparel products and services	**31,608,927**	**1,422,018**	**9,578,850**	**5,653,296**	**6,038,014**	**5,147,519**	**2,736,510**	**1,131,998**
TRANSPORTATION	**929,738,439**	**37,695,528**	**165,986,346**	**192,014,856**	**231,874,770**	**173,242,849**	**79,306,666**	**49,530,688**
Vehicle purchases	**313,424,916**	**12,782,094**	**68,866,890**	**63,654,360**	**76,189,214**	**55,191,656**	**21,344,778**	**15,420,585**
Cars and trucks, new	147,629,433	3,157,362	29,906,178	29,383,992	37,079,920	31,013,268	9,369,289	7,739,170
Cars and trucks, used	159,619,026	8,893,638	38,194,404	32,385,936	38,132,188	22,491,027	11,858,210	7,681,415
Gasoline and motor oil	**258,200,124**	**11,994,762**	**44,526,528**	**55,590,744**	**64,514,050**	**47,310,185**	**23,012,746**	**11,319,980**
Other vehicle expenses	**298,407,648**	**10,709,322**	**43,840,884**	**60,827,712**	**75,738,242**	**59,014,917**	**28,655,169**	**19,474,986**
Vehicle finance charges	29,429,001	1,100,658	6,110,298	6,792,720	7,466,092	5,297,032	2,006,774	646,856
Maintenance and repairs	95,311,209	3,856,320	14,217,030	19,479,768	23,726,138	19,094,946	9,134,731	5,810,153
Vehicle insurance	122,318,070	4,000,932	14,943,006	23,533,488	31,618,148	25,224,979	12,757,349	10,141,778
Vehicle rentals, leases, licenses, other charges	51,228,261	1,743,378	8,550,384	11,021,736	12,927,864	9,397,960	4,756,315	2,876,199
Public transportation	**59,705,751**	**2,209,350**	**8,752,044**	**11,942,040**	**15,433,264**	**11,704,732**	**6,293,973**	**3,326,688**
HEALTH CARE	**382,334,799**	**6,226,350**	**36,298,800**	**56,598,696**	**81,701,094**	**82,424,381**	**64,138,582**	**54,913,454**
Health insurance	221,746,917	3,253,770	21,900,276	31,838,136	43,769,338	45,067,490	40,826,123	35,011,081
Medical services	87,439,254	1,896,024	8,933,538	14,922,072	22,022,466	20,141,537	11,063,319	8,489,985
Drugs	58,736,895	819,468	4,033,200	7,450,080	12,451,838	14,203,735	10,385,707	9,402,514
Medical supplies	14,411,733	257,088	1,431,786	2,388,408	3,432,398	3,032,978	1,876,464	1,998,323
ENTERTAINMENT	**303,251,928**	**9,809,514**	**45,393,666**	**67,006,896**	**77,366,752**	**57,306,197**	**30,505,571**	**15,871,074**
Fees and admissions	70,363,167	1,887,990	9,276,360	18,603,288	19,542,120	11,640,655	6,163,663	3,268,933
Audio and visual equipment and services	115,536,078	4,780,230	19,460,190	23,621,136	25,680,350	22,661,899	11,258,784	8,085,700
Pets, toys, hobbies, and playground equipment	73,390,842	1,863,888	9,679,680	15,688,992	18,439,744	15,058,095	9,147,762	3,395,994
Other entertainment products and services	44,082,948	1,269,372	6,977,436	9,071,568	13,729,592	7,945,548	3,935,362	1,108,896
PERSONAL CARE PRODUCTS AND SERVICES	**70,484,274**	**2,787,798**	**10,425,822**	**14,943,984**	**16,861,342**	**12,794,041**	**7,440,701**	**5,255,705**
READING	**12,110,700**	**313,326**	**1,230,126**	**1,752,960**	**2,605,616**	**2,691,234**	**1,915,557**	**1,559,385**
EDUCATION	**130,068,918**	**15,312,804**	**16,919,274**	**21,101,256**	**52,463,076**	**19,586,203**	**3,127,440**	**1,617,140**
TOBACCO PRODUCTS AND SMOKING SUPPLIES	**43,840,734**	**2,273,622**	**7,300,092**	**7,844,496**	**11,249,246**	**9,611,550**	**3,883,238**	**1,697,997**
MISCELLANEOUS	**102,819,843**	**2,225,418**	**13,470,888**	**20,202,864**	**23,500,652**	**24,477,414**	**9,916,591**	**9,090,637**
CASH CONTRIBUTIONS	**197,767,731**	**2,522,676**	**21,658,284**	**33,569,184**	**43,769,338**	**40,432,587**	**29,658,556**	**26,186,117**
PERSONAL INSURANCE AND PENSIONS	**650,707,911**	**16,357,224**	**107,242,788**	**152,156,928**	**192,114,072**	**136,761,677**	**34,506,088**	**11,504,796**
Life and other personal insurance	38,512,026	176,748	3,367,722	6,135,360	11,048,814	10,060,089	5,029,966	2,691,383
Pensions and Social Security	612,074,778	16,172,442	103,875,066	146,021,568	181,065,258	126,701,588	29,463,091	8,813,413
PERSONAL TAXES	**214,238,283**	**835,536**	**21,275,130**	**43,648,704**	**83,254,442**	**49,018,905**	**14,542,596**	**1,663,344**
Federal income taxes	137,577,552	−377,598	10,506,486	27,214,704	57,849,686	32,465,680	9,629,909	254,122
State and local income taxes	58,373,574	1,164,930	9,336,858	14,242,800	20,819,874	11,298,911	1,589,782	−34,653
Other taxes	18,287,157	48,204	1,431,786	2,191,200	4,584,882	5,275,673	3,322,905	1,443,875
GIFTS FOR PEOPLE IN OTHER HOUSEHOLDS	**124,619,103**	**3,398,382**	**10,909,806**	**16,039,584**	**40,662,642**	**31,696,756**	**12,666,132**	**9,217,698**

Note: The Bureau of Labor Statistics uses consumer unit rather than household as the sampling unit in the Consumer Expenditure Survey; for the definition of consumer unit, see the glossary. Figures shown are integrated data from the interview and diary portions of the Consumer Expenditure Survey; for more information about the survey, see Appendix A. Spending by category does not add to total spending because gift spending is also included in the preceding product and service categories and personal taxes are not included in the total.

Source: Calculations by New Strategist based on the Bureau of Labor Statistics 2010 Consumer Expenditure Survey

Table 1.11 Shares of Annual Spending by Age of Householder, 2010

(percentage of total annual spending accounted for by consumer unit age groups, 2010)

	total consumer units	under age 25	25 to 34	35 to 44	45 to 54	55 to 64	65 to 74	75 or older
Share of total consumer units	100.0%	6.6%	16.7%	18.1%	20.7%	17.6%	10.8%	9.5%
Share of total before-tax income	100.0	2.9	15.9	22.0	26.4	19.5	8.6	4.9
Share of total annual spending	100.0	3.8	16.1	21.0	24.8	18.7	9.3	6.3
FOOD	100.0	4.4	16.5	22.1	24.4	17.5	9.0	6.0
Food at home	100.0	4.0	15.3	21.2	24.9	17.9	9.5	7.0
Cereals and bakery products	100.0	4.1	14.6	21.9	24.7	17.8	9.5	7.3
Cereals and cereal products	100.0	4.1	15.4	23.2	25.0	17.0	8.7	6.3
Bakery products	100.0	4.1	14.2	21.2	24.6	18.2	9.8	7.8
Meats, poultry, fish, and eggs	100.0	3.8	15.1	20.7	25.5	17.8	9.4	7.6
Beef	100.0	4.2	14.0	19.2	25.1	18.1	8.4	10.9
Pork	100.0	3.7	13.9	20.9	25.3	18.1	11.1	7.0
Other meats	100.0	3.9	14.9	21.6	26.0	17.6	9.7	6.2
Poultry	100.0	4.0	18.3	22.0	26.1	15.7	8.3	5.5
Fish and seafood	100.0	2.6	14.8	20.4	25.5	19.9	10.1	6.7
Eggs	100.0	4.5	16.7	21.2	24.7	16.9	9.8	6.6
Dairy products	100.0	3.8	15.5	21.8	24.7	17.5	9.9	6.9
Fresh milk and cream	100.0	4.1	15.9	22.7	24.1	17.3	9.1	6.7
Other dairy products	100.0	3.6	15.1	21.2	24.9	17.6	10.4	7.0
Fruits and vegetables	100.0	3.9	15.1	21.0	25.0	18.0	9.8	7.4
Fresh fruits	100.0	3.4	15.1	21.3	24.4	18.5	9.9	7.5
Fresh vegetables	100.0	4.1	15.1	20.1	24.7	18.3	10.6	7.2
Processed fruits	100.0	4.0	15.0	21.5	24.5	17.5	9.4	7.8
Processed vegetables	100.0	4.1	15.2	21.3	26.5	16.9	8.9	7.0
Other food at home	100.0	4.3	15.9	21.3	24.8	18.1	9.4	6.2
Sugar and other sweets	100.0	3.2	14.0	21.1	25.4	18.4	10.6	7.2
Fats and oils	100.0	4.1	13.9	20.9	24.9	18.7	10.0	6.9
Miscellaneous foods	100.0	4.6	17.1	21.6	24.2	17.2	8.7	6.5
Nonalcoholic beverages	100.0	4.4	15.6	20.9	26.0	19.1	9.0	5.1
Food prepared by consumer unit on trips	100.0	2.0	9.7	22.3	23.1	23.0	15.8	5.1
Food away from home	100.0	5.0	18.3	23.3	23.6	16.8	8.3	4.7
ALCOHOLIC BEVERAGES	100.0	6.5	19.1	21.8	20.8	17.2	10.2	4.3
HOUSING	100.0	3.8	16.9	21.9	23.6	17.8	9.4	6.6
Shelter	100.0	4.2	17.7	22.4	24.3	16.9	8.6	5.9
Owned dwellings	100.0	1.2	13.6	23.5	26.9	19.0	10.0	5.8
Mortgage interest and charges	100.0	1.4	17.0	28.1	28.8	16.8	6.1	1.9
Property taxes	100.0	0.9	10.2	19.7	26.2	21.5	12.6	8.9
Maintenance, repair, insurance, other expenses	100.0	1.1	9.0	15.9	22.3	21.6	17.4	12.6
Rented dwellings	100.0	11.0	28.6	21.7	17.8	10.3	4.7	5.9
Other lodging	100.0	2.4	8.8	14.7	28.1	25.9	13.0	7.2
Utilities, fuels, and public services	100.0	3.3	14.7	20.2	23.8	19.2	10.7	8.2
Natural gas	100.0	2.8	13.4	20.4	23.8	18.3	11.1	10.1
Electricity	100.0	3.4	14.8	20.1	23.1	19.3	11.3	8.1
Fuel oil and other fuels	100.0	0.9	8.3	13.6	22.2	24.4	14.8	16.0
Telephone service	100.0	4.0	16.4	20.9	25.1	18.3	9.1	6.1
Water and other public services	100.0	2.5	13.3	20.1	23.3	20.1	11.3	9.4
Household services	100.0	2.7	20.6	25.4	19.2	15.4	9.3	7.4
Personal services	100.0	3.0	37.1	39.1	11.7	3.7	2.2	3.2
Other household services	100.0	2.6	12.2	18.4	23.0	21.4	12.9	9.5
Housekeeping supplies	100.0	3.0	12.7	19.6	22.0	20.7	13.4	8.6
Laundry and cleaning supplies	100.0	4.0	14.0	22.2	22.8	18.5	10.5	8.3
Other household products	100.0	3.1	12.4	18.3	21.6	21.6	14.4	8.5
Postage and stationery	100.0	1.7	11.7	20.3	21.9	21.0	14.1	9.4

	total consumer units	under age 25	25 to 34	35 to 44	45 to 54	55 to 64	65 to 74	75 or older
Household furnishings and equipment	**100.0%**	**4.0%**	**16.5%**	**21.6%**	**22.4%**	**20.4%**	**9.5%**	**5.6%**
Household textiles	100.0	3.4	12.9	19.7	22.1	23.9	12.0	6.2
Furniture	100.0	5.0	20.1	22.8	18.9	20.2	7.6	5.5
Floor coverings	100.0	1.5	20.4	21.1	21.3	25.0	6.0	5.6
Major appliances	100.0	2.9	12.7	22.7	21.8	21.0	9.3	9.6
Small appliances, miscellaneous housewares	100.0	2.8	15.1	17.8	21.7	24.6	11.9	5.7
Miscellaneous household equipment	100.0	4.1	16.5	21.5	24.7	18.9	10.0	4.3
APPAREL AND RELATED SERVICES	**100.0**	**6.1**	**20.4**	**21.7**	**23.9**	**16.3**	**7.5**	**4.0**
Men and boys	**100.0**	**4.5**	**18.7**	**23.1**	**25.4**	**17.1**	**7.7**	**3.4**
Men, aged 16 or older	100.0	4.8	17.8	19.0	26.5	19.2	8.7	3.7
Boys, aged 2 to 15	100.0	3.5	22.2	38.5	21.0	8.8	3.7	2.2
Women and girls	**100.0**	**6.7**	**17.0**	**20.9**	**26.1**	**16.3**	**8.0**	**4.8**
Women, aged 16 or older	100.0	7.4	16.3	17.9	26.6	17.7	8.6	5.2
Girls, aged 2 to 15	100.0	2.8	20.6	37.6	23.8	8.7	4.6	2.4
Children under age 2	**100.0**	**10.6**	**35.7**	**23.3**	**13.4**	**10.5**	**4.0**	**2.3**
Footwear	**100.0**	**6.7**	**17.2**	**24.7**	**24.6**	**17.0**	**6.2**	**3.7**
Other apparel products and services	**100.0**	**4.5**	**30.3**	**17.9**	**19.1**	**16.3**	**8.7**	**3.6**
TRANSPORTATION	**100.0**	**4.1**	**17.9**	**20.7**	**24.9**	**18.6**	**8.5**	**5.3**
Vehicle purchases	**100.0**	**4.1**	**22.0**	**20.3**	**24.3**	**17.6**	**6.8**	**4.9**
Cars and trucks, new	100.0	2.1	20.3	19.9	25.1	21.0	6.3	5.2
Cars and trucks, used	100.0	5.6	23.9	20.3	23.9	14.1	7.4	4.8
Gasoline and motor oil	**100.0**	**4.6**	**17.2**	**21.5**	**25.0**	**18.3**	**8.9**	**4.4**
Other vehicle expenses	**100.0**	**3.6**	**14.7**	**20.4**	**25.4**	**19.8**	**9.6**	**6.5**
Vehicle finance charges	100.0	3.7	20.8	23.1	25.4	18.0	6.8	2.2
Maintenance and repairs	100.0	4.0	14.9	20.4	24.9	20.0	9.6	6.1
Vehicle insurance	100.0	3.3	12.2	19.2	25.8	20.6	10.4	8.3
Vehicle rentals, leases, licenses, other charges	100.0	3.4	16.7	21.5	25.2	18.3	9.3	5.6
Public transportation	**100.0**	**3.7**	**14.7**	**20.0**	**25.8**	**19.6**	**10.5**	**5.6**
HEALTH CARE	**100.0**	**1.6**	**9.5**	**14.8**	**21.4**	**21.6**	**16.8**	**14.4**
Health insurance	100.0	1.5	9.9	14.4	19.7	20.3	18.4	15.8
Medical services	100.0	2.2	10.2	17.1	25.2	23.0	12.7	9.7
Drugs	100.0	1.4	6.9	12.7	21.2	24.2	17.7	16.0
Medical supplies	100.0	1.8	9.9	16.6	23.8	21.0	13.0	13.9
ENTERTAINMENT	**100.0**	**3.2**	**15.0**	**22.1**	**25.5**	**18.9**	**10.1**	**5.2**
Fees and admissions	100.0	2.7	13.2	26.4	27.8	16.5	8.8	4.6
Audio and visual equipment and services	100.0	4.1	16.8	20.4	22.2	19.6	9.7	7.0
Pets, toys, hobbies, and playground equipment	100.0	2.5	13.2	21.4	25.1	20.5	12.5	4.6
Other entertainment products and services	100.0	2.9	15.8	20.6	31.1	18.0	8.9	2.5
PERSONAL CARE PRODUCTS AND SERVICES	**100.0**	**4.0**	**14.8**	**21.2**	**23.9**	**18.2**	**10.6**	**7.5**
READING	**100.0**	**2.6**	**10.2**	**14.5**	**21.5**	**22.2**	**15.8**	**12.9**
EDUCATION	**100.0**	**11.8**	**13.0**	**16.2**	**40.3**	**15.1**	**2.4**	**1.2**
TOBACCO PRODUCTS AND SMOKING SUPPLIES	**100.0**	**5.2**	**16.7**	**17.9**	**25.7**	**21.9**	**8.9**	**3.9**
MISCELLANEOUS	**100.0**	**2.2**	**13.1**	**19.6**	**22.9**	**23.8**	**9.6**	**8.8**
CASH CONTRIBUTIONS	**100.0**	**1.3**	**11.0**	**17.0**	**22.1**	**20.4**	**15.0**	**13.2**
PERSONAL INSURANCE AND PENSIONS	**100.0**	**2.5**	**16.5**	**23.4**	**29.5**	**21.0**	**5.3**	**1.8**
Life and other personal insurance	100.0	0.5	8.7	15.9	28.7	26.1	13.1	7.0
Pensions and Social Security	100.0	2.6	17.0	23.9	29.6	20.7	4.8	1.4
PERSONAL TAXES	**100.0**	**0.4**	**9.9**	**20.4**	**38.9**	**22.9**	**6.8**	**0.8**
Federal income taxes	100.0	−0.3	7.6	19.8	42.0	23.6	7.0	0.2
State and local income taxes	100.0	2.0	16.0	24.4	35.7	19.4	2.7	−0.1
Other taxes	100.0	0.3	7.8	12.0	25.1	28.8	18.2	7.9
GIFTS FOR PEOPLE IN OTHER HOUSEHOLDS	**100.0**	**2.7**	**8.8**	**12.9**	**32.6**	**25.4**	**10.2**	**7.4**

Note: The Bureau of Labor Statistics uses consumer unit rather than household as the sampling unit in the Consumer Expenditure Survey; for the definition of consumer unit, see the glossary. Figures shown are integrated data from the interview and diary portions of the Consumer Expenditure Survey; for more information about the survey, see Appendix A.
Source: Calculations by New Strategist based on the Bureau of Labor Statistics 2010 Consumer Expenditure Survey

Spending on Alcoholic Beverages, 2010

The average household spent $412 on alcoholic beverages in 2010. This was 13 percent less than in 2000, after adjusting for inflation, but spending on this category has been on a rollercoaster during those years. Between 2000 and 2006, average household spending on alcoholic beverages increased 14 percent, then fell by a larger 23 percent between 2006 and 2010 as the Great Recession set in—resulting in the 13 percent overall loss during those 10 years.

Most spending on alcohol is for home consumption (annual average, $222; 54 percent of total) rather than beverages purchased in bars and restaurants ($190; 46 percent). Nearly half the spending on alcohol for home consumption went toward the purchase of beer and ale.

Annual Spending

Householders aged 35 to 44 spent the most on alcoholic beverages in 2010, 21 percent more than the average household. Householders aged 35 to 44 spend the most on alcohol consumed at home (25 percent more than average), while householders aged 25 to 34 spend the most on alcohol in bars or restaurants (35 percent more than average). Householders aged 35 to 44 and those aged 45 to 54 account for the largest shares (24 percent each) of the market for beer and ale consumed at home. The younger age group also accounts for the largest share of the whisky-consumed-at-home market (29 percent). The 35-to-44 and 45-to-54 age groups each account for a 21 percent share of the wine-consumed-at-home market. Householders aged 25 to 44 account for half the beer spending in bars and restaurants. Householders under age 25 spend twice the average amount on whiskey and other alcohol at restaurants and bars.

Quarterly Spending

During the average quarter of 2010, 38 percent of households bought alcoholic beverages. Purchasers spent an average of $225 on alcoholic beverages during the quarter. Nearly one-third (32.6 percent) of households purchased alcohol for home consumption during the average quarter of 2010 and purchasers spent an average of $148.50. Nearly one-quarter (23.6 percent) of households purchased alcoholic beverages at restaurants and bars during the average quarter of 2010, the average purchaser spending $155. Some 12 percent of households purchased alcoholic beverages on trips during the average quarter. Among those who bought alcohol while traveling, householders aged 65 to 74 spent the most.

Weekly Spending

During the average week of 2010, 22 percent of households purchased alcoholic beverages, the purchasers spending an average of $32. The alcoholic beverage that attracts the largest share of buyers on a weekly basis is beer. Nearly 10 percent of households purchased beer to be consumed at home and 7.5 percent purchased beer at restaurants and bars during the average week of 2010. The purchasers spent an average of $21 on beer consumed at home and $16 on beer consumed at restaurants and bars.

Table 2.1 Alcoholic Beverages: Average Annual Spending by Age, 2010

(average annual spending of consumer units (CU) on alcoholic beverages, by age of consumer unit reference person, 2010)

	total consumer units	under 25	25 to 34	35 to 44	45 to 54	55 to 64	65 to 74	75+
Number of consumer units (in 000s)	121,107	8,034	20,166	21,912	25,054	21,359	13,031	11,551
Average number of persons per CU	2.5	2.0	2.9	3.3	2.8	2.2	1.9	1.6
Average before-tax income of CU	$62,481.00	$26,881.00	$59,613.00	$76,128.00	$79,589.00	$68,906.00	$49,711.00	$31,782.00
Average annual spending of CU, total	48,108.84	27,482.77	46,617.48	55,945.67	57,788.25	50,899.73	41,433.85	31,528.55
Alcoholic beverages, average annual spending	**411.97**	**406.10**	**473.04**	**497.41**	**414.04**	**402.11**	**391.50**	**183.68**
Consumed at home	**221.68**	**153.06**	**215.30**	**277.78**	**228.54**	**231.02**	**244.50**	**115.62**
Beer and ale	102.83	99.97	111.74	134.93	117.85	100.76	66.34	40.53
Whiskey	12.19	4.45	16.91	19.84	6.13	10.72	18.83	3.55
Wine	87.69	32.99	69.33	101.26	87.76	100.73	131.91	57.09
Other alcoholic beverages	18.98	15.65	17.32	21.75	16.80	18.81	27.41	14.44
Consumed away from home	**190.28**	**253.03**	**257.74**	**219.63**	**185.50**	**171.09**	**147.01**	**68.06**
Beer and ale at restaurants, bars	62.96	98.75	103.89	79.15	57.02	44.98	39.60	8.72
Wine at restaurants, bars	33.30	20.44	32.98	41.05	35.06	39.64	26.59	20.18
Whiskey and other alcohol at restaurants, bars	51.31	104.11	75.64	53.03	43.90	40.33	38.34	19.66
Alcoholic beverages purchased on trips	42.71	29.73	45.24	46.40	49.52	46.14	42.48	19.50

Note: Annual average spending figures for some items may seem low because both purchasers and nonpurchasers are used to calculate the annual average; to find out how much purchasers spend on items, see the quarterly or weekly spending tables.
Source: Bureau of Labor Statistics, unpublished tables from the 2010 Consumer Expenditure Survey

Table 2.2 Alcoholic Beverages: Indexed Annual Spending by Age, 2010

(indexed average annual spending of consumer units (CU) on alcoholic beverages, by age of consumer unit reference person, 2010; index definition: an index of 100 is the average for all consumer units; an index of 125 means that spending by consumer units in that group is 25 percent above the average for all consumer units; an index of 75 indicates spending that is 25 percent below the average for all consumer units)

	total consumer units	under 25	25 to 34	35 to 44	45 to 54	55 to 64	65 to 74	75+
Average annual spending of CU, total	$48,109	$27,483	$46,617	$55,946	$57,788	$50,900	$41,434	$31,529
Average annual spending of CU, index	100	57	97	116	120	106	86	66
Alcoholic beverages, annual spending index	**100**	**99**	**115**	**121**	**101**	**98**	**95**	**45**
Consumed at home	**100**	**69**	**97**	**125**	**103**	**104**	**110**	**52**
Beer and ale	100	97	109	131	115	98	65	39
Whiskey	100	37	139	163	50	88	154	29
Wine	100	38	79	115	100	115	150	65
Other alcoholic beverages	100	82	91	115	89	99	144	76
Consumed away from home	**100**	**133**	**135**	**115**	**97**	**90**	**77**	**36**
Beer and ale at restaurants, bars	100	157	165	126	91	71	63	14
Wine at restaurants, bars	100	61	99	123	105	119	80	61
Whiskey and other alcohol at restaurants, bars	100	203	147	103	86	79	75	38
Alcoholic beverages purchased on trips	100	70	106	109	116	108	99	46

Source: Calculations by New Strategist based on the Bureau of Labor Statistics' 2010 Consumer Expenditure Survey

Table 2.3 Alcoholic Beverages: Total Annual Spending by Age, 2010

(total annual spending on alcoholic beverages, by consumer unit (CU) age group, 2010; consumer units and dollars in thousands)

	total consumer units	under 25	25 to 34	35 to 44	45 to 54	55 to 64	65 to 74	75+
Number of consumer units	121,107	8,034	20,166	21,912	25,054	21,359	13,031	11,551
Total annual spending of all CUs	$5,826,317,286	$220,796,574	$940,088,102	$1,225,881,521	$1,447,826,816	$1,087,167,333	$539,924,499	$364,186,281
Alcoholic beverages, total annual spending	49,892,451	3,262,607	9,539,325	10,899,248	10,373,358	8,588,667	5,101,637	2,121,688
Consumed at home	26,847,000	1,229,684	4,341,740	6,086,715	5,725,841	4,934,356	3,186,080	1,335,527
Beer and ale	12,453,433	803,159	2,253,349	2,956,586	2,952,614	2,152,133	864,477	468,162
Whiskey	1,476,294	35,751	341,007	434,734	153,581	228,968	245,374	41,006
Wine	10,619,873	265,042	1,398,109	2,218,809	2,198,739	2,151,492	1,718,919	659,447
Other alcoholic beverages	2,298,611	125,732	349,275	476,586	420,907	401,763	357,180	166,796
Consumed away from home	23,044,240	2,032,843	5,197,585	4,812,533	4,647,517	3,654,311	1,915,687	786,161
Beer and ale at restaurants, bars	7,624,897	793,358	2,095,046	1,734,335	1,428,579	960,728	516,028	100,725
Wine at restaurants, bars	4,032,863	164,215	665,075	899,488	878,393	846,671	346,494	233,099
Whiskey and other alcohol at restaurants, bars	6,214,000	836,420	1,525,356	1,161,993	1,099,871	861,408	499,609	227,093
Alcoholic beverages purchased on trips	5,172,480	238,851	912,310	1,016,717	1,240,674	985,504	553,557	225,245

Note: Numbers may not add to total because of rounding.

Source: Calculations by New Strategist based on the Bureau of Labor Statistics' 2010 Consumer Expenditure Survey

Table 2.4 Alcoholic Beverages: Share of Annual Spending by Age, 2010

(percentage of total annual spending on alcoholic beverages accounted for by consumer unit age groups, 2010)

	total consumer units	under 25	25 to 34	35 to 44	45 to 54	55 to 64	65 to 74	75+
Share of total consumer units	100.0%	6.6%	16.7%	18.1%	20.7%	17.6%	10.8%	9.5%
Share of total before-tax income	100.0	2.9	15.9	22.0	26.4	19.5	8.6	4.9
Share of total annual spending	100.0	3.8	16.1	21.0	24.8	18.7	9.3	6.3
Share of annual alcoholic beverage spending	100.0	6.5	19.1	21.8	20.8	17.2	10.2	4.3
Consumed at home	100.0	4.6	16.2	22.7	21.3	18.4	11.9	5.0
Beer and ale	100.0	6.4	18.1	23.7	23.7	17.3	6.9	3.8
Whiskey	100.0	2.4	23.1	29.4	10.4	15.5	16.6	2.8
Wine	100.0	2.5	13.2	20.9	20.7	20.3	16.2	6.2
Other alcoholic beverages	100.0	5.5	15.2	20.7	18.3	17.5	15.5	7.3
Consumed away from home	100.0	8.8	22.6	20.9	20.2	15.9	8.3	3.4
Beer and ale at restaurants, bars	100.0	10.4	27.5	22.7	18.7	12.6	6.8	1.3
Wine at restaurants, bars	100.0	4.1	16.5	22.3	21.8	21.0	8.6	5.8
Whiskey and other alcohol at restaurants, bars	100.0	13.5	24.5	18.7	17.7	13.9	8.0	3.7
Alcoholic beverages purchased on trips	100.0	4.6	17.6	19.7	24.0	19.1	10.7	4.4

Note: Numbers may not add to total because of rounding.

Source: Calculations by New Strategist based on the Bureau of Labor Statistics' 2010 Consumer Expenditure Survey

Table 2.5 Percent of Consumer Units That Bought Alcoholic Beverages during the <u>Average Quarter</u>, 2010

(percent of consumer units purchasing alcoholic beverages during the average quarter of 2010, by alcoholic beverage category and age of consumer unit reference person, 2010)

	total consumer units	under 25	25 to 34	35 to 44	45 to 54	55 to 64	65 to 74	75+
Percent buying alcoholic beverages during the average quarter	**37.7%**	**37.2%**	**43.7%**	**41.9%**	**41.0%**	**37.7%**	**31.1%**	**19.6%**
Consumed at home	**32.6**	**31.9**	**38.8**	**36.7**	**35.3**	**32.7**	**26.2**	**15.7**
Consumed away from home	**23.6**	**24.9**	**29.3**	**25.9**	**25.8**	**23.1**	**17.8**	**10.6**
Alcoholic beverages at restaurants, bars	17.1	20.1	23.3	19.0	18.5	15.6	11.7	6.5
Alcoholic beverages purchased on trips	12.1	9.4	13.1	13.4	13.8	13.3	10.4	5.6

Note: Figures shown are from the interview portion of the Consumer Expenditure Survey. Not all alcoholic beverage categories are included in the interview survey. For more information about the survey see Appendix A.
Source: Bureau of Labor Statistics, unpublished data from the 2010 Consumer Expenditure Survey

Table 2.6 Amount Purchasers Spent on Alcoholic Beverages during the <u>Average Quarter</u>, 2010

(average amount spent by consumer units purchasing alcoholic beverages during the average quarter of 2010, by alcoholic beverage category and age of consumer unit reference person, 2010)

	total consumer units	under 25	25 to 34	35 to 44	45 to 54	55 to 64	65 to 74	75+
Amount spent on alcoholic beverages during the average quarter	**$225.39**	**$227.54**	**$242.69**	**$221.69**	**$231.56**	**$226.08**	**$211.35**	**$165.16**
Consumed at home	**148.50**	**137.28**	**142.28**	**145.31**	**157.55**	**157.07**	**150.84**	**123.79**
Consumed away from home	**154.79**	**163.52**	**173.45**	**152.83**	**152.45**	**146.46**	**147.10**	**121.19**
Alcoholic beverages at restaurants, bars	150.91	165.75	169.42	147.19	145.93	143.10	133.27	123.76
Alcoholic beverages purchased on trips	88.39	79.07	86.27	86.50	89.58	86.99	102.02	87.52

Note: Figures shown are from the interview portion of the Consumer Expenditure Survey. Not all alcoholic beverage categories are included in the interview survey. For more information about the survey, see Appendix A.
Source: Calculations by New Strategist based on unpublished data from the Bureau of Labor Statistics' 2010 Consumer Expenditure Survey

Table 2.7 Percent of Consumer Units That Bought Alcoholic Beverages during the Average Week, 2010

(percent of consumer units purchasing alcoholic beverages during the average week of 2010, by alcoholic beverage category and age of consumer unit reference person, 2010)

	total consumer units	under 25	25 to 34	35 to 44	45 to 54	55 to 64	65 to 74	75+
Percent buying alcoholic beverages during the average week	**22.0%**	**19.9%**	**24.5%**	**24.9%**	**23.9%**	**22.6%**	**20.1%**	**10.3%**
Consumed at home	**14.5**	**11.2**	**15.1**	**17.0**	**16.6**	**14.8**	**13.1**	**6.9**
Beer and ale	9.6	8.6	11.2	12.0	10.9	9.3	6.7	3.7
Whiskey	0.7	0.5	0.9	0.8	0.5	0.9	0.8	0.2
Wine	6.4	3.5	6.2	6.5	7.5	6.9	7.4	3.8
Other alcoholic beverages	1.6	1.4	1.6	1.9	1.6	1.7	1.7	0.9
Consumed away from home (except on trips)	**12.0**	**13.3**	**14.6**	**13.0**	**12.2**	**12.5**	**10.4**	**5.0**
Beer and ale at restaurants, bars	7.5	9.4	9.8	8.9	7.7	7.1	5.2	2.4
Wine at restaurants, bars	3.7	1.9	3.8	3.1	3.9	5.0	4.5	2.0
Other alcoholic beverages at restaurants, bars	4.8	5.9	6.4	4.8	4.5	4.9	4.2	2.7

Note: Figures shown are from the diary portion of the Consumer Expenditure Survey. Not all alcoholic beverage categories are included in the diary survey. For more information about the survey, see Appendix A.
Source: Bureau of Labor Statistics, unpublished data from the 2010 Consumer Expenditure Survey

Table 2.8 Amount Purchasers Spent on Alcoholic Beverages during the Average Week, 2010

(average amount spent by consumer units purchasing alcoholic beverages during the average week of 2010, by alcoholic beverage category and age of consumer unit reference person, 2010)

	total consumer units	under 25	25 to 34	35 to 44	45 to 54	55 to 64	65 to 74	75+
Amount spent on alcoholic beverages during the average week	**$32.32**	**$36.40**	**$33.66**	**$34.88**	**$29.36**	**$30.38**	**$33.43**	**$30.56**
Consumed at home	**29.48**	**26.23**	**27.34**	**31.50**	**26.55**	**29.98**	**35.91**	**32.27**
Beer and ale	20.65	22.40	19.16	21.57	20.75	20.82	19.19	21.20
Whiskey	33.33	18.00	35.87	50.00	25.53	23.33	47.37	29.17
Wine	26.49	17.85	21.52	29.82	22.50	28.16	34.28	28.72
Other alcoholic beverages	22.36	21.13	20.75	22.22	19.63	21.56	31.18	30.77
Consumed away from home (except on trips)	**23.71**	**32.21**	**28.03**	**25.56**	**21.56**	**19.26**	**19.33**	**18.71**
Beer and ale at restaurants, bars	16.13	20.23	20.37	17.08	14.36	12.24	14.67	7.05
Wine at restaurants, bars	17.39	20.10	16.76	25.24	17.09	15.29	11.43	19.90
Other alcoholic beverages at restaurants, bars	20.54	33.90	22.69	21.47	18.75	15.98	17.49	13.92

Note: Figures shown are from the diary portion of the Consumer Expenditure Survey. Not all alcoholic beverage categories are included in the diary survey. For more information about the survey, see Appendix A.
Source: Calculations by New Strategist based on unpublished data from the Bureau of Labor Statistics' 2010 Consumer Expenditure Survey

CHAPTER

3

Spending on Apparel, 2010

Americans spend much less on apparel than they once did. In 2010, the average household spent $1,700 on clothes, shoes, and related items. This figure is 28 percent smaller than the inflation-adjusted $2,350 spent on apparel in 2000. Overall, Americans devoted 3.5 percent of their expenditures to clothes, shoes, and related products and services in 2010, down from 4.9 percent in 2000.

Annual Spending

Although they do not have the largest households, householders aged 25 to 34, spend more on apparel than any other age group. They devoted $2,087 to this category in 2010—23 percent more than the average households. Householders aged 35 to 54 also spend more than average on apparel—16 to 20 percent more than the average household.

Householders aged 35 to 44 spend much more than those younger or older on boys' and girls' clothes and control 38 to 39 percent of the children's clothes market. Householders aged 25 to 34 spend the most on infants' clothes and control 36 percent of the market—although they constitute only 17 percent of households. Householders aged 45 to 54 spend the most on men's and women's clothes—28 and 29 percent, respectively, more than the average household. Householders aged 55 to 74 spend the most on sewing material, patterns, and notions, 31 to 34 percent more than the average household.

Quarterly Spending

During the average quarter of 2010, 75 percent of households purchased apparel products and services and spent an average of $370 per household. Some 41 percent of households bought women's apparel and spent an average of $202 on these items during the quarter. Some 33 percent of households purchased footwear during the average quarter of 2010, the average household spending $114. Within the footwear category, women's shoes attract the largest percentage of households, and 19 percent of households bought women's shoes during the average quarter.

Weekly Spending

During the average week of 2010, 33 percent of households purchased apparel products and services, the purchasers spending $82 during the week. Not surprisingly, women's apparel lures the largest percentage of shoppers into the store (or online)—18 percent of households purchased women's apparel during the average week of 2010. Shirts, blouses, and tops are the most-popular women's apparel category. Eight percent of households purchased women's tops during the average week of 2010. Those who purchased women's tops spent an average of $28 on the item(s).

Table 3.1 Apparel: Average Annual Spending by Age, 2010

(average annual spending of consumer units (CU) on apparel, accessories, and related services, by age of consumer unit reference person, 2010)

	total consumer units	under 25	25 to 34	35 to 44	45 to 54	55 to 64	65 to 74	75+
Number of consumer units (in 000s)	121,107	8,034	20,166	21,912	25,054	21,359	13,031	11,551
Number of persons per CU	2.5	2.0	2.9	3.3	2.8	2.2	1.9	1.6
Average before-tax income of CU	$62,481.00	$26,881.00	$59,613.00	$76,128.00	$79,589.00	$68,906.00	$49,711.00	$31,782.00
Average annual spending of CU, total	48,108.84	27,482.77	46,617.48	55,945.67	57,788.25	50,899.73	41,433.85	31,528.55
Apparel, average annual spending	**1,699.80**	**1,559.05**	**2,086.75**	**2,040.44**	**1,966.34**	**1,571.05**	**1,186.01**	**708.07**
Men's apparel	**304.05**	**218.67**	**324.76**	**320.29**	**390.11**	**331.11**	**246.44**	**119.46**
Suits, sports coats, and tailored jackets	28.98	12.49	23.89	31.57	33.69	47.78	21.74	7.55
Coats and jackets	30.58	38.42	61.57	17.72	38.82	24.90	12.87	7.28
Underwear and socks	31.12	18.34	24.21	39.03	44.90	31.53	25.13	12.56
Nightwear	1.65	0.36	1.46	1.31	2.20	1.93	1.93	1.48
Accessories	31.04	24.01	51.52	27.98	36.51	31.68	14.32	11.49
Sweaters and vests	11.70	2.10	8.67	7.50	16.86	15.34	16.63	7.63
Active sportswear	20.48	8.42	25.82	26.49	23.75	22.05	11.74	8.04
Shirts	78.91	70.87	65.16	91.63	101.11	91.15	64.41	28.34
Pants and shorts	66.21	42.18	58.23	71.54	87.64	62.18	76.45	34.69
Uniforms	1.83	0.87	2.08	1.81	3.25	1.98	0.60	0.18
Costumes	1.54	0.60	2.15	3.70	1.37	0.59	0.62	0.22
Boys' (aged 2 to 15) apparel	**77.77**	**41.24**	**103.90**	**166.27**	**79.29**	**38.80**	**26.80**	**18.31**
Coats and jackets	5.05	2.04	6.61	9.35	7.49	2.11	1.67	0.22
Sweaters	2.69	0.26	3.01	4.68	2.77	2.40	2.35	0.83
Shirts	20.74	10.80	30.12	47.29	16.51	9.23	6.42	8.89
Underwear, nightwear, socks, and accessories	18.69	15.97	19.15	44.82	16.01	12.50	3.60	5.51
Suits, sports coats, and vests	0.86	0.10	0.46	2.09	0.67	0.73	0.88	0.37
Pants and shorts	24.64	9.88	37.06	50.82	27.34	10.09	9.28	1.90
Uniforms	3.01	1.51	4.63	3.06	5.89	1.10	1.36	0.34
Active sportswear	1.30	0.46	1.41	2.60	1.72	0.48	1.05	0.06
Costumes	0.80	0.22	1.48	1.55	0.90	0.16	0.20	0.20
Women's apparel	**561.50**	**628.27**	**550.23**	**554.98**	**722.38**	**563.98**	**449.75**	**307.87**
Coats and jackets	37.83	22.67	34.81	23.82	56.59	36.66	52.16	23.76
Dresses	80.94	218.80	120.15	80.87	71.71	58.21	41.78	22.25
Sports coats, tailored jackets, and suits	11.79	5.66	8.21	14.26	11.78	17.61	10.44	8.43
Sweaters and vests	38.07	8.72	37.17	35.89	43.68	47.40	44.31	27.21
Shirts, blouses, and tops	118.41	94.77	108.74	118.16	161.85	134.05	86.63	62.18
Skirts	8.77	8.08	11.51	8.17	8.49	5.03	12.73	8.66
Pants and shorts	90.07	88.45	68.71	107.98	121.85	90.09	68.77	47.99
Active sportswear	29.66	24.92	25.08	35.68	46.38	27.08	13.24	15.98
Nightwear	20.27	26.49	13.86	25.73	17.87	21.38	23.65	16.17
Undergarments, hosiery, and socks	56.35	52.55	56.38	51.19	82.10	47.07	46.49	39.68
Accessories	63.19	71.47	57.42	46.36	93.52	73.37	44.32	33.63
Uniforms	4.57	3.03	5.66	5.28	5.45	4.55	3.98	1.26
Costumes	1.58	2.66	2.54	1.58	1.12	1.47	1.25	0.68
Girls' (aged 2 to 15) apparel	**101.10**	**42.15**	**124.63**	**210.18**	**115.60**	**49.93**	**43.32**	**24.91**
Coats and jackets	4.21	6.33	5.60	10.22	2.47	0.03	2.31	2.86
Dresses and suits	12.80	4.15	16.54	23.74	14.29	7.80	7.85	3.44
Shirts, blouses, and sweaters	25.96	13.94	34.87	56.32	27.20	11.57	8.89	5.47
Skirts, pants, and shorts	25.09	9.91	33.15	51.73	28.49	13.08	9.49	3.48
Active sportswear	9.92	3.82	9.54	22.06	14.99	3.51	1.21	2.70
Underwear, nightwear, socks, and accessories	18.14	2.55	16.62	36.78	22.14	11.91	12.44	5.96
Uniforms	3.57	0.83	7.05	6.29	3.60	1.50	0.97	0.99
Costumes	1.41	0.60	1.27	3.04	2.41	0.53	0.17	–

	total consumer units	under 25	25 to 34	35 to 44	45 to 54	55 to 64	65 to 74	75+
Children's (under age 2) apparel	$90.58	$146.46	$195.40	$116.98	$58.73	$54.11	$33.81	$21.91
Footwear	303.39	305.33	312.82	414.07	359.64	292.08	175.96	117.74
Men's	101.14	117.98	97.79	143.83	111.51	95.03	80.40	26.15
Children's	55.94	42.39	92.88	124.51	49.81	19.02	9.64	7.71
Women's	146.30	144.96	122.14	145.73	198.32	178.03	85.92	83.87
Other apparel products and services	261.41	176.92	475.02	257.67	240.58	241.04	209.94	97.88
Sewing material, patterns, and notions	10.15	3.45	7.90	12.00	8.76	13.57	13.28	8.47
Jewelry	96.48	65.65	115.25	101.22	102.59	114.52	95.94	30.17
Shoe and apparel repair and alteration	7.74	3.65	7.82	7.96	8.22	10.56	7.05	4.55
Coin-operated apparel laundry and dry cleaning	39.07	75.38	66.63	43.69	34.02	24.00	21.74	15.28
Clothing rental	1.76	1.50	3.54	2.29	1.48	1.00	1.30	0.31
Professional laundry, dry cleaning	49.53	10.35	41.31	62.68	66.76	57.76	43.16	20.79
Clothing storage	0.37	0.41	0.38	0.47	0.19	0.25	0.42	0.72

Note: Annual average spending figures for some items may seem low because both purchasers and nonpurchasers are used to calculate the annual average; to find out how much purchasers spend on items, see the quarterly or weekly spending tables. Subcategories may not add to total because some are not shown. "–" means sample is too small to make a reliable estimate.

Source: Bureau of Labor Statistics, unpublished tables from the 2010 Consumer Expenditure Survey

Table 3.2 Apparel: Indexed Annual Spending by Age, 2010

(indexed average annual spending of consumer units (CU) on apparel, accessories, and related services, by age of consumer unit reference person, 2010; index definition: an index of 100 is the average for all consumer units; an index of 125 means that spending by consumer units in that group is 25 percent above the average for all consumer units; an index of 75 indicates spending that is 25 percent below the average for all consumer units)

	total consumer units	under 25	25 to 34	35 to 44	45 to 54	55 to 64	65 to 74	75+
Average annual spending of CU, total	$48,109	$27,483	$46,617	$55,946	$57,788	$50,900	$41,434	$31,529
Average annual spending of CU, index	100	57	97	116	120	106	86	66
Apparel, annual spending index	**100**	**92**	**123**	**120**	**116**	**92**	**70**	**42**
Men's apparel	**100**	**72**	**107**	**105**	**128**	**109**	**81**	**39**
Suits, sports coats, and tailored jackets	100	43	82	109	116	165	75	26
Coats and jackets	100	126	201	58	127	81	42	24
Underwear and socks	100	59	78	125	144	101	81	40
Nightwear	100	22	88	79	133	117	117	90
Accessories	100	77	166	90	118	102	46	37
Sweaters and vests	100	18	74	64	144	131	142	65
Active sportswear	100	41	126	129	116	108	57	39
Shirts	100	90	83	116	128	116	82	36
Pants and shorts	100	64	88	108	132	94	115	52
Uniforms	100	48	114	99	178	108	33	10
Costumes	100	39	140	240	89	38	40	14
Boys' (aged 2 to 15) apparel	**100**	**53**	**134**	**214**	**102**	**50**	**34**	**24**
Coats and jackets	100	40	131	185	148	42	33	4
Sweaters	100	10	112	174	103	89	87	31
Shirts	100	52	145	228	80	45	31	43
Underwear, nightwear, socks, and accessories	100	85	102	240	86	67	19	29
Suits, sports coats, and vests	100	12	53	243	78	85	102	43
Pants and shorts	100	40	150	206	111	41	38	8
Uniforms	100	50	154	102	196	37	45	11
Active sportswear	100	35	108	200	132	37	81	5
Costumes	100	28	185	194	113	20	25	25
Women's apparel	**100**	**112**	**98**	**99**	**129**	**100**	**80**	**55**
Coats and jackets	100	60	92	63	150	97	138	63
Dresses	100	270	148	100	89	72	52	27
Sports coats, tailored jackets, and suits	100	48	70	121	100	149	89	72
Sweaters and vests	100	23	98	94	115	125	116	71
Shirts, blouses, and tops	100	80	92	100	137	113	73	53
Skirts	100	92	131	93	97	57	145	99
Pants and shorts	100	98	76	120	135	100	76	53
Active sportswear	100	84	85	120	156	91	45	54
Nightwear	100	131	68	127	88	105	117	80
Undergarments, hosiery, and socks	100	93	100	91	146	84	83	70
Accessories	100	113	91	73	148	116	70	53
Uniforms	100	66	124	116	119	100	87	28
Costumes	100	168	161	100	71	93	79	43
Girls' (aged 2 to 15) apparel	100	42	123	208	114	49	43	25
Coats and jackets	**100**	**150**	**133**	**243**	**59**	**1**	**55**	**68**
Dresses and suits	100	32	129	185	112	61	61	27
Shirts, blouses, and sweaters	100	54	134	217	105	45	34	21
Skirts, pants, and shorts	100	39	132	206	114	52	38	14
Active sportswear	100	39	96	222	151	35	12	27
Underwear, nightwear, socks, and accessories	100	14	92	203	122	66	69	33
Uniforms	100	23	197	176	101	42	27	28
Costumes	100	43	90	216	171	38	12	–

	total consumer units	under 25	25 to 34	35 to 44	45 to 54	55 to 64	65 to 74	75+
Children's (under age 2) apparel	**100**	**162**	**216**	**129**	**65**	**60**	**37**	**24**
Footwear	100	101	103	136	119	96	58	39
Men's	100	117	97	142	110	94	79	26
Children's	100	76	166	223	89	34	17	14
Women's	100	99	83	100	136	122	59	57
Other apparel products and services	**100**	**68**	**182**	**99**	**92**	**92**	**80**	**37**
Sewing material, patterns, and notions	100	34	78	118	86	134	131	83
Jewelry	100	68	119	105	106	119	99	31
Shoe and apparel repair and alteration	100	47	101	103	106	136	91	59
Coin-operated apparel laundry and dry cleaning	100	193	171	112	87	61	56	39
Clothing rental	100	85	201	130	84	57	74	18
Professional laundry, dry cleaning	100	21	83	127	135	117	87	42
Clothing storage	100	111	103	127	51	68	114	195

Note: "–" means sample is too small to make a reliable estimate.
Source: Calculations by New Strategist based on the Bureau of Labor Statistics' 2010 Consumer Expenditure Survey

Table 3.3 Apparel: Total Annual Spending by Age, 2010

(total annual spending on apparel, accessories, and related services, by consumer unit (CU) age groups, 2010; consumer units and dollars in thousands)

	total consumer units	under 25	25 to 34	35 to 44	45 to 54	55 to 64	65 to 74	75+
Number of consumer units	121,107	8,034	20,166	21,912	25,054	21,359	13,031	11,551
Total annual spending of all CUs	$5,826,317,286	$220,796,574	$940,088,102	$1,225,881,521	$1,447,826,816	$1,087,167,333	$539,924,499	$364,186,281
Apparel, total annual spending	205,857,679	12,525,408	42,081,401	44,710,121	49,264,682	33,556,057	15,454,896	8,178,917
Men's apparel	**36,822,583**	**1,756,795**	**6,549,110**	**7,018,194**	**9,773,816**	**7,072,178**	**3,211,360**	**1,379,882**
Suits, sports coats, and tailored jackets	3,509,681	100,345	481,766	691,762	844,069	1,020,533	283,294	87,210
Coats and jackets	3,703,452	308,666	1,241,621	388,281	972,596	531,839	167,709	84,091
Underwear and socks	3,768,850	147,344	488,219	855,225	1,124,925	673,449	327,469	145,081
Nightwear	199,827	2,892	29,442	28,705	55,119	41,223	25,150	17,095
Accessories	3,759,161	192,896	1,038,952	613,098	914,722	676,653	186,604	132,721
Sweaters and vests	1,416,952	16,871	174,839	164,340	422,410	327,647	216,706	88,134
Active sportswear	2,480,271	67,646	520,686	580,449	595,033	470,966	152,984	92,870
Shirts	9,556,553	569,370	1,314,017	2,007,797	2,533,210	1,946,873	839,327	327,355
Pants and shorts	8,018,494	338,874	1,174,266	1,567,584	2,195,733	1,328,103	996,220	400,704
Uniforms	221,626	6,990	41,945	39,661	81,426	42,291	7,819	2,079
Costumes	186,505	4,820	43,357	81,074	34,324	12,602	8,079	2,541
Boys' (aged 2 to 15) apparel	**9,418,491**	**331,322**	**2,095,247**	**3,643,308**	**1,986,532**	**828,729**	**349,231**	**211,499**
Coats and jackets	611,590	16,389	133,297	204,877	187,654	45,067	21,762	2,541
Sweaters	325,778	2,089	60,700	102,548	69,400	51,262	30,623	9,587
Shirts	2,511,759	86,767	607,400	1,036,218	413,642	197,144	83,659	102,688
Underwear, nightwear, socks, and accessories	2,263,490	128,303	386,179	982,096	401,115	266,988	46,912	63,646
Suits, sports coats, and vests	104,152	803	9,276	45,796	16,786	15,592	11,467	4,274
Pants and shorts	2,984,076	79,376	747,352	1,113,568	684,976	215,512	120,928	21,947
Uniforms	364,532	12,131	93,369	67,051	147,568	23,495	17,722	3,927
Active sportswear	157,439	3,696	28,434	56,971	43,093	10,252	13,683	693
Costumes	96,886	1,767	29,846	33,964	22,549	3,417	2,606	2,310
Women's apparel	**68,001,581**	**5,047,521**	**11,095,938**	**12,160,722**	**18,098,509**	**12,046,049**	**5,860,692**	**3,556,206**
Coats and jackets	4,581,478	182,131	701,978	521,944	1,417,806	783,021	679,697	274,452
Dresses	9,802,401	1,757,839	2,422,945	1,772,023	1,796,622	1,243,307	544,435	257,010
Sports coats, tailored jackets, and suits	1,427,852	45,472	165,563	312,465	295,136	376,132	136,044	97,375
Sweaters and vests	4,610,543	70,056	749,570	786,422	1,094,359	1,012,417	577,404	314,303
Shirts, blouses, and tops	14,340,280	761,382	2,192,851	2,589,122	4,054,990	2,863,174	1,128,876	718,241
Skirts	1,062,108	64,915	232,111	179,021	212,708	107,436	165,885	100,032
Pants and shorts	10,908,107	710,607	1,385,606	2,366,058	3,052,830	1,924,232	896,142	554,332
Active sportswear	3,592,034	200,207	505,763	781,820	1,162,005	578,402	172,530	184,585
Nightwear	2,454,839	212,821	279,501	563,796	447,715	456,655	308,183	186,780
Undergarments, hosiery, and socks	6,824,379	422,187	1,136,959	1,121,675	2,056,933	1,005,368	605,811	458,344
Accessories	7,652,751	574,190	1,157,932	1,015,840	2,343,050	1,567,110	577,534	388,460
Uniforms	553,459	24,343	114,140	115,695	136,544	97,183	51,863	14,554
Costumes	191,349	21,370	51,222	34,621	28,060	31,398	16,289	7,855
Girls' (aged 2 to 15) apparel	**12,243,918**	**338,633**	**2,513,289**	**4,605,464**	**2,896,242**	**1,066,455**	**564,503**	**287,735**
Coats and jackets	509,860	50,855	112,930	223,941	61,883	641	30,102	33,036
Dresses and suits	1,550,170	33,341	333,546	520,191	358,022	166,600	102,293	39,735
Shirts, blouses, and sweaters	3,143,938	111,994	703,188	1,234,084	681,469	247,124	115,846	63,184
Skirts, pants, and shorts	3,038,575	79,617	668,503	1,133,508	713,788	279,376	123,664	40,197
Active sportswear	1,201,381	30,690	192,384	483,379	375,559	74,970	15,768	31,188
Underwear, nightwear, socks, and accessories	2,196,881	20,487	335,159	805,923	554,696	254,386	162,106	68,844
Uniforms	432,352	6,668	142,170	137,826	90,194	32,039	12,640	11,435
Costumes	170,761	4,820	25,611	66,612	60,380	11,320	2,215	–

	total consumer units	under 25	25 to 34	35 to 44	45 to 54	55 to 64	65 to 74	75+
Children's (under age 2) apparel	$10,969,872	$1,176,660	$3,940,436	$2,563,266	$1,471,421	$1,155,735	$440,578	$253,082
Footwear	36,742,653	2,453,021	6,308,328	9,073,102	9,010,421	6,238,537	2,292,935	1,360,015
Men's	12,248,762	947,851	1,972,033	3,151,603	2,793,772	2,029,746	1,047,692	302,059
Children's	6,774,726	340,561	1,873,018	2,728,263	1,247,940	406,248	125,619	89,058
Women's	17,717,954	1,164,609	2,463,075	3,193,236	4,968,709	3,802,543	1,119,624	968,782
Other apparel products and services	31,658,581	1,421,375	9,579,253	5,646,065	6,027,491	5,148,373	2,735,728	1,130,612
Sewing material, patterns, and notions	1,229,236	27,717	159,311	262,944	219,473	289,842	173,052	97,837
Jewelry	11,684,403	527,432	2,324,132	2,217,933	2,570,290	2,446,033	1,250,194	348,494
Shoe and apparel repair and alteration	937,368	29,324	157,698	174,420	205,944	225,551	91,869	52,557
Coin-operated apparel laundry and dry cleaning	4,731,650	605,603	1,343,661	957,335	852,337	512,616	283,294	176,499
Clothing rental	213,148	12,051	71,388	50,178	37,080	21,359	16,940	3,581
Professional laundry, dry cleaning	5,998,430	83,152	833,057	1,373,444	1,672,605	1,233,696	562,418	240,145
Clothing storage	44,810	3,294	7,663	10,299	4,760	5,340	5,473	8,317

Note: Numbers may not add to total because of rounding and missing subcategories. "–" means sample is too small to make a reliable estimate.
Source: Calculations by New Strategist based on the Bureau of Labor Statistics' 2010 Consumer Expenditure Survey

Table 3.4 Apparel: Share of Annual Spending by Age, 2010

(percentage of total annual spending on apparel, accessories, and related services, accounted for by consumer unit age groups, 2010)

	total consumer units	under 25	25 to 34	35 to 44	45 to 54	55 to 64	65 to 74	75+
Share of total consumer units	100.0%	6.6%	16.7%	18.1%	20.7%	17.6%	10.8%	9.5%
Share of total before-tax income	100.0	2.9	15.9	22.0	26.4	19.5	8.6	4.9
Share of total annual spending	100.0	3.8	16.1	21.0	24.8	18.7	9.3	6.3
Share of total annual apparel spending	100.0	6.1	20.4	21.7	23.9	16.3	7.5	4.0
Men's apparel	100.0	4.8	17.8	19.1	26.5	19.2	8.7	3.7
Suits, sports coats, and tailored jackets	100.0	2.9	13.7	19.7	24.0	29.1	8.1	2.5
Coats and jackets	100.0	8.3	33.5	10.5	26.3	14.4	4.5	2.3
Underwear and socks	100.0	3.9	13.0	22.7	29.8	17.9	8.7	3.8
Nightwear	100.0	1.4	14.7	14.4	27.6	20.6	12.6	8.6
Accessories	100.0	5.1	27.6	16.3	24.3	18.0	5.0	3.5
Sweaters and vests	100.0	1.2	12.3	11.6	29.8	23.1	15.3	6.2
Active sportswear	100.0	2.7	21.0	23.4	24.0	19.0	6.2	3.7
Shirts	100.0	6.0	13.7	21.0	26.5	20.4	8.8	3.4
Pants and shorts	100.0	4.2	14.6	19.5	27.4	16.6	12.4	5.0
Uniforms	100.0	3.2	18.9	17.9	36.7	19.1	3.5	0.9
Costumes	100.0	2.6	23.2	43.5	18.4	6.8	4.3	1.4
Boys' (aged 2 to 15) apparel	100.0	3.5	22.2	38.7	21.1	8.8	3.7	2.2
Coats and jackets	100.0	2.7	21.8	33.5	30.7	7.4	3.6	0.4
Sweaters	100.0	0.6	18.6	31.5	21.3	15.7	9.4	2.9
Shirts	100.0	3.5	24.2	41.3	16.5	7.8	3.3	4.1
Underwear, nightwear, socks, and accessories	100.0	5.7	17.1	43.4	17.7	11.8	2.1	2.8
Suits, sports coats, and vests	100.0	0.8	8.9	44.0	16.1	15.0	11.0	4.1
Pants and shorts	100.0	2.7	25.0	37.3	23.0	7.2	4.1	0.7
Uniforms	100.0	3.3	25.6	18.4	40.5	6.4	4.9	1.1
Active sportswear	100.0	2.3	18.1	36.2	27.4	6.5	8.7	0.4
Costumes	100.0	1.8	30.8	35.1	23.3	3.5	2.7	2.4
Women's apparel	100.0	7.4	16.3	17.9	26.6	17.7	8.6	5.2
Coats and jackets	100.0	4.0	15.3	11.4	30.9	17.1	14.8	6.0
Dresses	100.0	17.9	24.7	18.1	18.3	12.7	5.6	2.6
Sports coats, tailored jackets, and suits	100.0	3.2	11.6	21.9	20.7	26.3	9.5	6.8
Sweaters and vests	100.0	1.5	16.3	17.1	23.7	22.0	12.5	6.8
Shirts, blouses, and tops	100.0	5.3	15.3	18.1	28.3	20.0	7.9	5.0
Skirts	100.0	6.1	21.9	16.9	20.0	10.1	15.6	9.4
Pants and shorts	100.0	6.5	12.7	21.7	28.0	17.6	8.2	5.1
Active sportswear	100.0	5.6	14.1	21.8	32.3	16.1	4.8	5.1
Nightwear	100.0	8.7	11.4	23.0	18.2	18.6	12.6	7.6
Undergarments, hosiery, and socks	100.0	6.2	16.7	16.4	30.1	14.7	8.9	6.7
Accessories	100.0	7.5	15.1	13.3	30.6	20.5	7.5	5.1
Uniforms	100.0	4.4	20.6	20.9	24.7	17.6	9.4	2.6
Costumes	100.0	11.2	26.8	18.1	14.7	16.4	8.5	4.1
Girls' (aged 2 to 15) apparel	100.0	2.8	20.5	37.6	23.7	8.7	4.6	2.4
Coats and jackets	100.0	10.0	22.1	43.9	12.1	0.1	5.9	6.5
Dresses and suits	100.0	2.2	21.5	33.6	23.1	10.7	6.6	2.6
Shirts, blouses, and sweaters	100.0	3.6	22.4	39.3	21.7	7.9	3.7	2.0
Skirts, pants, and shorts	100.0	2.6	22.0	37.3	23.5	9.2	4.1	1.3
Active sportswear	100.0	2.6	16.0	40.2	31.3	6.2	1.3	2.6
Underwear, nightwear, socks, and accessories	100.0	0.9	15.3	36.7	25.2	11.6	7.4	3.1
Uniforms	100.0	1.5	32.9	31.9	20.9	7.4	2.9	2.6
Costumes	100.0	2.8	15.0	39.0	35.4	6.6	1.3	–

	total consumer units	under 25	25 to 34	35 to 44	45 to 54	55 to 64	65 to 74	75+
Children's (under age 2) apparel	**100.0%**	**10.7%**	**35.9%**	**23.4%**	**13.4%**	**10.5%**	**4.0%**	**2.3%**
Footwear	**100.0**	**6.7**	**17.2**	**24.7**	**24.5**	**17.0**	**6.2**	**3.7**
Men's	100.0	7.7	16.1	25.7	22.8	16.6	8.6	2.5
Children's	100.0	5.0	27.6	40.3	18.4	6.0	1.9	1.3
Women's	100.0	6.6	13.9	18.0	28.0	21.5	6.3	5.5
Other apparel products and services	**100.0**	**4.5**	**30.3**	**17.8**	**19.0**	**16.3**	**8.6**	**3.6**
Sewing material, patterns, and notions	100.0	2.3	13.0	21.4	17.9	23.6	14.1	8.0
Jewelry	100.0	4.5	19.9	19.0	22.0	20.9	10.7	3.0
Shoe and apparel repair and alteration	100.0	3.1	16.8	18.6	22.0	24.1	9.8	5.6
Coin-operated apparel laundry and dry cleaning	100.0	12.8	28.4	20.2	18.0	10.8	6.0	3.7
Clothing rental	100.0	5.7	33.5	23.5	17.4	10.0	7.9	1.7
Professional laundry, dry cleaning	100.0	1.4	13.9	22.9	27.9	20.6	9.4	4.0
Clothing storage	100.0	7.4	17.1	23.0	10.6	11.9	12.2	18.6

Note: Numbers may not add to total because of rounding. "–" means sample is too small to make a reliable estimate.
Source: Calculations by New Strategist based on the Bureau of Labor Statistics' 2010 Consumer Expenditure Survey

Table 3.5 Percent of Consumer Units That Bought Apparel during the Average Quarter, 2010

(percent of consumer units purchasing apparel during the average quarter of 2010, by apparel category and age of consumer unit reference person, 2010)

Percent buying apparel during the average quarter	total consumer units 75.1%	under 25 79.7%	25 to 34 81.4%	35 to 44 80.8%	45 to 54 76.1%	55 to 64 73.0%	65 to 74 70.9%	75+ 56.5%
Men's apparel	**30.7**	**29.0**	**32.9**	**32.5**	**35.0**	**31.7**	**27.7**	**17.1**
Suits	1.2	0.9	1.2	1.3	1.4	1.9	1.0	0.3
Sport coats and tailored jackets	0.9	0.8	0.9	1.0	1.0	1.2	0.8	0.4
Coats and jackets	4.1	3.6	4.3	4.4	5.2	4.4	3.3	1.5
Underwear	5.4	3.7	5.3	6.2	6.4	5.6	4.8	3.3
Hosiery	4.6	3.1	4.4	5.1	5.4	4.9	4.1	2.8
Nightwear	1.1	0.5	1.0	1.1	1.4	1.0	1.5	0.8
Accessories	3.4	2.6	3.8	3.9	3.6	3.5	3.3	1.6
Sweaters and vests	3.1	2.6	3.4	3.4	3.8	3.1	2.5	1.2
Active sportswear	1.4	1.2	1.7	1.9	2.0	1.3	0.7	0.3
Shirts	17.7	19.1	19.7	19.5	20.3	17.7	13.9	8.0
Pants and shorts	18.7	17.2	20.6	20.4	22.6	18.4	15.5	8.9
Uniforms	0.4	0.3	0.5	0.4	0.7	0.6	0.1	0.2
Costumes	0.4	0.5	0.5	0.6	0.5	0.2	0.2	0.0
Boys' (aged 2 to 15) apparel	**11.9**	**6.5**	**17.1**	**24.4**	**12.0**	**5.6**	**5.2**	**1.4**
Coats and jackets	2.0	1.2	2.9	3.9	2.3	0.8	0.7	0.2
Sweaters	0.9	0.4	1.1	1.9	0.8	0.6	0.4	0.3
Shirts	6.9	3.6	9.9	14.7	6.9	2.9	3.5	0.9
Underwear	2.3	1.3	3.8	4.7	2.4	0.8	0.7	0.2
Nightwear	1.1	0.7	1.4	1.8	1.1	0.8	0.6	0.1
Hosiery	1.5	0.7	2.2	3.1	1.9	0.5	0.5	0.1
Accessories	0.7	0.3	0.9	1.3	0.9	0.4	0.5	0.1
Suits, sport coats, and vests	0.3	0.1	0.4	0.7	0.2	0.1	0.2	0.1
Pants and shorts	8.5	4.4	12.6	18.1	8.7	3.5	3.2	0.8
Uniforms	0.6	0.3	1.1	0.9	0.8	0.2	0.2	0.1
Active sportswear	1.0	0.4	1.3	2.2	1.2	0.4	0.5	0.1
Costumes	0.6	0.2	1.2	1.3	0.5	0.1	0.1	0.1
Women's apparel	**41.5**	**38.1**	**42.3**	**41.9**	**43.7**	**42.9**	**41.8**	**33.8**
Coats and jackets	6.0	6.5	5.7	5.9	6.5	6.2	6.2	4.6
Dresses	8.0	7.4	9.4	8.8	9.3	8.4	5.9	3.6
Sport coats and tailored jackets	0.8	0.5	0.6	0.9	0.9	0.8	0.7	0.6
Sweaters and vests	7.6	6.4	7.4	7.1	8.2	8.5	8.3	5.7
Shirts, blouses, and tops	24.6	24.2	26.2	24.8	25.9	25.1	24.3	18.1
Skirts	3.2	3.4	3.5	3.7	3.7	3.4	2.3	1.6
Pants and shorts	23.2	21.1	24.6	24.8	25.3	23.1	22.1	16.0
Active sportswear	3.3	3.3	3.8	3.9	3.6	3.7	2.3	1.3
Nightwear	4.0	2.4	3.2	3.7	4.4	4.6	4.9	3.5
Undergarments	8.9	7.6	9.3	9.0	9.9	9.0	8.0	7.4
Hosiery	5.7	4.0	5.3	6.4	6.5	6.3	4.8	4.4
Suits	1.0	0.6	0.8	1.2	0.9	1.3	0.9	1.1
Accessories	5.8	5.8	5.7	6.1	6.4	6.8	4.6	3.6
Uniforms	1.0	1.2	1.0	1.2	1.1	1.1	0.5	0.1
Costumes	0.5	1.1	0.7	0.6	0.4	0.5	0.3	0.2
Girls' (aged 2 to 15) apparel	**12.8**	**6.0**	**18.2**	**26.0**	**12.9**	**6.9**	**5.4**	**2.2**
Coats and jackets	2.1	1.3	2.8	4.1	2.2	1.2	0.7	0.4
Dresses and suits	2.6	1.2	3.3	5.6	2.8	1.3	1.0	0.4
Shirts, blouses, and sweaters	8.0	3.0	11.2	17.0	7.7	4.2	3.6	1.5
Skirts, pants, and shorts	8.5	3.5	12.1	18.3	8.4	4.4	3.1	1.0
Active sportswear	1.5	0.5	1.7	3.5	1.7	0.6	0.5	0.2
Underwear and nightwear	3.4	1.8	4.7	6.4	3.7	1.9	1.2	0.5
Hosiery	1.7	0.6	2.2	3.9	1.9	0.9	0.6	0.2
Accessories	1.2	0.5	1.4	2.4	1.6	0.7	0.6	0.1
Uniforms	0.7	0.3	1.1	1.3	0.7	0.2	0.2	0.2
Costumes	0.7	0.4	0.9	1.5	0.7	0.3	0.1	–

	total consumer units	under 25	25 to 34	35 to 44	45 to 54	55 to 64	65 to 74	75+
Children's (under age 2) apparel	**13.4%**	**18.8%**	**22.5%**	**15.1%**	**10.9%**	**11.0%**	**9.3%**	**4.7%**
Coats, jackets, and snowsuits	1.2	2.3	2.4	1.3	1.1	0.8	0.6	0.3
Outerwear including dresses	7.1	9.9	11.5	7.2	6.1	6.5	5.2	2.3
Underwear	6.9	12.4	15.8	8.7	4.3	3.6	2.6	1.3
Nightwear and loungewear	2.7	3.2	4.3	2.7	2.4	2.5	2.1	1.0
Accessories	3.6	4.4	6.0	4.2	2.8	3.4	2.6	1.3
Footwear	**32.5**	**29.5**	**37.1**	**40.5**	**35.7**	**29.2**	**26.2**	**18.1**
Men's	12.5	10.8	13.7	14.3	14.6	12.6	10.1	6.2
Boys'	6.3	3.3	9.8	14.2	6.1	2.2	2.0	0.5
Women's	19.4	18.4	19.4	20.1	22.5	19.4	18.0	13.4
Girls'	6.6	2.9	9.8	14.8	6.6	2.6	1.8	0.6
Other apparel products and services	**36.4**	**39.7**	**38.1**	**37.7**	**37.8**	**36.3**	**36.5**	**25.3**
Material for making clothes	1.3	0.6	1.1	1.5	1.4	1.7	1.2	1.0
Sewing patterns and notions	1.9	0.9	1.5	1.9	2.0	2.0	2.7	1.5
Jewelry	8.1	8.5	8.3	8.6	8.9	8.6	7.3	4.2
Shoe repair and other shoe services	1.0	0.5	0.9	1.0	1.1	1.3	1.0	0.6
Coin-operated apparel laundry and dry cleaning	12.9	28.8	18.8	12.1	10.3	9.4	9.9	8.3
Apparel alteration, repair, and tailoring services	3.0	1.6	2.8	3.3	3.2	3.5	3.1	2.1
Clothing rental	0.3	0.3	0.5	0.4	0.3	0.2	0.2	0.0
Watch and jewelry repair	1.8	0.3	1.0	1.1	2.1	2.5	3.3	2.4
Professional laundry, dry cleaning	14.2	4.4	11.9	15.6	17.1	17.2	15.4	8.8
Clothing storage	0.1	0.1	0.1	0.0	0.1	0.1	0.2	0.1

Note: Figures shown are from the interview portion of the Consumer Expenditure Survey. For more information about the survey, see Appendix A. "–" means sample is too small to make a reliable estimate.
Source: Bureau of Labor Statistics, unpublished data from the 2010 Consumer Expenditure Survey

Table 3.6 Amount Purchasers Spent on Apparel during the <u>Average Quarter</u>, 2010

(average amount spent by consumer units purchasing apparel during the average quarter of 2010, by apparel category and age of consumer unit reference person, 2010)

Amount spent on apparel during the average quarter	total consumer units $369.59	under 25 $271.87	25 to 34 $385.20	35 to 44 $415.41	45 to 54 $427.71	55 to 64 $378.64	65 to 74 $307.53	75+ $198.32
Men's apparel	**160.65**	**135.67**	**148.34**	**170.79**	**179.89**	**175.00**	**135.49**	**106.50**
Suits	442.94	235.63	371.04	442.46	502.41	503.86	378.88	394.17
Sport coats and tailored jackets	194.72	139.29	176.74	243.95	162.38	213.15	196.47	163.95
Coats and jackets	115.95	101.10	99.47	124.32	130.09	109.40	98.70	147.71
Underwear	31.90	26.01	34.58	29.46	34.95	31.90	31.74	25.15
Hosiery	19.67	15.92	17.60	17.81	19.11	24.03	18.29	25.09
Nightwear	37.84	19.15	36.14	30.32	40.74	48.74	32.60	44.58
Accessories	45.70	45.71	42.44	43.36	42.73	58.17	43.46	36.96
Sweaters and vests	74.51	55.59	58.06	68.45	89.42	84.32	79.25	58.54
Active sportswear	45.14	38.82	47.98	45.48	46.28	48.84	30.07	22.32
Shirts	75.51	72.97	72.84	77.66	79.20	78.93	71.42	54.70
Pants and shorts	84.03	78.71	77.17	87.25	92.68	83.10	78.97	70.93
Uniforms	103.98	80.56	113.04	110.37	112.85	88.39	125.00	30.00
Costumes	98.72	28.85	101.42	162.28	68.50	64.13	86.11	137.50
Boys' (aged 2 to 15) apparel	**133.48**	**92.22**	**133.73**	**125.53**	**154.38**	**126.64**	**151.87**	**103.65**
Coats and jackets	64.09	41.80	57.98	59.33	83.22	62.80	64.23	34.38
Sweaters	76.42	17.57	68.41	62.23	85.49	103.45	150.64	83.00
Shirts	66.09	43.92	68.14	62.83	70.75	68.60	76.13	47.97
Underwear	35.11	41.07	37.47	32.07	32.05	40.12	53.31	38.24
Nightwear	32.55	19.72	29.82	26.23	33.71	43.90	55.51	25.00
Hosiery	19.00	13.04	17.92	17.20	20.35	19.90	38.89	15.00
Accessories	29.86	16.96	26.61	22.64	42.82	27.86	38.04	3.13
Suits, sport coats, and vests	76.79	35.71	28.75	80.38	79.76	130.36	129.41	132.14
Pants and shorts	72.47	56.78	73.59	70.12	79.02	71.46	72.27	59.38
Uniforms	123.36	117.97	101.54	84.07	188.78	114.58	141.67	106.25
Active sportswear	32.18	29.49	26.70	30.09	35.54	32.43	55.85	21.43
Costumes	33.90	23.91	31.90	30.04	45.00	30.77	55.56	62.50
Women's apparel	**201.84**	**168.42**	**190.00**	**198.18**	**229.00**	**224.76**	**191.13**	**147.69**
Coats and jackets	108.93	71.01	91.07	107.09	119.14	140.42	101.29	91.89
Dresses	150.34	107.35	141.66	128.43	181.65	159.91	156.24	127.07
Sport coats and tailored jackets	109.21	64.90	90.98	166.38	91.48	111.90	111.79	61.33
Sweaters and vests	75.66	53.85	65.81	68.32	89.90	80.71	84.27	60.40
Shirts, blouses, and tops	78.39	68.83	70.31	74.15	82.80	88.78	82.38	72.24
Skirts	70.82	58.67	67.31	65.89	76.78	70.64	71.78	92.95
Pants and shorts	85.61	80.29	79.99	83.22	91.73	88.09	89.56	78.89
Active sportswear	64.92	55.72	66.33	68.44	66.69	65.53	55.37	59.69
Nightwear	43.16	43.24	45.73	37.43	44.75	45.84	43.66	39.64
Undergarments	51.10	49.54	45.45	48.34	55.43	55.59	58.78	39.11
Hosiery	21.32	17.25	17.80	19.86	22.58	21.01	26.45	25.62
Suits	207.60	173.79	184.88	182.54	230.11	264.31	196.51	153.13
Accessories	67.26	39.84	60.14	67.05	74.02	83.52	56.09	50.56
Uniforms	119.01	63.66	137.38	109.09	122.75	107.31	184.26	242.31
Costumes	77.45	58.33	88.19	71.82	66.67	79.89	125.00	94.44
Girls' (aged 2 to 15) apparel	**147.80**	**112.42**	**128.45**	**148.26**	**175.86**	**149.24**	**139.38**	**145.81**
Coats and jackets	65.41	31.92	47.30	66.69	77.98	81.90	89.29	57.50
Dresses and suits	80.43	81.04	58.26	72.12	115.73	96.32	51.75	72.67
Shirts, blouses, and sweaters	67.88	44.74	63.46	67.15	75.00	71.69	75.91	54.59
Skirts, pants, and shorts	73.79	70.99	68.44	70.79	84.39	75.17	76.53	86.14
Active sportswear	34.59	25.53	27.54	33.07	41.37	35.45	44.12	34.38
Underwear and nightwear	40.40	43.75	34.07	39.54	42.43	45.43	31.71	110.19
Hosiery	17.05	14.17	13.54	18.69	16.08	14.37	29.51	22.62
Accessories	34.79	21.81	22.59	30.39	48.06	31.52	47.32	66.67
Uniforms	133.21	69.17	155.97	117.35	128.57	170.45	161.67	123.75
Costumes	53.41	34.88	33.78	50.33	89.93	50.96	38.64	—

	total consumer units	under 25	25 to 34	35 to 44	45 to 54	55 to 64	65 to 74	75+
Children's (under age 2) apparel	**$122.20**	**$142.23**	**$152.15**	**$133.83**	**$97.92**	**$93.91**	**$91.00**	**$60.86**
Coats, jackets, and snowsuits	58.06	54.50	47.46	59.66	65.37	86.00	47.92	55.65
Outerwear including dresses	66.22	63.02	66.23	64.95	63.63	75.69	70.02	37.99
Underwear	116.28	133.33	132.10	125.00	91.29	71.34	65.77	80.83
Nightwear and loungewear	38.53	33.44	44.08	38.19	39.89	28.76	45.21	31.70
Accessories	51.24	38.21	46.71	66.17	46.24	43.99	73.84	33.27
Footwear	**113.53**	**92.91**	**106.95**	**114.19**	**126.88**	**121.87**	**106.31**	**87.33**
Men's	91.29	88.95	84.36	86.01	97.36	102.13	87.16	80.67
Boys'	69.04	47.58	66.70	62.46	76.56	97.74	93.84	52.22
Women's	88.23	80.75	81.65	81.49	97.12	97.02	88.61	74.81
Girls'	61.83	50.70	59.16	58.59	68.96	66.79	70.34	81.35
Other apparel products and services	**155.17**	**116.70**	**167.79**	**163.44**	**172.74**	**168.98**	**134.06**	**81.15**
Material for making clothes	68.27	21.83	52.41	89.90	72.14	78.64	58.76	32.07
Sewing patterns and notions	28.49	8.87	18.83	16.45	30.76	39.85	41.73	21.03
Jewelry	299.26	193.77	345.89	292.88	286.88	334.85	327.66	178.73
Shoe repair and other shoe services	39.29	41.84	48.01	37.76	40.74	40.30	33.89	20.09
Coin-operated apparel laundry and dry cleaning	75.89	65.43	88.51	90.05	82.89	64.03	55.18	46.02
Apparel alteration, repair, and tailoring services	52.01	44.78	55.13	49.24	50.00	60.87	45.05	48.58
Clothing rental	137.50	133.93	163.89	136.31	112.12	119.05	171.05	193.75
Watch and jewelry repair	44.23	14.81	62.00	47.48	37.07	52.64	32.72	46.46
Professional laundry, dry cleaning	87.45	58.67	86.64	100.38	97.66	84.15	70.06	58.80
Clothing storage	115.63	73.21	95.00	391.67	95.00	125.00	58.33	150.00

Note: Figures shown are from the interview portion of the Consumer Expenditure Survey. For more information about the survey, see Appendix A. "–" means sample is too small to make a reliable estimate.
Source: Calculations by New Strategist based on unpublished data from the Bureau of Labor Statistics 2010 Consumer Expenditure Survey

Table 3.7 Percent of Consumer Units That Bought Apparel during the Average Week, 2010

(percent of consumer units purchasing apparel during the average week of 2010, by apparel category and age of consumer unit reference person, 2010)

Percent buying apparel during an average week	total consumer units 32.7%	under 25 31.3%	25 to 34 37.0%	35 to 44 38.5%	45 to 54 35.2%	55 to 64 31.8%	65 to 74 25.3%	75+ 19.4%
Men's apparel	**10.7**	**8.9**	**11.1**	**11.7**	**13.3**	**10.6**	**8.6**	**5.5**
Sport coats and tailored jackets	0.0	–	0.1	–	–	0.1	0.1	–
Coats and jackets	0.8	1.4	0.9	0.7	0.9	0.9	0.7	0.6
Underwear	2.5	2.1	2.5	3.1	3.6	1.9	1.6	0.9
Hosiery	2.2	2.0	1.7	2.7	2.9	2.3	1.9	0.8
Accessories	2.8	2.1	3.2	2.8	3.4	3.0	2.1	1.4
Sweaters and vests	0.5	0.1	0.5	0.2	0.6	0.8	0.8	0.5
Active sportswear	1.0	0.7	1.4	1.4	1.0	1.0	0.6	0.3
Shirts	5.2	5.7	5.3	5.9	6.7	4.8	4.1	2.3
Pants and shorts	3.4	2.4	3.1	4.0	4.4	3.4	3.1	1.8
Uniforms	0.1	0.2	0.1	0.1	0.1	0.1	–	–
Boys' (aged 2 to 15) apparel	**3.5**	**2.9**	**5.2**	**7.1**	**3.0**	**2.2**	**0.8**	**0.6**
Shirts	2.3	1.6	3.4	4.5	2.0	1.4	0.6	0.5
Underwear	1.2	1.0	1.5	2.7	1.0	0.7	0.1	0.2
Nightwear	0.3	0.6	0.6	0.7	0.0	0.3	–	–
Hosiery	0.9	1.0	1.3	2.1	0.7	0.5	0.1	0.2
Accessories	0.9	0.9	1.0	1.7	1.0	0.7	0.1	0.1
Suits, sport coats, and vests	0.1	0.1	–	0.2	0.0	0.2	–	–
Women's apparel	**17.6**	**15.4**	**16.9**	**19.0**	**21.0**	**18.1**	**15.9**	**11.2**
Coats and jackets	1.4	1.0	1.4	1.3	1.6	1.5	1.8	0.9
Dresses	2.1	2.4	2.8	2.6	2.3	1.7	1.6	0.7
Sport coats and tailored jackets	0.1	0.1	0.2	0.1	0.1	0.1	–	–
Sweaters and vests	2.1	0.8	1.9	2.1	2.3	2.7	2.0	1.7
Shirts, blouses, and tops	8.0	7.8	8.1	8.6	10.1	8.2	6.2	4.2
Skirts	0.6	0.8	0.7	0.7	0.6	0.6	0.5	0.3
Pants and shorts	5.2	5.2	4.3	6.0	6.6	5.6	4.3	2.8
Active sportswear	1.7	1.8	1.7	1.8	2.3	1.7	1.2	0.7
Nightwear	1.6	1.3	1.2	1.8	1.5	1.9	1.9	1.1
Undergarments	2.7	3.0	2.8	3.0	3.2	2.3	2.2	1.8
Hosiery	3.5	2.1	2.9	3.4	4.9	3.8	3.7	1.5
Accessories	4.4	4.2	3.8	4.1	5.7	5.1	3.7	3.1
Uniforms	0.1	0.0	0.1	0.3	0.1	0.2	–	–
Girls' (aged 2 to 15) apparel	**4.8**	**2.5**	**6.3**	**9.3**	**5.0**	**2.7**	**2.3**	**1.2**
Coats and jackets	0.3	0.4	0.4	0.9	0.2	–	0.2	0.2
Dresses and suits	0.9	0.5	1.4	1.9	1.0	0.4	0.4	0.1
Shirts, blouses, and sweaters	2.7	1.5	3.5	5.6	2.7	1.5	1.2	0.7
Active sportswear	0.7	0.5	0.8	1.7	0.8	0.2	0.1	0.3
Underwear and sleepwear	1.0	0.2	1.3	2.0	1.3	0.6	0.5	0.4
Hosiery	1.0	0.5	1.3	1.8	1.0	0.6	0.7	0.2
Accessories	0.9	0.1	1.0	1.8	0.9	0.5	0.4	0.3
Children's (under age 2) apparel	**5.2**	**8.4**	**11.7**	**7.2**	**3.4**	**2.8**	**1.3**	**1.5**
Outerwear including dresses	1.6	2.3	3.8	1.9	1.0	1.3	0.4	0.4
Underwear	3.8	7.0	8.6	5.6	2.2	1.6	0.5	1.1
Nightwear and loungewear	0.4	0.2	0.8	0.3	0.6	0.4	0.1	–
Accessories	1.3	1.2	3.0	1.4	1.1	1.0	0.6	0.2
Footwear	**11.0**	**10.7**	**11.7**	**15.1**	**12.2**	**10.7**	**6.9**	**5.2**
Men's	3.4	3.4	3.2	4.6	3.3	3.7	2.9	1.4
Boys'	1.5	1.6	2.2	3.3	1.2	0.8	0.1	0.2
Women's	6.1	6.2	5.7	7.0	7.6	6.5	4.2	3.4
Girls'	1.9	1.1	2.9	3.9	1.9	0.7	0.8	0.2
Other apparel products and services	**2.4**	**1.6**	**1.8**	**2.2**	**2.2**	**3.5**	**2.8**	**2.0**
Material for making clothes	0.6	0.4	0.5	0.6	0.4	1.3	0.7	0.6
Sewing patterns and notions	1.2	0.3	1.1	1.2	0.9	1.9	1.7	0.7

Note: The figures shown are from the diary portion of the Consumer Expenditure Survey. Not all apparel categories are included in the diary survey. For more information about the survey, see Appendix A. "–" means sample is too small to make a reliable estimate.
Source: Bureau of Labor Statistics, unpublished data from the 2010 Consumer Expenditure Survey

Table 3.8 Amount Purchasers Spent on Apparel during the <u>Average Week</u>, 2010

(average amount spent by consumer units purchasing apparel during the average week of 2010, by apparel category and age of consumer unit reference person, 2010)

Amount spent on apparel during the average week	total consumer units $81.74	under 25 $83.32	25 to 34 $89.77	35 to 44 $82.10	45 to 54 $88.22	55 to 64 $75.83	65 to 74 $70.80	75+ $59.80
Men's apparel	**49.39**	**47.70**	**51.48**	**46.83**	**50.67**	**50.99**	**50.58**	**38.83**
Sport coats and tailored jackets	100.00	–	60.00	–	–	60.00	133.33	–
Coats and jackets	70.24	52.86	128.26	50.75	82.42	55.17	35.71	24.14
Underwear	14.29	9.76	12.10	14.98	14.17	16.75	16.98	16.30
Hosiery	11.42	7.61	9.77	10.70	12.28	12.61	10.88	11.84
Accessories	21.51	21.70	30.94	19.08	20.53	20.13	13.59	15.28
Sweaters and vests	42.59	40.00	34.00	63.64	52.46	37.04	39.02	29.41
Active sportswear	39.00	23.53	35.71	36.96	46.46	42.00	39.66	50.00
Shirts	29.06	23.69	23.72	29.88	28.87	36.53	30.17	23.71
Pants and shorts	37.03	33.61	35.67	34.16	38.67	35.19	47.57	37.43
Uniforms	57.14	150.00	22.22	50.00	80.00	20.00	–	–
Boys' (aged 2 to 15) apparel	**22.86**	**18.71**	**18.88**	**27.59**	**19.93**	**19.46**	**20.24**	**44.44**
Shirts	17.78	12.80	17.26	20.31	15.76	13.04	21.05	32.69
Underwear	11.30	9.90	8.84	12.22	11.11	8.82	0.00	21.74
Nightwear	12.90	7.14	12.28	16.92	33.33	13.33	–	–
Hosiery	10.99	9.28	8.96	14.01	8.82	10.42	8.33	25.00
Accessories	11.36	11.49	8.65	12.43	11.46	14.71	21.43	9.09
Suits, sport coats, and vests	37.50	11.11	–	61.90	0.00	6.67	–	–
Women's apparel	**60.02**	**77.54**	**61.21**	**54.57**	**65.51**	**58.70**	**52.42**	**51.03**
Coats and jackets	51.41	44.90	46.53	35.38	67.28	48.63	55.87	50.00
Dresses	73.93	176.15	81.34	60.00	58.97	67.88	51.28	61.43
Sport coats and tailored jackets	55.56	22.22	20.00	7.69	50.00	200.00	–	–
Sweaters and vests	35.10	20.99	37.77	33.66	36.05	33.96	41.87	30.06
Shirts, blouses, and tops	28.43	23.48	25.83	26.52	30.88	31.54	26.98	28.30
Skirts	28.33	19.51	31.43	23.53	26.23	16.67	52.17	56.67
Pants and shorts	33.08	32.50	30.48	34.84	35.45	31.06	30.91	32.74
Active sportswear	33.73	27.27	28.24	38.33	39.56	30.23	21.01	46.97
Nightwear	25.16	38.93	21.95	27.07	22.67	22.16	24.19	29.52
Undergarments	25.65	28.43	24.73	22.59	28.97	22.71	24.77	28.57
Hosiery	11.53	7.48	13.36	9.12	13.32	10.08	9.54	17.11
Accessories	27.48	32.85	28.95	21.55	31.36	27.76	23.16	20.90
Uniforms	53.85	100.00	100.00	37.50	100.00	36.84	–	–
Girls' (aged 2 to 15) apparel	**28.72**	**23.79**	**25.52**	**30.83**	**31.14**	**24.45**	**27.04**	**31.45**
Coats and jackets	24.24	31.58	26.19	22.47	31.25	–	16.67	33.33
Dresses and suits	26.88	15.38	23.53	24.21	28.13	35.71	34.88	58.33
Shirts, blouses, and sweaters	18.45	18.00	19.09	19.18	19.05	14.86	14.78	16.18
Active sportswear	26.03	12.96	23.38	24.42	34.52	30.43	14.29	17.24
Underwear and sleepwear	16.35	4.55	12.80	16.08	16.80	25.00	16.33	16.67
Hosiery	9.38	6.25	7.75	11.24	11.34	5.17	11.59	4.17
Accessories	10.59	12.50	5.88	10.50	10.87	9.80	18.60	11.54
Children's (under age 2) apparel	**31.87**	**29.89**	**34.22**	**31.19**	**31.16**	**30.55**	**29.23**	**27.21**
Outerwear including dresses	23.31	15.42	25.73	22.16	26.53	18.32	24.39	22.50
Underwear	27.37	25.28	29.81	26.44	25.56	24.07	38.78	25.23
Nightwear and loungewear	12.20	4.76	9.52	21.21	14.29	11.43	8.33	–
Accessories	16.03	31.67	12.50	19.58	11.93	16.33	15.79	20.00
Footwear	**52.81**	**55.01**	**51.50**	**52.58**	**56.63**	**52.72**	**48.77**	**43.55**
Men's	57.69	66.96	58.02	60.75	64.07	49.19	54.20	36.23
Boys'	36.05	38.22	37.16	36.89	33.33	25.97	40.00	65.00
Women's	45.92	45.15	41.16	40.11	50.07	52.86	39.47	47.21
Girls'	29.57	19.27	34.39	30.91	28.80	22.86	22.37	10.53
Other apparel products and services	**51.48**	**24.05**	**252.49**	**32.29**	**21.36**	**15.36**	**24.38**	**21.21**
Material for making clothes	14.06	10.53	14.89	19.64	17.07	9.45	7.69	18.97
Sewing patterns and notions	9.32	10.00	7.62	11.11	11.36	7.29	11.76	6.76

Note: Figures shown are from the diary portion of the Consumer Expenditure Survey. Not all apparel categories are included in the diary survey. For more information about the survey, see Appendix A. "–" means sample is too small to make a reliable estimate.
Source: Calculations by New Strategist based on unpublished data from the Bureau of Labor Statistics 2010 Consumer Expenditure Survey

Spending on Entertainment, 2010

The average household spent $2,504 on entertainment in 2010, 6 percent more than the inflation-adjusted $2,359 of 2000. From the overall peak spending year of 2006 to 2010, however, spending on entertainment dropped 3 percent. Overall, Americans devoted 5.2 percent of their spending to entertainment in 2010, up from 4.9 percent in 2000. The average American household spends substantially more on entertainment than on clothes.

Annual Spending

Householders aged 35 to 54 spend the most on entertainment, more than $3,000 in 2010, which was 22 to 23 percent more than the average household. Householders aged 35 to 44 spend the most on fees and admissions to entertainment events, 46 percent more than the average household. This age group spends more than twice the average on recreational lessons, mostly because of their children's leisure activities. Householders aged 55 to 64 spend the most on installation of television sets and stamp and coin collecting. Householders aged 65 to 74 spend more than other households on repair of TV, radio, and sound equipment as well as pet food.

Quarterly Spending

During the average quarter of 2010, 91 percent of households spent on entertainment. The purchasers devoted an average of $624 to entertainment products and services during the quarter. Seventy-four percent of households spent on cable and satellite television service during the average quarter, and 20 percent rented videos. The proportion of households that rented videos during the average quarter approaches 28 percent among householders aged 25 to 44, then drops with age to just 4 percent of householders aged 75 or older. Spending on pets averaged $228 for the average quarter among the 34 percent of households that spent on pets during the quarter. Eleven percent of households bought photographic equipment and supplies during the average quarter, the average purchaser spending $130.

Weekly Spending

During the average week of 2010, 37 percent of households purchased entertainment products and services, the purchasers spending $69 on average. Among entertainment categories examined on a weekly basis, pets attract the largest share of households into the marketplace. Nearly one in five households bought pet products or services during the average week of 2010 and spent $35 on average. Among householders aged 45 to 54, an even larger 23 percent spent on pets during the average week. Ten percent of households paid a cable bill during the average week, the purchasers spending $97 on average.

Table 4.1 Entertainment: Average Annual Spending by Age, 2010

(average annual spending of consumer units (CU) on entertainment, by age of consumer unit reference person, 2010)

	total consumer units	under 25	25 to 34	35 to 44	45 to 54	55 to 64	65 to 74	75+
Number of consumer units (in 000s)	121,107	8,034	20,166	21,912	25,054	21,359	13,031	11,551
Average number of persons per CU	2.5	2.0	2.9	3.3	2.8	2.2	1.9	1.6
Average before-tax income of CU	$62,481.00	$26,881.00	$59,613.00	$76,128.00	$79,589.00	$68,906.00	$49,711.00	$31,782.00
Average annual spending of CU, total	48,108.84	27,482.77	46,617.48	55,945.67	57,788.25	50,899.73	41,433.85	31,528.55
Entertainment, average annual spending	**2,504.44**	**1,220.88**	**2,251.40**	**3,057.70**	**3,088.36**	**2,682.99**	**2,340.66**	**1,373.82**
Fees and admissions	**581.15**	**235.42**	**460.44**	**849.33**	**779.51**	**545.05**	**472.92**	**282.83**
Social, recreation, health club membership	120.72	34.62	97.43	172.47	144.86	126.69	101.47	81.47
Fees for participant sports	108.25	34.83	78.52	155.91	143.84	93.35	101.82	78.93
Movie, theater, amusement park, and other admissions	155.00	91.84	141.89	191.95	193.75	161.28	138.83	74.26
Admission to sports events	59.62	28.06	54.29	74.43	82.55	61.51	50.30	20.01
Fees for recreational lessons	94.41	32.62	62.44	205.28	160.76	42.53	27.59	10.29
Audio and visual equipment and services	**953.95**	**594.86**	**965.01**	**1,078.04**	**1,024.67**	**1,061.02**	**864.26**	**700.42**
Sound equipment	27.67	10.75	49.08	30.84	25.85	34.37	10.77	6.98
Television sets	118.73	86.37	132.80	128.44	121.38	147.14	81.93	81.47
Cable and satellite television services	621.49	329.23	551.25	656.52	672.62	693.65	679.94	570.64
Miscellaneous video equipment	3.51	–	5.58	2.78	3.02	7.12	1.80	–
Satellite radio service	14.57	5.94	9.66	17.29	17.93	18.71	15.11	8.45
Online gaming services	2.55	2.19	4.06	3.27	3.21	1.64	1.34	0.37
VCRs and video disc players	10.10	6.62	12.73	13.37	10.02	10.86	6.23	4.89
Video game hardware and software	50.80	53.88	71.32	88.23	45.53	47.61	12.56	3.66
Video cassettes, tapes, and discs	27.38	30.18	36.40	34.38	28.94	27.27	15.53	6.58
Streamed and downloaded video	1.94	2.76	2.28	2.64	2.39	1.48	1.12	0.21
Repair of TV, radio, and sound equipment	2.69	1.76	1.14	2.70	3.43	2.17	4.19	3.68
Personal digital audio players	11.42	8.65	12.66	21.26	14.37	7.99	3.56	1.35
Satellite dishes	1.22	0.28	1.30	1.87	2.07	0.96	0.36	0.08
Compact discs, records, and audio tapes	13.79	10.23	14.60	15.92	16.86	14.85	10.61	5.76
Streamed and downloaded audio	6.70	6.39	8.14	10.81	9.64	4.06	1.88	0.55
Musical instruments and accessories	15.26	20.68	17.59	15.48	17.91	21.17	5.93	0.88
Rental and repair of musical instruments	1.42	0.04	0.75	1.88	2.72	1.61	0.92	0.08
Rental of video cassettes, tapes, discs, films	21.51	18.60	31.49	29.80	25.16	16.92	9.74	4.23
Installation of television sets	0.37	0.21	0.17	0.07	0.45	0.76	0.31	0.55
Pets	**480.09**	**170.17**	**360.82**	**533.76**	**600.10**	**559.17**	**596.92**	**257.77**
Pet food	165.20	57.47	120.58	181.35	193.61	187.74	244.11	91.67
Pet purchase, supplies, and medicines	162.51	79.31	148.72	187.06	214.59	186.53	138.51	67.57
Pet services	38.87	11.43	20.36	47.92	55.97	52.08	31.97	19.34
Veterinary services	113.52	21.96	71.16	117.42	135.94	132.82	182.33	79.19
Toys, games, arts and crafts, and tricycles	**117.78**	**60.72**	**111.59**	**173.70**	**129.95**	**130.64**	**98.61**	**33.78**
Stamp and coin collecting	**2.77**	**0.03**	**0.16**	**2.05**	**2.43**	**6.48**	**4.37**	**2.63**
Playground equipment	**4.91**	**1.35**	**7.28**	**6.60**	**3.75**	**8.26**	**1.67**	**–**
Other entertainment supplies, equipment, services	**363.79**	**158.33**	**346.11**	**414.22**	**547.94**	**372.37**	**301.90**	**96.39**
Recreational vehicles (boats, campers, trailers)	132.19	7.26	96.22	102.12	259.43	179.98	75.34	38.72
Rental of recreational vehicles	7.13	0.79	5.26	7.74	10.91	9.78	4.72	3.23
Docking and landing fees	10.57	0.03	2.81	5.12	20.82	6.85	21.30	14.33

	total consumer units	under 25	25 to 34	35 to 44	45 to 54	55 to 64	65 to 74	75+
Sports, recreation, exercise equipment	$126.61	$62.01	$124.63	$188.72	$137.45	$114.36	$156.10	$22.63
Athletic gear, game tables, exercise equipment	47.28	25.59	32.62	86.54	42.53	43.44	72.17	3.11
Bicycles	15.43	10.28	19.92	27.29	20.15	10.54	3.35	1.07
Camping equipment	13.41	0.43	16.73	30.37	15.13	6.58	5.59	2.75
Hunting and fishing equipment	26.17	9.34	31.03	18.01	26.65	32.17	48.03	7.17
Winter sports equipment	5.63	4.14	4.23	6.92	12.33	1.63	0.75	5.01
Water sports equipment	4.42	3.36	3.37	3.29	7.17	7.12	2.56	0.30
Other sports equipment	6.17	7.79	8.90	9.57	5.87	4.23	3.22	1.35
Global positioning system devices	5.20	–	3.98	2.74	4.47	4.93	19.06	1.81
Rental and repair of miscellaneous sports equipment	2.90	1.07	3.85	3.99	3.16	3.72	1.38	0.06
Photographic equipment and supplies	54.40	63.23	65.90	68.69	71.57	38.70	38.19	10.99
Film	1.23	0.51	0.82	1.44	1.85	1.12	1.62	0.50
Photo processing	11.42	6.41	10.93	13.38	14.14	11.09	13.49	4.39
Photographic equipment	24.25	36.48	28.16	28.11	26.99	21.60	19.37	6.09
Photographer fees	16.62	18.69	25.79	25.22	27.13	3.81	2.09	–
Fireworks	1.31	2.83	3.34	1.39	1.32	–	0.39	–
Live entertainment for catered affairs	10.34	10.68	17.03	7.50	17.83	8.26	1.02	1.94
Rental of party supplies for catered affairs	12.73	11.48	22.15	11.85	19.78	9.44	3.28	0.28

Note: Annual average spending figures for some items may seem low because both purchasers and nonpurchasers are used to calculate the annual average; to find out how much purchasers spend on items, see the quarterly or weekly spending tables. Subcategories may not add to total because some are not shown. "–" means sample is too small to make a reliable estimate.
Source: Bureau of Labor Statistics, unpublished data from the 2010 Consumer Expenditure Survey

Table 4.2 Entertainment: Indexed Annual Spending by Age, 2010

(indexed average annual spending of consumer units (CU) on entertainment by age of consumer unit reference person, 2010; index definition: an index of 100 is the average for all consumer units; an index of 125 means that spending by consumer units in that group is 25 percent above the average for all consumer units; an index of 75 indicates spending that is 25 percent below the average for all consumer units)

	total consumer units	under 25	25 to 34	35 to 44	45 to 54	55 to 64	65 to 74	75+
Average annual spending of CU, total	$48,109	$27,483	$46,617	$55,946	$57,788	$50,900	$41,434	$31,529
Average annual spending of CU, index	100	57	97	116	120	106	86	66
Entertainment, annual spending index	**100**	**49**	**90**	**122**	**123**	**107**	**93**	**55**
Fees and admissions	**100**	**41**	**79**	**146**	**134**	**94**	**81**	**49**
Social, recreation, health club membership	100	29	81	143	120	105	84	67
Fees for participant sports	100	32	73	144	133	86	94	73
Movie, theater, amusement park, and other admissions	100	59	92	124	125	104	90	48
Admission to sports events	100	47	91	125	138	103	84	34
Fees for recreational lessons	100	35	66	217	170	45	29	11
Audio and visual equipment and services	**100**	**62**	**101**	**113**	**107**	**111**	**91**	**73**
Sound equipment	100	39	177	111	93	124	39	25
Television sets	100	73	112	108	102	124	69	69
Cable and satellite television services	100	53	89	106	108	112	109	92
Miscellaneous video equipment	100	–	159	79	86	203	51	–
Satellite radio service	100	41	66	119	123	128	104	58
Online gaming services	100	86	159	128	126	64	53	15
VCRs and video disc players	100	66	126	132	99	108	62	48
Video game hardware and software	100	106	140	174	90	94	25	7
Video cassettes, tapes, and discs	100	110	133	126	106	100	57	24
Streamed and downloaded video	100	142	118	136	123	76	58	11
Repair of TV, radio, and sound equipment	100	65	42	100	128	81	156	137
Personal digital audio players	100	76	111	186	126	70	31	12
Satellite dishes	100	23	107	153	170	79	30	7
Compact discs, records, and audio tapes	100	74	106	115	122	108	77	42
Streamed and downloaded audio	100	95	121	161	144	61	28	8
Musical instruments and accessories	100	136	115	101	117	139	39	6
Rental and repair of musical instruments	100	3	53	132	192	113	65	6
Rental of video cassettes, tapes, discs, films	100	86	146	139	117	79	45	20
Installation of television sets	100	57	46	19	122	205	84	149
Pets	**100**	**35**	**75**	**111**	**125**	**116**	**124**	**54**
Pet food	100	35	73	110	117	114	148	55
Pet purchase, supplies, and medicines	100	49	92	115	132	115	85	42
Pet services	100	29	52	123	144	134	82	50
Veterinary services	100	19	63	103	120	117	161	70
Toys, games, arts and crafts, and tricycles	**100**	**52**	**95**	**147**	**110**	**111**	**84**	**29**
Stamp and coin collecting	**100**	**1**	**6**	**74**	**88**	**234**	**158**	**95**
Playground equipment	**100**	**27**	**148**	**134**	**76**	**168**	**34**	**–**
Other entertainment supplies, equipment, services	**100**	**44**	**95**	**114**	**151**	**102**	**83**	**26**
Recreational vehicles (boats, campers, trailers)	100	5	73	77	196	136	57	29
Rental of recreational vehicles	100	11	74	109	153	137	66	45
Docking and landing fees	100	0	27	48	197	65	202	136

	total consumer units	under 25	25 to 34	35 to 44	45 to 54	55 to 64	65 to 74	75+
Sports, recreation, exercise equipment	100	49	98	149	109	90	123	18
Athletic gear, game tables, exercise equipment	100	54	69	183	90	92	153	7
Bicycles	100	67	129	177	131	68	22	7
Camping equipment	100	3	125	226	113	49	42	21
Hunting and fishing equipment	100	36	119	69	102	123	184	27
Winter sports equipment	100	74	75	123	219	29	13	89
Water sports equipment	100	76	76	74	162	161	58	7
Other sports equipment	100	126	144	155	95	69	52	22
Global positioning system devices	100	–	77	53	86	95	367	35
Rental and repair of miscellaneous sports equipment	100	37	133	138	109	128	48	2
Photographic equipment and supplies	100	116	121	126	132	71	70	20
Film	100	41	67	117	150	91	132	41
Photo processing	100	56	96	117	124	97	118	38
Photographic equipment	100	150	116	116	111	89	80	25
Photographer fees	100	112	155	152	163	23	13	–
Fireworks	100	216	255	106	101	–	30	–
Live entertainment for catered affairs	100	103	165	73	172	80	10	19
Rental of party supplies for catered affairs	100	90	174	93	155	74	26	2

Note: "–" means sample is too small to make a reliable estimate.
Source: Calculations by New Strategist based on the Bureau of Labor Statistics' 2010 Consumer Expenditure Survey

Table 4.3 Entertainment: Total Annual Spending by Age, 2010

(total annual spending on entertainment, by consumer unit (CU) age groups, 2010; consumer units and dollars in thousands)

	total consumer units	under 25	25 to 34	35 to 44	45 to 54	55 to 64	65 to 74	75+
Number of consumer units	121,107	8,034	20,166	21,912	25,054	21,359	13,031	11,551
Total annual spending of all CUs	$5,826,317,286	$220,796,574	$940,088,102	$1,225,881,521	$1,447,826,816	$1,087,167,333	$539,924,499	$364,186,281
Entertainment, total annual spending	**303,305,215**	**9,808,550**	**45,401,732**	**67,000,322**	**77,375,771**	**57,305,983**	**30,501,140**	**15,868,995**
Fees and admissions	**70,381,333**	**1,891,364**	**9,285,233**	**18,610,519**	**19,529,844**	**11,641,723**	**6,162,621**	**3,266,969**
Social, recreation, health club membership	14,620,037	278,137	1,964,773	3,779,163	3,629,322	2,705,972	1,322,256	941,060
Fees for participant sports	13,109,833	279,824	1,583,434	3,416,300	3,603,767	1,993,863	1,326,816	911,720
Movie, theater, amusement park, and other admissions	18,771,585	737,843	2,861,354	4,206,008	4,854,213	3,444,780	1,809,094	857,777
Admission to sports events	7,220,399	225,434	1,094,812	1,630,910	2,068,208	1,313,792	655,459	231,136
Fees for recreational lessons	11,433,712	262,069	1,259,165	4,498,095	4,027,681	908,398	359,525	118,860
Audio and visual equipment and services	**115,530,023**	**4,779,105**	**19,460,392**	**23,622,012**	**25,672,082**	**22,662,326**	**11,262,172**	**8,090,551**
Sound equipment	3,351,031	86,366	989,747	675,766	647,646	734,109	140,344	80,626
Television sets	14,379,034	693,897	2,678,045	2,814,377	3,041,055	3,142,763	1,067,630	941,060
Cable and satellite television services	75,266,789	2,645,034	11,116,508	14,385,666	16,851,821	14,815,670	8,860,298	6,591,463
Miscellaneous video equipment	425,086	–	112,526	60,915	75,663	152,076	23,456	–
Satellite radio service	1,764,529	47,722	194,804	378,858	449,218	399,627	196,898	97,606
Online gaming services	308,823	17,594	81,874	71,652	80,423	35,029	17,462	4,274
VCRs and video disc players	1,223,181	53,185	256,713	292,963	251,041	231,959	81,183	56,484
Video game hardware and software	6,152,236	432,872	1,438,239	1,933,296	1,140,709	1,016,902	163,669	42,277
Video cassettes, tapes, and discs	3,315,910	242,466	734,042	753,335	725,063	582,460	202,371	76,006
Streamed and downloaded video	234,948	22,174	45,978	57,848	59,879	31,611	14,595	2,426
Repair of TV, radio, and sound equipment	325,778	14,140	22,989	59,162	85,935	46,349	54,600	42,508
Personal digital audio players	1,383,042	69,494	255,302	465,849	360,026	170,658	46,390	15,594
Satellite dishes	147,751	2,250	26,216	40,975	51,862	20,505	4,691	924
Compact discs, records, and audio tapes	1,670,066	82,188	294,424	348,839	422,410	317,181	138,259	66,534
Streamed and downloaded audio	811,417	51,337	164,151	236,869	241,521	86,718	24,498	6,353
Musical instruments and accessories	1,848,093	166,143	354,720	339,198	448,717	452,170	77,274	10,165
Rental and repair of musical instruments	171,972	321	15,125	41,195	68,147	34,388	11,989	924
Rental of video cassettes, tapes, discs, films	2,605,012	149,432	635,027	652,978	630,359	361,394	126,922	48,861
Installation of television sets	44,810	1,687	3,428	1,534	11,274	16,233	4,040	6,353
Pets	**58,142,260**	**1,367,146**	**7,276,296**	**11,695,749**	**15,034,905**	**11,943,312**	**7,778,465**	**2,977,501**
Pet food	20,006,876	461,714	2,431,616	3,973,741	4,850,705	4,009,939	3,180,997	1,058,880
Pet purchase, supplies, and medicines	19,681,099	637,177	2,999,088	4,098,859	5,376,338	3,984,094	1,804,924	780,501
Pet services	4,707,429	91,829	410,580	1,050,023	1,402,272	1,112,377	416,601	223,396
Veterinary services	13,748,067	176,427	1,435,013	2,572,907	3,405,841	2,836,902	2,375,942	914,724
Toys, games, arts and crafts, and tricycles	**14,263,982**	**487,824**	**2,250,324**	**3,806,114**	**3,255,767**	**2,790,340**	**1,284,987**	**390,193**
Stamp and coin collecting	**335,466**	**241**	**3,227**	**44,920**	**60,881**	**138,406**	**56,945**	**30,379**
Playground equipment	**594,635**	**10,846**	**146,808**	**144,619**	**93,953**	**176,425**	**21,762**	**–**
Other entertainment supplies, equipment, services	**44,057,516**	**1,272,023**	**6,979,654**	**9,076,389**	**13,728,089**	**7,953,451**	**3,934,059**	**1,113,401**
Recreational vehicles (boats, campers, trailers)	16,009,134	58,327	1,940,373	2,237,653	6,499,759	3,844,193	981,756	447,255
Rental of recreational vehicles	863,493	6,347	106,073	169,599	273,339	208,891	61,506	37,310
Docking and landing fees	1,280,101	241	56,666	112,189	521,624	146,309	277,560	165,526

	total consumer units	under 25	25 to 34	35 to 44	45 to 54	55 to 64	65 to 74	75+
Sports, recreation, exercise equipment	$15,333,357	$498,188	$2,513,289	$4,135,233	$3,443,672	$2,442,615	$2,034,139	$261,399
Athletic gear, game tables, exercise equipment	5,725,939	205,590	657,815	1,896,264	1,065,547	927,835	940,447	35,924
Bicycles	1,868,681	82,590	401,707	597,978	504,838	225,124	43,654	12,360
Camping equipment	1,624,045	3,455	337,377	665,467	379,067	140,542	72,843	31,765
Hunting and fishing equipment	3,169,370	75,038	625,751	394,635	667,689	687,119	625,879	82,821
Winter sports equipment	681,832	33,261	85,302	151,631	308,916	34,815	9,773	57,871
Water sports equipment	535,293	26,994	67,959	72,090	179,637	152,076	33,359	3,465
Other sports equipment	747,230	62,585	179,477	209,698	147,067	90,349	41,960	15,594
Global positioning system devices	629,756	–	80,261	60,039	111,991	105,300	248,371	20,907
Rental and repair of miscellaneous sports equipment	351,210	8,596	77,639	87,429	79,171	79,455	17,983	693
Photographic equipment and supplies	6,588,221	507,990	1,328,939	1,505,135	1,793,115	826,593	497,654	126,945
Film	148,962	4,097	16,536	31,553	46,350	23,922	21,110	5,776
Photo processing	1,383,042	51,498	220,414	293,183	354,264	236,871	175,788	50,709
Photographic equipment	2,936,845	293,080	567,875	615,946	676,207	461,354	252,410	70,346
Photographer fees	2,012,798	150,155	520,081	552,621	679,715	81,378	27,235	–
Fireworks	158,650	22,736	67,354	30,458	33,071	–	5,082	–
Live entertainment for catered affairs	1,252,246	85,803	343,427	164,340	446,713	176,425	13,292	22,409
Rental of party supplies for catered affairs	1,541,692	92,230	446,677	259,657	495,568	201,629	42,742	3,234

Note: Numbers may not add to total because of rounding and missing subcategories. "–" means sample is too small to make a reliable estimate.
Source: Calculations by New Strategist based on the Bureau of Labor Statistics' 2010 Consumer Expenditure Survey

Table 4.4 Entertainment: Share of Annual Spending by Age, 2010

(percentage of total annual spending on entertainment accounted for by consumer unit age groups, 2010)

	total consumer units	under 25	25 to 34	35 to 44	45 to 54	55 to 64	65 to 74	75+
Share of total consumer units	100.0%	6.6%	16.7%	18.1%	20.7%	17.6%	10.8%	9.5%
Share of total before-tax income	100.0	2.9	15.9	22.0	26.4	19.5	8.6	4.9
Share of annual total spending	100.0	3.8	16.1	21.0	24.8	18.7	9.3	6.3
Share of total annual entertainment spending	100.0	3.2	15.0	22.1	25.5	18.9	10.1	5.2
Fees and admissions	100.0	2.7	13.2	26.4	27.7	16.5	8.8	4.6
Social, recreation, health club membership	100.0	1.9	13.4	25.8	24.8	18.5	9.0	6.4
Fees for participant sports	100.0	2.1	12.1	26.1	27.5	15.2	10.1	7.0
Movie, theater, amusement park, and other admissions	100.0	3.9	15.2	22.4	25.9	18.4	9.6	4.6
Admission to sports events	100.0	3.1	15.2	22.6	28.6	18.2	9.1	3.2
Fees for recreational lessons	100.0	2.3	11.0	39.3	35.2	7.9	3.1	1.0
Audio and visual equipment and services	100.0	4.1	16.8	20.4	22.2	19.6	9.7	7.0
Sound equipment	100.0	2.6	29.5	20.2	19.3	21.9	4.2	2.4
Television sets	100.0	4.8	18.6	19.6	21.1	21.9	7.4	6.5
Cable and satellite television services	100.0	3.5	14.8	19.1	22.4	19.7	11.8	8.8
Miscellaneous video equipment	100.0	–	26.5	14.3	17.8	35.8	5.5	–
Satellite radio service	100.0	2.7	11.0	21.5	25.5	22.6	11.2	5.5
Online gaming services	100.0	5.7	26.5	23.2	26.0	11.3	5.7	1.4
VCRs and video disc players	100.0	4.3	21.0	24.0	20.5	19.0	6.6	4.6
Video game hardware and software	100.0	7.0	23.4	31.4	18.5	16.5	2.7	0.7
Video cassettes, tapes, and discs	100.0	7.3	22.1	22.7	21.9	17.6	6.1	2.3
Streamed and downloaded video	100.0	9.4	19.6	24.6	25.5	13.5	6.2	1.0
Repair of TV, radio, and sound equipment	100.0	4.3	7.1	18.2	26.4	14.2	16.8	13.0
Personal digital audio players	100.0	5.0	18.5	33.7	26.0	12.3	3.4	1.1
Satellite dishes	100.0	1.5	17.7	27.7	35.1	13.9	3.2	0.6
Compact discs, records, and audio tapes	100.0	4.9	17.6	20.9	25.3	19.0	8.3	4.0
Streamed and downloaded audio	100.0	6.3	20.2	29.2	29.8	10.7	3.0	0.8
Musical instruments and accessories	100.0	9.0	19.2	18.4	24.3	24.5	4.2	0.6
Rental and repair of musical instruments	100.0	0.2	8.8	24.0	39.6	20.0	7.0	0.5
Rental of video cassettes, tapes, discs, films	100.0	5.7	24.4	25.1	24.2	13.9	4.9	1.9
Installation of television sets	100.0	3.8	7.7	3.4	25.2	36.2	9.0	14.2
Pets	100.0	2.4	12.5	20.1	25.9	20.5	13.4	5.1
Pet food	100.0	2.3	12.2	19.9	24.2	20.0	15.9	5.3
Pet purchase, supplies, and medicines	100.0	3.2	15.2	20.8	27.3	20.2	9.2	4.0
Pet services	100.0	2.0	8.7	22.3	29.8	23.6	8.8	4.7
Veterinary services	100.0	1.3	10.4	18.7	24.8	20.6	17.3	6.7
Toys, games, arts and crafts, and tricycles	100.0	3.4	15.8	26.7	22.8	19.6	9.0	2.7
Stamp and coin collecting	100.0	0.1	1.0	13.4	18.1	41.3	17.0	9.1
Playground equipment	100.0	1.8	24.7	24.3	15.8	29.7	3.7	–
Other entertainment supplies, equipment, services	100.0	2.9	15.8	20.6	31.2	18.1	8.9	2.5
Recreational vehicles (boats, campers, trailers)	100.0	0.4	12.1	14.0	40.6	24.0	6.1	2.8
Rental of recreational vehicles	100.0	0.7	12.3	19.6	31.7	24.2	7.1	4.3
Docking and landing fees	100.0	0.0	4.4	8.8	40.7	11.4	21.7	12.9

	total consumer units	under 25	25 to 34	35 to 44	45 to 54	55 to 64	65 to 74	75+
Sports, recreation, exercise equipment	100.0%	3.2%	16.4%	27.0%	22.5%	15.9%	13.3%	1.7%
Athletic gear, game tables, exercise equipment	100.0	3.6	11.5	33.1	18.6	16.2	16.4	0.6
Bicycles	100.0	4.4	21.5	32.0	27.0	12.0	2.3	0.7
Camping equipment	100.0	0.2	20.8	41.0	23.3	8.7	4.5	2.0
Hunting and fishing equipment	100.0	2.4	19.7	12.5	21.1	21.7	19.7	2.6
Winter sports equipment	100.0	4.9	12.5	22.2	45.3	5.1	1.4	8.5
Water sports equipment	100.0	5.0	12.7	13.5	33.6	28.4	6.2	0.6
Other sports equipment	100.0	8.4	24.0	28.1	19.7	12.1	5.6	2.1
Global positioning system devices	100.0	–	12.7	9.5	17.8	16.7	39.4	3.3
Rental and repair of miscellaneous sports equipment	100.0	2.4	22.1	24.9	22.5	22.6	5.1	0.2
Photographic equipment and supplies	100.0	7.7	20.2	22.8	27.2	12.5	7.6	1.9
Film	100.0	2.8	11.1	21.2	31.1	16.1	14.2	3.9
Photo processing	100.0	3.7	15.9	21.2	25.6	17.1	12.7	3.7
Photographic equipment	100.0	10.0	19.3	21.0	23.0	15.7	8.6	2.4
Photographer fees	100.0	7.5	25.8	27.5	33.8	4.0	1.4	–
Fireworks	100.0	14.3	42.5	19.2	20.8	–	3.2	–
Live entertainment for catered affairs	100.0	6.9	27.4	13.1	35.7	14.1	1.1	1.8
Rental of party supplies for catered affairs	100.0	6.0	29.0	16.8	32.1	13.1	2.8	0.2

Note: Numbers may not add to total because of rounding. "–" means sample is too small to make a reliable estimate.
Source: Calculations by New Strategist based on the Bureau of Labor Statistics' 2010 Consumer Expenditure Survey

Table 4.5 Percent of Consumer Units That Bought Entertainment during the Average Quarter, 2010

(percent of consumer units purchasing entertainment during the average quarter of 2010, by entertainment category and age of consumer unit reference person, 2010)

	total consumer units	under 25	25 to 34	35 to 44	45 to 54	55 to 64	65 to 74	75+
Percent buying entertainment during the average quarter	**90.8%**	**86.7%**	**91.3%**	**92.6%**	**92.3%**	**90.9%**	**91.5%**	**84.8%**
FEES AND ADMISSIONS	**46.1**	**48.7**	**51.4**	**55.5**	**48.0**	**43.0**	**39.4**	**26.3**
Recreation expenses on trips	7.7	4.8	6.7	9.4	8.8	8.8	7.6	3.4
Social, recreation, civic club membership	12.9	7.5	15.2	14.6	14.4	13.6	11.2	7.2
Fees for participant sports	11.7	8.0	12.5	14.9	12.7	10.2	11.2	8.4
Participant sports on trips	3.4	2.3	2.9	4.3	4.5	3.5	2.8	1.3
Movie, theater, amusement park, and other admissions	29.6	36.3	34.4	36.4	31.5	27.0	22.8	12.0
Movie, other admissions on trips	7.9	5.4	7.8	9.3	8.8	8.5	8.5	3.8
Admission to sports events	6.3	8.1	7.8	7.6	7.7	5.4	3.8	1.8
Admission to sports events on trips	7.9	5.4	7.8	9.3	8.8	8.5	8.5	3.8
Fees for recreational lessons	5.9	1.9	5.3	11.5	8.0	3.8	3.2	1.3
Other entertainment services on trips	7.7	4.8	6.7	9.4	8.8	8.8	7.6	3.4
AUDIO AND VISUAL EQUIPMENT AND SERVICES	**83.6**	**71.3**	**83.3**	**85.8**	**86.1**	**84.9**	**86.4**	**77.8**
Television sets	4.3	4.2	4.9	4.4	4.5	4.6	3.5	3.1
Cable and satellite television service	73.7	49.4	68.0	75.0	76.9	77.7	81.3	75.3
Satellite radio service	2.9	1.2	2.2	3.5	3.6	3.6	2.8	1.3
Online gaming services	1.3	1.3	2.0	1.8	1.4	0.9	0.7	0.2
VCRs and video disc players	2.0	1.8	2.8	2.7	2.2	1.6	1.2	0.7
Video cassettes, tapes, and discs	13.3	15.4	17.4	16.8	14.0	12.8	7.5	3.9
Video game hardware and software	6.3	7.9	9.4	10.3	6.2	4.0	2.3	0.9
Streamed and downloaded video	1.4	1.6	2.0	1.9	1.6	1.1	0.6	0.2
Repair of TV, radio, and sound equipment	0.5	0.3	0.3	0.5	0.5	0.5	0.5	0.6
Rental of television sets	0.1	0.1	0.1	0.1	0.1	–	–	–
Radios	0.5	0.3	0.6	0.6	0.5	0.7	0.4	0.3
Tape recorders and players	0.1	0.1	0.1	0.3	0.1	0.2	0.0	0.0
Personal digital audio players	1.6	1.5	2.2	2.7	1.7	1.3	0.9	0.3
Sound components and component systems	0.8	0.9	1.0	1.1	1.1	0.7	0.3	0.3
Compact discs, records, and audio tapes	8.5	7.8	9.2	9.7	10.1	8.8	6.9	3.7
Streamed and downloaded audio	4.4	5.3	6.1	6.9	5.1	2.8	1.5	0.4
Rental of VCR, radio, and sound equipment	0.0	–	0.0	0.0	–	0.0	0.0	–
Musical instruments and accessories	1.4	1.8	1.4	2.0	1.8	1.1	0.4	0.3
Rental and repair of musical instruments	0.3	0.1	0.2	0.5	0.6	0.2	0.2	0.0
Rental of video cassettes, tapes, discs, films	19.8	21.9	27.7	27.5	22.2	15.5	9.8	4.3
Rental of computer and video game hardware and software	0.0	0.1	0.0	0.0	0.1	0.1	0.0	–
Accesories and other sound equipment	1.0	1.6	1.3	1.0	1.1	0.8	1.0	0.2
Satellite dishes	0.2	0.1	0.3	0.3	0.2	0.2	0.2	0.1
Installation of television sets	0.1	0.0	0.1	0.0	0.1	0.2	0.1	0.2
PETS, TOYS, HOBBIES, AND PLAYGROUND EQUIPMENT	**44.8**	**32.6**	**48.5**	**52.6**	**49.5**	**46.2**	**39.1**	**25.3**
Pets	**33.6**	**19.8**	**31.7**	**37.8**	**41.1**	**36.9**	**30.4**	**19.9**
Pet purchase, supplies, and medicines	27.9	17.8	27.4	31.2	34.3	30.4	23.8	15.8
Pet services	6.2	2.4	3.8	6.1	7.8	8.5	7.5	4.1
Veterinarian services	9.9	4.0	8.4	10.7	12.2	12.1	10.5	5.8
Toys, games, hobbies, and tricycles	**18.5**	**17.0**	**25.9**	**25.8**	**16.3**	**16.2**	**14.0**	**6.6**
Stamp and coin collecting	**0.6**	**0.1**	**0.2**	**0.4**	**0.4**	**1.0**	**1.0**	**0.7**
Playground equipment	**0.3**	**0.3**	**0.7**	**0.5**	**0.3**	**0.2**	**0.2**	**–**

	total consumer units	under 25	25 to 34	35 to 44	45 to 54	55 to 64	65 to 74	75+
OTHER ENTERTAINMENT SUPPLIES, EQUIPMENT, SERVICES	**22.0%**	**20.7%**	**25.6%**	**28.4%**	**24.4%**	**19.8%**	**17.4%**	**8.4%**
Unmotored recreational vehicles	**0.2**	**0.1**	**0.2**	**0.3**	**0.1**	**0.2**	**0.2**	**0.0**
Boat without motor and boat trailers	0.1	–	0.1	0.2	0.1	0.1	0.1	–
Trailer and other attachable campers	0.1	0.1	0.1	0.1	0.0	0.1	0.1	0.0
Motorized recreational vehicles	**0.2**	**0.0**	**0.1**	**0.2**	**0.2**	**0.2**	**0.2**	**0.1**
Rental of recreational vehicles	**0.6**	**0.3**	**0.6**	**0.6**	**0.7**	**0.8**	**0.6**	**0.3**
Docking and landing fees	**0.4**	**0.1**	**0.1**	**0.4**	**0.6**	**0.5**	**0.9**	**0.2**
Sports, recreation, exercise equipment	**12.6**	**12.2**	**15.5**	**17.9**	**14.9**	**10.7**	**6.6**	**3.0**
Athletic gear, game tables, exercise equipment	7.2	6.1	9.3	11.0	8.4	5.4	4.0	1.4
Bicycles	1.8	1.5	2.7	2.9	2.0	1.0	0.6	0.3
Camping equipment	1.0	1.3	1.2	1.4	1.1	0.9	0.4	0.3
Hunting and fishing equipment	2.4	2.9	2.7	3.0	2.8	2.5	1.3	0.7
Winter sports equipment	0.5	0.4	0.6	0.7	0.9	0.2	0.2	0.2
Water sports equipment	0.6	0.5	0.8	0.7	0.7	0.5	0.3	0.1
Other sports equipment	1.0	0.9	1.2	1.6	1.1	0.7	0.5	0.2
Rental and repair of miscellaneous sports equipment	0.4	0.4	0.3	0.5	0.4	0.5	0.4	0.1
Photographic equipment and supplies	**11.2**	**9.3**	**12.7**	**13.7**	**12.2**	**10.7**	**10.2**	**5.1**
Film	1.2	0.8	0.8	1.3	1.5	1.2	1.7	1.1
Photo processing	6.9	5.4	7.3	7.9	7.5	7.0	7.2	3.9
Repair and rental of photographic equipment	0.1	0.1	–	0.0	0.1	0.1	0.1	0.1
Photographic equipment	2.4	2.2	2.8	2.9	2.7	2.4	1.8	0.5
Photographer fees	2.3	2.1	3.5	3.6	2.5	1.5	1.1	0.3
Live entertainment for catered affairs	**0.3**	**0.4**	**0.4**	**0.3**	**0.4**	**0.3**	**0.1**	**0.2**
Rental of party supplies for catered affairs	**0.7**	**0.5**	**1.0**	**1.1**	**0.8**	**0.4**	**0.4**	**0.0**

Note: Figures shown are from the interview portion of the Consumer Expenditure Survey. For more information about the survey, see Appendix A. "–" means sample is too small to make a reliable estimate.
Source: Bureau of Labor Statistics, unpublished data from the 2010 Consumer Expenditure Survey

Table 4.6 Amount Purchasers Spent on Entertainment during the <u>Average Quarter</u>, 2010

(average amount spent by consumer units purchasing entertainment during the average quarter of 2010, by entertainment category and age of consumer unit reference person, 2010)

	total consumer units	under 25	25 to 34	35 to 44	45 to 54	55 to 64	65 to 74	75+
Amount spent on entertainment during the average quarter	**$623.61**	**$342.52**	**$581.84**	**$735.51**	**$767.90**	**$664.57**	**$527.96**	**$364.83**
FEES AND ADMISSIONS	**314.00**	**123.27**	**221.84**	**368.26**	**408.03**	**325.30**	**303.95**	**267.75**
Recreation expenses on trips	70.34	34.98	48.07	65.35	76.42	84.51	86.66	65.09
Social, recreation, civic club membership	233.41	115.55	159.93	295.33	252.37	232.89	225.69	284.46
Fees for participant sports	179.05	109.09	129.51	164.50	217.91	195.73	204.62	200.30
Participant sports on trips	162.94	51.99	81.21	154.92	207.85	199.43	139.15	200.00
Movie, theater, amusement park, and other admissions	95.08	54.54	81.11	97.44	111.72	98.05	101.99	115.19
Movie, other admissions on trips	134.20	58.64	97.75	134.85	151.28	163.96	134.66	126.39
Admission to sports events	180.15	74.01	142.30	190.69	211.99	198.89	230.05	195.14
Admission to sports events on trips	44.72	19.55	32.56	44.91	50.40	54.64	44.88	42.11
Fees for recreational lessons	400.72	440.81	296.20	445.10	501.75	277.61	213.54	194.89
Other entertainment services on trips	70.34	34.98	48.07	65.35	76.42	84.51	86.66	65.09
AUDIO AND VISUAL EQUIPMENT AND SERVICES	**277.04**	**203.91**	**277.61**	**303.52**	**291.74**	**297.82**	**249.48**	**224.38**
Television sets	687.09	511.67	674.80	724.83	671.35	797.94	578.60	659.14
Cable and satellite television service	210.76	166.78	202.55	218.75	218.78	223.10	209.21	189.38
Satellite radio service	126.48	121.72	110.27	123.15	125.91	128.86	135.88	169.00
Online gaming services	50.20	43.80	51.52	46.19	59.44	46.59	47.18	38.54
VCRs and video disc players	125.62	92.46	115.73	122.44	116.51	166.56	126.63	165.20
Video cassettes, tapes, and discs	51.50	48.93	52.33	51.07	51.83	53.22	51.49	42.62
Video game hardware and software	149.44	128.68	163.90	154.15	145.61	141.25	135.29	77.47
Streamed and downloaded video	34.64	43.13	28.36	34.20	36.66	33.64	45.90	30.88
Repair of TV, radio, and sound equipment	146.20	162.96	89.06	137.76	175.00	106.37	232.78	143.75
Rental of television sets	215.00	35.00	304.55	121.43	287.50	–	–	–
Radios	79.25	42.19	57.66	65.83	85.42	71.88	151.28	153.57
Tape recorders and players	63.46	40.63	33.33	59.62	46.43	107.35	62.50	8.33
Personal digital audio players	174.09	141.34	143.86	200.57	208.87	158.53	103.49	125.00
Sound components and component systems	298.80	139.77	380.29	288.92	283.88	362.68	211.61	123.53
Compact discs, records, and audio tapes	40.37	32.79	39.85	41.07	41.73	42.14	38.22	38.61
Streamed and downloaded audio	38.24	30.03	33.31	39.05	47.25	36.25	30.72	32.74
Rental of VCR, radio, and sound equipment	50.00	–	100.00	18.75	–	62.50	12.50	–
Musical instruments and accessories	280.51	288.83	305.38	191.58	243.34	504.05	390.13	75.86
Rental and repair of musical instruments	122.41	8.33	117.19	102.17	123.64	211.84	143.75	100.00
Rental of video cassettes, tapes, discs, films	27.15	21.25	28.46	27.12	28.36	27.26	24.90	24.77
Rental of computer and video game hardware and software	93.75	15.00	287.50	68.75	33.33	79.17	16.67	–
Accesories and other sound equipment	134.18	79.30	129.10	175.49	110.75	127.96	152.34	256.25
Satellite dishes	145.24	63.64	125.00	150.81	215.63	160.00	47.37	40.00
Installation of television sets	102.78	175.00	85.00	58.33	125.00	105.56	59.62	91.67
PETS, TOYS, HOBBIES, AND PLAYGROUND EQUIPMENT	**232.18**	**154.46**	**203.92**	**240.82**	**251.83**	**260.19**	**246.24**	**160.57**
Pets	**227.75**	**160.90**	**194.24**	**226.99**	**248.16**	**254.49**	**234.59**	**175.63**
Pet purchase, supplies, and medicines	145.57	111.33	135.89	150.03	156.36	153.35	145.37	106.64
Pet services	156.73	121.08	132.90	195.75	180.55	152.82	107.14	118.80
Veterinarian services	263.90	232.97	230.41	253.40	281.32	281.95	274.16	231.17
Toys, games, hobbies, and tricycles	**137.88**	**106.59**	**137.12**	**149.96**	**128.80**	**140.68**	**167.02**	**76.26**
Stamp and coin collecting	**123.66**	**9.38**	**16.67**	**128.13**	**141.28**	**165.31**	**107.11**	**88.85**
Playground equipment	**383.59**	**112.50**	**271.64**	**358.70**	**375.00**	**938.64**	**245.59**	**–**

	total consumer units	under 25	25 to 34	35 to 44	45 to 54	55 to 64	65 to 74	75+
OTHER ENTERTAINMENT SUPPLIES, EQUIPMENT, SERVICES	**$389.30**	**$199.30**	**$339.67**	**$315.19**	**$559.14**	**$461.55**	**$298.83**	**$278.59**
Unmotored recreational vehicles	**9,672.06**	**770.83**	**8,758.33**	**5,694.23**	**24,411.54**	**8,672.50**	**7,092.11**	**112.50**
Boat without motor and boat trailers	7,922.50	–	342.86	976.56	28,818.18	3,772.92	2,272.50	–
Trailer and other attachable campers	12,171.43	770.83	14,113.64	13,242.50	350.00	18,310.71	12,450.00	112.50
Motorized recreational vehicles	**10,378.13**	**8,900.00**	**6,376.92**	**5,107.14**	**15,772.62**	**16,264.71**	**2,977.78**	**8,759.09**
Rental of recreational vehicles	**302.12**	**70.54**	**222.88**	**333.62**	**407.09**	**321.71**	**200.00**	**244.70**
Docking and landing fees	**614.53**	**10.71**	**702.50**	**297.67**	**826.19**	**335.78**	**612.07**	**1,791.25**
Sports, recreation, exercise equipment	**219.85**	**150.29**	**199.89**	**208.53**	**259.67**	**236.50**	**224.40**	**176.10**
Athletic gear, game tables, exercise equipment	168.98	107.65	147.15	149.04	211.56	184.43	193.19	165.96
Bicycles	219.18	170.20	186.52	232.06	248.15	258.33	152.27	89.17
Camping equipment	209.00	100.95	123.79	132.34	229.44	376.36	612.16	160.71
Hunting and fishing equipment	201.04	129.34	211.15	210.36	229.75	203.49	160.16	67.91
Winter sports equipment	281.50	246.43	179.24	258.21	362.65	177.17	125.00	695.83
Water sports equipment	190.52	161.54	105.31	114.24	256.07	329.63	228.57	62.50
Other sports equipment	159.02	207.18	179.44	150.47	137.15	148.94	167.71	153.41
Rental and repair of miscellaneous sports equipment	181.25	60.80	331.90	191.83	183.72	178.85	88.46	30.00
Photographic equipment and supplies	**129.62**	**164.72**	**157.38**	**133.67**	**128.85**	**113.24**	**102.77**	**72.15**
Film	25.20	16.78	25.31	27.27	31.25	23.73	24.25	11.26
Photo processing	41.20	29.90	37.28	42.34	47.20	39.49	47.10	28.43
Repair and rental of photographic equipment	109.38	147.73	–	268.75	101.79	57.50	186.11	8.33
Photographic equipment	257.98	408.97	255.07	239.03	249.91	229.79	276.71	292.79
Photographer fees	226.74	207.56	291.88	208.17	193.20	232.19	154.77	286.72
Live entertainment for catered affairs	**861.67**	**635.71**	**990.12**	**568.18**	**1,204.73**	**826.00**	**318.75**	**303.13**
Rental of party supplies for catered affairs	**475.00**	**574.00**	**565.05**	**282.14**	**610.49**	**605.13**	**221.62**	**175.00**

Note: Figures shown are from the interview portion of the Consumer Expenditure Survey. Not all entertainment categories are included in the interview survey. For more information about the survey, see Appendix A. "–" means sample is too small to make a reliable estimate.
Source: Calculations by New Strategist based on unpublished data from the Bureau of Labor Statistics 2010 Consumer Expenditure Survey

Table 4.7 Percent of Consumer Units That Bought Entertainment during the <u>Average Week</u>, 2010

(percent of consumer units purchasing entertainment during the average week of 2010, by entertainment category and age of consumer unit reference person, 2010)

	total consumer units	under 25	25 to 34	35 to 44	45 to 54	55 to 64	65 to 74	75+
Percent buying entertainment during the average week	**37.2%**	**22.5%**	**37.1%**	**42.0%**	**40.3%**	**37.6%**	**37.5%**	**30.1%**
FEES AND ADMISSIONS	**4.8**	**2.5**	**4.7**	**7.2**	**5.4**	**3.6**	**4.3**	**3.1**
Fees for participant sports	3.5	2.4	3.3	4.7	3.9	2.9	3.6	2.6
Fees for recreational lessons	1.5	0.2	1.5	3.0	2.0	0.8	1.0	0.8
AUDIO AND VISUAL EQUIPMENT AND SERVICES	**12.5**	**8.8**	**12.2**	**13.9**	**12.3**	**13.1**	**12.4**	**12.7**
Radios	0.1	–	0.1	0.1	0.1	0.2	0.3	0.1
Cable and satellite television services	10.4	6.2	9.9	10.5	10.0	11.3	11.4	12.1
Tape recorders and players	0.1	0.1	0.1	–	0.0	0.1	0.1	0.1
Miscellaneous sound equipment	0.1	0.2	0.0	0.0	0.1	0.1	0.1	–
Miscellaneous video equipment	0.2	–	0.3	0.2	0.3	0.2	0.2	–
Sound equipment accessories	0.7	0.4	0.7	1.0	0.9	0.9	0.2	0.3
Video game hardware and software	1.5	2.0	1.8	2.7	1.6	0.9	0.5	0.2
PETS, TOYS, HOBBIES, AND PLAYGROUND EQUIPMENT	**25.5**	**14.5**	**24.6**	**29.0**	**29.3**	**26.9**	**25.3**	**17.3**
Pets	**19.4**	**9.8**	**16.1**	**20.8**	**23.3**	**21.3**	**20.8**	**15.4**
Pet food	16.6	8.4	12.5	17.5	20.4	19.2	17.8	12.9
Pet purchase, supplies, and medicines	5.9	2.8	6.4	6.8	6.7	5.8	6.1	3.9
Veterinarian services	1.4	0.4	1.1	1.3	1.9	1.6	1.6	0.9
Toys, games, hobbies, and tricycles	**9.2**	**5.8**	**11.0**	**12.5**	**9.9**	**9.0**	**6.1**	**4.2**
Playground equipment	**0.1**	–	**0.2**	**0.3**	**0.1**	**0.1**	–	–
OTHER ENTERTAINMENT SUPPLIES, EQUIPMENT, SERVICES	**4.7**	**2.2**	**5.4**	**6.7**	**5.5**	**4.2**	**4.1**	**1.2**
Sports, recreation, exercise equipment	**3.7**	**1.9**	**4.0**	**5.1**	**4.3**	**3.6**	**3.4**	**1.1**
Athletic gear, game tables, exercise equipment	2.0	1.0	2.0	3.3	2.3	1.8	1.7	0.4
Camping equipment	0.6	0.0	0.8	1.2	0.7	0.3	0.3	0.2
Hunting and fishing equipment	1.2	1.0	1.4	0.8	1.4	1.6	1.3	0.3
Global positioning system devices	0.1	–	0.0	0.0	0.1	0.1	0.2	0.1
Photographic equipment and supplies	**0.6**	**0.2**	**0.9**	**1.2**	**0.8**	**0.3**	**0.3**	–
Photographic supplies (except film)	0.1	0.1	0.0	0.0	0.1	0.1	0.1	–
Photographer fees	0.6	0.1	0.8	1.2	0.7	0.2	0.2	–
Fireworks	**0.1**	**0.1**	**0.2**	**0.1**	**0.1**	–	**0.1**	–
Souvenirs	**0.1**	–	**0.1**	**0.2**	**0.2**	**0.2**	**0.2**	**0.2**
Visual goods	**0.1**	–	**0.2**	–	**0.1**	**0.1**	**0.3**	**0.1**
Pinball, electronic video games	**0.2**	–	**0.2**	**0.4**	**0.3**	**0.0**	–	**0.1**

Note: Figures shown are from the diary portion of the Consumer Expenditure Survey. Not all entertainment categories are included in the diary survey. For more information about the survey, see Appendix A. "–" means sample is too small to make a reliable estimate.
Source: Bureau of Labor Statistics, unpublished data from the 2010 Consumer Expenditure Survey

Table 4.8 Amount Purchasers Spent on Entertainment during the <u>Average Week</u>, 2010

(average amount spent by consumer units purchasing entertainment during the average week of 2010, by entertainment category and age of consumer unit reference person, 2010)

Amount spent on entertainment during the average week	total consumer units	under 25	25 to 34	35 to 44	45 to 54	55 to 64	65 to 74	75+
	$69.45	**$52.36**	**$63.99**	**$77.16**	**$72.73**	**$68.89**	**$71.82**	**$58.11**
FEES AND ADMISSIONS	**64.00**	**28.29**	**55.56**	**71.31**	**73.85**	**48.33**	**64.00**	**70.68**
Fees for participant sports	47.56	24.37	40.80	52.98	53.11	43.55	46.50	50.19
Fees for recreational lessons	89.61	54.17	83.55	86.51	101.03	58.54	110.42	113.33
AUDIO AND VISUAL EQUIPMENT AND SERVICES	**91.46**	**76.05**	**94.12**	**92.44**	**98.86**	**93.84**	**82.53**	**81.78**
Radios	35.71	–	25.00	61.54	41.67	26.32	27.59	58.33
Cable and satellite television services	96.73	88.62	95.34	101.42	109.31	95.83	85.85	84.15
Tape recorders and players	33.33	27.27	33.33	–	25.00	28.57	7.14	30.00
Miscellaneous sound equipment	75.00	11.76	0.00	0.00	42.86	285.71	63.64	–
Miscellaneous video equipment	35.00	–	35.48	26.32	23.08	58.33	18.75	–
Sound equipment accessories	34.29	14.29	83.10	32.99	17.58	23.26	17.65	12.50
Video game hardware and software	67.59	52.26	77.84	64.15	56.77	101.10	52.17	46.67
PETS, TOYS, HOBBIES, AND PLAYGROUND EQUIPMENT	**35.40**	**22.77**	**29.49**	**37.69**	**36.48**	**37.30**	**44.02**	**26.36**
Pets	**34.55**	**21.72**	**31.53**	**35.12**	**35.10**	**35.18**	**44.46**	**25.50**
Pet food	19.20	13.17	18.62	19.94	18.24	18.84	26.35	13.69
Pet purchase, supplies, and medicines	22.67	20.77	21.70	23.10	27.37	23.30	16.78	16.24
Veterinarian services	157.97	102.44	123.42	168.66	139.57	155.49	226.45	176.74
Toys, games, hobbies, and tricycles	**24.70**	**20.07**	**19.47**	**26.83**	**25.15**	**28.04**	**31.40**	**15.63**
Playground equipment	**54.55**	–	**18.75**	**86.21**	**50.00**	**16.67**	–	–
OTHER ENTERTAINMENT SUPPLIES, EQUIPMENT, SERVICES	**48.61**	**49.55**	**43.68**	**52.98**	**44.28**	**44.12**	**69.32**	**30.83**
Sports, recreation, exercise equipment	**47.97**	**36.56**	**40.10**	**52.48**	**40.24**	**46.80**	**82.54**	**27.62**
Athletic gear, game tables, exercise equipment	45.50	50.52	30.88	50.46	36.44	48.00	79.89	13.64
Camping equipment	44.07	50.00	41.03	50.43	43.94	39.39	34.38	20.83
Hunting and fishing equipment	41.32	17.31	43.48	43.21	35.42	38.27	69.70	45.16
Global positioning system devices	142.86	–	200.00	125.00	180.00	112.50	168.18	50.00
Photographic equipment and supplies	**52.38**	**154.17**	**58.82**	**40.83**	**68.35**	**26.47**	**18.18**	–
Photographic supplies (except film)	12.50	7.69	0.00	0.00	20.00	18.18	16.67	–
Photographer fees	57.14	327.27	61.73	41.03	75.36	30.43	19.05	–
Fireworks	**37.50**	**41.67**	**35.29**	**27.27**	**37.50**	–	**20.00**	–
Souvenirs	**71.43**	–	**128.57**	**205.88**	**40.00**	**37.50**	**0.00**	**6.25**
Visual goods	**16.67**	–	**12.50**	–	**46.15**	**11.11**	**7.69**	**14.29**
Pinball, electronic video games	**15.79**	–	**20.83**	**13.64**	**20.00**	**0.00**	–	**42.86**

Note: Figures shown are from the diary portion of the Consumer Expenditure Survey. Not all entertainment categories are included in the diary survey. For more information about the survey, see Appendix A. "–" means sample is too small to make a reliable estimate.
Source: Calculations by New Strategist based on unpublished data from the Bureau of Labor Statistics 2010 Consumer Expenditure Survey

Spending on Financial Products and Services, 2010

Trends in spending on financial products and services, cash contributions, personal insurance and pensions, and taxes have been mixed since 2000. Spending on cash contributions (which includes child support, money for students in college, and gifts to charities) rose by a substantial 34 percent between 2000 and 2006 (when overall household spending peaked), then fell 19 percent between 2006 and 2010 as the Great Recession set in. Similarly, spending on personal insurance and pensions climbed 34 percent in the 2000–06 time period, then fell 6 percent between 2006 and 2010. The average household spent much less on federal taxes (down 63 percent between 2000 and 2010), state and local taxes (down 32 percent), and other taxes (down 18 percent).

Annual Spending

Householders aged 55 to 64 spent $1,146 on financial products and services in 2010—35 percent more than the average household and more than any other age group. This age group spends the most on items such as lottery and gambling losses; cemetery lots, vaults, and maintenance fees; alimony expenditures; gifts of stocks, bonds, and mutual funds to members of other households; and cash contributions to political organizations. Spending on support for college students and on pensions and Social Security peak among householders aged 45 to 54. Householders aged 35 to 44 spend more than other age groups on child support expenditures. Householders aged 65 to 74 are the biggest contributors to church and religious organizations and spend more than others on safe deposit boxes. Householders aged 75 or over spend more than others on funeral expenses, cash contributions to educational institutions, and cash gifts to members of other households. Householders aged 25 to 34 spend the most on dating services.

Quarterly Spending

During the average quarter of 2010, 38 percent of households spent on financial products and services, 51 percent gave money to something or someone, 82 percent spent on personal insurance and pensions, and 56 percent paid personal taxes. Twenty-seven percent of households contributed money to a church or other religious organization during the average quarter of 2010, the donors giving an average of $612 during the quarter.

Weekly Spending

During the average week of 2010, 4.5 percent of households reported lottery or gambling losses. Among households reporting losses, the average amount lost was $33, but among householders aged 55 to 64 the figure was a much larger $65.

Table 5.1 Financial Products and Services: Average Annual Spending by Age, 2010

(average annual spending of consumer units (CU) on financial products and services, cash contributions, and miscellaneous items, by age of consumer unit reference person, 2010)

	total consumer units	under 25	25 to 34	35 to 44	45 to 54	55 to 64	65 to 74	75+
Number of consumer units (in 000s)	121,107	8,034	20,166	21,912	25,054	21,359	13,031	11,551
Average number of persons per CU	2.5	2.0	2.9	3.3	2.8	2.2	1.9	1.6
Average before-tax income of CU	$62,481.00	$26,881.00	$59,613.00	$76,128.00	$79,589.00	$68,906.00	$49,711.00	$31,782.00
Average annual spending of CU, total	48,108.84	27,482.77	46,617.48	55,945.67	57,788.25	50,899.73	41,433.85	31,528.55
FINANCIAL PRODUCTS AND SERVICES	**848.77**	**277.08**	**668.23**	**921.84**	**937.94**	**1,145.60**	**761.13**	**787.02**
Miscellaneous fees	2.83	–	9.35	1.89	2.94	1.87	–	–
Lottery and gambling losses	78.72	11.71	36.73	38.87	59.92	239.97	70.93	22.84
Legal fees	128.73	36.88	125.46	119.34	167.63	167.78	116.30	73.56
Funeral expenses	79.36	5.73	7.10	80.32	54.44	79.44	160.91	216.79
Safe deposit box rental	3.65	1.03	1.39	1.32	4.11	4.60	7.99	6.17
Checking accounts, other bank service charges	22.44	21.96	24.50	28.92	26.91	22.21	16.11	4.73
Cemetery lots, vaults, and maintenance fees	15.12	–	0.09	3.56	10.67	39.35	16.45	37.16
Accounting fees	65.52	13.07	37.97	60.82	82.30	82.51	85.42	68.71
Miscellaneous personal services	92.06	69.61	64.53	204.44	44.67	45.57	22.66	219.77
Dating services	0.32	–	0.72	0.38	0.09	0.52	0.17	–
Finance charges, except mortgage and vehicles	185.98	76.67	201.95	230.49	262.46	205.01	102.95	42.32
Occupational expenses	51.64	16.68	61.59	61.75	66.33	69.99	21.14	8.08
Expenses for other properties	107.28	19.66	86.15	72.98	139.06	168.22	119.52	74.72
Credit card memberships	1.72	0.68	1.61	1.89	1.59	2.20	2.25	1.15
Shopping club membership fees	8.50	2.36	7.19	9.97	9.64	9.88	10.37	5.20
Vacation clubs	3.41	1.03	1.14	4.91	3.90	3.10	3.25	5.84
CASH CONTRIBUTIONS	**1,633.23**	**313.90**	**1,074.12**	**1,532.48**	**1,746.90**	**1,892.68**	**2,275.75**	**2,267.01**
Support for college students	97.78	4.03	9.24	40.24	230.12	132.18	109.33	63.01
Alimony expenditures	37.52	–	16.83	64.86	44.29	65.94	14.97	6.05
Child support expenditures	220.09	55.22	300.91	446.98	299.14	84.60	59.22	23.82
Gifts of stocks, bonds, and mutual funds to members of other households	10.59	0.26	7.18	0.14	4.55	39.03	10.79	3.79
Cash contributions to charities	159.51	17.91	67.40	125.58	163.66	208.51	231.06	302.85
Cash contributions to church, religious organizations	661.03	149.20	417.71	575.42	692.40	852.14	1,001.34	798.91
Cash contributions to educational institutions	35.86	1.50	14.23	31.02	41.87	38.36	36.21	88.64
Cash contributions to political organizations	12.80	0.53	2.09	17.09	11.45	21.84	14.20	16.53
Cash gifts to members of other households	398.06	85.24	238.53	231.15	259.40	450.09	798.62	963.42
PERSONAL INSURANCE AND PENSIONS	**5,372.53**	**2,035.58**	**5,318.41**	**6,943.70**	**7,668.34**	**6,403.24**	**2,647.77**	**996.03**
Life and other personal insurance	**318.12**	**22.13**	**167.04**	**280.15**	**441.20**	**471.16**	**386.33**	**232.91**
Life, endowment, annuity, other personal insurance	302.53	19.72	155.18	266.73	422.43	451.50	369.66	213.19
Other nonhealth insurance	15.59	2.40	11.86	13.41	18.77	19.66	16.67	19.72
Pensions and Social Security	**5,054.41**	**2,013.45**	**5,151.38**	**6,663.56**	**7,227.14**	**5,932.08**	**2,261.44**	**763.12**
Deductions for government retirement	90.40	25.56	81.38	90.89	141.83	139.59	39.45	5.26
Deductions for railroad retirement	3.62	–	1.30	1.49	10.18	5.87	–	–
Deductions for private pensions	588.76	78.45	555.48	726.34	966.62	751.75	219.38	36.63
Nonpayroll deposit to retirement plans	469.09	39.97	228.71	530.65	639.18	795.20	401.15	175.17
Deductions for Social Security	3,902.53	1,869.47	4,284.52	5,314.19	5,469.33	4,239.68	1,601.46	546.06
PERSONAL TAXES	**1,769.19**	**103.91**	**1,055.16**	**1,992.19**	**3,322.96**	**2,295.42**	**1,116.29**	**144.41**
Federal income taxes	**1,135.67**	**−47.21**	**521.01**	**1,241.80**	**2,309.23**	**1,519.62**	**739.33**	**21.95**
Federal income tax deducted	1,878.22	816.98	2,042.38	2,465.19	2,898.40	2,060.21	654.91	47.05
Additional federal income tax paid	365.98	24.83	223.25	265.81	679.52	344.55	544.03	201.13
Federal income tax refunds	−1,108.52	−889.02	−1,744.62	−1,489.20	−1,268.69	−885.15	−459.61	−226.23
State and local income taxes	**482.45**	**144.97**	**463.29**	**650.25**	**830.53**	**529.18**	**122.17**	**−2.62**
State and local income tax deducted	547.83	207.10	598.87	754.58	862.12	586.23	141.49	9.27
Additional state and local income tax paid	74.59	6.77	30.30	69.38	163.58	73.99	67.78	24.78
State and local income tax refunds	−139.98	−68.91	−165.88	−173.70	−195.17	−131.05	−87.11	−36.66
Other taxes	**151.07**	**6.15**	**70.86**	**100.14**	**183.20**	**246.63**	**254.80**	**125.07**

Note: Annual average spending figures for some items may seem low because both purchasers and nonpurchasers are used to calculate the annual average; to find out how much purchasers spend on items, see the quarterly or weekly spending tables. Subcategories may not add to total because some are not shown. "–" means sample is too small to make a reliable estimate.

Source: Bureau of Labor Statistics, unpublished tables from the 2010 Consumer Expenditure Survey

Table 5.2 Financial Products and Services: Indexed Annual Spending by Age, 2010

(indexed average annual spending of consumer units (CU) on financial products and services, cash contributions, and miscellaneous items, by age of consumer unit reference person, 2010; index definition: an index of 100 is the average for all consumer units; an index of 125 means that spending by consumer units in that group is 25 percent above the average for all consumer units; an index of 75 indicates spending that is 25 percent below the average for all consumer units)

	total consumer units	under 25	25 to 34	35 to 44	45 to 54	55 to 64	65 to 74	75+
Average annual spending of CU, total	$48,109	$27,483	$46,617	$55,946	$57,788	$50,900	$41,434	$31,529
Average annual spending of CU, index	100	57	97	116	120	106	86	66
FINANCIAL PRODUCTS AND SERVICES	**100**	**33**	**79**	**109**	**111**	**135**	**90**	**93**
Miscellaneous fees	100	–	330	67	104	66	–	–
Lottery and gambling losses	100	15	47	49	76	305	90	29
Legal fees	100	29	97	93	130	130	90	57
Funeral expenses	100	7	9	101	69	100	203	273
Safe deposit box rental	100	28	38	36	113	126	219	169
Checking accounts, other bank service charges	100	98	109	129	120	99	72	21
Cemetery lots, vaults, and maintenance fees	100	–	1	24	71	260	109	246
Accounting fees	100	20	58	93	126	126	130	105
Miscellaneous personal services	100	76	70	222	49	50	25	239
Dating services	100	–	225	119	28	163	53	–
Finance charges, except mortgage and vehicles	100	41	109	124	141	110	55	23
Occupational expenses	100	32	119	120	128	136	41	16
Expenses for other properties	100	18	80	68	130	157	111	70
Credit card memberships	100	40	94	110	92	128	131	67
Shopping club membership fees	100	28	85	117	113	116	122	61
Vacation clubs	100	30	33	144	114	91	95	171
CASH CONTRIBUTIONS	**100**	**19**	**66**	**94**	**107**	**116**	**139**	**139**
Support for college students	100	4	9	41	235	135	112	64
Alimony expenditures	100	–	45	173	118	176	40	16
Child support expenditures	100	25	137	203	136	38	27	11
Gifts of stocks, bonds, and mutual funds to members of other households	100	2	68	1	43	369	102	36
Cash contributions to charities	100	11	42	79	103	131	145	190
Cash contributions to church, religious organizations	100	23	63	87	105	129	151	121
Cash contributions to educational institutions	100	4	40	87	117	107	101	247
Cash contributions to political organizations	100	4	16	134	89	171	111	129
Cash gifts to members of other households	100	21	60	58	65	113	201	242
PERSONAL INSURANCE AND PENSIONS	**100**	**38**	**99**	**129**	**143**	**119**	**49**	**19**
Life and other personal insurance	**100**	**7**	**53**	**88**	**139**	**148**	**121**	**73**
Life, endowment, annuity, other personal insurance	100	7	51	88	140	149	122	70
Other nonhealth insurance	100	15	76	86	120	126	107	126
Pensions and Social Security	**100**	**40**	**102**	**132**	**143**	**117**	**45**	**15**
Deductions for government retirement	100	28	90	101	157	154	44	6
Deductions for railroad retirement	100	–	36	41	281	162	–	–
Deductions for private pensions	100	13	94	123	164	128	37	6
Nonpayroll deposit to retirement plans	100	9	49	113	136	170	86	37
Deductions for Social Security	100	48	110	136	140	109	41	14
PERSONAL TAXES	**100**	**6**	**60**	**113**	**188**	**130**	**63**	**8**
Federal income taxes	**100**	**–4**	**46**	**109**	**203**	**134**	**65**	**2**
Federal income tax deducted	100	43	109	131	154	110	35	3
Additional federal income tax paid	100	7	61	73	186	94	149	55
Federal income tax refunds	100	80	157	134	114	80	41	20
State and local income taxes	**100**	**30**	**96**	**135**	**172**	**110**	**25**	**–1**
State and local income tax deducted	100	38	109	138	157	107	26	2
Additional state and local income tax paid	100	9	41	93	219	99	91	33
State and local income tax refunds	100	49	119	124	139	94	62	26
Other taxes	**100**	**4**	**47**	**66**	**121**	**163**	**169**	**83**

Note: "–" means sample is too small to make a reliable estimate.
Source: Calculations by New Strategist based on the Bureau of Labor Statistics' 2010 Consumer Expenditure Survey

Table 5.3 Financial Products and Services: Total Annual Spending by Age, 2010

(total annual spending on financial products and services, cash contributions, and miscellaneous items, by consumer unit (CU) age groups, 2010; consumer units and dollars in thousands)

	total consumer units	under 25	25 to 34	35 to 44	45 to 54	55 to 64	65 to 74	75+
Number of consumer units	121,107	8,034	20,166	21,912	25,054	21,359	13,031	11,551
Total annual spending of all CUs	$5,826,317,286	$220,796,574	$940,088,102	$1,225,881,521	$1,447,826,816	$1,087,167,333	$539,924,499	$364,186,281
FINANCIAL PRODUCTS AND SERVICES	102,791,988	2,226,061	13,475,526	20,199,358	23,499,149	24,468,870	9,918,285	9,090,868
Miscellaneous fees	342,733	–	188,552	41,414	73,659	39,941	–	–
Lottery and gambling losses	9,533,543	94,078	740,697	851,719	1,501,236	5,125,519	924,289	263,825
Legal fees	15,590,104	296,294	2,530,026	2,614,978	4,199,802	3,583,613	1,515,505	849,692
Funeral expenses	9,611,052	46,035	143,179	1,759,972	1,363,940	1,696,759	2,096,818	2,504,141
Safe deposit box rental	442,041	8,275	28,031	28,924	102,972	98,251	104,118	71,270
Checking accounts, other bank service charges	2,717,641	176,427	494,067	633,695	674,203	474,383	209,929	54,636
Cemetery lots, vaults, and maintenance fees	1,831,138	–	1,815	78,007	267,326	840,477	214,360	429,235
Accounting fees	7,934,931	105,004	765,703	1,332,688	2,061,944	1,762,331	1,113,108	793,669
Miscellaneous personal services	11,149,110	559,247	1,301,312	4,479,689	1,119,162	973,330	295,282	2,538,563
Dating services	38,754	–	14,520	8,327	2,255	11,107	2,215	–
Finance charges, except mortgage and vehicles	22,523,480	615,967	4,072,524	5,050,497	6,575,673	4,378,809	1,341,541	488,838
Occupational expenses	6,253,965	134,007	1,242,024	1,353,066	1,661,832	1,494,916	275,475	93,332
Expenses for other properties	12,992,359	157,948	1,737,301	1,599,138	3,484,009	3,593,011	1,557,465	863,091
Credit card memberships	208,304	5,463	32,467	41,414	39,836	46,990	29,320	13,284
Shopping club membership fees	1,029,410	18,960	144,994	218,463	241,521	211,027	135,131	60,065
Vacation clubs	412,975	8,275	22,989	107,588	97,711	66,213	42,351	67,458
CASH CONTRIBUTIONS	197,795,586	2,521,873	21,660,704	33,579,702	43,766,833	40,425,752	29,655,298	26,186,233
Support for college students	11,841,842	32,377	186,334	881,739	5,765,426	2,823,233	1,424,679	727,829
Alimony expenditures	4,543,935	–	339,394	1,421,212	1,109,642	1,408,412	195,074	69,884
Child support expenditures	26,654,440	443,637	6,068,151	9,794,226	7,494,654	1,806,971	771,696	275,145
Gifts of stocks, bonds, and mutual funds to members of other households	1,282,523	2,089	144,792	3,068	113,996	833,642	140,604	43,778
Cash contributions to charities	19,317,778	143,889	1,359,188	2,751,709	4,100,338	4,453,565	3,010,943	3,498,220
Cash contributions to church, religious organizations	80,055,360	1,198,673	8,423,540	12,608,603	17,347,390	18,200,858	13,048,462	9,228,209
Cash contributions to educational institutions	4,342,897	12,051	286,962	679,710	1,049,011	819,331	471,853	1,023,881
Cash contributions to political organizations	1,550,170	4,258	42,147	374,476	286,868	466,481	185,040	190,938
Cash gifts to members of other households	48,207,852	684,818	4,810,196	5,064,959	6,499,008	9,613,472	10,406,817	11,128,464
PERSONAL INSURANCE AND PENSIONS	650,650,991	16,353,850	107,251,056	152,150,354	192,122,590	136,766,803	34,503,091	11,505,143
Life and other personal insurance	38,526,559	177,792	3,368,529	6,138,647	11,053,825	10,063,506	5,034,266	2,690,343
Life, endowment, annuity, other personal insurance	36,638,501	158,430	3,129,360	5,844,588	10,583,561	9,643,589	4,817,039	2,462,558
Other nonhealth insurance	1,888,058	19,282	239,169	293,840	470,264	419,918	217,227	227,786
Pensions and Social Security	612,124,432	16,176,057	103,882,729	146,011,927	181,068,766	126,703,297	29,468,825	8,814,799
Deductions for government retirement	10,948,073	205,349	1,641,109	1,991,582	3,553,409	2,981,503	514,073	60,758
Deductions for railroad retirement	438,407	–	26,216	32,649	255,050	125,377	–	–
Deductions for private pensions	71,302,957	630,267	11,201,810	15,915,562	24,217,697	16,056,628	2,858,741	423,113
Nonpayroll deposit to retirement plans	56,810,083	321,119	4,612,166	11,627,603	16,014,016	16,984,677	5,227,386	2,023,389
Deductions for Social Security	472,623,701	15,019,322	86,401,630	116,444,531	137,028,594	90,555,325	20,868,625	6,307,539
PERSONAL TAXES	214,261,293	834,813	21,278,357	43,652,867	83,253,440	49,027,876	14,546,375	1,668,080
Federal income taxes	137,537,587	–379,285	10,506,688	27,210,322	57,855,448	32,457,564	9,634,209	253,544
Federal income tax deducted	227,465,590	6,563,617	41,186,635	54,017,243	72,616,514	44,004,025	8,534,132	543,475
Additional federal income tax paid	44,322,740	199,484	4,502,060	5,824,429	17,024,694	7,359,243	7,089,255	2,323,253
Federal income tax refunds	–134,249,531	–7,142,387	–35,182,007	–32,631,350	–31,785,759	–18,905,919	–5,989,178	–2,613,183
State and local income taxes	58,428,072	1,164,689	9,342,706	14,248,278	20,808,099	11,302,756	1,591,997	–30,263
State and local income tax deducted	66,346,048	1,663,841	12,076,812	16,534,357	21,599,554	12,521,287	1,843,756	107,078
Additional state and local income tax paid	9,033,371	54,390	611,030	1,520,255	4,098,333	1,580,352	883,241	286,234
State and local income tax refunds	–16,952,58	–553,623	–3,345,136	–3,806,114	–4,889,789	–2,799,097	–1,135,130	–423,460
Other taxes	18,295,634	49,409	1,428,963	2,194,268	4,589,893	5,267,770	3,320,299	1,444,684

Note: Numbers may not add to total because of rounding and missing subcategories. "–" means sample is too small to make a reliable estimate.
Source: Calculations by New Strategist based on the Bureau of Labor Statistics' 2010 Consumer Expenditure Survey

Table 5.4 Financial Products and Services: Share of Annual Spending by Age, 2010

(percentage of total annual spending on financial products and services, cash contributions, and miscellaneous items accounted for by consumer unit age groups, 2010)

	total consumer units	under 25	25 to 34	35 to 44	45 to 54	55 to 64	65 to 74	75+
Share of total consumer units	100.0%	6.6%	16.7%	18.1%	20.7%	17.6%	10.8%	9.5%
Share of total before-tax income	100.0	2.9	15.9	22.0	26.4	19.5	8.6	4.9
Share of annual total spending	100.0	3.8	16.1	21.0	24.8	18.7	9.3	6.3
FINANCIAL PRODUCTS AND SERVICES	100.0	2.2	13.1	19.7	22.9	23.8	9.6	8.8
Miscellaneous fees	100.0	–	55.0	12.1	21.5	11.7	–	–
Lottery and gambling losses	100.0	1.0	7.8	8.9	15.7	53.8	9.7	2.8
Legal fees	100.0	1.9	16.2	16.8	26.9	23.0	9.7	5.5
Funeral expenses	100.0	0.5	1.5	18.3	14.2	17.7	21.8	26.1
Safe deposit box rental	100.0	1.9	6.3	6.5	23.3	22.2	23.6	16.1
Checking accounts, other bank service charges	100.0	6.5	18.2	23.3	24.8	17.5	7.7	2.0
Cemetery lots, vaults, and maintenance fees	100.0	–	0.1	4.3	14.6	45.9	11.7	23.4
Accounting fees	100.0	1.3	9.6	16.8	26.0	22.2	14.0	10.0
Miscellaneous personal services	100.0	5.0	11.7	40.2	10.0	8.7	2.6	22.8
Dating services	100.0	–	37.5	21.5	5.8	28.7	5.7	–
Finance charges, except mortgage and vehicles	100.0	2.7	18.1	22.4	29.2	19.4	6.0	2.2
Occupational expenses	100.0	2.1	19.9	21.6	26.6	23.9	4.4	1.5
Expenses for other properties	100.0	1.2	13.4	12.3	26.8	27.7	12.0	6.6
Credit card memberships	100.0	2.6	15.6	19.9	19.1	22.6	14.1	6.4
Shopping club membership fees	100.0	1.8	14.1	21.2	23.5	20.5	13.1	5.8
Vacation clubs	100.0	2.0	5.6	26.1	23.7	16.0	10.3	16.3
CASH CONTRIBUTIONS	100.0	1.3	11.0	17.0	22.1	20.4	15.0	13.2
Support for college students	100.0	0.3	1.6	7.4	48.7	23.8	12.0	6.1
Alimony expenditures	100.0	–	7.5	31.3	24.4	31.0	4.3	1.5
Child support expenditures	100.0	1.7	22.8	36.7	28.1	6.8	2.9	1.0
Gifts of stocks, bonds, and mutual funds to members of other households	100.0	0.2	11.3	0.2	8.9	65.0	11.0	3.4
Cash contributions to charities	100.0	0.7	7.0	14.2	21.2	23.1	15.6	18.1
Cash contributions to church, religious organizations	100.0	1.5	10.5	15.7	21.7	22.7	16.3	11.5
Cash contributions to educational institutions	100.0	0.3	6.6	15.7	24.2	18.9	10.9	23.6
Cash contributions to political organizations	100.0	0.3	2.7	24.2	18.5	30.1	11.9	12.3
Cash gifts to members of other households	100.0	1.4	10.0	10.5	13.5	19.9	21.6	23.1
PERSONAL INSURANCE AND PENSIONS	100.0	2.5	16.5	23.4	29.5	21.0	5.3	1.8
Life and other personal insurance	100.0	0.5	8.7	15.9	28.7	26.1	13.1	7.0
Life, endowment, annuity, other personal insurance	100.0	0.4	8.5	16.0	28.9	26.3	13.1	6.7
Other nonhealth insurance	100.0	1.0	12.7	15.6	24.9	22.2	11.5	12.1
Pensions and Social Security	100.0	2.6	17.0	23.9	29.6	20.7	4.8	1.4
Deductions for government retirement	100.0	1.9	15.0	18.2	32.5	27.2	4.7	0.6
Deductions for railroad retirement	100.0	–	6.0	7.4	58.2	28.6	–	–
Deductions for private pensions	100.0	0.9	15.7	22.3	34.0	22.5	4.0	0.6
Nonpayroll deposit to retirement plans	100.0	0.6	8.1	20.5	28.2	29.9	9.2	3.6
Deductions for Social Security	100.0	3.2	18.3	24.6	29.0	19.2	4.4	1.3
PERSONAL TAXES	100.0	0.4	9.9	20.4	38.9	22.9	6.8	0.8
Federal income taxes	100.0	−0.3	7.6	19.8	42.1	23.6	7.0	0.2
Federal income tax deducted	100.0	2.9	18.1	23.7	31.9	19.3	3.8	0.2
Additional federal income tax paid	100.0	0.5	10.2	13.1	38.4	16.6	16.0	5.2
Federal income tax refunds	100.0	5.3	26.2	24.3	23.7	14.1	4.5	1.9
State and local income taxes	100.0	2.0	16.0	24.4	35.6	19.3	2.7	−0.1
State and local income tax deducted	100.0	2.5	18.2	24.9	32.6	18.9	2.8	0.2
Additional state and local income tax paid	100.0	0.6	6.8	16.8	45.4	17.5	9.8	3.2
State and local income tax refunds	100.0	3.3	19.7	22.5	28.8	16.5	6.7	2.5
Other taxes	100.0	0.3	7.8	12.0	25.1	28.8	18.1	7.9

Note: Numbers may not add to total because of rounding. "−" means sample is too small to make a reliable estimate.
Source: Calculations by New Strategist based on the Bureau of Labor Statistics' 2010 Consumer Expenditure Survey

Table 5.5 Percent of Consumer Units That Spent on Financial Items during the Average Quarter, 2010

(percent of consumer units spending on financial items during the average quarter of 2010, by category and age of consumer unit reference person, 2010)

	total consumer units	under 25	25 to 34	35 to 44	45 to 54	55 to 64	65 to 74	75+
FINANCIAL PRODUCTS AND SERVICES	**38.2%**	**23.8%**	**34.0%**	**39.3%**	**42.5%**	**44.6%**	**40.2%**	**30.0%**
Lottery and gambling losses	10.2	5.0	7.4	9.1	11.7	13.7	13.5	7.8
Legal fees	2.6	1.1	2.3	3.1	2.8	3.2	3.0	1.8
Funeral expenses	0.9	0.1	0.3	0.7	1.2	0.8	1.5	2.0
Safe deposit box rental	2.1	0.5	0.7	0.9	2.1	3.2	4.2	4.1
Checking accounts, other bank service charges	10.0	11.9	11.0	12.6	12.3	9.7	5.7	2.9
Cemetery lots, vaults, and maintenance fees	0.5	–	0.0	0.2	0.3	0.8	0.9	1.6
Accounting fees	5.6	2.0	4.8	6.0	6.7	5.8	5.9	5.7
Finance charges, except mortgage and vehicles	5.8	3.7	6.3	6.7	6.8	6.8	4.5	2.1
Dating services	0.1	–	0.3	0.2	0.1	0.2	0.1	–
Vacation clubs	0.2	0.0	0.1	0.2	0.1	0.1	0.4	0.3
Expenses for other properties	4.8	0.6	1.8	2.8	5.6	8.6	7.0	5.9
Occupational expenses	6.1	2.6	6.9	7.2	8.0	7.6	3.5	1.0
Credit card memberships	0.7	0.4	0.7	0.7	0.6	0.8	0.7	0.6
Shopping club membership fees	3.8	1.3	3.1	4.3	4.3	4.7	5.0	2.4
CASH CONTRIBUTIONS	**51.0**	**28.3**	**41.0**	**49.9**	**52.4**	**55.4**	**61.9**	**63.3**
Support for college students	3.0	0.7	0.5	2.2	6.4	3.7	2.5	2.5
Alimony expenditures	0.2	–	0.1	0.2	0.2	0.3	0.2	0.1
Child support expenditures	3.4	1.4	5.2	6.7	4.2	1.2	1.1	0.3
Gifts to members of other households of stocks, bonds, and mutual funds	0.2	0.1	0.1	0.0	0.1	0.3	0.3	0.4
Cash contributions to charities and other organizations	18.6	7.5	12.9	15.2	18.3	22.6	27.9	25.7
Cash contributions to church, religious organizations	27.0	12.2	16.9	23.3	27.5	30.3	38.6	42.0
Cash contributions to educational institutions	2.2	0.7	1.5	2.1	2.6	2.4	3.2	2.9
Cash contributions to political organizations	1.5	0.3	0.5	0.7	1.2	2.1	3.4	2.6
Other cash gifts	18.5	10.3	15.2	17.7	18.6	21.6	22.0	21.3
PERSONAL INSURANCE AND PENSIONS	**82.4**	**84.8**	**95.0**	**93.8**	**92.4**	**84.5**	**61.9**	**34.6**
Life and other personal insurance	**27.3**	**5.0**	**22.1**	**28.4**	**33.5**	**34.2**	**29.1**	**21.3**
Life, endowment, annuity, other personal insurance	26.2	4.8	21.0	27.7	32.6	32.8	27.9	19.7
Other nonhealth insurance	2.5	0.3	2.1	2.3	2.9	3.4	2.9	2.4
Pensions and Social Security	**78.1**	**84.7**	**94.6**	**93.2**	**91.1**	**80.1**	**47.7**	**19.1**
Deductions for government retirement	2.7	0.8	3.4	2.6	3.8	3.8	1.1	0.1
Deductions for railroad retirement	0.1	–	0.0	0.0	0.2	0.1	–	–
Deductions for private pensions	10.4	3.2	12.4	13.7	14.1	12.5	4.0	0.5
Nonpayroll deposit to retirement plans	7.0	1.6	7.1	8.5	9.7	9.2	4.3	1.1
Deductions for Social Security	77.9	84.7	94.6	93.2	91.0	79.8	46.7	18.6
PERSONAL TAXES	**55.9**	**48.5**	**61.9**	**61.5**	**59.6**	**57.8**	**49.8**	**35.2**
Federal income taxes	**49.2**	**45.5**	**58.1**	**56.6**	**53.7**	**50.1**	**37.8**	**23.6**
Federal income tax deducted	22.8	22.5	28.6	28.0	28.4	25.2	9.1	1.5
Additional federal income tax paid	7.8	3.0	4.8	7.2	8.2	10.1	11.9	7.7
Federal income tax refunds	37.0	36.1	47.6	44.2	40.3	35.4	24.2	15.8
State and local income taxes	**34.0**	**28.5**	**40.0**	**39.2**	**39.7**	**36.1**	**24.8**	**11.3**
State and local income tax deducted	17.2	14.8	20.7	21.1	22.3	19.9	7.3	0.9
Additional state and local income tax paid	6.4	2.4	5.6	7.1	7.5	8.5	6.4	3.2
State and local income tax refunds	22.7	20.0	28.9	26.5	26.2	21.7	16.6	8.2
Other taxes	**16.1**	**6.7**	**14.1**	**14.0**	**18.0**	**19.4**	**19.9**	**15.6**

Note: Figures shown are from the interview portion of the Consumer Expenditure Survey. Not all financial categories are included in the interview survey. For more information about the survey, see Appendix A. "–" means sample is too small to make a reliable estimate.
Source: Bureau of Labor Statistics, unpublished data from the 2010 Consumer Expenditure Survey

Table 5.6 Amount Purchasers Spent on Financial Items during the Average Quarter, 2010

(average amount spent by consumer units spending on financial items during the average quarter of 2010, by category and age of consumer unit reference person, 2010)

	total consumer units	under 25	25 to 34	35 to 44	45 to 54	55 to 64	65 to 74	75+
FINANCIAL PRODUCTS AND SERVICES	**$475.59**	**$220.75**	**$428.64**	**$453.96**	**$518.25**	**$535.24**	**$466.28**	**$482.43**
Lottery and gambling losses	126.76	74.05	87.63	102.84	108.91	177.49	151.82	112.58
Legal fees	1,223.67	808.77	1,381.72	978.20	1,512.91	1,331.59	956.41	1,044.89
Funeral expenses	2,156.52	1,023.21	612.07	2,910.14	1,143.70	2,546.15	2,664.07	2,723.49
Safe deposit box rental	42.64	57.22	51.10	35.48	50.12	36.39	47.79	37.44
Checking accounts, other bank service charges "	55.93	46.21	55.89	57.52	54.70	57.12	71.28	41.06
Cemetery lots, vaults, and maintenance fees	771.43	–	56.25	370.83	889.17	1,294.41	483.82	599.35
Accounting fees	291.46	163.38	198.59	252.16	305.27	355.03	359.51	302.42
Finance charges, except mortgage and vehicles	801.64	516.64	802.66	857.48	963.51	751.50	574.50	508.65
Dating services	66.67	–	69.23	63.33	32.14	76.47	53.13	–
Vacation clubs	473.61	643.75	237.50	722.06	696.43	645.83	208.33	503.45
Expenses for other properties	554.13	792.74	1,189.92	642.43	624.15	487.88	425.64	318.77
Occupational expenses	211.99	161.00	224.45	213.23	207.28	229.63	152.31	204.04
Credit card memberships	66.15	42.50	59.19	69.49	67.37	67.90	83.96	51.34
Shopping club membership fees	55.34	44.36	58.36	58.24	56.71	52.78	52.37	53.94
CASH CONTRIBUTIONS	**800.13**	**277.10**	**655.75**	**767.31**	**833.13**	**854.56**	**919.72**	**895.91**
Support for college students	812.13	150.37	502.17	451.12	898.91	895.53	1,097.69	632.63
Alimony expenditures	4,690.00	–	3,236.54	7,050.00	4,613.54	5,684.48	1,871.25	1,163.46
Child support expenditures	1,618.31	979.08	1,443.91	1,665.35	1,789.11	1,762.50	1,358.26	1,751.47
Gifts to members of other households of stocks, bonds, and mutual funds	1,470.83	50.00	1,495.83	350.00	947.92	3,364.66	817.42	256.08
Cash contributions to charities and other organizations	213.94	59.86	130.32	206.68	223.46	230.25	206.75	294.60
Cash contributions to church, religious organizations	611.84	305.99	617.91	617.67	630.60	703.32	648.20	475.99
Cash contributions to educational institutions	400.22	53.57	235.60	378.29	408.89	396.28	287.38	774.83
Cash contributions to political organizations	220.69	50.96	113.59	647.35	230.85	262.50	103.50	162.06
Other cash gifts	538.79	207.70	391.29	327.22	348.28	521.18	905.88	1,130.77
PERSONAL INSURANCE AND PENSIONS	**1,630.61**	**599.83**	**1,399.58**	**1,851.65**	**2,075.67**	**1,894.67**	**1,070.07**	**719.67**
Life and other personal insurance	**291.85**	**110.87**	**189.22**	**246.96**	**329.35**	**344.82**	**331.56**	**274.01**
Life, endowment, annuity, other personal insurance	288.34	103.57	184.39	240.99	324.15	344.13	331.00	271.10
Other nonhealth insurance	154.05	222.22	139.20	147.69	161.25	145.41	142.72	202.88
Pensions and Social Security	**1,617.10**	**594.36**	**1,361.36**	**1,787.63**	**1,983.95**	**1,852.39**	**1,186.48**	**998.33**
Deductions for government retirement	846.44	769.88	593.15	880.72	943.02	925.66	896.59	1,095.83
Deductions for railroad retirement	1,810.00	–	1,625.00	1,241.67	1,696.67	1,834.38	–	–
Deductions for private pensions	1,419.38	609.08	1,116.32	1,326.41	1,711.44	1,507.12	1,357.55	1,761.06
Nonpayroll deposit to retirement plans	1,670.55	640.54	807.59	1,555.25	1,643.98	2,163.22	2,343.17	3,981.14
Deductions for Social Security	1,252.10	551.86	1,132.27	1,425.94	1,502.23	1,328.72	857.68	733.16
PERSONAL TAXES	**791.09**	**53.57**	**426.02**	**809.57**	**1,394.09**	**992.14**	**559.94**	**102.51**
Federal income taxes	**577.19**	**−25.92**	**224.38**	**548.21**	**1,075.06**	**759.05**	**488.97**	**23.25**
Federal income tax deducted	2,063.98	907.35	1,788.42	2,202.64	2,549.61	2,046.30	1,801.18	805.65
Additional federal income tax paid	1,174.52	210.42	1,160.34	925.52	2,069.18	852.85	1,142.92	653.02
Federal income tax refunds	−749.41	−614.98	−917.06	−842.69	−788.01	−625.64	−475.59	−359.10
State and local income taxes	**355.27**	**127.03**	**289.92**	**414.91**	**523.14**	**366.37**	**123.40**	**−5.82**
State and local income tax deducted	794.88	348.89	723.27	892.78	968.67	737.95	486.55	246.54
Additional state and local income tax paid	290.46	70.82	134.31	243.61	545.99	218.65	264.35	192.99
State and local income tax refunds	−153.89	−86.27	−143.69	−163.81	−186.02	−150.98	−131.43	−112.18
Other taxes	**234.29**	**22.98**	**125.37**	**178.44**	**253.88**	**317.33**	**319.78**	**200.69**

Note: Figures shown are from the interview portion of the Consumer Expenditure Survey. Not all financial categories are included in the interview survey. For more information about the survey, see Appendix A. "−" means sample is too small to make a reliable estimate.
Source: Bureau of Labor Statistics, unpublished data from the 2010 Consumer Expenditure Survey

Table 5.7 Percent of Consumer Units That Spent on Financial Items during the <u>Average Week</u>, 2010

(percent of consumer units spending on financial items during the average week of 2010, by category and age of consumer unit reference person, 2010)

	total consumer units	under 25	25 to 34	35 to 44	45 to 54	55 to 64	65 to 74	75+
Percent buying during the average week	**6.1%**	**3.6%**	**5.3%**	**5.4%**	**6.2%**	**8.4%**	**7.6%**	**4.6%**
Miscellaneous fees	0.1	–	0.1	0.1	0.1	0.1	–	–
Lottery and gambling losses	4.5	1.9	3.6	3.6	4.6	7.1	5.9	3.3
Miscellaneous personal services	1.7	2.0	1.8	1.8	1.7	1.6	1.7	1.4

Note: Figures shown are from the diary portion of the Consumer Expenditure Survey. Only a few financial categories are included in the diary survey. For more information about the survey, see Appendix A. "–" means sample i
s too small to make a reliable estimate.
Source: Bureau of Labor Statistics, unpublished data from the 2010 Consumer Expenditure Survey

Table 5.8 Amount Purchasers Spent on Financial Items during the <u>Average Week</u>, 2010

(average amount spent by consumer units spending on financial items during the average week of 2010, by category and age of consumer unit reference person, 2010)

	total consumer units	under 25	25 to 34	35 to 44	45 to 54	55 to 64	65 to 74	75+
Amount spent during the average week	**$54.58**	**$43.82**	**$40.49**	**$87.41**	**$33.66**	**$65.52**	**$23.59**	**$101.52**
Miscellaneous fees	83.33	–	300.00	30.77	100.00	50.00	–	–
Lottery and gambling losses	33.33	12.11	19.89	20.66	25.16	65.30	23.01	13.25
Miscellaneous personal services	104.73	68.72	69.27	223.30	51.19	56.05	25.58	293.75

Note: Figures shown are from the diary portion of the Consumer Expenditure Survey. Only a few financial categories are included in the diary survey. For more information about the survey, see Appendix A. "–" means sample is too small to make a reliable estimate.
Source: Calculations by New Strategist based on unpublished data from the Bureau of Labor Statistics 2010 Consumer Expenditure Survey

6

Spending on Gifts for People in Other Households, 2010

The average household spent $1,029 on gifts for people in other households in 2010, 25 percent less than in 2000, after adjusting for inflation. Gift spending had already declined prior to the overall peak-spending year of 2006, but the decline has accelerated since. Households devote 2.1 percent of their spending to gifts for people in other households.

Annual Spending

Householders aged 45 to 54 are the biggest spenders on gifts for people in other households, many of them buying gifts for their adult children and grandchildren. These householders spent an average of $1,623 on gifts in 2010, or 58 percent more than average. They are by far the biggest spenders on gifts of college tuition. Householders aged 25 to 34 are the biggest spenders on gifts of jewelry as well as gifts of infants' apparel. But householders aged 55 to 64 are the biggest spenders on gifts of women's and girls' apparel. Householders under age 25 spend more than others on gifts of personal care products and services.

Quarterly Spending

During the average quarter of 2010, 29 percent of households purchased gifts for people in other households and spent an average of $661 on those gifts during the quarter. A substantial 16 percent of households purchased clothes for people in other households, the figure peaking at 21 percent among householders aged 55 to 64. Only 2 percent of households gave gifts of education to people in other households during the average quarter of 2010, but the average amount spent on gifts of education during the average quarter far surpassed spending on any other type of gift.

Weekly Spending

During the average week of 2010, 17 percent of households purchased gifts for people in other households. Purchasers spent an average of $54 on the item(s). During the average week, 8 percent of households bought gifts of apparel and 5 percent bought gifts of food. Those who gave gifts of apparel spent an average of $56 on the items.

Table 6.1 Gifts for People in Other Households: Average Annual Spending by Age, 2010

(average annual spending of consumer units on selected gifts of products and services for people in other households by age of consumer unit reference person, 2010)

	total consumer units	under 25	25 to 34	35 to 44	45 to 54	55 to 64	65 to 74	75+
Number of consumer units (in 000s)	121,107	8,034	20,166	21,912	25,054	21,359	13,031	11,551
Average number of persons per consumer unit	2.5	2.0	2.9	3.3	2.8	2.2	1.9	1.6
Average before-tax income of consumer units	$62,481.00	$26,881.00	$59,613.00	$76,128.00	$79,589.00	$68,906.00	$49,711.00	$31,782.00
Average annual spending of consumer units, total	48,108.84	27,482.77	46,617.48	55,945.67	57,788.25	50,899.73	41,433.85	31,528.55
Gifts, average spending	**1,029.46**	**423.20**	**541.36**	**731.79**	**1,622.89**	**1,484.22**	**972.25**	**797.66**
Food	**88.57**	**16.04**	**41.01**	**48.50**	**162.31**	**157.55**	**60.09**	**41.12**
Cakes and cupcakes	3.19	2.99	4.06	3.44	6.25	1.35	0.59	0.89
Candy and chewing gum	7.77	1.05	3.14	4.93	11.45	12.88	10.22	5.31
Food or board at school	19.44	–	0.17	5.07	58.54	33.74	0.85	3.63
Catered affairs	19.94	0.91	7.55	4.54	30.02	55.67	14.47	2.24
Food on trips	3.03	0.35	1.49	1.42	4.97	3.42	6.11	2.24
Alcoholic beverages	**14.37**	**16.56**	**9.78**	**16.40**	**7.89**	**20.87**	**14.36**	**19.49**
Housing	**199.00**	**109.85**	**126.01**	**159.26**	**240.88**	**305.94**	**208.46**	**163.37**
Housekeeping supplies	25.13	13.52	19.97	19.49	30.29	26.85	37.43	23.99
Stationery, stationery supplies, giftwrap	12.01	5.24	11.48	10.09	17.09	11.90	10.77	11.57
Postage	2.86	1.07	1.29	1.55	2.01	5.43	1.97	7.56
Household textiles	8.39	0.63	3.63	5.03	9.96	12.48	16.59	7.93
Major appliances	4.88	1.71	2.79	2.18	5.28	10.43	5.80	3.75
Small appliances and miscellaneous housewares	17.39	4.87	11.88	17.09	17.29	24.73	15.60	25.26
Infants' equipment	5.71	14.93	1.24	4.21	2.58	12.29	9.52	–
Household decorative items	11.34	8.52	5.65	13.12	12.68	14.08	9.89	13.49
Indoor plants, fresh flowers	6.51	2.00	6.35	7.12	11.04	2.81	6.18	6.03
Computers and computer hardware for nonbusiness use	9.26	3.26	3.37	5.07	10.45	19.67	12.06	6.74
Housing while attending school	27.01	–	0.36	6.71	64.13	63.95	4.06	7.92
Lodging on trips	5.37	0.73	1.87	1.91	8.83	7.84	11.96	1.74
Natural gas (renter)	2.42	2.66	2.62	1.90	1.39	3.02	0.85	5.76
Electricity (renter)	11.42	22.72	13.83	9.91	10.09	8.46	9.96	12.21
Babysitting	1.81	4.35	2.18	4.14	0.85	1.28	0.05	
Day care centers, nurseries, and preschools	11.00	1.17	11.70	14.18	10.28	18.54	9.38	–
Apparel and services	**211.75**	**157.31**	**196.23**	**181.89**	**218.80**	**273.92**	**219.97**	**193.14**
Men and boys, aged 2 or older	49.59	37.20	35.96	44.50	46.24	72.87	65.22	37.95
Women and girls, aged 2 or older	73.29	39.56	37.38	51.16	83.25	107.89	89.38	96.55
Children under age 2	46.95	33.72	74.07	52.10	45.11	46.40	32.88	20.79
Jewelry	13.87	9.73	23.20	8.60	13.80	16.08	9.71	11.19
Footwear	23.84	37.10	17.41	24.50	23.53	27.50	18.89	24.01
Transportation	**84.73**	**16.64**	**56.61**	**47.88**	**124.17**	**87.72**	**102.29**	**140.14**
Vehicle purchases	41.31	0.75	22.74	18.18	79.18	24.44	22.58	116.04
Gasoline on trips	14.68	5.35	7.81	7.71	17.17	22.43	29.26	10.17
Airline fares	11.91	3.35	7.86	9.92	12.11	15.31	26.68	5.34
Intercity train fares	1.96	0.47	1.10	1.47	1.88	2.93	4.52	0.89
Ship fares	6.96	1.16	10.17	6.57	4.67	8.86	10.75	3.38
Health care	**21.06**	**4.38**	**6.63**	**17.23**	**22.42**	**44.93**	**29.59**	**8.27**
Entertainment	**95.07**	**34.65**	**56.41**	**65.81**	**114.36**	**161.29**	**115.48**	**70.84**
Toys, games, hobbies, and tricycles	37.51	8.89	28.26	40.79	36.71	65.41	42.34	11.51
Personal care products and services	**13.13**	**35.57**	**6.26**	**8.01**	**18.71**	**9.42**	**19.58**	**5.81**
Cosmetics, perfume, bath preparations	8.10	34.07	4.91	3.86	8.97	6.02	8.48	4.77
Education	**220.95**	**16.76**	**19.15**	**128.25**	**611.44**	**309.07**	**62.64**	**59.63**
College tuition	188.76	15.65	8.93	105.11	547.13	264.18	30.51	43.59
All other gifts	**79.94**	**15.37**	**23.12**	**58.06**	**100.97**	**112.28**	**137.75**	**94.21**
Gifts of out-of-town trip expenses	49.44	8.43	18.24	26.84	51.69	61.39	108.05	82.23

Note: Annual average spending figures for some items may seem low because both purchasers and nonpurchasers are used to calculate the annual average; to find out how much purchasers spend on items, see the quarterly or weekly spending tables. Subcategories may not add to total because some are not shown. Spending on gifts is also included in the product and service categories in other chapters. "–" means sample is too small to make a reliable estimate.
Source: Bureau of Labor Statistics, unpublished tables from the 2010 Consumer Expenditure Survey

Table 6.2 Gifts for People in Other Households: Indexed Annual Spending by Age, 2010

(indexed average annual spending of consumer units on selected gifts of products and services for people in other households by age of consumer unit reference person, 2010; index definition: an index of 100 is the average for all consumer units; an index of 125 means that spending by consumer units in that group is 25 percent above the average for all consumer units; an index of 75 indicates spending that is 25 percent below the average for all consumer units)

	total consumer units	under 25	25 to 34	35 to 44	45 to 54	55 to 64	65 to 74	75+
Average spending of consumer units, total	$48,109	$27,483	$46,617	$55,946	$57,788	$50,900	$41,434	$31,529
Average spending of consumer units, index	100	57	97	116	120	106	86	66
Gifts, spending index	**100**	**41**	**53**	**71**	**158**	**144**	**94**	**77**
Food	**100**	**18**	**46**	**55**	**183**	**178**	**68**	**46**
Cakes and cupcakes	100	94	127	108	196	42	18	28
Candy and chewing gum	100	14	40	63	147	166	132	68
Food or board at school	100	–	1	26	301	174	4	19
Catered affairs	100	5	38	23	151	279	73	11
Food on trips	100	12	49	47	164	113	202	74
Alcoholic beverages	**100**	**115**	**68**	**114**	**55**	**145**	**100**	**136**
Housing	**100**	**55**	**63**	**80**	**121**	**154**	**105**	**82**
Housekeeping supplies	100	54	79	78	121	107	149	95
Stationery, stationery supplies, giftwrap	100	44	96	84	142	99	90	96
Postage	100	37	45	54	70	190	69	264
Household textiles	100	8	43	60	119	149	198	95
Major appliances	100	35	57	45	108	214	119	77
Small appliances and miscellaneous housewares	100	28	68	98	99	142	90	145
Infants' equipment	100	261	22	74	45	215	167	–
Household decorative items	100	75	50	116	112	124	87	119
Indoor plants, fresh flowers	100	31	98	109	170	43	95	93
Computers and computer hardware for nonbusiness use	100	35	36	55	113	212	130	73
Housing while attending school	100	–	1	25	237	237	15	29
Lodging on trips	100	14	35	36	164	146	223	32
Natural gas (renter)	100	110	108	79	57	125	35	238
Electricity (renter)	100	199	121	87	88	74	87	107
Babysitting	100	240	120	229	47	71	3	–
Day care centers, nurseries, and preschools	100	11	106	129	93	169	85	–
Apparel and services	**100**	**74**	**93**	**86**	**103**	**129**	**104**	**91**
Men and boys, aged 2 or older	100	75	73	90	93	147	132	77
Women and girls, aged 2 or older	100	54	51	70	114	147	122	132
Children under age 2	100	72	158	111	96	99	70	44
Jewelry	100	70	167	62	99	116	70	81
Footwear	100	156	73	103	99	115	79	101
Transportation	**100**	**20**	**67**	**57**	**147**	**104**	**121**	**165**
Vehicle purchases	100	2	55	44	192	59	55	281
Gasoline on trips	100	36	53	53	117	153	199	69
Airline fares	100	28	66	83	102	129	224	45
Intercity train fares	100	24	56	75	96	149	231	45
Ship fares	100	17	146	94	67	127	154	49
Health care	**100**	**21**	**31**	**82**	**106**	**213**	**141**	**39**
Entertainment	**100**	**36**	**59**	**69**	**120**	**170**	**121**	**75**
Toys, games, hobbies, and tricycles	100	24	75	109	98	174	113	31
Personal care products and services	**100**	**271**	**48**	**61**	**142**	**72**	**149**	**44**
Cosmetics, perfume, bath preparations	100	421	61	48	111	74	105	59
Education	**100**	**8**	**9**	**58**	**277**	**140**	**28**	**27**
College tuition	100	8	5	56	290	140	16	23
All other gifts	**100**	**19**	**29**	**73**	**126**	**140**	**172**	**118**
Gifts of out-of-town trip expenses	100	17	37	54	105	124	219	166

Note: Spending on gifts is also included in the product and service categories in other chapters. "–" means sample is too small to make a reliable estimate.
Source: Calculations by New Strategist based on the Bureau of Labor Statistics' 2010 Consumer Expenditure Survey

Table 6.3 Gifts for People in Other Households: Total Annual Spending by Age, 2010

(total annual spending on selected gifts of products and services for people in other households by consumer unit age groups, 2010; consumer units and dollars in thousands)

	total consumer units	under 25	25 to 34	35 to 44	45 to 54	55 to 64	65 to 74	75+
Number of consumer units	121,107	8,034	20,166	21,912	25,054	21,359	13,031	11,551
Total spending of all consumer units	$5,826,317,286	$220,796,574	$940,088,102	$1,225,881,521	$1,447,826,816	$1,087,167,333	$539,924,499	$364,186,281
Gifts, total spending	**124,674,812**	**3,399,989**	**10,917,066**	**16,034,982**	**40,659,886**	**31,701,455**	**12,669,390**	**9,213,771**
Food	**10,726,447**	**128,865**	**827,008**	**1,062,732**	**4,066,515**	**3,365,110**	**783,033**	**474,977**
Cakes and cupcakes	386,331	24,022	81,874	75,377	156,588	28,835	7,688	10,280
Candy and chewing gum	941,001	8,436	63,321	108,026	286,868	275,104	133,177	61,336
Food or board at school	2,354,320	–	3,428	111,094	1,466,661	720,653	11,076	41,930
Catered affairs	2,414,874	7,311	152,253	99,480	752,121	1,189,056	188,559	25,874
Food on trips	366,954	2,812	30,047	31,115	124,518	73,048	79,619	25,874
Alcoholic beverages	**1,740,308**	**133,043**	**197,223**	**359,357**	**197,676**	**445,762**	**187,125**	**225,129**
Housing	**24,100,293**	**882,535**	**2,541,118**	**3,489,705**	**6,035,008**	**6,534,572**	**2,716,442**	**1,887,087**
Housekeeping supplies	3,043,419	108,620	402,715	427,065	758,886	573,489	487,750	277,108
Stationery, stationery supplies, giftwrap	1,454,495	42,098	231,506	221,092	428,173	254,172	140,344	133,645
Postage	346,366	8,596	26,014	33,964	50,359	115,979	25,671	87,326
Household textiles	1,016,088	5,061	73,203	110,217	249,538	266,560	216,184	91,599
Major appliances	591,002	13,738	56,263	47,768	132,285	222,774	75,580	43,316
Small appliances and miscellaneous housewares	2,106,051	39,126	239,572	374,476	433,184	528,208	203,284	291,778
Infants' equipment	691,521	119,948	25,006	92,250	64,639	262,502	124,055	–
Household decorative items	1,373,353	68,450	113,938	287,485	317,685	300,735	128,877	155,823
Indoor plants, fresh flowers	788,407	16,068	128,054	156,013	276,596	60,019	80,532	69,653
Computers and computer hardware for nonbusiness use	1,121,451	26,191	67,959	111,094	261,814	420,132	157,154	77,854
Housing while attending school	3,271,100	–	7,260	147,030	1,606,713	1,365,908	52,906	91,484
Lodging on trips	650,345	5,865	37,710	41,852	221,227	167,455	155,851	20,099
Natural gas (renter)	293,079	21,370	52,835	41,633	34,825	64,504	11,076	66,534
Electricity (renter)	1,383,042	182,532	278,896	217,148	252,795	180,697	129,789	141,038
Babysitting	219,204	34,948	43,962	90,716	21,296	27,340	652	–
Day care centers, nurseries, and preschools	1,332,177	9,400	235,942	310,712	257,555	395,996	122,231	–
Apparel and services	**25,644,407**	**1,263,829**	**3,957,174**	**3,985,574**	**5,481,815**	**5,850,657**	**2,866,429**	**2,230,960**
Men and boys, aged 2 or older	6,005,696	298,865	725,169	975,084	1,158,497	1,556,430	849,882	438,360
Women and girls, aged 2 or older	8,875,932	317,825	753,805	1,121,018	2,085,746	2,304,423	1,164,711	1,115,249
Children under age 2	5,685,974	270,906	1,493,696	1,141,615	1,130,186	991,058	428,459	240,145
Jewelry	1,679,754	78,171	467,851	188,443	345,745	343,453	126,531	129,256
Footwear	2,887,191	298,061	351,090	536,844	589,521	587,373	246,156	277,340
Transportation	**10,261,396**	**133,686**	**1,141,597**	**1,049,147**	**3,110,955**	**1,873,611**	**1,332,941**	**1,618,757**
Vehicle purchases	5,002,930	6,026	458,575	398,360	1,983,776	522,014	294,240	1,340,378
Gasoline on trips	1,777,851	42,982	157,496	168,942	430,177	479,082	381,287	117,474
Airline fares	1,442,384	26,914	158,505	217,367	303,404	327,006	347,667	61,682
Intercity train fares	237,370	3,776	22,183	32,211	47,102	62,582	58,900	10,280
Ship fares	842,905	9,319	205,088	143,962	117,002	189,241	140,083	39,042
Health care	**2,550,513**	**35,189**	**133,701**	**377,544**	**561,711**	**959,660**	**385,587**	**95,527**
Entertainment	**11,513,642**	**278,378**	**1,137,564**	**1,442,029**	**2,865,175**	**3,444,993**	**1,504,820**	**818,273**
Toys, games, hobbies, and tricycles	4,542,724	71,422	569,891	893,790	919,732	1,397,092	551,733	132,952
Personal care products and services	**1,590,135**	**285,769**	**126,239**	**175,515**	**468,760**	**201,202**	**255,147**	**67,111**
Cosmetics, perfume, bath preparations	980,967	273,718	99,015	84,580	224,734	128,581	110,503	55,098
Education	**26,758,592**	**134,650**	**386,179**	**2,810,214**	**15,319,018**	**6,601,426**	**816,262**	**688,786**
College tuition	22,860,157	125,732	180,082	2,303,170	13,707,795	5,642,621	397,576	503,508
All other gifts	**9,681,294**	**123,483**	**466,238**	**1,272,211**	**2,529,702**	**2,398,189**	**1,795,020**	**1,088,220**
Gifts of out-of-town trip expenses	5,987,530	67,727	367,828	588,118	1,295,041	1,311,229	1,408,000	949,839

Note: Numbers may not add to total because of rounding and missing subcategories. Spending on gifts is also included in the product and service categories in other chapters.
"–" means sample is too small to make a reliable estimate.
Source: Calculations by New Strategist based on the Bureau of Labor Statistics' 2010 Consumer Expenditure Survey

Table 6.4 Gifts for People in Other Households: Share of Annual Spending by Age, 2010

(percentage of total annual spending on selected gifts of products and services for people in other households accounted for by consumer unit age groups, 2010)

	total consumer units	under 25	25 to 34	35 to 44	45 to 54	55 to 64	65 to 74	75+
Share of total consumer units	100.0%	6.6%	16.7%	18.1%	20.7%	17.6%	10.8%	9.5%
Share of total before-tax income	100.0	2.9	15.9	22.0	26.4	19.5	8.6	4.9
Share of total spending	100.0	3.8	16.1	21.0	24.8	18.7	9.3	6.3
Share of gifts spending	100.0	2.7	8.8	12.9	32.6	25.4	10.2	7.4
Food	100.0	1.2	7.7	9.9	37.9	31.4	7.3	4.4
Cakes and cupcakes	100.0	6.2	21.2	19.5	40.5	7.5	2.0	2.7
Candy and chewing gum	100.0	0.9	6.7	11.5	30.5	29.2	14.2	6.5
Food or board at school	100.0	–	0.1	4.7	62.3	30.6	0.5	1.8
Catered affairs	100.0	0.3	6.3	4.1	31.1	49.2	7.8	1.1
Food on trips	100.0	0.8	8.2	8.5	33.9	19.9	21.7	7.1
Alcoholic beverages	100.0	7.6	11.3	20.6	11.4	25.6	10.8	12.9
Housing	100.0	3.7	10.5	14.5	25.0	27.1	11.3	7.8
Housekeeping supplies	100.0	3.6	13.2	14.0	24.9	18.8	16.0	9.1
Stationery, stationery supplies, giftwrap	100.0	2.9	15.9	15.2	29.4	17.5	9.6	9.2
Postage	100.0	2.5	7.5	9.8	14.5	33.5	7.4	25.2
Household textiles	100.0	0.5	7.2	10.8	24.6	26.2	21.3	9.0
Major appliances	100.0	2.3	9.5	8.1	22.4	37.7	12.8	7.3
Small appliances and miscellaneous housewares	100.0	1.9	11.4	17.8	20.6	25.1	9.7	13.9
Infants' equipment	100.0	17.3	3.6	13.3	9.3	38.0	17.9	–
Household decorative items	100.0	5.0	8.3	20.9	23.1	21.9	9.4	11.3
Indoor plants, fresh flowers	100.0	2.0	16.2	19.8	35.1	7.6	10.2	8.8
Computers and computer hardware for nonbusiness use	100.0	2.3	6.1	9.9	23.3	37.5	14.0	6.9
Housing while attending school	100.0	–	0.2	4.5	49.1	41.8	1.6	2.8
Lodging on trips	100.0	0.9	5.8	6.4	34.0	25.7	24.0	3.1
Natural gas (renter)	100.0	7.3	18.0	14.2	11.9	22.0	3.8	22.7
Electricity (renter)	100.0	13.2	20.2	15.7	18.3	13.1	9.4	10.2
Babysitting	100.0	15.9	20.1	41.4	9.7	12.5	0.3	–
Day care centers, nurseries, and preschools	100.0	0.7	17.7	23.3	19.3	29.7	9.2	–
Apparel and services	100.0	4.9	15.4	15.5	21.4	22.8	11.2	8.7
Men and boys, aged 2 or older	100.0	5.0	12.1	16.2	19.3	25.9	14.2	7.3
Women and girls, aged 2 or older	100.0	3.6	8.5	12.6	23.5	26.0	13.1	12.6
Children under age 2	100.0	4.8	26.3	20.1	19.9	17.4	7.5	4.2
Jewelry	100.0	4.7	27.9	11.2	20.6	20.4	7.5	7.7
Footwear	100.0	10.3	12.2	18.6	20.4	20.3	8.5	9.6
Transportation	100.0	1.3	11.1	10.2	30.3	18.3	13.0	15.8
Vehicle purchases	100.0	0.1	9.2	8.0	39.7	10.4	5.9	26.8
Gasoline on trips	100.0	2.4	8.9	9.5	24.2	26.9	21.4	6.6
Airline fares	100.0	1.9	11.0	15.1	21.0	22.7	24.1	4.3
Intercity train fares	100.0	1.6	9.3	13.6	19.8	26.4	24.8	4.3
Ship fares	100.0	1.1	24.3	17.1	13.9	22.5	16.6	4.6
Health care	100.0	1.4	5.2	14.8	22.0	37.6	15.1	3.7
Entertainment	100.0	2.4	9.9	12.5	24.9	29.9	13.1	7.1
Toys, games, hobbies, and tricycles	100.0	1.6	12.5	19.7	20.2	30.8	12.1	2.9
Personal care products and services	100.0	18.0	7.9	11.0	29.5	12.7	16.0	4.2
Cosmetics, perfume, bath preparations	100.0	27.9	10.1	8.6	22.9	13.1	11.3	5.6
Education	100.0	0.5	1.4	10.5	57.2	24.7	3.1	2.6
College tuition	100.0	0.6	0.8	10.1	60.0	24.7	1.7	2.2
All other gifts	100.0	1.3	4.8	13.1	26.1	24.8	18.5	11.2
Gifts of out-of-town trip expenses	100.0	1.1	6.1	9.8	21.6	21.9	23.5	15.9

Note: Numbers may not add to total because of rounding. Spending on gifts is also included in the product and service categories in other chapters. "–" means sample is too small to make a reliable estimate.
Source: Calculations by New Strategist based on the Bureau of Labor Statistics' 2010 Consumer Expenditure Survey

Table 6.5 Percent of Consumer Units That Bought Gifts for People in Other Households during the <u>Average Quarter</u>, 2010

(percent of consumer units purchasing gifts for members of other households during the average quarter of 2010, by gift category and age of consumer unit reference person, 2010)

	total consumer units	under 25	25 to 34	35 to 44	45 to 54	55 to 64	65 to 74	75+
Percent buying gifts for members of other households during the average quarter	**28.9%**	**23.6%**	**24.9%**	**24.9%**	**31.0%**	**36.4%**	**33.0%**	**23.5%**
Food	**1.3**	**0.3**	**0.7**	**0.9**	**2.1**	**2.3**	**1.2**	**0.7**
Housing	**10.4**	**7.4**	**8.0**	**7.9**	**11.6**	**14.4**	**12.5**	**9.1**
Household textiles	2.3	0.7	1.6	1.7	2.5	3.7	3.3	2.2
Appliances and miscellaneous housewares	1.9	1.2	1.3	1.0	2.5	3.0	2.2	1.1
Major appliances	0.4	0.2	0.2	0.2	0.5	0.6	0.4	0.3
Small appliances and miscellaneous housewares	1.6	1.1	1.2	0.9	2.1	2.5	1.9	0.8
Miscellaneous household equipment	4.7	3.2	3.3	3.6	5.3	6.5	5.9	4.4
Other housing	3.3	3.0	2.6	2.5	3.8	4.7	3.2	2.6
Apparel and services	**16.5**	**12.7**	**14.8**	**14.8**	**17.6**	**21.3**	**18.8**	**11.1**
Males, aged 2 and over	4.4	2.6	2.8	3.0	5.1	6.8	6.1	3.1
Females, aged 2 and over	5.8	3.2	3.6	4.3	6.5	9.2	7.7	4.2
Children under age 2	8.8	7.5	9.6	8.8	9.1	10.3	8.9	4.5
Other apparel products and services	4.2	2.6	2.8	3.1	4.9	6.4	5.4	3.0
Jewelry and watches	1.9	1.7	1.5	1.5	2.0	2.5	2.4	1.5
All other apparel products and services	2.6	0.9	1.4	1.6	3.2	4.3	3.5	1.6
Transportation	**4.3**	**2.5**	**2.9**	**3.2**	**5.2**	**6.3**	**5.3**	**3.1**
Health care	**0.8**	**0.4**	**0.5**	**0.5**	**1.2**	**1.6**	**0.4**	**0.5**
Entertainment	**9.2**	**5.4**	**6.9**	**6.5**	**9.9**	**14.5**	**12.5**	**6.6**
Toys, games, arts and crafts, and tricycles	6.1	3.4	4.6	4.1	6.3	10.0	8.6	4.0
Other entrtainment	4.3	2.3	3.2	3.1	4.5	6.9	5.4	3.0
Education	**1.7**	**0.1**	**0.6**	**1.0**	**3.5**	**2.8**	**1.3**	**0.8**
All other gifts	**4.4**	**2.6**	**3.2**	**3.3**	**4.7**	**6.5**	**6.0**	**4.0**

Note: Figures shown are from the interview portion of the Consumer Expenditure Survey. For more information about the survey, see Appendix A. "–" means sample is too small to make a reliable estimate.
Source: Bureau of Labor Statistics, unpublished data from the 2010 Consumer Expenditure Survey

Table 6.6   Amount Purchasers Spent on Gifts for People in Other Households during the <u>Average Quarter</u>, 2010

(average amount spent by consumer units purchasing gifts for members of other households during the average quarter of 2010, by gift category and age of consumer unit reference person, 2010)

Amount spent on gifts for members of other households during the average quarter	total consumer units	under 25	25 to 34	35 to 44	45 to 54	55 to 64	65 to 74	75+
	$660.90	$197.49	$312.53	$483.94	$1,073.19	$797.82	$555.31	$581.10
Food	797.18	92.65	338.60	299.73	1,124.16	1,022.47	457.91	285.56
Housing	333.30	228.82	244.03	320.86	393.23	409.77	253.19	284.31
Household textiles	73.50	19.64	38.92	51.18	73.48	72.96	112.58	98.50
Appliances and miscellaneous housewares	139.52	94.23	74.43	98.54	131.15	175.17	183.45	157.80
Major appliances	315.00	225.00	131.25	188.89	249.06	474.09	371.79	284.09
Small appliances and miscellaneous housewares	95.06	61.93	65.47	78.49	92.91	102.30	135.81	96.60
Miscellaneous household equipment	131.71	68.61	80.65	121.84	139.80	167.19	131.24	129.59
Other housing	730.15	449.75	577.65	753.56	864.04	861.78	504.27	624.62
Apparel and services	174.98	98.13	149.98	145.18	197.68	201.04	203.49	144.10
Males, aged 2 and over	135.56	53.15	108.84	107.62	159.88	143.47	162.11	100.72
Females, aged 2 and over	158.46	71.53	100.56	148.30	178.06	172.13	176.91	149.76
Children under age 2	84.02	72.81	89.55	90.54	84.65	81.81	85.34	56.56
Other apparel products and services	150.77	126.34	251.34	130.57	151.22	136.84	131.98	131.77
Jewelry and watches	215.26	166.22	392.21	167.76	227.78	178.35	168.20	197.41
All other apparel products and services	88.53	54.79	69.76	88.58	92.61	98.72	88.39	65.70
Transportation	482.28	169.11	458.67	370.59	590.73	321.54	473.17	1,137.50
Health care	567.50	103.85	251.04	837.50	393.22	648.23	1,678.66	288.94
Entertainment	201.89	84.36	138.13	160.12	221.98	219.87	223.04	279.23
Toys, games, arts and crafts, and tricycles	119.21	50.07	100.82	111.11	104.76	139.56	158.95	72.03
Other entrtainment	268.12	123.29	157.06	187.38	341.70	260.63	264.46	506.83
Education	3,122.25	3,320.83	703.88	2,972.84	4,298.93	2,718.73	1,140.48	1,669.35
All other gifts	422.97	145.32	173.27	421.66	447.01	423.62	565.55	587.34

Note: Figures shown are from the interview portion of the Consumer Expenditure Survey. For more information about the survey, see Appendix A. "–" means sample is too small to make a reliable estimate.
Source: Bureau of Labor Statistics, unpublished data from the 2010 Consumer Expenditure Survey

Table 6.7 Percent of Consumer Units That Bought Gifts for People in Other Households during the Average Week, 2010

(percent of consumer units purchasing gifts for members of other households during the average week of 2010, by gift category and age of consumer unit reference person, 2010)

Percent buying gifts for members of other households during the average week	total consumer units	under 25	25 to 34	35 to 44	45 to 54	55 to 64	65 to 74	75+
	17.2%	12.3%	16.8%	17.9%	17.7%	20.9%	16.6%	12.1%
Food	**5.0**	**3.2**	**3.8**	**4.5**	**6.0**	**6.9**	**5.2**	**3.4**
Housing	**6.2**	**3.3**	**5.4**	**5.7**	**6.8**	**7.7**	**7.2**	**5.7**
Housekeeping supplies	4.4	2.2	3.6	3.6	4.8	5.4	5.2	4.7
Laundry and cleaning supplies	0.5	0.5	0.4	0.5	0.5	0.5	0.6	0.4
Other household products	1.4	0.7	1.2	0.9	1.9	1.8	2.0	0.9
Postage and stationery	3.1	1.6	2.7	2.8	3.1	3.7	3.8	3.9
Household textiles	0.5	0.1	0.3	0.4	0.6	0.6	0.8	0.3
Appliances and miscellaneous housewares	0.9	0.5	0.6	0.9	0.9	1.2	1.1	0.9
Major appliances	0.0	–	0.1	0.0	–	0.1	0.1	–
Small appliances and miscellaneous housewares	0.9	0.5	0.6	0.9	0.9	1.2	1.1	0.9
Miscellaneous household equipment	2.1	1.7	1.8	2.3	2.4	2.1	2.8	1.2
Other housing	0.1	–	0.1	0.1	0.1	0.2	–	–
Apparel and services	**8.0**	**6.9**	**8.7**	**8.7**	**7.9**	**9.3**	**7.0**	**5.0**
Males, aged 2 and over	2.1	1.2	1.9	2.1	2.0	3.0	1.7	1.6
Females, aged 2 and over	3.0	2.1	2.1	2.6	3.1	4.3	4.2	2.1
Children under age 2	2.9	2.4	5.1	3.8	2.5	2.5	1.2	1.4
Other apparel products and services	2.0	2.5	1.2	2.0	2.2	2.3	2.3	1.7
Transportation	**0.1**	–	**0.1**	–	**0.2**	**0.1**	**0.3**	–
Health care	**0.5**	**0.6**	**0.5**	**0.3**	**0.6**	**0.6**	**0.4**	**0.2**
Entertainment	**3.3**	**1.5**	**3.4**	**3.4**	**3.5**	**4.7**	**3.4**	**1.4**
Education	**0.9**	**0.2**	**0.9**	**1.0**	**1.1**	**0.9**	**0.7**	**0.8**
All other gifts	**2.3**	**1.6**	**1.8**	**2.2**	**2.5**	**3.2**	**2.6**	**1.7**

Note: Figures shown are from the diary portion of the Consumer Expenditure Survey. For more information about the survey, see Appendix A. "–" means sample is too small to make a reliable estimate.
Source: Bureau of Labor Statistics, unpublished data from the 2010 Consumer Expenditure Survey

Table 6.8 Amount Purchasers Spent on Gifts for People in Other Households during the Average Week, 2010

(average amount spent by consumer units purchasing gifts for members of other households during the average week of 2010, by gift category and age of consumer unit reference person, 2010)

Amount spent on gifts for members of other households during the average week	total consumer units	under 25	25 to 34	35 to 44	45 to 54	55 to 64	65 to 74	75+
	$54.23	$47.92	$65.68	$43.17	$54.92	$54.60	$55.11	$57.05
Food	17.80	8.89	16.22	16.14	21.85	17.97	14.31	18.64
Housing	26.05	27.84	20.96	25.66	24.22	27.90	31.66	27.07
Housekeeping supplies	11.01	11.71	10.44	10.25	12.13	9.56	13.85	9.87
Laundry and cleaning supplies	6.38	2.17	7.50	6.38	8.51	7.69	6.56	7.69
Other household products	11.19	18.57	8.33	10.64	9.19	7.61	22.11	6.90
Postage and stationery	9.27	7.36	9.40	8.60	11.90	8.99	6.51	9.59
Household textiles	22.92	8.33	17.65	20.00	27.12	32.26	19.74	11.11
Appliances and miscellaneous housewares	33.70	12.00	35.94	35.11	28.72	33.88	28.32	52.81
Major appliances	66.67	–	80.00	50.00	–	20.00	166.67	–
Small appliances and miscellaneous housewares	32.22	12.00	32.20	32.98	28.72	34.48	21.50	52.81
Miscellaneous household equipment	32.54	34.48	24.31	28.00	24.68	44.44	39.13	47.15
Other housing	57.14	–	28.57	66.67	71.43	47.37	–	–
Apparel and services	56.02	43.50	87.89	42.84	47.16	49.89	53.74	71.54
Males, aged 2 and over	39.61	57.38	31.41	41.78	33.00	39.40	58.33	42.31
Females, aged 2 and over	43.56	34.91	32.86	34.48	48.55	44.57	36.56	84.58
Children under age 2	28.87	21.72	30.98	26.40	30.04	28.51	30.65	28.68
Other apparel products and services	75.25	40.55	402.54	48.24	36.28	35.56	35.78	43.03
Transportation	27.27	–	41.67	–	10.53	54.55	22.22	–
Health care	12.50	8.33	6.67	10.00	11.11	15.00	9.09	19.05
Entertainment	37.72	34.25	25.29	30.68	40.68	46.78	44.08	30.56
Education	10.34	11.76	5.81	9.47	13.89	12.09	13.70	8.75
All other gifts	38.36	67.72	37.71	30.88	52.76	29.69	27.48	37.35

Note: Figures shown are from the diary portion of the Consumer Expenditure Survey. For more information about the survey, see Appendix A. "–" means sample is too small to make a reliable estimate.
Source: Bureau of Labor Statistics, unpublished data from the 2010 Consumer Expenditure Survey

CHAPTER
7

Spending on Groceries, 2010

In 2010, the average household spent $3,624 on groceries—$200 less than in 2000, after adjusting for inflation. Spending on groceries fell 3 percent between 2000 and 2006 (the year when overall household spending peaked), after adjusting for inflation, as households ate out more often. Grocery spending fell another 2 percent between 2006 and 2010 as shoppers substituted private labels for branded products and bought less expensive items in an attempt to cut costs because of the Great Recession. Americans devoted 7.5 percent of their expenditures to groceries in 2010, just a little less than the 7.9 percent of 2000.

Annual Spending

The largest households spend the most on groceries. Households headed by people aged 35 to 54, the largest households, spend 17 to 21 percent more than average on groceries. Householders aged 35 to 44 are particularly big spenders on the foods preferred by children and devote 30 percent more than the average household to cereal, 26 percent more to milk, 33 percent more to potato chips and other snacks, and 47 percent more to sports drinks. Householders aged 25 to 34 spend nearly three times the average on baby food and control 47 percent of the market. Householders aged 65 to 74 spend 46 percent more than the average household on groceries purchased on trips. Householders aged 75 or older spend more than others on sweetrolls, coffee cakes, and doughnuts as well as on steak.

Quarterly Spending

The Consumer Expenditure Survey collects data on grocery purchasing through the diary survey (which asks about spending during the past week) rather than the interview survey (which asks about spending during the past quarter). The interview portion of the survey covers only groceries purchased while on trips. During the average quarter of 2010, 10 percent of households purchased groceries on trips, the purchasers spending an average of $108.

Weekly Spending

During the average week of 2010, 81 percent of households bought groceries, the purchasers spending an average of $85. Fresh milk, purchased by 51 percent of households, is the individual grocery item that attracts the largest share of households on a weekly basis. The purchasers spent an average of $4.61 on milk during the week. Forty-six percent of households purchase bread during an average week, and 33 percent buy bananas—the most popular fruit. Sixteen percent of households buy coffee during the average week.

Table 7.1 Groceries: Average Annual Spending by Age, 2010

(average annual spending of consumer units (CU) on groceries, by age of consumer unit reference person, 2010)

	total consumer units	under 25	25 to 34	35 to 44	45 to 54	55 to 64	65 to 74	75+
Number of consumer units (in 000s)	121,107	8,034	20,166	21,912	25,054	21,359	13,031	11,551
Average number of persons per CU	2.5	2	2.9	3.3	2.8	2.2	1.9	1.6
Average before-tax income of CU	$62,481.00	$26,881.00	$59,613.00	$76,128.00	$79,589.00	$68,906.00	$49,711.00	$31,782.00
Average annual spending of CU, total	48,108.84	27,482.77	46,617.48	55,945.67	57,788.25	50,899.73	41,433.85	31,528.55
Groceries, average annual spending	**3,624.04**	**2,197.21**	**3,337.63**	**4,255.37**	**4,369.15**	**3,680.61**	**3,212.95**	**2,643.07**
Cereals and bakery products	**501.72**	**311.91**	**440.54**	**607.19**	**599.50**	**506.51**	**442.08**	**385.14**
Cereals and cereal products	164.61	102.75	152.71	211.72	198.67	159.18	134.18	109.34
Flour	7.89	3.88	7.19	10.57	8.55	7.60	8.77	4.92
Prepared flour mixes	15.25	7.49	12.36	19.11	21.42	15.56	10.50	9.65
Ready-to-eat and cooked cereals	82.83	55.07	76.37	107.80	97.87	75.62	69.32	62.18
Rice	24.72	17.14	24.35	33.06	28.91	26.17	17.03	11.71
Pasta, cornmeal, and other cereal products	33.92	19.18	32.44	41.18	41.92	34.23	28.55	20.87
Bakery products	337.10	209.16	287.83	395.47	400.83	347.33	307.90	275.81
Bread	99.55	67.15	85.94	118.68	115.08	101.80	92.28	79.67
White bread	39.83	27.87	37.07	50.14	46.86	37.59	33.78	29.09
Bread, other than white	59.72	39.28	48.87	68.53	68.22	64.21	58.50	50.58
Cookies and crackers	82.16	39.18	67.11	97.22	100.98	85.77	76.83	67.88
Cookies	45.90	21.63	37.49	52.01	56.43	50.99	41.97	37.71
Crackers	36.26	17.54	29.62	45.21	44.56	34.77	34.86	30.17
Frozen and refrigerated bakery products	25.19	13.65	24.52	30.90	32.89	21.86	21.63	16.84
Other bakery products	130.20	89.18	110.26	148.68	151.88	137.91	117.16	111.42
Biscuits and rolls	48.84	25.41	38.85	57.62	58.00	55.89	42.36	40.18
Cakes and cupcakes	35.30	34.97	35.72	41.33	39.46	32.29	29.40	26.49
Bread and cracker products	7.48	4.83	3.91	8.73	10.57	8.05	6.38	6.56
Sweetrolls, coffee cakes, doughnuts	22.28	14.16	18.99	23.54	22.42	24.95	21.75	26.74
Pies, tarts, turnovers	16.30	9.80	12.78	17.46	21.44	16.73	17.28	11.44
Meats, poultry, fish, and eggs	**784.37**	**446.59**	**713.06**	**896.12**	**966.01**	**792.19**	**688.16**	**627.40**
Beef	216.70	135.85	181.70	229.92	263.37	223.39	169.65	248.41
Ground beef	84.67	61.73	79.43	96.60	107.23	74.99	69.39	72.93
Roast	29.47	10.09	23.88	31.21	37.35	28.83	28.19	34.90
Chuck roast	7.95	4.06	6.60	9.98	9.83	6.96	8.59	6.17
Round roast	5.72	1.81	5.50	3.96	8.06	6.31	2.23	9.99
Other roast	15.79	4.22	11.77	17.27	19.46	15.56	17.36	18.74
Steak	82.27	49.40	63.33	85.03	96.94	95.76	56.56	105.48
Round steak	17.60	13.89	14.10	17.02	19.81	18.48	11.84	27.66
Sirloin steak	21.46	16.63	17.04	25.53	22.89	24.61	17.33	20.65
Other steak	43.20	18.87	32.20	42.48	54.24	52.67	27.38	57.18
Other beef	20.28	14.63	15.05	17.08	21.84	23.80	15.52	35.09
Pork	148.99	82.91	123.95	171.82	181.89	152.91	153.73	110.00
Bacon	31.61	17.87	27.49	32.71	37.64	33.76	35.03	24.95
Pork chops	23.77	17.83	16.31	29.80	29.96	22.81	20.53	21.44
Ham	31.88	15.81	29.05	37.45	34.92	32.68	35.58	25.14
Ham, not canned	31.21	15.47	28.27	36.70	34.23	32.09	34.89	24.49
Canned ham	0.67	0.34	0.78	0.76	0.69	0.58	0.69	0.64
Sausage	26.13	12.92	24.47	25.24	32.73	26.64	29.30	20.66
Other pork	35.60	18.49	26.64	46.61	46.65	37.03	33.30	17.82
Other meats	117.19	68.71	105.22	139.71	147.45	116.97	105.53	75.94
Frankfurters	24.51	19.43	24.17	29.52	27.62	23.40	22.34	16.82
Lunch meats (cold cuts)	81.80	45.64	71.91	95.89	103.90	83.87	75.59	51.86
Bologna, liverwurst, salami	24.92	14.69	20.99	28.86	32.37	25.29	24.65	14.44
Other lunch meats	56.89	30.95	50.92	67.03	71.52	58.58	50.94	37.41
Lamb, organ meats, and others	10.88	3.64	9.14	14.30	15.93	9.70	7.60	7.27

	total consumer units	under 25	25 to 34	35 to 44	45 to 54	55 to 64	65 to 74	75+
Poultry	$138.12	$83.89	$151.99	$168.44	$173.73	$123.06	$106.86	$79.26
Fresh and frozen chicken	110.25	70.19	122.67	136.46	141.15	96.94	76.85	61.50
Fresh and frozen whole chicken	29.53	24.17	31.07	38.41	38.16	25.32	18.40	15.23
Fresh and frozen chicken parts	80.72	46.02	91.60	98.04	102.99	71.62	58.45	46.27
Other poultry	27.86	13.70	29.31	31.99	32.58	26.11	30.01	17.76
Fish and seafood	117.08	44.54	104.39	131.91	144.16	132.13	110.16	81.70
Canned fish and seafood	20.16	6.40	15.41	20.14	23.91	24.98	21.44	19.43
Fresh fish and shellfish	55.25	19.98	45.38	64.20	71.57	64.40	52.77	29.69
Frozen fish and shellfish	41.67	18.16	43.60	47.58	48.68	42.76	35.95	32.58
Eggs	46.29	30.68	45.81	54.32	55.40	43.74	42.22	32.09
Dairy products	**380.44**	**217.94**	**352.97**	**457.61**	**453.15**	**377.51**	**351.07**	**274.36**
Fresh milk and cream	140.92	87.91	135.15	177.03	164.49	137.70	119.30	98.51
Fresh milk, all types	121.03	78.70	118.71	152.82	140.10	116.38	101.66	83.39
Cream	19.88	9.20	16.43	24.21	24.39	21.33	17.64	15.12
Other dairy products	239.52	130.03	217.82	280.58	288.65	239.80	231.77	175.85
Butter	23.03	11.22	16.63	26.84	31.19	23.13	23.19	16.72
Cheese	115.43	68.30	110.84	138.23	136.29	113.27	108.76	78.74
Ice cream and related products	54.26	24.12	44.21	57.99	64.12	60.45	58.06	48.15
Miscellaneous dairy products	46.80	26.39	46.15	57.52	57.05	42.96	41.75	32.25
Fruits and vegetables	**679.48**	**395.21**	**614.02**	**786.79**	**818.53**	**692.46**	**620.48**	**525.21**
Fresh fruits	232.24	119.10	209.63	273.39	274.04	242.75	213.98	182.06
Apples	37.30	22.14	35.88	45.86	43.55	37.72	32.13	25.54
Bananas	40.88	18.55	35.60	47.14	49.02	42.11	38.43	36.44
Oranges	24.72	15.98	24.36	32.06	28.40	23.56	21.59	15.24
Citrus fruits, excluding oranges	31.42	17.92	32.49	37.42	36.91	31.06	25.18	23.30
Other fresh fruits	97.92	44.51	81.29	110.91	116.16	108.31	96.66	81.55
Fresh vegetables	210.47	131.03	189.80	233.45	251.02	218.35	205.83	159.19
Potatoes	36.11	19.86	29.46	39.87	42.12	37.93	42.17	28.26
Lettuce	30.07	18.40	27.73	35.32	36.26	30.00	28.82	20.21
Tomatoes	39.28	30.56	39.49	43.36	45.44	41.85	30.99	28.29
Other fresh vegetables	105.01	62.20	93.12	114.90	127.21	108.57	103.85	82.43
Processed fruits	112.75	68.02	101.98	133.84	134.05	112.23	98.79	93.00
Frozen fruits and fruit juices	12.89	7.23	8.53	17.67	15.78	12.62	14.33	7.91
Frozen orange juice	3.54	2.58	2.43	3.78	4.56	3.41	4.30	2.82
Frozen fruits	6.78	3.06	3.33	10.39	7.94	7.32	8.18	3.43
Frozen fruit juices, excluding orange	2.57	1.58	2.77	3.50	3.28	1.88	1.85	1.66
Canned fruits	20.53	10.07	16.75	21.63	22.49	22.69	21.60	22.84
Dried fruits	8.20	4.58	5.86	8.13	9.80	9.64	8.29	8.65
Fresh fruit juice	19.16	10.01	16.03	25.36	22.59	18.97	17.27	14.22
Canned and bottled fruit juice	51.97	36.13	54.82	61.04	63.38	48.30	37.29	39.38
Processed vegetables	124.02	77.06	112.62	146.12	159.42	119.12	101.88	90.95
Frozen vegetables	36.16	20.81	31.36	40.95	48.46	36.77	29.86	24.99
Canned and dried vegetables and juices	87.85	56.25	81.26	105.17	110.96	82.34	72.02	65.96
Canned beans	17.35	12.62	17.41	19.90	20.39	16.64	15.32	12.66
Canned corn	9.40	6.51	7.90	11.32	11.97	9.09	6.75	8.32
Canned miscellaneous vegetables	25.76	12.40	19.55	29.54	33.69	26.45	26.81	18.70
Dried peas	0.76	–	0.94	0.96	0.49	0.89	0.88	0.85
Dried beans	5.14	4.87	4.85	7.06	6.87	4.07	2.18	3.76
Dried miscellaneous vegetables	12.35	7.01	13.24	15.07	16.47	10.78	6.62	9.81
Fresh and canned vegetable juices	15.14	11.20	16.05	19.65	18.20	12.45	11.99	9.63
Sugar and other sweets	**131.99**	**63.08**	**111.04**	**154.12**	**162.17**	**138.24**	**130.01**	**98.70**
Candy and chewing gum	77.34	32.25	64.13	89.67	93.62	89.14	70.29	58.69
Sugar	22.76	14.87	20.98	27.93	30.17	17.79	22.99	14.14
Artificial sweeteners	5.40	1.73	3.41	4.64	6.05	5.78	10.12	5.31
Jams, preserves, other sweets	26.49	14.23	22.52	31.89	32.33	25.54	26.61	20.56

	total consumer units	under 25	25 to 34	35 to 44	45 to 54	55 to 64	65 to 74	75+
Fats and oils	**$102.60**	**$64.17**	**$86.43**	**$119.22**	**$123.69**	**$108.89**	**$95.93**	**$75.38**
Margarine	9.92	3.89	7.72	11.87	10.08	11.54	11.05	9.69
Fats and oils	31.49	23.67	27.23	36.58	35.58	32.45	31.88	23.44
Salad dressings	28.77	17.60	23.60	34.23	33.36	30.31	28.59	22.48
Nondairy cream and imitation milk	16.96	9.31	14.82	18.53	24.03	17.17	15.07	9.04
Peanut butter	15.46	9.69	13.05	18.01	20.64	17.43	9.34	10.73
Miscellaneous foods	**666.68**	**462.88**	**683.59**	**797.51**	**779.72**	**648.81**	**542.43**	**457.40**
Frozen prepared foods	132.12	103.77	145.39	156.27	156.89	115.96	96.88	98.80
Frozen meals	60.95	36.70	61.07	65.46	69.66	60.29	50.21	63.66
Other frozen prepared foods	71.17	67.07	84.32	90.82	87.23	55.67	46.67	35.13
Canned and packaged soups	42.30	24.65	35.70	47.69	49.42	40.58	43.27	42.42
Potato chips, nuts, and other snacks	132.97	74.95	117.16	167.27	166.99	135.65	107.61	85.01
Potato chips and other snacks	99.32	60.24	95.72	132.23	124.99	93.42	68.95	59.71
Nuts	33.65	14.71	21.43	35.03	42.01	42.23	38.66	25.30
Condiments and seasonings	125.97	82.64	117.23	152.85	154.97	124.08	108.89	79.34
Salt, spices, and other seasonings	32.49	22.99	31.44	38.81	37.93	34.20	27.62	19.32
Olives, pickles, relishes	14.86	9.96	13.00	16.02	18.06	14.57	16.09	11.32
Sauces and gravies	52.44	36.48	51.35	68.65	65.97	48.26	40.21	26.62
Baking needs and miscellaneous products	26.18	13.21	21.44	29.37	33.01	27.06	24.98	22.08
Other canned or packaged prepared foods	233.32	176.87	268.12	273.42	251.45	232.54	185.79	151.83
Prepared salads	35.43	16.88	28.09	35.01	42.04	42.57	38.72	30.17
Prepared desserts	16.53	6.90	12.48	17.47	19.53	20.45	14.49	17.02
Baby food	32.48	51.86	90.83	39.21	19.63	10.16	7.14	3.29
Miscellaneous prepared foods	146.76	100.42	134.53	175.02	168.06	159.36	124.98	101.35
Nonalcoholic beverages	**333.40**	**222.69**	**310.76**	**383.81**	**418.65**	**360.09**	**279.35**	**176.79**
Carbonated drinks	132.65	105.78	129.32	156.39	160.26	141.34	112.20	57.60
Tea	29.20	14.81	24.48	31.74	36.72	32.73	29.23	19.27
Coffee	60.25	25.54	35.90	58.04	79.33	76.78	69.25	47.53
Noncarbonated fruit-flavored drinks	24.25	15.09	27.73	32.92	29.09	21.02	14.36	14.86
Other nonalcoholic beverages and ice	15.12	9.75	17.77	18.15	20.45	12.05	10.34	7.87
Bottled water	52.04	40.20	51.50	57.92	66.17	60.86	34.02	22.70
Sports drinks	19.11	11.52	24.05	28.18	24.74	15.31	8.48	5.41
Groceries purchased on trips	**43.36**	**12.75**	**25.22**	**52.99**	**47.74**	**55.90**	**63.44**	**22.70**

Note: Annual average spending figures for some items may seem low because both purchasers and nonpurchasers are used to calculate the annual average; to find out how much purchasers spend on items, see the quarterly or weekly spending tables. Subcategories may not add to total because some are not shown.
Source: Bureau of Labor Statistics, unpublished tables from the 2010 Consumer Expenditure Survey

Table 7.2 Groceries: Indexed Annual Spending by Age, 2010

(indexed average annual spending of consumer units (CU) on groceries, by age of consumer unit reference person, 2010; index definition: an index of 100 is the average for all consumer units; an index of 125 means that spending by consumer units in that group is 25 percent above the average for all consumer units; an index of 75 indicates spending that is 25 percent below the average for all consumer units)

	total consumer units	under 25	25 to 34	35 to 44	45 to 54	55 to 64	65 to 74	75+
Average annual spending of CU, total	$48,109	$27,483	$46,617	$55,946	$57,788	$50,900	$41,434	$31,529
Average annual spending of CU, index	100	57	97	116	120	106	86	66
Groceries, annual spending index	**100**	**61**	**92**	**117**	**121**	**102**	**89**	**73**
Cereals and bakery products	**100**	**62**	**88**	**121**	**119**	**101**	**88**	**77**
Cereals and cereal products	100	62	93	129	121	97	82	66
Flour	100	49	91	134	108	96	111	62
Prepared flour mixes	100	49	81	125	140	102	69	63
Ready-to-eat and cooked cereals	100	66	92	130	118	91	84	75
Rice	100	69	99	134	117	106	69	47
Pasta, cornmeal, and other cereal products	100	57	96	121	124	101	84	62
Bakery products	100	62	85	117	119	103	91	82
Bread	100	67	86	119	116	102	93	80
White bread	100	70	93	126	118	94	85	73
Bread, other than white	100	66	82	115	114	108	98	85
Cookies and crackers	100	48	82	118	123	104	94	83
Cookies	100	47	82	113	123	111	91	82
Crackers	100	48	82	125	123	96	96	83
Frozen and refrigerated bakery products	100	54	97	123	131	87	86	67
Other bakery products	100	68	85	114	117	106	90	86
Biscuits and rolls	100	52	80	118	119	114	87	82
Cakes and cupcakes	100	99	101	117	112	91	83	75
Bread and cracker products	100	65	52	117	141	108	85	88
Sweetrolls, coffee cakes, doughnuts	100	64	85	106	101	112	98	120
Pies, tarts, turnovers	100	60	78	107	132	103	106	70
Meats, poultry, fish, and eggs	**100**	**57**	**91**	**114**	**123**	**101**	**88**	**80**
Beef	100	63	84	106	122	103	78	115
Ground beef	100	73	94	114	127	89	82	86
Roast	100	34	81	106	127	98	96	118
Chuck roast	100	51	83	126	124	88	108	78
Round roast	100	32	96	69	141	110	39	175
Other roast	100	27	75	109	123	99	110	119
Steak	100	60	77	103	118	116	69	128
Round steak	100	79	80	97	113	105	67	157
Sirloin steak	100	77	79	119	107	115	81	96
Other steak	100	44	75	98	126	122	63	132
Other beef	100	72	74	84	108	117	77	173
Pork	100	56	83	115	122	103	103	74
Bacon	100	57	87	103	119	107	111	79
Pork chops	100	75	69	125	126	96	86	90
Ham	100	50	91	117	110	103	112	79
Ham, not canned	100	50	91	118	110	103	112	78
Canned ham	100	51	116	113	103	87	103	96
Sausage	100	49	94	97	125	102	112	79
Other pork	100	52	75	131	131	104	94	50
Other meats	100	59	90	119	126	100	90	65
Frankfurters	100	79	99	120	113	95	91	69
Lunch meats (cold cuts)	100	56	88	117	127	103	92	63
Bologna, liverwurst, salami	100	59	84	116	130	101	99	58
Other lunch meats	100	54	90	118	126	103	90	66
Lamb, organ meats, and others	100	33	84	131	146	89	70	67

	total consumer units	under 25	25 to 34	35 to 44	45 to 54	55 to 64	65 to 74	75+
Poultry	100	61	110	122	126	89	77	57
Fresh and frozen chicken	100	64	111	124	128	88	70	56
Fresh and frozen whole chicken	100	82	105	130	129	86	62	52
Fresh and frozen chicken parts	100	57	113	121	128	89	72	57
Other poultry	100	49	105	115	117	94	108	64
Fish and seafood	100	38	89	113	123	113	94	70
Canned fish and seafood	100	32	76	100	119	124	106	96
Fresh fish and shellfish	100	36	82	116	130	117	96	54
Frozen fish and shellfish	100	44	105	114	117	103	86	78
Eggs	100	66	99	117	120	94	91	69
Dairy products	**100**	**57**	**93**	**120**	**119**	**99**	**92**	**72**
Fresh milk and cream	100	62	96	126	117	98	85	70
Fresh milk, all types	100	65	98	126	116	96	84	69
Cream	100	46	83	122	123	107	89	76
Other dairy products	100	54	91	117	121	100	97	73
Butter	100	49	72	117	135	100	101	73
Cheese	100	59	96	120	118	98	94	68
Ice cream and related products	100	44	81	107	118	111	107	89
Miscellaneous dairy products	100	56	99	123	122	92	89	69
Fruits and vegetables	**100**	**58**	**90**	**116**	**120**	**102**	**91**	**77**
Fresh fruits	100	51	90	118	118	105	92	78
Apples	100	59	96	123	117	101	86	68
Bananas	100	45	87	115	120	103	94	89
Oranges	100	65	99	130	115	95	87	62
Citrus fruits, excluding oranges	100	57	103	119	117	99	80	74
Other fresh fruits	100	45	83	113	119	111	99	83
Fresh vegetables	100	62	90	111	119	104	98	76
Potatoes	100	55	82	110	117	105	117	78
Lettuce	100	61	92	117	121	100	96	67
Tomatoes	100	78	101	110	116	107	79	72
Other fresh vegetables	100	59	89	109	121	103	99	78
Processed fruits	100	60	90	119	119	100	88	82
Frozen fruits and fruit juices	100	56	66	137	122	98	111	61
Frozen orange juice	100	73	69	107	129	96	121	80
Frozen fruits	100	45	49	153	117	108	121	51
Frozen fruit juices, excluding orange	100	61	108	136	128	73	72	65
Canned fruits	100	49	82	105	110	111	105	111
Dried fruits	100	56	71	99	120	118	101	105
Fresh fruit juice	100	52	84	132	118	99	90	74
Canned and bottled fruit juice	100	70	105	117	122	93	72	76
Processed vegetables	100	62	91	118	129	96	82	73
Frozen vegetables	100	58	87	113	134	102	83	69
Canned and dried vegetables and juices	100	64	92	120	126	94	82	75
Canned beans	100	73	100	115	118	96	88	73
Canned corn	100	69	84	120	127	97	72	89
Canned miscellaneous vegetables	100	48	76	115	131	103	104	73
Dried peas	100	–	124	126	64	117	116	112
Dried beans	100	95	94	137	134	79	42	73
Dried miscellaneous vegetables	100	57	107	122	133	87	54	79
Fresh and canned vegetable juices	100	74	106	130	120	82	79	64
Sugar and other sweets	**100**	**48**	**84**	**117**	**123**	**105**	**98**	**75**
Candy and chewing gum	100	42	83	116	121	115	91	76
Sugar	100	65	92	123	133	78	101	62
Artificial sweeteners	100	32	63	86	112	107	187	98
Jams, preserves, other sweets	100	54	85	120	122	96	100	78

	total consumer units	under 25	25 to 34	35 to 44	45 to 54	55 to 64	65 to 74	75+
Fats and oils	**100**	**63**	**84**	**116**	**121**	**106**	**93**	**73**
Margarine	100	39	78	120	102	116	111	98
Fats and oils	100	75	86	116	113	103	101	74
Salad dressings	100	61	82	119	116	105	99	78
Nondairy cream and imitation milk	100	55	87	109	142	101	89	53
Peanut butter	100	63	84	116	134	113	60	69
Miscellaneous foods	**100**	**69**	**103**	**120**	**117**	**97**	**81**	**69**
Frozen prepared foods	100	79	110	118	119	88	73	75
Frozen meals	100	60	100	107	114	99	82	104
Other frozen prepared foods	100	94	118	128	123	78	66	49
Canned and packaged soups	100	58	84	113	117	96	102	100
Potato chips, nuts, and other snacks	100	56	88	126	126	102	81	64
Potato chips and other snacks	100	61	96	133	126	94	69	60
Nuts	100	44	64	104	125	125	115	75
Condiments and seasonings	100	66	93	121	123	98	86	63
Salt, spices, and other seasonings	100	71	97	119	117	105	85	59
Olives, pickles, relishes	100	67	87	108	122	98	108	76
Sauces and gravies	100	70	98	131	126	92	77	51
Baking needs and miscellaneous products	100	50	82	112	126	103	95	84
Other canned or packaged prepared foods	100	76	115	117	108	100	80	65
Prepared salads	100	48	79	99	119	120	109	85
Prepared desserts	100	42	75	106	118	124	88	103
Baby food	100	160	280	121	60	31	22	10
Miscellaneous prepared foods	100	68	92	119	115	109	85	69
Nonalcoholic beverages	**100**	**67**	**93**	**115**	**126**	**108**	**84**	**53**
Carbonated drinks	100	80	97	118	121	107	85	43
Tea	100	51	84	109	126	112	100	66
Coffee	100	42	60	96	132	127	115	79
Noncarbonated fruit-flavored drinks	100	62	114	136	120	87	59	61
Other nonalcoholic beverages and ice	100	64	118	120	135	80	68	52
Bottled water	100	77	99	111	127	117	65	44
Sports drinks	100	60	126	147	129	80	44	28
Groceries purchsed on trips	**100**	**29**	**58**	**122**	**110**	**129**	**146**	**52**

Source: Calculations by New Strategist based on the Bureau of Labor Statistics' 2010 Consumer Expenditure Survey

Table 7.3 Groceries: Total Annual Spending by Age, 2010

(total annual spending on groceries, by consumer unit (CU) age groups, 2010; consumer units and dollars in thousands)

	total consumer units	under 25	25 to 34	35 to 44	45 to 54	55 to 64	65 to 74	75+
Number of consumer units	121,107	8,034	20,166	21,912	25,054	21,359	13,031	11,551
Total annual spending of all CUs	$5,826,317,286	$220,796,574	$940,088,102	$1,225,881,521	$1,447,826,816	$1,087,167,333	$539,924,499	$364,186,281
Groceries, total annual spending	438,896,612	17,652,385	67,306,647	93,243,667	109,464,684	78,614,149	41,867,951	30,530,102
Cereals and bakery products	60,761,804	2,505,885	8,883,930	13,304,747	15,019,873	10,818,547	5,760,744	4,448,752
Cereals and cereal products	19,935,423	825,494	3,079,550	4,639,209	4,977,478	3,399,926	1,748,500	1,262,986
Flour	955,534	31,172	144,994	231,610	214,212	162,328	114,282	56,831
Prepared flour mixes	1,846,882	60,175	249,252	418,738	536,657	332,346	136,826	111,467
Ready-to-eat and cooked cereals	10,031,293	442,432	1,540,077	2,362,114	2,452,035	1,615,168	903,309	718,241
Rice	2,993,765	137,703	491,042	724,411	724,311	558,965	221,918	135,262
Pasta, cornmeal, and other cereal products	4,107,949	154,092	654,185	902,336	1,050,264	731,119	372,035	241,069
Bakery products	40,825,170	1,680,391	5,804,380	8,665,539	10,042,395	7,418,621	4,012,245	3,185,881
Bread	12,056,202	539,483	1,733,066	2,600,516	2,883,214	2,174,346	1,202,501	920,268
White bread	4,823,692	223,908	747,554	1,098,668	1,174,030	802,885	440,187	336,019
Bread, other than white	7,232,510	315,576	985,512	1,501,629	1,709,184	1,371,461	762,314	584,250
Cookies and crackers	9,950,151	314,772	1,353,340	2,130,285	2,529,953	1,831,961	1,001,172	784,082
Cookies	5,558,811	173,775	756,023	1,139,643	1,413,797	1,089,095	546,911	435,588
Crackers	4,391,340	140,916	597,317	990,642	1,116,406	742,652	454,261	348,494
Frozen and refrigerated bakery products	3,050,685	109,664	494,470	677,081	824,026	466,908	281,861	194,519
Other bakery products	15,768,131	716,472	2,223,503	3,257,876	3,805,202	2,945,620	1,526,712	1,287,012
Biscuits and rolls	5,914,866	204,144	783,449	1,262,569	1,453,132	1,193,755	551,993	464,119
Cakes and cupcakes	4,275,077	280,949	720,330	905,623	988,631	689,682	383,111	305,986
Bread and cracker products	905,880	38,804	78,849	191,292	264,821	171,940	83,138	75,775
Sweetrolls, coffee cakes, doughnuts	2,698,264	113,761	382,952	515,808	561,711	532,907	283,424	308,874
Pies, tarts, turnovers	1,974,044	78,733	257,721	382,584	537,158	357,336	225,176	132,143
Meats, poultry, fish, and eggs	94,992,698	3,587,904	14,379,568	19,635,781	24,202,415	16,920,386	8,967,413	7,247,097
Beef	26,243,887	1,091,419	3,664,162	5,038,007	6,598,472	4,771,387	2,210,709	2,869,384
Ground beef	10,254,130	495,939	1,601,785	2,116,699	2,686,540	1,601,711	904,221	842,414
Roast	3,569,023	81,063	481,564	683,874	935,767	615,780	367,344	403,130
Chuck roast	962,801	32,618	133,096	218,682	246,281	148,659	111,936	71,270
Round roast	692,732	14,542	110,913	86,772	201,935	134,775	29,059	115,394
Other roast	1,912,280	33,903	237,354	378,420	487,551	332,346	226,218	216,466
Steak	9,963,473	396,880	1,277,113	1,863,177	2,428,735	2,045,338	737,033	1,218,399
Round steak	2,131,483	111,592	284,341	372,942	496,320	394,714	154,287	319,501
Sirloin steak	2,598,956	133,605	343,629	559,413	573,486	525,645	225,827	238,528
Other steak	5,231,822	151,602	649,345	930,822	1,358,929	1,124,979	356,789	660,486
Other beef	2,456,050	117,537	303,498	374,257	547,179	508,344	202,241	405,325
Pork	18,043,732	666,099	2,499,576	3,764,920	4,557,072	3,266,005	2,003,256	1,270,610
Bacon	3,828,192	143,568	554,363	716,742	943,033	721,080	456,476	288,197
Pork chops	2,878,713	143,246	328,907	652,978	750,618	487,199	267,526	247,653
Ham	3,860,891	127,018	585,822	820,604	874,886	698,012	463,643	290,392
Ham, not canned	3,779,749	124,286	570,093	804,170	857,598	685,410	454,652	282,884
Canned ham	81,142	2,732	15,729	16,653	17,287	12,388	8,991	7,393
Sausage	3,164,526	103,799	493,462	553,059	820,017	569,004	381,808	238,644
Other pork	4,311,409	148,549	537,222	1,021,318	1,168,769	790,924	433,932	205,839
Other meats	14,192,529	552,016	2,121,867	3,061,326	3,694,212	2,498,362	1,375,161	877,183
Frankfurters	2,968,333	156,101	487,412	646,842	691,991	499,801	291,113	194,288
Lunch meats (cold cuts)	9,906,553	366,672	1,450,137	2,101,142	2,603,111	1,791,379	985,013	599,035
Bologna, liverwurst, salami	3,017,986	118,019	423,284	632,380	810,998	540,169	321,214	166,796
Other lunch meats	6,889,777	248,652	1,026,853	1,468,761	1,791,862	1,251,210	663,799	432,123
Lamb, organ meats, and others	1,317,644	29,244	184,317	313,342	399,110	207,182	99,036	83,976

	total consumer units	under 25	25 to 34	35 to 44	45 to 54	55 to 64	65 to 74	75+
Poultry	$16,727,299	$673,972	$3,065,030	$3,690,857	$4,352,631	$2,628,439	$1,392,493	$915,532
Fresh and frozen chicken	13,352,047	563,906	2,473,763	2,990,112	3,536,372	2,070,541	1,001,432	710,387
Fresh and frozen whole chicken	3,576,290	194,182	626,558	841,640	956,061	540,810	239,770	175,922
Fresh and frozen chicken parts	9,775,757	369,725	1,847,206	2,148,252	2,580,311	1,529,732	761,662	534,465
Other poultry	3,374,041	110,066	591,065	700,965	816,259	557,683	391,060	205,146
Fish and seafood	14,179,208	357,834	2,105,129	2,890,412	3,611,785	2,822,165	1,435,495	943,717
Canned fish and seafood	2,441,517	51,418	310,758	441,308	599,041	533,548	279,385	224,436
Fresh fish and shellfish	6,691,162	160,519	915,133	1,406,750	1,793,115	1,375,520	687,646	342,949
Frozen fish and shellfish	5,046,529	145,897	879,238	1,042,573	1,219,629	913,311	468,464	376,332
Eggs	5,606,043	246,483	923,804	1,190,260	1,387,992	934,243	550,169	370,672
Dairy products	**46,073,947**	**1,750,930**	**7,117,993**	**10,027,150**	**11,353,220**	**8,063,236**	**4,574,793**	**3,169,132**
Fresh milk and cream	17,066,398	706,269	2,725,435	3,879,081	4,121,132	2,941,134	1,554,598	1,137,889
Fresh milk, all types	14,657,580	632,276	2,393,906	3,348,592	3,510,065	2,485,760	1,324,731	963,238
Cream	2,407,607	73,913	331,327	530,490	611,067	455,587	229,867	174,651
Other dairy products	29,007,549	1,044,661	4,392,558	6,148,069	7,231,837	5,121,888	3,020,195	2,031,243
Butter	2,789,094	90,141	335,361	588,118	781,434	494,034	302,189	193,133
Cheese	13,979,381	548,722	2,235,199	3,028,896	3,414,610	2,419,334	1,417,252	909,526
Ice cream and related products	6,571,266	193,780	891,539	1,270,677	1,606,462	1,291,152	756,580	556,181
Miscellaneous dairy products	5,667,808	212,017	930,661	1,260,378	1,429,331	917,583	544,044	372,520
Fruits and vegetables	**82,289,784**	**3,175,117**	**12,382,327**	**17,240,142**	**20,507,451**	**14,790,253**	**8,085,475**	**6,066,701**
Fresh fruits	28,125,890	956,849	4,227,399	5,990,522	6,865,798	5,184,897	2,788,373	2,102,975
Apples	4,517,291	177,873	723,556	1,004,884	1,091,102	805,661	418,686	295,013
Bananas	4,950,854	149,031	717,910	1,032,932	1,228,147	899,427	500,781	420,918
Oranges	2,993,765	128,383	491,244	702,499	711,534	503,218	281,339	176,037
Citrus fruits, excluding oranges	3,805,182	143,969	655,193	819,947	924,743	663,411	328,121	269,138
Other fresh fruits	11,858,797	357,593	1,639,294	2,430,260	2,910,273	2,313,393	1,259,576	941,984
Fresh vegetables	25,489,390	1,052,695	3,827,507	5,115,356	6,289,055	4,663,738	2,682,171	1,838,804
Potatoes	4,373,174	159,555	594,090	873,631	1,055,274	810,147	549,517	326,431
Lettuce	3,641,687	147,826	559,203	773,932	908,458	640,770	375,553	233,446
Tomatoes	4,757,083	245,519	796,355	950,104	1,138,454	893,874	403,831	326,778
Other fresh vegetables	12,717,446	499,715	1,877,858	2,517,689	3,187,119	2,318,947	1,353,269	952,149
Processed fruits	13,654,814	546,473	2,056,529	2,932,702	3,358,489	2,397,121	1,287,332	1,074,243
Frozen fruits and fruit juices	1,561,069	58,086	172,016	387,185	395,352	269,551	186,734	91,368
Frozen orange juice	428,719	20,728	49,003	82,827	114,246	72,834	56,033	32,574
Frozen fruits	821,105	24,584	67,153	227,666	198,929	156,348	106,594	39,620
Frozen fruit juices, excluding orange	311,245	12,694	55,860	76,692	82,177	40,155	24,107	19,175
Canned fruits	2,486,327	80,902	337,781	473,957	563,464	484,636	281,470	263,825
Dried fruits	993,077	36,796	118,173	178,145	245,529	205,901	108,027	99,916
Fresh fruit juice	2,320,410	80,420	323,261	555,688	565,970	405,180	225,045	164,255
Canned and bottled fruit juice	6,293,931	290,268	1,105,500	1,337,508	1,587,923	1,031,640	485,926	454,878
Processed vegetables	15,019,690	619,100	2,271,095	3,201,781	3,994,109	2,544,284	1,327,598	1,050,563
Frozen vegetables	4,379,229	167,188	632,406	897,296	1,214,117	785,370	389,106	288,659
Canned and dried vegetables and juices	10,639,250	451,913	1,638,689	2,304,485	2,779,992	1,758,700	938,493	761,904
Canned beans	2,101,206	101,389	351,090	436,049	510,851	355,414	199,635	146,236
Canned corn	1,138,406	52,301	159,311	248,044	299,896	194,153	87,959	96,104
Canned miscellaneous vegetables	3,119,716	99,622	394,245	647,280	844,069	564,946	349,361	216,004
Dried peas	92,041	–	18,956	21,036	12,276	19,010	11,467	9,818
Dried beans	622,490	39,126	97,805	154,699	172,121	86,931	28,408	43,432
Dried miscellaneous vegetables	1,495,671	56,318	266,998	330,214	412,639	230,250	86,265	113,315
Fresh and canned vegetable juices	1,833,560	89,981	323,664	430,571	455,983	265,920	156,242	111,236
Sugar and other sweets	**15,984,913**	**506,785**	**2,239,233**	**3,377,077**	**4,063,007**	**2,952,668**	**1,694,160**	**1,140,084**
Candy and chewing gum	9,366,415	259,097	1,293,246	1,964,849	2,345,555	1,903,941	915,949	677,928
Sugar	2,756,395	119,466	423,083	612,002	755,879	379,977	299,583	163,331
Artificial sweeteners	653,978	13,899	68,766	101,672	151,577	123,455	131,874	61,336
Jams, preserves, other sweets	3,208,124	114,324	454,138	698,774	809,996	545,509	346,755	237,489

	total consumer units	under 25	25 to 34	35 to 44	45 to 54	55 to 64	65 to 74	75+
Fats and oils	$12,425,578	$515,542	$1,742,947	$2,612,349	$3,098,929	$2,325,782	$1,250,064	$870,714
Margarine	1,201,381	31,252	155,682	260,095	252,544	246,483	143,993	111,929
Fats and oils	3,813,659	190,165	549,120	801,541	891,421	693,100	415,428	270,755
Salad dressings	3,484,248	141,398	475,918	750,048	835,801	647,391	372,556	259,666
Nondairy cream and imitation milk	2,053,975	74,797	298,860	406,029	602,048	366,734	196,377	104,421
Peanut butter	1,872,314	77,849	263,166	394,635	517,115	372,287	121,710	123,942
Miscellaneous foods	80,739,615	3,718,778	13,785,276	17,475,039	19,535,105	13,857,933	7,068,405	5,283,427
Frozen prepared foods	16,000,657	833,688	2,931,935	3,424,188	3,930,722	2,476,790	1,262,443	1,141,239
Frozen meals	7,381,472	294,848	1,231,538	1,434,360	1,745,262	1,287,734	654,287	735,337
Other frozen prepared foods	8,619,185	538,840	1,700,397	1,990,048	2,185,460	1,189,056	608,157	405,787
Canned and packaged soups	5,122,826	198,038	719,926	1,044,983	1,238,169	866,748	563,851	489,993
Potato chips, nuts, and other snacks	16,103,598	602,148	2,362,649	3,665,220	4,183,767	2,897,348	1,402,266	981,951
Potato chips and other snacks	12,028,347	483,968	1,930,290	2,897,424	3,131,499	1,995,358	898,487	689,710
Nuts	4,075,251	118,180	432,157	767,577	1,052,519	901,991	503,778	292,240
Condiments and seasonings	15,255,849	663,930	2,364,060	3,349,249	3,882,618	2,650,225	1,418,946	916,456
Salt, spices, and other seasonings	3,934,766	184,702	634,019	850,405	950,298	730,478	359,916	223,165
Olives, pickles, relishes	1,799,650	80,019	262,158	351,030	452,475	311,201	209,669	130,757
Sauces and gravies	6,350,851	293,080	1,035,524	1,504,259	1,652,812	1,030,785	523,977	307,488
Baking needs and miscellaneous products	3,170,581	106,129	432,359	643,555	827,033	577,975	325,514	255,046
Other canned or packaged prepared foods	28,256,685	1,420,974	5,406,908	5,991,179	6,299,828	4,966,822	2,421,029	1,753,788
Prepared salads	4,290,821	135,614	566,463	767,139	1,053,270	909,253	504,560	348,494
Prepared desserts	2,001,899	55,435	251,672	382,803	489,305	436,792	188,819	196,598
Baby food	3,933,555	416,643	1,831,678	859,170	491,810	217,007	93,041	38,003
Miscellaneous prepared foods	17,773,663	806,774	2,712,932	3,835,038	4,210,575	3,403,770	1,628,614	1,170,694
Nonalcoholic beverages	40,377,074	1,789,091	6,266,786	8,410,045	10,488,857	7,691,162	3,640,210	2,042,101
Carbonated drinks	16,064,844	849,837	2,607,867	3,426,818	4,015,154	3,018,881	1,462,078	665,338
Tea	3,536,324	118,984	493,664	695,487	919,983	699,080	380,896	222,588
Coffee	7,296,697	205,188	723,959	1,271,772	1,987,534	1,639,944	902,397	549,019
Noncarbonated fruit-flavored drinks	2,936,845	121,233	559,203	721,343	728,821	448,966	187,125	171,648
Other nonalcoholic beverages and ice	1,831,138	78,332	358,350	397,703	512,354	257,376	134,741	90,906
Bottled water	6,302,408	322,967	1,038,549	1,269,143	1,657,823	1,299,909	443,315	262,208
Sports drinks	2,314,355	92,552	484,992	617,480	619,836	327,006	110,503	62,491
Groceries purchased on trips	5,251,200	102,434	508,587	1,161,117	1,196,078	1,193,968	826,687	262,208

Note: Numbers may not add to total because of rounding and missing subcategories.
Source: Calculations by New Strategist based on the Bureau of Labor Statistics' 2010 Consumer Expenditure Survey

Table 7.4 Groceries: Share of Annual Spending by Age, 2010

(percentage of total annual spending on groceries accounted for by consumer unit age groups, 2010)

	total consumer units	under 25	25 to 34	35 to 44	45 to 54	55 to 64	65 to 74	75+
Share of total consumer units	100.0%	6.6%	16.7%	18.1%	20.7%	17.6%	10.8%	9.5%
Share of total before-tax income	100.0	2.9	15.9	22.0	26.4	19.5	8.6	4.9
Share of total annual spending	100.0	3.8	16.1	21.0	24.8	18.7	9.3	6.3
Share of total annual grocery spending	100.0	4.0	15.3	21.2	24.9	17.9	9.5	7.0
Cereals and bakery products	100.0	4.1	14.6	21.9	24.7	17.8	9.5	7.3
Cereals and cereal products	100.0	4.1	15.4	23.3	25.0	17.1	8.8	6.3
Flour	100.0	3.3	15.2	24.2	22.4	17.0	12.0	5.9
Prepared flour mixes	100.0	3.3	13.5	22.7	29.1	18.0	7.4	6.0
Ready-to-eat and cooked cereals	100.0	4.4	15.4	23.5	24.4	16.1	9.0	7.2
Rice	100.0	4.6	16.4	24.2	24.2	18.7	7.4	4.5
Pasta, cornmeal, and other cereal products	100.0	3.8	15.9	22.0	25.6	17.8	9.1	5.9
Bakery products	100.0	4.1	14.2	21.2	24.6	18.2	9.8	7.8
Bread	100.0	4.5	14.4	21.6	23.9	18.0	10.0	7.6
White bread	100.0	4.6	15.5	22.8	24.3	16.6	9.1	7.0
Bread, other than white	100.0	4.4	13.6	20.8	23.6	19.0	10.5	8.1
Cookies and crackers	100.0	3.2	13.6	21.4	25.4	18.4	10.1	7.9
Cookies	100.0	3.1	13.6	20.5	25.4	19.6	9.8	7.8
Crackers	100.0	3.2	13.6	22.6	25.4	16.9	10.3	7.9
Frozen and refrigerated bakery products	100.0	3.6	16.2	22.2	27.0	15.3	9.2	6.4
Other bakery products	100.0	4.5	14.1	20.7	24.1	18.7	9.7	8.2
Biscuits and rolls	100.0	3.5	13.2	21.3	24.6	20.2	9.3	7.8
Cakes and cupcakes	100.0	6.6	16.8	21.2	23.1	16.1	9.0	7.2
Bread and cracker products	100.0	4.3	8.7	21.1	29.2	19.0	9.2	8.4
Sweetrolls, coffee cakes, doughnuts	100.0	4.2	14.2	19.1	20.8	19.7	10.5	11.4
Pies, tarts, turnovers	100.0	4.0	13.1	19.4	27.2	18.1	11.4	6.7
Meats, poultry, fish, and eggs	100.0	3.8	15.1	20.7	25.5	17.8	9.4	7.6
Beef	100.0	4.2	14.0	19.2	25.1	18.2	8.4	10.9
Ground beef	100.0	4.8	15.6	20.6	26.2	15.6	8.8	8.2
Roast	100.0	2.3	13.5	19.2	26.2	17.3	10.3	11.3
Chuck roast	100.0	3.4	13.8	22.7	25.6	15.4	11.6	7.4
Round roast	100.0	2.1	16.0	12.5	29.2	19.5	4.2	16.7
Other roast	100.0	1.8	12.4	19.8	25.5	17.4	11.8	11.3
Steak	100.0	4.0	12.8	18.7	24.4	20.5	7.4	12.2
Round steak	100.0	5.2	13.3	17.5	23.3	18.5	7.2	15.0
Sirloin steak	100.0	5.1	13.2	21.5	22.1	20.2	8.7	9.2
Other steak	100.0	2.9	12.4	17.8	26.0	21.5	6.8	12.6
Other beef	100.0	4.8	12.4	15.2	22.3	20.7	8.2	16.5
Pork	100.0	3.7	13.9	20.9	25.3	18.1	11.1	7.0
Bacon	100.0	3.8	14.5	18.7	24.6	18.8	11.9	7.5
Pork chops	100.0	5.0	11.4	22.7	26.1	16.9	9.3	8.6
Ham	100.0	3.3	15.2	21.3	22.7	18.1	12.0	7.5
Ham, not canned	100.0	3.3	15.1	21.3	22.7	18.1	12.0	7.5
Canned ham	100.0	3.4	19.4	20.5	21.3	15.3	11.1	9.1
Sausage	100.0	3.3	15.6	17.5	25.9	18.0	12.1	7.5
Other pork	100.0	3.4	12.5	23.7	27.1	18.3	10.1	4.8
Other meats	100.0	3.9	15.0	21.6	26.0	17.6	9.7	6.2
Frankfurters	100.0	5.3	16.4	21.8	23.3	16.8	9.8	6.5
Lunch meats (cold cuts)	100.0	3.7	14.6	21.2	26.3	18.1	9.9	6.0
Bologna, liverwurst, salami	100.0	3.9	14.0	21.0	26.9	17.9	10.6	5.5
Other lunch meats	100.0	3.6	14.9	21.3	26.0	18.2	9.6	6.3
Lamb, organ meats, and others	100.0	2.2	14.0	23.8	30.3	15.7	7.5	6.4

	total consumer units	under 25	25 to 34	35 to 44	45 to 54	55 to 64	65 to 74	75+
Poultry	100.0%	4.0%	18.3%	22.1%	26.0%	15.7%	8.3%	5.5%
Fresh and frozen chicken	100.0	4.2	18.5	22.4	26.5	15.5	7.5	5.3
Fresh and frozen whole chicken	100.0	5.4	17.5	23.5	26.7	15.1	6.7	4.9
Fresh and frozen chicken parts	100.0	3.8	18.9	22.0	26.4	15.6	7.8	5.5
Other poultry	100.0	3.3	17.5	20.8	24.2	16.5	11.6	6.1
Fish and seafood	100.0	2.5	14.8	20.4	25.5	19.9	10.1	6.7
Canned fish and seafood	100.0	2.1	12.7	18.1	24.5	21.9	11.4	9.2
Fresh fish and shellfish	100.0	2.4	13.7	21.0	26.8	20.6	10.3	5.1
Frozen fish and shellfish	100.0	2.9	17.4	20.7	24.2	18.1	9.3	7.5
Eggs	100.0	4.4	16.5	21.2	24.8	16.7	9.8	6.6
Dairy products	**100.0**	**3.8**	**15.4**	**21.8**	**24.6**	**17.5**	**9.9**	**6.9**
Fresh milk and cream	100.0	4.1	16.0	22.7	24.1	17.2	9.1	6.7
Fresh milk, all types	100.0	4.3	16.3	22.8	23.9	17.0	9.0	6.6
Cream	100.0	3.1	13.8	22.0	25.4	18.9	9.5	7.3
Other dairy products	100.0	3.6	15.1	21.2	24.9	17.7	10.4	7.0
Butter	100.0	3.2	12.0	21.1	28.0	17.7	10.8	6.9
Cheese	100.0	3.9	16.0	21.7	24.4	17.3	10.1	6.5
Ice cream and related products	100.0	2.9	13.6	19.3	24.4	19.6	11.5	8.5
Miscellaneous dairy products	100.0	3.7	16.4	22.2	25.2	16.2	9.6	6.6
Fruits and vegetables	**100.0**	**3.9**	**15.0**	**21.0**	**24.9**	**18.0**	**9.8**	**7.4**
Fresh fruits	100.0	3.4	15.0	21.3	24.4	18.4	9.9	7.5
Apples	100.0	3.9	16.0	22.2	24.2	17.8	9.3	6.5
Bananas	100.0	3.0	14.5	20.9	24.8	18.2	10.1	8.5
Oranges	100.0	4.3	16.4	23.5	23.8	16.8	9.4	5.9
Citrus fruits, excluding oranges	100.0	3.8	17.2	21.5	24.3	17.4	8.6	7.1
Other fresh fruits	100.0	3.0	13.8	20.5	24.5	19.5	10.6	7.9
Fresh vegetables	100.0	4.1	15.0	20.1	24.7	18.3	10.5	7.2
Potatoes	100.0	3.6	13.6	20.0	24.1	18.5	12.6	7.5
Lettuce	100.0	4.1	15.4	21.3	24.9	17.6	10.3	6.4
Tomatoes	100.0	5.2	16.7	20.0	23.9	18.8	8.5	6.9
Other fresh vegetables	100.0	3.9	14.8	19.8	25.1	18.2	10.6	7.5
Processed fruits	100.0	4.0	15.1	21.5	24.6	17.6	9.4	7.9
Frozen fruits and fruit juices	100.0	3.7	11.0	24.8	25.3	17.3	12.0	5.9
Frozen orange juice	100.0	4.8	11.4	19.3	26.6	17.0	13.1	7.6
Frozen fruits	100.0	3.0	8.2	27.7	24.2	19.0	13.0	4.8
Frozen fruit juices, excluding orange	100.0	4.1	17.9	24.6	26.4	12.9	7.7	6.2
Canned fruits	100.0	3.3	13.6	19.1	22.7	19.5	11.3	10.6
Dried fruits	100.0	3.7	11.9	17.9	24.7	20.7	10.9	10.1
Fresh fruit juice	100.0	3.5	13.9	23.9	24.4	17.5	9.7	7.1
Canned and bottled fruit juice	100.0	4.6	17.6	21.3	25.2	16.4	7.7	7.2
Processed vegetables	100.0	4.1	15.1	21.3	26.6	16.9	8.8	7.0
Frozen vegetables	100.0	3.8	14.4	20.5	27.7	17.9	8.9	6.6
Canned and dried vegetables and juices	100.0	4.2	15.4	21.7	26.1	16.5	8.8	7.2
Canned beans	100.0	4.8	16.7	20.8	24.3	16.9	9.5	7.0
Canned corn	100.0	4.6	14.0	21.8	26.3	17.1	7.7	8.4
Canned miscellaneous vegetables	100.0	3.2	12.6	20.7	27.1	18.1	11.2	6.9
Dried peas	100.0	–	20.6	22.9	13.3	20.7	12.5	10.7
Dried beans	100.0	6.3	15.7	24.9	27.7	14.0	4.6	7.0
Dried miscellaneous vegetables	100.0	3.8	17.9	22.1	27.6	15.4	5.8	7.6
Fresh and canned vegetable juices	100.0	4.9	17.7	23.5	24.9	14.5	8.5	6.1
Sugar and other sweets	**100.0**	**3.2**	**14.0**	**21.1**	**25.4**	**18.5**	**10.6**	**7.1**
Candy and chewing gum	100.0	2.8	13.8	21.0	25.0	20.3	9.8	7.2
Sugar	100.0	4.3	15.3	22.2	27.4	13.8	10.9	5.9
Artificial sweeteners	100.0	2.1	10.5	15.5	23.2	18.9	20.2	9.4
Jams, preserves, other sweets	100.0	3.6	14.2	21.8	25.2	17.0	10.8	7.4

	total consumer units	under 25	25 to 34	35 to 44	45 to 54	55 to 64	65 to 74	75+
Fats and oils	100.0%	4.1%	14.0%	21.0%	24.9%	18.7%	10.1%	7.0%
Margarine	100.0	2.6	13.0	21.6	21.0	20.5	12.0	9.3
Fats and oils	100.0	5.0	14.4	21.0	23.4	18.2	10.9	7.1
Salad dressings	100.0	4.1	13.7	21.5	24.0	18.6	10.7	7.5
Nondairy cream and imitation milk	100.0	3.6	14.6	19.8	29.3	17.9	9.6	5.1
Peanut butter	100.0	4.2	14.1	21.1	27.6	19.9	6.5	6.6
Miscellaneous foods	100.0	4.6	17.1	21.6	24.2	17.2	8.8	6.5
Frozen prepared foods	100.0	5.2	18.3	21.4	24.6	15.5	7.9	7.1
Frozen meals	100.0	4.0	16.7	19.4	23.6	17.4	8.9	10.0
Other frozen prepared foods	100.0	6.3	19.7	23.1	25.4	13.8	7.1	4.7
Canned and packaged soups	100.0	3.9	14.1	20.4	24.2	16.9	11.0	9.6
Potato chips, nuts, and other snacks	100.0	3.7	14.7	22.8	26.0	18.0	8.7	6.1
Potato chips and other snacks	100.0	4.0	16.0	24.1	26.0	16.6	7.5	5.7
Nuts	100.0	2.9	10.6	18.8	25.8	22.1	12.4	7.2
Condiments and seasonings	100.0	4.4	15.5	22.0	25.5	17.4	9.3	6.0
Salt, spices, and other seasonings	100.0	4.7	16.1	21.6	24.2	18.6	9.1	5.7
Olives, pickles, relishes	100.0	4.4	14.6	19.5	25.1	17.3	11.7	7.3
Sauces and gravies	100.0	4.6	16.3	23.7	26.0	16.2	8.3	4.8
Baking needs and miscellaneous products	100.0	3.3	13.6	20.3	26.1	18.2	10.3	8.0
Other canned or packaged prepared foods	100.0	5.0	19.1	21.2	22.3	17.6	8.6	6.2
Prepared salads	100.0	3.2	13.2	17.9	24.5	21.2	11.8	8.1
Prepared desserts	100.0	2.8	12.6	19.1	24.4	21.8	9.4	9.8
Baby food	100.0	10.6	46.6	21.8	12.5	5.5	2.4	1.0
Miscellaneous prepared foods	100.0	4.5	15.3	21.6	23.7	19.2	9.2	6.6
Nonalcoholic beverages	100.0	4.4	15.5	20.8	26.0	19.0	9.0	5.1
Carbonated drinks	100.0	5.3	16.2	21.3	25.0	18.8	9.1	4.1
Tea	100.0	3.4	14.0	19.7	26.0	19.8	10.8	6.3
Coffee	100.0	2.8	9.9	17.4	27.2	22.5	12.4	7.5
Noncarbonated fruit-flavored drinks	100.0	4.1	19.0	24.6	24.8	15.3	6.4	5.8
Other nonalcoholic beverages and ice	100.0	4.3	19.6	21.7	28.0	14.1	7.4	5.0
Bottled water	100.0	5.1	16.5	20.1	26.3	20.6	7.0	4.2
Sports drinks	100.0	4.0	21.0	26.7	26.8	14.1	4.8	2.7
Groceries purchsed on trips	100.0	2.0	9.7	22.1	22.8	22.7	15.7	5.0

Note: Numbers may not add to total because of rounding.
Source: Calculations by New Strategist based on the Bureau of Labor Statistics' 2010 Consumer Expenditure Survey

Table 7.5 Percent of Consumer Units That Bought Groceries during the <u>Average Quarter</u>, 2010

(percent of consumer units purchasing groceries during the average quarter of 2010, by age of consumer unit reference person, 2010)

	total consumer units	under 25	25 to 34	35 to 44	45 to 54	55 to 64	65 to 74	75+
Percent buying groceries during the average quarter	**98.8%**	**94.1%**	**99.3%**	**99.3%**	**99.2%**	**99.2%**	**99.4%**	**98.4%**
Food and nonalcoholic beverages	98.8	93.8	99.3	99.2	99.2	99.2	99.4	98.4
Groceries purchased on trips	10.1	6.5	9.4	11.5	11.2	11.9	11.0	4.3

Note: Figures shown are from the interview portion of the Consumer Expenditure Survey. Few grocery categories are included in the interview survey. For more information about the survey, see Appendix A.
Source: Bureau of Labor Statistics, unpublished data from the 2010 Consumer Expenditure Survey

Table 7.6 Amount Purchasers Spent on Groceries during the <u>Average Quarter</u>, 2010

(average amount spent by consumer units purchasing groceries during the average quarter of 2010, by age of consumer unit reference person, 2010)

	total consumer units	under 25	25 to 34	35 to 44	45 to 54	55 to 64	65 to 74	75+
Amount spent on groceries during the average quarter	**$1,197.76**	**$860.31**	**$1,178.22**	**$1,411.74**	**$1,342.56**	**$1,187.18**	**$1,104.41**	**$856.34**
Food and nonalcoholic beverages	1,187.15	860.12	1,172.11	1,398.81	1,330.66	1,173.09	1,088.45	850.57
Groceries purchased on trips	107.65	49.19	67.15	114.90	106.85	117.93	144.71	132.90

Note: Figures shown are from the interview portion of the Consumer Expenditure Survey. Few grocery categories are included in the interview survey. For more information about the survey, see Appendix A.
Source: Calculations by New Strategist based on unpublished data from the Bureau of Labor Statistics 2010 Consumer Expenditure Survey

Table 7.7 Percent of Consumer Units That Bought Groceries during the Average Week, 2010

(percent of consumer units purchasing groceries during the average week of 2010, by grocery category and age of consumer unit reference person, 2010)

Percent buying groceries during the average week	total consumer units 81.1%	under 25 68.5%	25 to 34 80.3%	35 to 44 82.7%	45 to 54 82.9%	55 to 64 82.3%	65 to 74 82.6%	75+ 80.3%
Cereals and bakery products	**68.8**	**52.6**	**66.8**	**69.9**	**71.5**	**70.9**	**70.9**	**69.0**
Cereals and cereal products	43.7	30.7	42.7	48.8	47.9	43.9	41.1	37.7
Flour	3.8	1.9	3.2	4.3	4.6	3.9	4.6	2.3
Prepared flour mixes	8.0	4.4	6.6	9.4	10.6	7.6	6.6	6.6
Ready-to-eat and cooked cereals	28.6	20.0	28.3	33.8	31.3	27.3	25.4	25.1
Rice	9.2	6.3	9.5	11.5	10.7	8.7	7.2	6.0
Pasta, cornmeal, and other cereal products	18.0	11.2	17.8	20.6	21.2	18.9	14.4	13.9
Bakery products	63.6	47.0	60.1	65.3	66.8	66.0	65.8	64.1
Bread	46.4	34.7	43.3	50.6	50.1	47.6	45.4	42.6
White bread	32.8	25.6	31.5	37.6	35.9	31.9	30.9	27.8
Bread, other than white	39.1	29.2	35.0	42.6	42.5	41.3	38.9	35.5
Crackers and cookies	29.4	17.9	25.5	32.5	33.6	29.9	29.7	27.6
Cookies	19.0	11.8	16.0	21.5	22.7	19.3	17.9	17.0
Crackers	16.9	9.0	14.7	19.5	19.8	16.8	16.7	15.1
Frozen and refrigerated bakery products	10.5	6.3	10.8	12.9	12.5	8.4	10.4	8.0
Other bakery products	37.8	21.9	33.4	41.1	41.1	41.8	36.4	37.3
Biscuits and rolls	24.5	13.1	21.3	27.5	27.6	27.9	21.8	22.4
Cakes and cupcakes	10.6	7.1	9.3	11.6	12.3	10.8	9.9	10.1
Bread and cracker products	4.2	2.5	2.6	5.0	5.1	4.9	4.2	3.8
Sweetrolls, coffee cakes, doughnuts	10.4	6.1	9.0	11.7	10.5	11.5	9.5	12.2
Pies, tarts, turnovers	6.2	3.6	5.1	7.6	7.7	6.1	5.7	4.9
Meats, poultry, fish, and eggs	**64.1**	**47.0**	**61.1**	**66.9**	**68.5**	**65.6**	**65.3**	**61.7**
Beef	31.5	22.9	29.9	34.3	36.7	32.0	28.6	25.6
Ground beef	20.9	16.3	19.9	23.6	25.6	20.1	18.5	14.3
Roast	5.5	2.6	4.9	6.1	6.6	5.7	5.2	4.7
Chuck roast	2.1	1.0	1.9	2.6	2.5	1.8	2.1	1.7
Round roast	1.3	0.6	1.3	1.1	1.8	1.4	0.8	1.1
Other roast	3.1	1.3	2.6	3.7	3.6	3.1	3.3	2.7
Steak	12.2	8.8	11.0	13.2	15.0	12.6	10.3	10.1
Round steak	5.3	4.6	5.0	5.9	6.9	4.7	4.0	3.8
Sirloin steak	5.7	5.6	4.9	7.1	6.7	5.5	5.1	3.7
Other steak	8.8	5.8	7.8	9.3	10.9	9.6	6.8	7.7
Other beef	3.8	2.8	3.1	4.0	4.6	4.1	3.5	2.8
Pork	30.2	18.2	27.5	33.4	34.9	30.1	29.0	27.9
Bacon	11.3	7.1	10.0	11.9	12.9	12.2	11.1	10.3
Pork chops	6.2	4.7	4.5	7.0	7.9	6.5	5.5	5.2
Ham	9.4	5.8	8.3	11.6	10.8	8.7	9.7	8.3
Ham, not canned	9.2	5.4	7.9	11.3	10.6	8.4	9.4	7.9
Canned ham	0.4	0.4	0.4	0.4	0.3	0.3	0.5	0.4
Sausage	9.6	5.1	9.3	9.6	11.4	10.1	9.5	8.0
Other pork	7.4	3.2	5.6	8.9	9.6	7.6	7.6	5.3
Other meats	30.6	21.7	28.1	33.9	34.0	33.6	28.2	24.0
Frankfurters	10.8	9.2	10.6	13.2	11.3	10.9	9.8	8.1
Lunch meats (cold cuts)	24.3	16.4	22.2	26.6	28.2	26.8	22.1	18.0
Bologna, liverwurst, salami	11.6	7.7	10.0	12.7	14.1	12.3	11.6	8.0
Other lunch meats	20.0	13.2	19.0	22.3	23.3	22.0	17.4	14.5
Lamb, organ meats, and others	1.9	1.1	1.2	2.0	2.3	2.4	1.8	2.1
Lamb and organ meats	1.7	1.0	1.0	1.7	2.0	2.3	1.8	2.1
Mutton, goat, and game	0.2	0.1	0.2	0.3	0.3	0.1	0.1	–

	total consumer units	under 25	25 to 34	35 to 44	45 to 54	55 to 64	65 to 74	75+
Poultry	28.6%	18.6%	29.5%	33.7%	33.1%	27.6%	23.8%	21.7%
Fresh and frozen chicken	24.5	16.3	25.5	29.0	28.5	23.7	19.3	18.3
Fresh and frozen whole chicken	11.5	8.3	11.3	14.3	13.9	11.5	7.9	7.7
Fresh and frozen chicken parts	21.8	14.6	22.9	25.2	25.5	21.2	17.3	16.2
Other poultry	8.3	4.6	8.5	10.1	9.9	7.6	7.8	5.2
Fish and seafood	20.6	10.6	18.2	22.5	23.2	23.1	19.8	18.4
Canned fish and seafood	7.9	3.1	6.1	8.1	8.9	9.7	8.3	7.8
Fresh fish and shellfish	8.9	3.9	7.5	10.2	10.4	10.4	8.2	6.9
Frozen fish and shellfish	8.3	5.3	8.0	9.7	9.7	8.0	7.5	6.8
Eggs	29.1	18.9	28.4	31.7	32.1	29.6	29.0	25.5
Dairy products	**65.9**	**48.5**	**64.0**	**68.5**	**69.2**	**67.1**	**68.4**	**64.1**
Fresh milk and cream	53.2	39.5	50.7	57.2	56.4	54.4	53.5	50.3
Fresh milk, all types	50.5	37.4	48.5	55.0	53.9	51.4	50.0	46.7
Cream	12.1	6.1	10.4	14.9	13.4	12.9	11.3	10.6
Other dairy products	50.9	34.0	49.5	54.5	55.2	51.9	50.8	47.0
Butter	10.8	5.6	8.3	13.0	13.3	10.9	11.2	8.1
Cheese	36.6	24.1	36.2	41.3	39.8	37.1	35.4	30.5
Ice cream and related products	19.1	10.1	16.9	20.6	21.2	20.1	19.3	19.5
Miscellaneous dairy products	19.9	12.0	19.1	22.4	23.8	19.4	18.4	16.3
Fruits and vegetables	**68.3**	**49.9**	**65.3**	**69.3**	**70.4**	**71.2**	**70.8**	**71.4**
Fresh fruits	51.8	34.1	46.6	53.6	53.9	55.4	54.0	55.8
Apples	17.0	11.3	16.3	19.7	19.7	17.0	15.0	13.7
Bananas	32.9	17.0	27.7	34.1	34.5	35.5	35.4	39.3
Oranges	11.1	7.3	10.9	13.7	12.6	10.8	9.3	8.7
Citrus fruits, excluding oranges	19.7	10.5	19.0	22.1	22.0	21.3	17.5	17.6
Other fresh fruits	33.6	19.0	30.1	36.0	37.0	36.5	33.2	33.4
Fresh vegetables	51.7	33.4	48.0	52.8	55.3	54.7	53.6	53.0
Potatoes	18.4	9.5	14.7	18.8	21.3	20.2	20.9	17.3
Lettuce	19.2	12.8	18.5	20.6	21.8	19.5	18.5	16.8
Tomatoes	21.3	14.0	20.5	22.6	23.6	23.2	19.8	19.0
Other fresh vegetables	42.5	28.2	40.1	43.6	46.6	44.1	42.5	43.0
Processed fruits	36.6	26.4	37.5	39.9	38.6	36.9	34.1	34.3
Frozen fruits and fruit juices	4.6	2.8	3.5	5.8	5.4	4.6	4.9	3.8
Frozen orange juice	1.7	1.2	1.6	1.7	2.0	1.5	2.2	1.7
Frozen fruits	2.1	1.2	1.0	3.0	2.5	2.3	2.3	1.4
Frozen fruit juices, excluding orange	1.5	0.7	1.7	2.1	1.6	1.2	1.1	1.1
Canned fruits	10.7	5.3	8.7	10.9	11.3	11.4	12.2	13.9
Dried fruits	4.0	1.8	3.0	3.8	4.7	4.5	4.1	4.7
Fresh fruit juice	8.2	5.3	7.5	10.0	8.9	8.5	7.9	6.6
Canned and bottled fruit juice	23.1	19.0	26.3	25.6	25.7	22.4	17.7	17.8
Processed vegetables	37.9	27.0	36.5	41.0	41.0	39.3	36.9	34.2
Frozen vegetables	15.3	10.4	14.4	17.0	18.1	15.6	14.0	12.2
Canned and dried vegetables and juices	31.7	21.9	31.0	34.7	34.6	32.5	30.6	28.0
Canned beans	10.7	7.8	10.5	11.4	11.5	11.0	10.4	9.7
Canned corn	5.9	4.2	5.4	7.1	6.4	5.9	5.0	5.9
Canned miscellaneous vegetables	14.2	7.4	11.8	14.7	16.9	15.6	15.1	12.8
Dried peas	0.5	–	0.5	0.5	0.3	0.6	0.6	0.4
Dried beans	2.5	2.1	2.6	3.1	3.1	2.3	1.3	1.8
Dried miscellaneous vegetables	5.6	3.8	5.7	6.8	6.6	5.4	4.0	4.6
Fresh and canned vegetable juices	9.1	7.8	10.5	11.2	10.0	7.8	7.5	5.5
Sugar and other sweets	**39.3**	**24.9**	**36.0**	**43.2**	**44.1**	**40.5**	**39.9**	**33.8**
Candy and chewing gum	27.9	16.7	25.6	31.3	32.3	29.7	26.0	22.2
Sugar	10.8	7.0	9.9	12.3	13.8	9.4	11.3	7.6
Artificial sweeteners	1.8	0.6	1.0	1.6	2.0	2.0	3.1	2.2
Jams, preserves, other sweets	12.8	7.9	10.9	14.8	15.1	12.2	13.5	11.1

	total consumer units	under 25	25 to 34	35 to 44	45 to 54	55 to 64	65 to 74	75+
Fats and oils	**31.8%**	**21.0%**	**28.5%**	**33.5%**	**35.3%**	**34.7%**	**32.3%**	**28.5%**
Margarine	5.6	2.3	4.2	5.7	5.5	6.9	7.3	5.9
Fats and oils	10.6	6.7	9.9	11.8	12.0	10.7	10.5	9.1
Salad dressings	13.4	8.4	11.7	15.4	15.4	13.3	13.7	11.3
Nondairy cream and imitation milk	8.3	4.3	7.0	8.7	10.9	9.5	8.1	5.5
Peanut butter	6.9	4.8	5.9	7.9	8.4	7.5	5.0	5.7
Miscellaneous foods	**66.2**	**52.7**	**63.4**	**68.4**	**69.6**	**69.4**	**66.1**	**62.6**
Frozen prepared foods	26.2	20.9	26.1	29.8	29.6	26.5	20.4	21.6
Frozen meals	14.2	9.0	13.1	15.6	16.2	15.3	11.9	13.8
Other frozen prepared foods	18.1	15.8	20.1	21.3	21.5	16.2	12.9	11.6
Canned and packaged soups	18.7	12.5	17.1	19.9	20.7	19.1	18.5	18.4
Potato chips, nuts, and other snacks	39.3	29.5	36.8	44.4	44.9	40.2	35.6	31.3
Potato chips and other snacks	35.4	26.8	34.5	41.3	41.2	35.1	29.8	25.9
Nuts	11.0	5.8	8.4	11.1	13.1	13.3	11.8	9.4
Condiments and seasonings	40.6	27.9	39.2	43.8	45.7	41.7	39.1	34.2
Salt, spices, and other seasonings	18.3	11.8	18.0	20.6	21.1	19.5	16.0	13.0
Olives, pickles, relishes	7.5	5.4	6.5	7.3	9.2	7.3	8.0	7.1
Sauces and gravies	25.4	17.6	26.3	29.3	29.7	25.5	21.9	16.2
Baking needs and miscellaneous products	13.0	7.1	11.1	14.3	15.4	13.8	12.1	12.4
Other canned/packaged prepared foods	45.6	33.0	45.2	50.5	48.8	47.0	42.4	39.5
Prepared salads	14.5	8.8	11.6	13.7	16.3	17.5	15.1	15.0
Prepared desserts	7.9	2.6	6.2	8.6	8.6	9.5	7.9	8.9
Baby food	3.7	3.7	7.3	4.7	3.2	2.5	1.7	1.0
Miscellaneous prepared foods	36.9	27.1	37.1	43.6	40.9	36.0	32.4	28.7
Nonalcoholic beverages	**56.3**	**45.6**	**55.5**	**61.1**	**62.9**	**58.5**	**51.3**	**42.7**
Cola	30.5	28.4	31.2	35.2	35.7	31.2	24.4	15.7
Other carbonated drinks	26.9	24.1	27.6	32.2	31.7	27.4	20.1	14.0
Tea	12.0	7.1	11.0	12.4	15.0	12.6	11.4	9.2
Coffee	15.8	8.0	11.1	15.5	19.9	18.4	17.6	14.4
Noncarbonated fruit-flavored drinks	9.6	6.8	11.7	13.4	10.6	8.8	5.8	4.8
Other nonalcoholic beverages and ice	6.3	4.0	6.6	8.1	8.2	5.5	4.3	3.5
Bottled water	18.5	14.5	20.6	21.9	21.5	18.7	13.0	10.3
Sports drinks	6.1	4.4	7.1	8.3	8.6	4.8	3.0	2.0

Note: Figures shown are from the diary portion of the Consumer Expenditure Survey. For more information about the survey, see Appendix A. "–" means sample is too small to make a reliable estimate.
Source: Bureau of Labor Statistics, unpublished data from the 2010 Consumer Expenditure Survey

Table 7.8 Amount Purchasers Spent on Groceries during the Average Week, 2010

(average amount spent by consumer units purchasing groceries during the average week of 2010, by grocery category and age of consumer unit reference person, 2010)

	total consumer units	under 25	25 to 34	35 to 44	45 to 54	55 to 64	65 to 74	75+
Amount spent on groceries during the average week	**$84.95**	**$61.37**	**$79.38**	**$97.68**	**$100.30**	**$84.69**	**$73.37**	**$62.79**
Cereals and bakery products	**14.04**	**11.42**	**12.68**	**16.72**	**16.13**	**13.74**	**11.99**	**10.74**
Cereals and cereal products	7.26	6.46	6.89	8.34	7.97	6.97	6.27	5.58
Flour	3.98	3.74	4.43	4.69	3.50	3.88	3.73	3.86
Prepared flour mixes	3.63	3.22	3.62	3.92	3.87	3.93	3.02	2.89
Ready-to-eat and cooked cereals	5.57	5.31	5.19	6.13	6.00	5.31	5.23	4.79
Rice	5.23	5.28	4.95	5.55	5.24	5.75	4.56	3.81
Pasta, cornmeal, and other cereal products	3.60	3.30	3.48	3.84	3.82	3.49	3.81	2.88
Bakery products	10.19	8.55	9.21	11.65	11.55	10.12	9.00	8.27
Bread	4.12	3.71	3.81	4.51	4.41	4.12	3.90	3.59
White bread	2.35	2.11	2.25	2.55	2.51	2.26	2.10	2.02
Bread, other than white	2.94	2.60	2.69	3.10	3.09	2.98	2.90	2.74
Crackers and cookies	5.38	4.19	5.06	5.76	5.77	5.51	4.99	4.75
Cookies	4.63	3.57	4.49	4.66	4.79	5.08	4.54	4.29
Crackers	4.15	3.79	3.87	4.46	4.34	4.00	4.01	3.84
Frozen and refrigerated bakery products	4.58	4.16	4.37	4.57	5.02	5.02	4.05	4.00
Other bakery products	6.62	7.84	6.35	6.96	7.11	6.34	6.19	5.74
Biscuits and rolls	3.83	3.73	3.52	4.03	4.05	3.84	3.72	3.43
Cakes and cupcakes	6.42	9.48	7.39	6.83	6.19	5.76	5.75	5.06
Bread and cracker products	3.30	3.64	3.03	3.37	3.90	3.09	2.87	3.44
Sweetrolls, coffee cakes, doughnuts	4.13	4.43	4.12	3.84	4.09	4.17	4.42	4.20
Pies, tarts, turnovers	5.00	5.35	4.90	4.50	5.30	5.27	5.81	4.53
Meats, poultry, fish, and eggs	**23.54**	**18.29**	**22.45**	**25.76**	**27.13**	**23.20**	**20.26**	**19.57**
Beef	13.25	11.39	11.68	12.88	13.79	13.43	11.40	18.69
Ground beef	7.81	7.31	7.70	7.87	8.04	7.16	7.19	9.82
Roast	10.38	7.34	9.43	9.79	10.86	9.58	10.40	14.19
Chuck roast	7.18	8.00	6.74	7.22	7.76	7.10	7.94	7.02
Round roast	8.80	5.17	8.66	7.41	8.74	8.70	5.26	17.59
Other roast	9.68	6.06	8.91	9.04	10.22	9.55	9.88	13.43
Steak	12.92	10.78	11.07	12.41	12.38	14.60	10.56	20.08
Round steak	6.46	5.90	5.42	5.58	5.48	7.69	5.76	14.02
Sirloin steak	7.16	5.70	6.73	6.93	6.56	8.56	6.51	10.84
Other steak	9.43	6.21	7.91	8.86	9.56	10.49	7.76	14.23
Other beef	10.40	9.89	9.48	8.21	9.05	11.14	8.67	24.19
Pork	9.52	8.76	8.65	9.90	10.02	9.75	10.22	7.59
Bacon	5.40	4.79	5.31	5.29	5.57	5.32	6.06	4.65
Pork chops	7.43	7.20	6.94	8.14	7.32	6.81	7.09	7.90
Ham	6.46	5.16	6.76	6.23	6.23	7.28	7.01	5.81
Ham, not canned	6.56	5.58	6.81	6.30	6.25	7.36	7.15	5.98
Canned ham	2.78	2.33	2.70	2.70	3.70	3.23	2.13	2.50
Sausage	5.23	4.88	5.07	5.08	5.51	5.06	5.89	5.02
Other pork	9.18	11.32	9.07	10.10	9.37	9.40	8.42	6.45
Other meats	7.36	6.08	7.18	7.94	8.35	6.70	7.19	6.07
Frankfurters	4.34	4.01	4.34	4.33	4.71	4.14	4.40	3.94
Lunch meats (cold cuts)	6.46	5.37	6.21	6.91	7.09	6.00	6.56	5.55
Bologna, liverwurst, salami	4.15	3.63	3.99	4.43	4.40	3.98	4.07	3.49
Other lunch meats	5.44	4.56	5.16	5.78	5.93	5.14	5.64	4.95
Lamb, organ meats, and others	10.94	6.67	15.38	13.93	13.42	8.05	8.15	6.76
Lamb and organ meats	9.20	6.19	8.08	11.18	11.44	7.86	8.00	6.76
Mutton, goat, and game	26.3	14.3	45.5	25.8	21.9	14.3	11.1	–

	total consumer units	under 25	25 to 34	35 to 44	45 to 54	55 to 64	65 to 74	75+
Poultry	$9.31	$8.68	$9.90	$9.61	$10.11	$8.59	$8.67	$7.02
Fresh and frozen chicken	8.66	8.30	9.27	9.04	9.50	7.84	7.66	6.46
Fresh and frozen whole chicken	4.95	5.52	5.29	5.17	5.26	4.28	4.41	3.78
Fresh and frozen chicken parts	7.12	6.09	7.68	7.49	7.77	6.52	6.49	5.50
Other poultry	6.52	5.68	6.62	6.11	6.36	6.54	7.48	6.53
Fish and seafood	10.95	8.14	11.07	11.30	11.93	11.01	10.69	8.55
Canned fish and seafood	4.95	3.86	4.95	4.83	5.17	4.93	4.96	4.72
Fresh fish and shellfish	11.91	9.79	11.57	12.01	13.22	11.91	12.32	8.26
Frozen fish and shellfish	9.63	6.62	10.51	9.43	9.67	10.22	9.21	9.22
Eggs	3.06	3.12	3.09	3.28	3.34	2.84	2.79	2.44
Dairy products	**11.11**	**8.64**	**10.60**	**12.86**	**12.58**	**10.83**	**9.87**	**8.23**
Fresh milk and cream	5.09	4.27	5.13	5.95	5.60	4.87	4.28	3.76
Fresh milk, all types	4.61	4.04	4.71	5.34	4.99	4.36	3.90	3.43
Cream	3.14	2.93	3.07	3.16	3.50	3.18	3.00	2.73
Other dairy products	9.06	7.35	8.47	9.91	10.06	8.88	8.78	7.19
Butter	4.09	3.95	3.88	4.00	4.52	4.03	4.03	3.95
Cheese	6.07	5.43	5.88	6.45	6.58	5.88	5.91	4.94
Ice cream and related products	5.45	4.55	5.02	5.45	5.80	5.77	5.82	4.77
Miscellaneous dairy products	4.52	4.24	4.67	4.97	4.62	4.29	4.34	3.82
Fruits and vegetables	**19.14**	**15.25**	**18.09**	**21.84**	**22.35**	**18.70**	**16.85**	**14.15**
Fresh fruits	8.63	6.71	8.65	9.81	9.77	8.43	7.63	6.27
Apples	4.23	3.82	4.23	4.46	4.27	4.29	4.14	3.59
Bananas	2.40	2.12	2.46	2.67	2.73	2.28	2.09	1.78
Oranges	4.32	4.25	4.32	4.52	4.38	4.18	4.50	3.32
Citrus fruits, excluding oranges	3.04	3.25	3.26	3.25	3.23	2.81	2.75	2.56
Other fresh fruits	5.59	4.53	5.19	5.92	6.04	5.70	5.61	4.71
Fresh vegetables	7.84	7.56	7.61	8.51	8.74	7.68	7.39	5.77
Potatoes	3.76	4.00	3.87	4.10	3.81	3.61	3.87	3.12
Lettuce	3.02	2.73	2.87	3.30	3.21	2.98	2.97	2.32
Tomatoes	3.56	4.23	3.71	3.68	3.68	3.45	3.03	2.85
Other fresh vegetables	4.75	4.26	4.46	5.07	5.26	4.74	4.71	3.70
Processed fruits	5.92	4.97	5.23	6.44	6.69	5.85	5.57	5.23
Frozen fruits and fruit juices	5.39	5.04	4.57	5.87	5.58	5.18	5.67	3.94
Frozen orange juice	4.05	4.35	3.09	4.09	4.52	4.79	3.57	2.98
Frozen fruits	6.34	5.22	6.32	6.78	6.12	6.19	6.96	5.15
Frozen fruit juices, excluding orange	3.40	4.11	2.91	3.33	3.73	3.28	3.81	2.83
Canned fruits	3.63	3.60	3.68	3.86	3.82	3.87	3.45	3.17
Dried fruits	4.05	4.89	3.68	4.18	4.09	4.27	3.88	3.60
Fresh fruit juice	4.49	3.56	4.11	4.92	4.81	4.24	4.16	4.10
Canned and bottled fruit juice	4.32	3.64	4.00	4.58	4.75	4.15	4.06	4.28
Processed vegetables	6.27	5.47	5.95	6.85	7.49	5.83	5.31	5.11
Frozen vegetables	4.57	3.85	4.16	4.65	5.14	4.55	4.07	3.95
Canned and dried vegetables and juices	5.33	4.94	5.04	5.82	6.16	4.86	4.51	4.54
Canned beans	3.09	3.08	3.15	3.34	3.38	2.91	2.78	2.47
Canned corn	3.04	3.13	2.77	3.09	3.61	2.91	2.60	2.71
Canned miscellaneous vegetables	3.52	3.24	3.23	3.87	3.84	3.27	3.45	2.81
Dried peas	2.22	–	3.85	3.85	3.03	3.33	3.28	5.71
Dried beans	4.03	4.39	3.50	4.50	4.18	3.49	3.10	4.00
Dried miscellaneous vegetables	4.27	3.46	4.40	4.24	4.83	3.87	3.28	4.13
Fresh and canned vegetable juices	3.20	2.82	2.96	3.39	3.50	3.08	3.07	3.44
Sugar and other sweets	**6.47**	**4.85**	**5.95**	**6.85**	**7.07**	**6.57**	**6.27**	**5.62**
Candy and chewing gum	5.34	3.71	4.80	5.50	5.57	5.75	5.19	5.10
Sugar	4.07	4.14	4.03	4.38	4.21	3.63	3.90	3.54
Artificial sweeteners	5.52	5.26	7.14	5.77	5.88	5.42	6.07	4.50
Jams, preserves, other sweets	3.98	3.40	3.94	4.12	4.11	4.03	3.77	3.62

	total consumer units	under 25	25 to 34	35 to 44	45 to 54	55 to 64	65 to 74	75+
Fats and oils	**$6.19**	**$5.86**	**$5.83**	**$6.83**	**$6.75**	**$6.02**	**$5.71**	**$5.09**
Margarine	3.40	3.10	3.55	4.03	3.49	3.17	2.86	3.20
Fats and oils	5.75	6.91	5.25	5.92	5.67	5.78	5.83	4.95
Salad dressings	4.11	4.06	3.83	4.28	4.16	4.36	4.02	3.80
Nondairy cream and imitation milk	3.96	4.17	4.14	4.15	4.24	3.49	3.60	3.12
Peanut butter	4.36	3.94	4.27	4.43	4.74	4.53	3.57	3.71
Miscellaneous foods	**19.38**	**16.88**	**20.74**	**22.43**	**21.55**	**17.99**	**15.77**	**14.06**
Frozen prepared foods	9.70	9.58	10.72	10.11	10.19	8.42	9.10	8.81
Frozen meals	8.22	7.92	8.94	8.09	8.29	7.57	8.19	8.83
Other frozen prepared foods	7.58	8.16	8.04	8.22	7.80	6.61	6.96	5.84
Canned and packaged soups	4.34	3.76	4.03	4.63	4.60	4.08	4.49	4.45
Potato chips, nuts, and other snacks	6.51	4.89	6.11	7.25	7.14	6.49	5.82	5.21
Potato chips and other snacks	5.39	4.33	5.34	6.14	5.82	5.12	4.46	4.45
Nuts	5.90	4.79	4.91	6.03	6.18	6.11	6.28	5.20
Condiments and seasonings	5.96	5.69	5.74	6.71	6.53	5.73	5.35	4.47
Salt, spices, and other seasonings	3.39	3.72	3.34	3.64	3.45	3.38	3.31	2.84
Olives, pickles, relishes	3.87	3.54	3.85	4.27	3.79	3.83	3.86	3.09
Sauces and gravies	3.98	3.97	3.77	4.50	4.28	3.65	3.51	3.15
Baking needs and miscellaneous products	3.85	3.51	3.69	3.92	4.10	3.78	3.98	3.40
Other canned/packaged prepared foods	9.86	10.31	11.42	10.41	9.92	9.51	8.43	7.39
Prepared salads	4.69	3.66	4.66	4.88	4.98	4.69	4.91	3.86
Prepared desserts	4.05	5.02	3.89	3.97	4.40	4.11	3.53	3.71
Baby food	16.80	26.81	23.91	15.89	11.84	7.97	8.43	6.06
Miscellaneous prepared foods	7.64	7.13	6.98	7.74	7.90	8.49	7.42	6.78
Nonalcoholic beverages	**11.40**	**9.38**	**10.77**	**12.09**	**12.80**	**11.84**	**10.47**	**7.97**
Cola	4.82	4.20	4.36	4.80	4.98	5.20	5.49	3.94
Other carbonated drinks	4.01	3.53	4.06	4.10	4.14	4.02	4.08	3.51
Tea	4.67	3.94	4.27	4.93	4.73	4.99	4.90	4.02
Coffee	7.32	6.13	6.19	7.21	7.71	8.03	7.57	6.32
Noncarbonated fruit-flavored drinks	4.88	4.29	4.55	4.69	5.29	4.56	4.84	5.99
Other nonalcoholic beverages and ice	4.60	4.80	5.18	4.30	4.75	4.17	4.61	4.26
Bottled water	5.42	5.32	4.81	5.08	5.92	6.27	5.00	4.27
Sports drinks	6.05	4.97	6.52	6.52	5.57	6.02	5.39	4.90

Note: Figures shown are from the diary portion of the Consumer Expenditure Survey. For more information about the survey, see Appendix A. "–" means sample is too small to make a reliable estimate.
Source: Calculations by New Strategist based on unpublished data from the Bureau of Labor Statistics 2010 Consumer Expenditure Survey

CHAPTER
8

Spending on Health Care, 2010

Americans spend a growing share of their household budget on health care. In 2010, the average household spent $3,157 on out-of-pocket costs for health insurance, prescription drugs, doctor visits, and other health care expenses. This figure is 21 percent greater than the inflation-adjusted $2,616 spent by the average household on health care in 2000. Overall, Americans devoted 6.6 percent of their spending to out-of-pocket health care costs in 2010, up from 5.4 percent in 2000.

Annual Spending

Annual out-of-pocket health care expenditures rise steadily with age to a peak of $4,922 among householders aged 65 to 74—56 percent more than the average household. Householders aged 65 or older spend the most on health insurance because they are covered by the government's Medicare program, which requires a co-payment. Also, many older Americans buy supplemental Medicare coverage. Out-of-pocket spending on medical services is highest among householders aged 55 to 64. Householders aged 75 or older, whose overall spending on health care is 51 percent above average, spend more than four times the average on hearing aids. The out-of-pocket spending on health care by householders under age 45 is below average.

Quarterly Spending

During the average quarter of 2010, 78 percent of households had out-of-pocket health care expenditures, the purchasers devoting an average of $961 to health care during the quarter. Sixty-four percent of households had out-of-pocket health insurance expenses during the average quarter of 2010, and those that did spent $614. Nine out of ten householders aged 65 or older had out-of-pocket health insurance costs during the average quarter because of Medicare's required co-payments. In contrast, only 23 percent of householders under age 25 had out-of-pocket expenditures for health insurance during the average quarter because relatively few have health insurance coverage.

Weekly Spending

The diary portion of the Consumer Expenditure Survey captures only a few health care items—nonprescription drugs, vitamins, and topicals and dressings. During the average week of 2010, 14 percent of households spent on nonprescription drugs, the purchasers spending an average of $12 on the item(s). Only 4 percent of households purchased vitamins, but spent $22 on them on average. Householders aged 55 or older are most likely to buy vitamins, 5 to 6 percent doing so during the average week of 2010.

Table 8.1 Health Care: Average Annual Spending by Age, 2010

(average annual out-of-pocket spending of consumer units (CU) on health care, by age of consumer unit reference person, 2010)

	total consumer units	under 25	25 to 34	35 to 44	45 to 54	55 to 64	65 to 74	75+
Number of consumer units (in 000s)	121,107	8,034	20,166	21,912	25,054	21,359	13,031	11,551
Average number of persons per CU	2.5	2.0	2.9	3.3	2.8	2.2	1.9	1.6
Average before-tax income of CU	$62,481.00	$26,881.00	$59,613.00	$76,128.00	$79,589.00	$68,906.00	$49,711.00	$31,782.00
Average annual spending of CU, total	48,108.84	27,482.77	46,617.48	55,945.67	57,788.25	50,899.73	41,433.85	31,528.55
Health care, average annual spending	**3,156.88**	**775.32**	**1,800.30**	**2,582.64**	**3,261.18**	**3,859.48**	**4,922.34**	**4,753.89**
HEALTH INSURANCE	**1,830.53**	**405.42**	**1,086.07**	**1,453.16**	**1,747.33**	**2,110.24**	**3,132.74**	**3,031.46**
Commercial health insurance	**341.92**	**115.87**	**269.37**	**360.97**	**424.15**	**477.65**	**292.67**	**215.87**
Traditional fee-for-service health plan (not BCBS)	96.32	27.75	64.48	74.33	107.93	151.85	104.79	103.85
Preferred-provider health plan (not BCBS)	245.60	88.12	204.88	286.63	316.22	325.80	187.87	112.02
Blue Cross, Blue Shield	**556.05**	**144.51**	**450.62**	**561.61**	**704.26**	**758.81**	**484.78**	**399.79**
Traditional fee-for-service health plan	93.30	18.21	58.04	87.78	114.47	153.10	78.79	77.40
Preferred-provider health plan	231.85	69.49	187.75	267.04	303.39	351.77	135.97	86.29
Health maintenance organization	176.05	45.16	185.82	186.31	237.52	218.18	133.89	66.92
Commercial Medicare supplement	48.15	10.56	12.04	13.59	40.79	30.44	126.74	162.90
Other BCBS health insurance	6.70	1.09	6.97	6.88	8.09	5.32	9.39	6.28
Health maintenance plans (HMOs)	**287.38**	**83.26**	**244.73**	**339.69**	**363.08**	**362.14**	**241.96**	**153.33**
Medicare payments	**353.35**	**24.21**	**39.24**	**66.47**	**103.35**	**229.70**	**1,342.56**	**1,329.82**
Medicare prescription drug premium	**60.82**	**2.16**	**5.45**	**9.77**	**19.82**	**38.62**	**234.33**	**229.43**
Commercial Medicare supplements and other health insurance	**160.34**	**33.16**	**70.15**	**101.52**	**103.15**	**132.56**	**346.07**	**483.74**
Commercial Medicare supplement (not BCBS)	105.86	23.04	31.40	49.83	41.05	75.21	284.28	395.74
Other health insurance (not BCBS)	54.48	10.12	38.75	51.69	62.10	57.35	61.79	87.99
Long-term care insurance	**70.67**	**2.26**	**6.51**	**13.14**	**29.52**	**110.76**	**190.37**	**219.48**
MEDICAL SERVICES	**722.18**	**235.85**	**442.61**	**681.04**	**879.47**	**942.69**	**848.57**	**735.12**
Physician's services	183.17	74.85	129.48	186.82	241.11	235.14	180.55	126.53
Dental services	262.62	74.46	108.61	225.52	312.20	336.79	401.62	331.24
Eye care services	34.65	21.40	21.77	33.60	37.66	44.03	38.63	40.02
Service by professionals other than physician	54.00	15.77	33.57	58.09	78.19	68.35	53.21	30.35
Lab tests, X-rays	44.69	12.12	22.62	45.22	59.38	73.29	42.54	22.58
Hospital room and services	115.48	35.63	88.81	113.19	142.93	142.24	104.49	125.25
Care in convalescent or nursing home	7.14	–	0.26	–	0.13	15.94	16.17	26.42
Other medical services	20.19	1.61	37.48	18.59	7.87	26.63	11.36	30.71
DRUGS	**485.17**	**102.17**	**200.29**	**339.80**	**497.43**	**664.59**	**796.73**	**814.25**
Nonprescription drugs	89.56	27.25	62.16	92.41	88.16	114.14	105.01	115.94
Nonprescription vitamins	45.54	9.69	30.33	28.11	52.06	58.90	73.03	59.24
Prescription drugs	350.07	65.23	107.80	219.28	357.20	491.56	618.69	639.07
MEDICAL SUPPLIES	**119.00**	**31.89**	**71.32**	**108.65**	**136.96**	**141.95**	**144.30**	**173.06**
Eyeglasses and contact lenses	60.64	17.79	43.22	55.18	77.12	81.58	65.15	51.71
Hearing aids	12.38	–	0.47	4.56	11.69	9.28	21.41	53.61
Topicals and dressings	36.17	12.54	25.36	44.02	35.37	38.06	42.84	47.79
Medical equipment for general use	2.67	0.06	1.05	1.27	3.92	2.79	4.61	4.86
Supportive and convalescent medical equipment	3.93	0.33	0.77	1.55	2.83	6.98	6.00	10.84
Rental of medical equipment	2.03	0.52	0.10	1.50	5.06	1.22	2.37	2.02
Rental of supportive and convalescent medical equipment	1.18	0.64	0.35	0.56	0.96	2.04	1.92	2.24

Note: Annual average spending figures for some items may seem low because both purchasers and nonpurchasers are used to calculate the annual average; to find out how much purchasers spend on items, see the quarterly or weekly spending tables. Subcategories may not add to total because some are not shown. "–" means sample is too small to make a reliable estimate.

Source: Bureau of Labor Statistics, unpublished tables from the 2010 Consumer Expenditure Survey

Table 8.2 Health Care: Indexed Annual Spending by Age, 2010

(indexed average annual out-of-pocket spending of consumer units (CU) on health care, by age of consumer unit reference person, 2010; index definition: an index of 100 is the average for all consumer units; an index of 125 means that spending by consumer units in that group is 25 percent above the average for all consumer units; an index of 75 indicates spending that is 25 percent below the average for all consumer units)

	total consumer units	under 25	25 to 34	35 to 44	45 to 54	55 to 64	65 to 74	75+
Average annual spending of CU, total	$48,109	$27,483	$46,617	$55,946	$57,788	$50,900	$41,434	$31,529
Average annual spending of CU, index	100	57	97	116	120	106	86	66
Health care, annual spending index	100	25	57	82	103	122	156	151
HEALTH INSURANCE	100	22	59	79	95	115	171	166
Commercial health insurance	100	34	79	106	124	140	86	63
Traditional fee-for-service health plan (not BCBS)	100	29	67	77	112	158	109	108
Preferred-provider health plan (not BCBS)	100	36	83	117	129	133	76	46
Blue Cross, Blue Shield	100	26	81	101	127	136	87	72
Traditional fee-for-service health plan	100	20	62	94	123	164	84	83
Preferred-provider health plan	100	30	81	115	131	152	59	37
Health maintenance organization	100	26	106	106	135	124	76	38
Commercial Medicare supplement	100	22	25	28	85	63	263	338
Other BCBS health insurance	100	16	104	103	121	79	140	94
Health maintenance plans (HMOs)	100	29	85	118	126	126	84	53
Medicare payments	100	7	11	19	29	65	380	376
Medicare prescription drug premium	100	4	9	16	33	63	385	377
Commercial Medicare supplements and other health insurance	100	21	44	63	64	83	216	302
Commercial Medicare supplement (not BCBS)	100	22	30	47	39	71	269	374
Other health insurance (not BCBS)	100	19	71	95	114	105	113	162
Long-term care insurance	100	3	9	19	42	157	269	311
MEDICAL SERVICES	100	33	61	94	122	131	118	102
Physician's services	100	41	71	102	132	128	99	69
Dental services	100	28	41	86	119	128	153	126
Eye care services	100	62	63	97	109	127	111	115
Service by professionals other than physician	100	29	62	108	145	127	99	56
Lab tests, X-rays	100	27	51	101	133	164	95	51
Hospital room and services	100	31	77	98	124	123	90	108
Care in convalescent or nursing home	100	–	4	–	2	223	226	370
Other medical services	100	8	186	92	39	132	56	152
DRUGS	100	21	41	70	103	137	164	168
Nonprescription drugs	100	30	69	103	98	127	117	129
Nonprescription vitamins	100	21	67	62	114	129	160	130
Prescription drugs	100	19	31	63	102	140	177	183
MEDICAL SUPPLIES	100	27	60	91	115	119	121	145
Eyeglasses and contact lenses	100	29	71	91	127	135	107	85
Hearing aids	100	–	4	37	94	75	173	433
Topicals and dressings	100	35	70	122	98	105	118	132
Medical equipment for general use	100	2	39	48	147	104	173	182
Supportive and convalescent medical equipment	100	8	20	39	72	178	153	276
Rental of medical equipment	100	26	5	74	249	60	117	100
Rental of supportive and convalescent medical equipment	100	54	30	47	81	173	163	190

Note: "–" means sample is too small to make a reliable estimate.
Source: Calculations by New Strategist based on the Bureau of Labor Statistics' 2010 Consumer Expenditure Survey

Table 8.3 Health Care: Total Annual Spending by Age, 2010

(total annual out-of-pocket spending on health care, by consumer unit (CU) age groups, 2010; consumer units and dollars in thousands)

	total consumer units	under 25	25 to 34	35 to 44	45 to 54	55 to 64	65 to 74	75+
Number of consumer units	121,107	8,034	20,166	21,912	25,054	21,359	13,031	11,551
Total annual spending of all CUs	$5,826,317,286	$220,796,574	$940,088,102	$1,225,881,521	$1,447,826,816	$1,087,167,333	$539,924,499	$364,186,281
Health care, total annual spending	382,320,266	6,228,921	36,304,850	56,590,808	81,705,604	82,434,633	64,143,013	54,912,183
HEALTH INSURANCE	221,689,997	3,257,144	21,901,688	31,841,642	43,777,606	45,072,616	40,822,735	35,016,394
Commercial health insurance	41,408,905	930,900	5,432,115	7,909,575	10,626,654	10,202,126	3,813,783	2,493,514
Traditional fee-for-service health plan (not BCBS)	11,665,026	222,944	1,300,304	1,628,719	2,704,078	3,243,364	1,365,518	1,199,571
Preferred-provider health plan (not BCBS)	29,743,879	707,956	4,131,610	6,280,637	7,922,576	6,958,762	2,448,134	1,293,943
Blue Cross, Blue Shield	67,341,547	1,160,993	9,087,203	12,305,998	17,644,530	16,207,423	6,317,168	4,617,974
Traditional fee-for-service health plan	11,299,283	146,299	1,170,435	1,923,435	2,867,931	3,270,063	1,026,712	894,047
Preferred-provider health plan	28,078,658	558,283	3,786,167	5,851,380	7,601,133	7,513,455	1,771,825	996,736
Health maintenance organization	21,320,887	362,815	3,747,246	4,082,425	5,950,826	4,660,107	1,744,721	772,993
Commercial Medicare supplement	5,831,302	84,839	242,799	297,784	1,021,953	650,168	1,651,549	1,881,658
Other BCBS health insurance	811,417	8,757	140,557	150,755	202,687	113,630	122,361	72,540
Health maintenance plans (HMOs)	34,803,730	668,911	4,935,225	7,443,287	9,096,606	7,734,948	3,152,981	1,771,115
Medicare payments	42,793,158	194,503	791,314	1,456,491	2,589,331	4,906,162	17,494,899	15,360,751
Medicare prescription drug premium	7,365,728	17,353	109,905	214,080	496,570	824,885	3,053,554	2,650,146
Commercial Medicare supplements and other health insurance	19,418,296	266,407	1,414,645	2,224,506	2,584,320	2,831,349	4,509,638	5,587,681
Commercial Medicare supplement (not BCBS)	12,820,387	185,103	633,212	1,091,875	1,028,467	1,606,410	3,704,453	4,571,193
Other health insurance (not BCBS)	6,597,909	81,304	781,433	1,132,631	1,555,853	1,224,939	805,185	1,016,372
Long-term care insurance	8,558,632	18,157	131,281	287,924	739,594	2,365,723	2,480,711	2,535,213
MEDICAL SERVICES	87,461,053	1,894,819	8,925,673	14,922,948	22,034,241	20,134,916	11,057,716	8,491,371
Physician's services	22,183,169	601,345	2,611,094	4,093,600	6,040,770	5,022,355	2,352,747	1,461,548
Dental services	31,805,120	598,212	2,190,229	4,941,594	7,821,859	7,193,498	5,233,510	3,826,153
Eye care services	4,196,358	171,928	439,014	736,243	943,534	940,437	503,388	462,271
Service by professionals other than physician	6,539,778	126,696	676,973	1,272,868	1,958,972	1,459,888	693,380	350,573
Lab tests, X-rays	5,412,272	97,372	456,155	990,861	1,487,707	1,565,401	554,339	260,822
Hospital room and services	13,985,436	286,251	1,790,942	2,480,219	3,580,968	3,038,104	1,361,609	1,446,763
Care in convalescent or nursing home	864,704	–	5,243	–	3,257	340,462	210,711	305,177
Other medical services	2,445,150	12,935	755,822	407,344	197,175	568,790	148,032	354,731
DRUGS	58,757,483	820,834	4,039,048	7,445,698	12,462,611	14,194,978	10,382,189	9,405,402
Nonprescription drugs	10,846,343	218,927	1,253,519	2,024,888	2,208,761	2,437,916	1,368,385	1,339,223
Nonprescription vitamins	5,515,213	77,849	611,635	615,946	1,304,311	1,258,045	951,654	684,281
Prescription drugs	42,395,927	524,058	2,173,895	4,804,863	8,949,289	10,499,230	8,062,149	7,381,898
MEDICAL SUPPLIES	14,411,733	256,204	1,438,239	2,380,739	3,431,396	3,031,910	1,880,373	1,999,016
Eyeglasses and contact lenses	7,343,928	142,925	871,575	1,209,104	1,932,164	1,742,467	848,970	597,302
Hearing aids	1,499,305	–	9,478	99,919	292,881	198,212	278,994	619,249
Topicals and dressings	4,380,440	100,746	511,410	964,566	886,160	812,924	558,248	552,022
Medical equipment for general use	323,356	482	21,174	27,828	98,212	59,592	60,073	56,138
Supportive and convalescent medical equipment	475,951	2,651	15,528	33,964	70,903	149,086	78,186	125,213
Rental of medical equipment	245,847	4,178	2,017	32,868	126,773	26,058	30,883	23,333
Rental of supportive and convalescent medical equipment	142,906	5,142	7,058	12,271	24,052	43,572	25,020	25,874

Note: Numbers may not add to total because of rounding and missing subcategories. "–" means sample is too small to make a reliable estimate.
Source: Calculations by New Strategist based on the Bureau of Labor Statistics' 2010 Consumer Expenditure Survey

Table 8.4 Health Care: Share of Annual Spending by Age, 2010

(percentage of total annual out-of-pocket spending on health care accounted for by consumer unit age groups, 2010)

	total consumer units	under 25	25 to 34	35 to 44	45 to 54	55 to 64	65 to 74	75+
Share of total consumer units	100.0%	6.6%	16.7%	18.1%	20.7%	17.6%	10.8%	9.5%
Share of total before-tax income	100.0	2.9	15.9	22.0	26.4	19.5	8.6	4.9
Share of total annual spending	100.0	3.8	16.1	21.0	24.8	18.7	9.3	6.3
Share of total annual health care spending	100.0	1.6	9.5	14.8	21.4	21.6	16.8	14.4
HEALTH INSURANCE	100.0	1.5	9.9	14.4	19.7	20.3	18.4	15.8
Commercial health insurance	100.0	2.2	13.1	19.1	25.7	24.6	9.2	6.0
Traditional fee-for-service health plan (not BCBS)	100.0	1.9	11.1	14.0	23.2	27.8	11.7	10.3
Preferred-provider health plan (not BCBS)	100.0	2.4	13.9	21.1	26.6	23.4	8.2	4.4
Blue Cross, Blue Shield	100.0	1.7	13.5	18.3	26.2	24.1	9.4	6.9
Traditional fee-for-service health plan	100.0	1.3	10.4	17.0	25.4	28.9	9.1	7.9
Preferred-provider health plan	100.0	2.0	13.5	20.8	27.1	26.8	6.3	3.5
Health maintenance organization	100.0	1.7	17.6	19.1	27.9	21.9	8.2	3.6
Commercial Medicare supplement	100.0	1.5	4.2	5.1	17.5	11.1	28.3	32.3
Other BCBS health insurance	100.0	1.1	17.3	18.6	25.0	14.0	15.1	8.9
Health maintenance plans (HMOs)	100.0	1.9	14.2	21.4	26.1	22.2	9.1	5.1
Medicare payments	100.0	0.5	1.8	3.4	6.1	11.5	40.9	35.9
Medicare prescription drug premium	100.0	0.2	1.5	2.9	6.7	11.2	41.5	36.0
Commercial Medicare supplements and other health insurance	100.0	1.4	7.3	11.5	13.3	14.6	23.2	28.8
Commercial Medicare supplement (not BCBS)	100.0	1.4	4.9	8.5	8.0	12.5	28.9	35.7
Other health insurance (not BCBS)	100.0	1.2	11.8	17.2	23.6	18.6	12.2	15.4
Long-term care insurance	100.0	0.2	1.5	3.4	8.6	27.6	29.0	29.6
MEDICAL SERVICES	100.0	2.2	10.2	17.1	25.2	23.0	12.6	9.7
Physician's services	100.0	2.7	11.8	18.5	27.2	22.6	10.6	6.6
Dental services	100.0	1.9	6.9	15.5	24.6	22.6	16.5	12.0
Eye care services	100.0	4.1	10.5	17.5	22.5	22.4	12.0	11.0
Service by professionals other than physician	100.0	1.9	10.4	19.5	30.0	22.3	10.6	5.4
Lab tests, X-rays	100.0	1.8	8.4	18.3	27.5	28.9	10.2	4.8
Hospital room and services	100.0	2.0	12.8	17.7	25.6	21.7	9.7	10.3
Care in convalescent or nursing home	100.0	–	0.6	–	0.4	39.4	24.4	35.3
Other medical services	100.0	0.5	30.9	16.7	8.1	23.3	6.1	14.5
DRUGS	100.0	1.4	6.9	12.7	21.2	24.2	17.7	16.0
Nonprescription drugs	100.0	2.0	11.6	18.7	20.4	22.5	12.6	12.3
Nonprescription vitamins	100.0	1.4	11.1	11.2	23.6	22.8	17.3	12.4
Prescription drugs	100.0	1.2	5.1	11.3	21.1	24.8	19.0	17.4
MEDICAL SUPPLIES	100.0	1.8	10.0	16.5	23.8	21.0	13.0	13.9
Eyeglasses and contact lenses	100.0	1.9	11.9	16.5	26.3	23.7	11.6	8.1
Hearing aids	100.0	–	0.6	6.7	19.5	13.2	18.6	41.3
Topicals and dressings	100.0	2.3	11.7	22.0	20.2	18.6	12.7	12.6
Medical equipment for general use	100.0	0.1	6.5	8.6	30.4	18.4	18.6	17.4
Supportive and convalescent medical equipment	100.0	0.6	3.3	7.1	14.9	31.3	16.4	26.3
Rental of medical equipment	100.0	1.7	0.8	13.4	51.6	10.6	12.6	9.5
Rental of supportive and convalescent medical equipment	100.0	3.6	4.9	8.6	16.8	30.5	17.5	18.1

Note: Numbers may not add to total because of rounding. "–" means sample is too small to make a reliable estimate.
Source: Calculations by New Strategist based on the Bureau of Labor Statistics' 2010 Consumer Expenditure Survey

Table 8.5 Percent of Consumer Units with Out-of-Pocket Health Care Expenses during the Average Quarter, 2010

(percent of consumer units with out-of-pocket health care expenses during the average quarter of 2010, by health care category and age of consumer unit reference person, 2010)

	total consumer units	under 25	25 to 34	35 to 44	45 to 54	55 to 64	65 to 74	75+
Percent spending on health care during the average quarter	**77.7%**	**40.6%**	**65.8%**	**74.7%**	**78.8%**	**83.6%**	**96.0%**	**95.6%**
HEALTH INSURANCE	**63.7**	**22.9**	**51.1**	**58.0**	**62.0**	**66.3**	**91.8**	**91.8**
Commercial health insurance	**13.9**	**7.0**	**14.2**	**15.5**	**16.0**	**15.8**	**12.3**	**9.3**
Traditional fee-for-service health plan (not BCBS)	4.2	1.9	4.0	3.4	4.5	4.7	5.1	5.0
Preferred-provider health plan (not BCBS)	9.9	5.1	10.3	12.4	11.7	11.5	7.2	4.4
Blue Cross, Blue Shield	**22.6**	**8.5**	**22.4**	**24.0**	**26.2**	**26.8**	**20.9**	**16.6**
Traditional fee-for-service health plan	3.6	1.3	3.1	3.5	4.0	5.1	3.1	3.0
Preferred-provider health plan	9.1	3.0	9.2	10.8	11.7	11.9	5.5	3.4
Health maintenance organization	7.8	3.5	9.0	8.7	9.2	8.7	6.0	3.7
Commercial Medicare supplement	2.2	0.7	0.8	0.9	1.4	1.4	6.0	6.6
Other BCBS health insurance	0.9	0.2	0.9	0.7	1.3	1.0	1.3	0.7
Health maintenance plans (HMOs)	**13.0**	**5.2**	**13.1**	**14.9**	**15.1**	**14.8**	**11.1**	**9.0**
Medicare payments	**23.1**	**1.7**	**2.6**	**5.0**	**8.0**	**17.4**	**81.5**	**85.9**
Medicare prescription drug premium	**7.7**	**0.2**	**0.9**	**1.6**	**2.9**	**5.0**	**27.0**	**29.4**
Commercial Medicare supplements/ other health insurance	**12.6**	**3.6**	**9.1**	**9.6**	**12.3**	**11.8**	**20.6**	**23.8**
Commercial Medicare supplement (not BCBS)	5.3	1.2	1.9	2.3	2.3	3.8	14.9	18.3
Other health insurance (not BCBS)	7.8	2.4	7.2	7.6	10.1	8.3	7.4	7.7
Long-term care insurance	**3.3**	**0.3**	**1.3**	**2.5**	**3.0**	**4.6**	**6.1**	**5.5**
MEDICAL SERVICES	**42.2**	**19.4**	**34.4**	**43.5**	**46.1**	**49.1**	**46.0**	**44.2**
Physician's services	27.3	10.6	22.8	28.3	30.5	34.0	27.1	25.6
Dental services	14.5	5.1	8.6	15.2	16.4	17.1	18.6	15.9
Eye care services	6.8	2.9	4.6	6.1	6.6	8.7	8.6	10.0
Service by professionals other than physician	4.4	1.4	2.8	4.3	5.4	5.7	4.6	4.4
Lab tests, X-rays	5.6	1.8	3.5	5.1	6.6	8.2	6.9	4.9
Hospital room and services	4.6	2.2	4.2	4.7	4.9	5.4	4.6	4.2
Care in convalescent or nursing home	0.1	–	0.1	–	0.1	0.1	0.3	0.4
Other medical services	1.5	0.3	1.0	1.7	1.4	1.6	2.2	2.6
PRESCRIPTION DRUGS	**42.1**	**15.8**	**25.8**	**34.5**	**42.6**	**52.2**	**61.1**	**62.2**
MEDICAL SUPPLIES	**8.4**	**4.5**	**6.1**	**8.3**	**9.2**	**9.4**	**10.3**	**9.4**
Eyeglasses and contact lenses	6.8	4.0	5.6	7.2	8.2	7.4	6.6	5.6
Hearing aids	0.3	–	0.1	0.2	0.2	0.4	0.5	1.0
Medical equipment for general use	0.8	0.2	0.3	0.5	0.8	1.0	1.4	1.4
Supportive, convalescent medical equipment	0.6	0.1	0.3	0.3	0.4	0.9	1.0	1.2
Rental of medical equipment	0.4	0.1	0.1	0.4	0.3	0.5	0.9	0.6
Rental of supportive, convalescent medical equipment	0.3	0.2	0.1	0.3	0.2	0.4	0.5	0.6

Note: Figures shown are from the interview portion of the Consumer Expenditure Survey. Not all health care categories are included in the interview survey. For more information about the survey, see Appendix A. "–" means sample is too small to make a reliable estimate.
Source: Bureau of Labor Statistics, unpublished data from the 2010 Consumer Expenditure Survey

Table 8.6 Amount Purchasers Spent on Out-of-Pocket Health Care Expenses during the <u>Average Quarter,</u> 2010

(average amount spent by consumer units with out-of-pocket health care expenses during the average quarter of 2010, by health care category and age of consumer unit reference person, 2010)

Amount spent out-of-pocket on health care expenses during the average quarter	total consumer units	under 25	25 to 34	35 to 44	45 to 54	55 to 64	65 to 74	75+
	$961.04	$447.06	$639.23	$809.16	$978.68	$1,091.59	$1,224.08	$1,184.12
HEALTH INSURANCE	718.76	442.02	531.14	626.36	704.68	796.20	853.24	825.65
Commercial health insurance	613.64	415.60	474.58	583.72	662.73	755.30	593.89	579.05
Traditional fee-for-service health plan (not BCBS)	574.70	365.13	402.00	551.41	603.64	809.43	511.67	515.13
Preferred-provider health plan (not BCBS)	617.71	434.52	498.25	577.88	674.53	708.26	650.52	639.38
Blue Cross, Blue Shield	614.56	424.03	502.92	585.50	670.98	707.58	581.27	601.01
Traditional fee-for-service health plan	649.72	352.91	465.06	621.67	717.23	751.96	637.46	636.51
Preferred-provider health plan	636.25	573.35	508.53	617.01	650.49	740.26	615.81	643.96
Health maintenance organization	567.17	323.50	513.88	534.15	644.73	626.23	556.95	449.73
Commercial Medicare supplement	557.29	382.61	358.33	369.29	755.37	528.47	524.59	621.76
Other BCBS health insurance	184.07	129.76	200.29	242.25	161.80	140.00	184.84	237.88
Health maintenance plans (HMOs)	552.23	399.52	465.62	570.33	601.52	612.55	543.97	424.97
Medicare payments	382.08	366.82	380.23	334.36	322.16	330.98	411.73	386.98
Medicare prescription drug premium	198.76	225.00	146.51	151.71	173.86	192.33	216.65	194.96
Commercial Medicare supplements/ other health insurance	318.89	231.56	193.78	265.48	210.51	281.56	420.19	507.28
Commercial Medicare supplement (not BCBS)	500.28	472.13	410.99	551.22	450.11	496.11	477.30	542.11
Other health insurance (not BCBS)	174.17	105.42	133.99	170.26	153.41	173.16	207.91	287.55
Long-term care insurance	535.38	182.26	126.16	133.00	247.65	600.65	775.12	994.02
MEDICAL SERVICES	427.29	303.31	321.48	391.76	477.14	480.33	461.28	414.35
Physician's services	168.05	177.37	142.29	165.09	197.70	173.05	166.74	123.81
Dental services	454.36	368.61	316.46	369.95	475.33	491.81	539.52	522.46
Eye care services	126.83	184.48	118.32	138.39	142.22	126.76	112.69	100.35
Service by professionals other than physician	308.92	283.63	299.73	338.52	361.32	300.31	289.18	172.05
Lab tests, X-rays	198.45	171.19	160.65	222.98	224.24	224.27	155.26	115.44
Hospital room and services	634.51	401.24	532.43	605.94	726.27	659.74	569.12	750.90
Care in convalescent or nursing home	1,622.73	–	72.22	–	40.63	3,320.83	1,617.00	1,834.72
Other medical services	327.76	118.38	956.12	279.97	145.74	408.44	127.35	290.81
PRESCRIPTION DRUGS	207.93	103.34	104.42	159.04	209.72	235.60	253.11	257.03
MEDICAL SUPPLIES	247.11	106.97	188.98	193.94	275.14	277.19	247.22	333.90
Eyeglasses and contact lenses	224.59	110.36	191.58	191.86	234.26	276.36	246.03	232.93
Hearing aids	1,067.24	–	167.86	760.00	1,719.12	662.86	1,138.83	1,301.21
Medical equipment for general use	85.58	8.33	84.68	58.80	128.95	71.91	80.59	90.00
Supportive, convalescent medical equipment	166.53	91.67	74.04	113.97	181.41	187.63	144.23	222.13
Rental of medical equipment	123.78	100.00	22.73	91.46	372.06	58.65	69.71	90.18
Rental of supportive, convalescent medical equipment	98.33	100.00	145.83	56.00	109.09	118.60	100.00	90.32

Note: Figures shown are from the interview portion of the Consumer Expenditure Survey. Not all health care categories are included in the interview survey. For more information about the survey, see Appendix A. "–" means sample is too small to make a reliable estimate.
Source: Calculations by New Strategist based on unpublished data from the Bureau of Labor Statistics 2010 Consumer Expenditure Survey

Table 8.7 Percent of Consumer Units with Out-of-Pocket Health Care Expenses during the <u>Average Week</u>, 2010

(percent of consumer units with out-of-pocket health care expenses during the average week of 2010, by health care category and age of consumer unit reference person, 2010)

	total consumer units	under 25	25 to 34	35 to 44	45 to 54	55 to 64	65 to 74	75+
Percent spending on health care during the average week	**20.7%**	**9.5%**	**17.1%**	**21.1%**	**21.2%**	**24.1%**	**23.3%**	**24.0%**
Nonprescription drugs	14.0	5.4	11.1	14.7	14.4	16.3	16.2	16.5
Nonprescription vitamins	4.0	1.4	3.4	3.2	3.9	4.9	5.3	5.8
Topicals and dressings	7.8	3.7	6.0	9.4	8.0	9.3	7.9	7.4

Note: Figures shown are from the diary portion of the Consumer Expenditure Survey. Not all health care categories are included in the diary survey. For more information about the survey, see Appendix A.
Source: Bureau of Labor Statistics, unpublished data from the 2010 Consumer Expenditure Survey

Table 8.8 Amount Purchasers Spent on Out-of-Pocket Health Care Expenses during the <u>Average Week</u>, 2010

(average amount spent by consumer units with out-of-pocket health care expenses during the average week of 2010, by health care category and age of consumer unit reference person, 2010)

	total consumer units	under 25	25 to 34	35 to 44	45 to 54	55 to 64	65 to 74	75+
Amount spent out-of-pocket on health care expenses during the average week	**$15.93**	**$9.97**	**$13.27**	**$15.00**	**$15.92**	**$16.88**	**$18.24**	**$18.02**
Nonprescription drugs	12.26	9.58	10.82	12.13	11.78	13.42	12.50	13.52
Nonprescription vitamins	22.00	13.57	17.31	17.09	25.91	22.92	26.57	19.83
Topicals and dressings	9.00	6.52	8.21	9.07	8.54	7.82	10.41	12.37

Note: Figures shown are from the diary portion of the Consumer Expenditure Survey. Not all health care categories are included in the diary survey. For more information about the survey, see Appendix A.
Source: Calculations by New Strategist based on unpublished data from the Bureau of Labor Statistics 2010 Consumer Expenditure Survey

CHAPTER
9

Spending on Housing: Household Operations, 2010

One in every three dollars spent by American households is devoted to housing. In 2010, housing costs—which include shelter, utilities, and all household operations from household services to housekeeping supplies, furniture, and equipment—absorbed 34 percent of average household expenditures. Some household operations categories experienced spending gains between 2000 and 2010, after adjusting for inflation. Average household spending on household services (mostly day care) climbed 16 percent during those years, although this spending declined slightly between 2006 and 2010 as the Great Recession reduced employment. Spending on housekeeping supplies grew 13 percent between 2000 and 2006 and fell 12 percent between 2006 and 2010. Spending on furniture and equipment for the home fell 25 percent during the decade.

Annual Spending

Housing costs are highest for householders aged 35 to 44, at $20,041 on average in 2010. Householders in the 35-to-44 age group spend much more than others on household services in part because of the high cost of child care. Householders in the age group spend about twice the average on babysitting; they spend well more than twice the average on day care centers and account for 42 percent of spending on that item. Householders ranging in age from 35 to 64 spent 8 to 19 percent more than average on furnishings and equipment in 2010. Householders aged 65 to 74 spend the most on housekeeping supplies, one-quarter more than the average household.

Quarterly Spending

During the average quarter of 2010, 70 percent of households spent on household services, and 57 percent spent on household furnishings and equipment. Householders aged 25 to 34 were most likely to have spend on day care centers, 11 percent having done so during the average quarter of 2010. Householders aged 35 to 44 who paid for day care spent more than any other age group for the service, an average of $1,379 per quarter. The percentage of households that paid for gardening and lawn care service during the average quarter rises with age from just 2 percent of householders under age 25 to a high of 24 percent among householders aged 75 or older. More than half of householders ranging in age from 25 to 74 spent on computer information (Internet) services during the average quarter. Average quarterly spending on this service was $119.

Weekly Spending

During the average week of 2010, 52 percent of households bought housekeeping supplies, the purchasers spending an average of $23 on the item(s). A smaller 28 percent bought household furnishings and equipment, and those who did spent $47 on the category. Six percent of households purchased lawn and garden supplies during the average week, the figure peaking at 9 percent among householders aged 55 to 64. Householders aged 65 to 74 are the ones most likely to buy postage during the average week, 10 percent doing so and the purchasers spending an average of $16.

Table 9.1 Housing: Household Operations: Average Annual Spending by Age, 2010

(average annual spending of consumer units (CU) on household services, supplies, furnishings, and equipment, by age of consumer unit reference person, 2010)

	total consumer units	under 25	25 to 34	35 to 44	45 to 54	55 to 64	65 to 74	75+
Number of consumer units (in 000s)	121,107	8,034	20,166	21,912	25,054	21,359	13,031	11,551
Average number of persons per CU	2.5	2.0	2.9	3.3	2.8	2.2	1.9	1.6
Average before-tax income of CU	$62,481.00	$26,881.00	$59,613.00	$76,128.00	$79,589.00	$68,906.00	$49,711.00	$31,782.00
Average annual spending of CU, total	48,108.84	27,482.77	46,617.48	55,945.67	57,788.25	50,899.73	41,433.85	31,528.55
Housing, average annual spending	**16,557.16**	**9,553.45**	**16,845.42**	**20,041.20**	**18,900.35**	**16,672.60**	**14,420.05**	**11,421.20**
HOUSEHOLD SERVICES	**1,007.27**	**415.51**	**1,243.79**	**1,414.00**	**934.98**	**881.84**	**867.99**	**779.48**
Personal services	**339.83**	**154.13**	**756.56**	**735.19**	**191.60**	**71.83**	**70.35**	**112.56**
Babysitting and child care in own home	53.09	24.97	97.67	138.56	44.81	0.71	0.58	6.79
Babysitting and child care in someone else's home	26.42	15.46	84.56	40.71	9.72	4.76	5.59	5.16
Care for elderly, invalids, handicapped, etc.	20.80	1.10	1.72	7.94	8.29	20.30	41.37	97.08
Day care centers, nurseries, and preschools	238.57	112.57	572.59	547.72	125.96	45.57	21.02	3.14
Other household services	**667.43**	**261.38**	**487.23**	**678.81**	**743.38**	**810.01**	**797.64**	**666.92**
Housekeeping services	111.70	11.98	38.71	108.78	126.07	127.43	149.75	210.81
Gardening, lawn care service	107.66	3.47	31.35	77.23	123.14	158.43	158.72	186.01
Water-softening service	3.54	0.43	2.33	3.23	3.86	3.87	4.33	6.19
Nonclothing laundry and dry cleaning, sent out	1.06	0.37	0.66	0.72	1.28	1.44	1.77	0.85
Nonclothing laundry and dry cleaning, coin-operated	3.59	4.02	5.01	4.50	3.77	2.58	2.44	1.82
Termite and pest control services	18.04	2.92	11.19	18.28	17.82	26.00	22.85	20.38
Home security system service fee	23.62	3.89	17.11	28.16	24.79	29.47	28.32	21.46
Other home services	18.49	1.30	8.35	16.13	17.62	23.86	35.22	25.67
Termite and pest control products	2.93	0.33	2.05	2.81	3.21	3.74	3.98	3.20
Moving, storage, and freight express	44.74	18.76	37.18	47.59	48.25	75.38	32.34	20.28
Appliance repair, including at service center	19.02	3.52	9.46	19.21	18.89	27.63	28.19	20.21
Reupholstering and furniture repair	6.21	0.37	0.41	2.35	11.24	4.32	15.72	9.57
Repairs and rentals of lawn and garden equipment, hand and power tools, etc.	7.08	1.51	1.99	4.04	12.67	11.82	7.08	4.66
Appliance rental	1.18	0.47	1.28	1.72	1.83	0.98	0.71	–
Rental of office equipment for nonbusiness use	0.36	0.33	0.65	0.52	0.01	0.45	0.42	0.18
Repair of computer systems for nonbusiness use	7.29	4.10	5.31	5.95	6.82	10.04	11.42	6.84
Computer information services	285.14	203.60	314.01	337.54	320.23	302.00	246.74	128.12
HOUSEKEEPING SUPPLIES	**611.58**	**279.10**	**464.56**	**662.95**	**649.89**	**717.21**	**760.99**	**551.62**
Laundry and cleaning supplies	**150.26**	**90.21**	**125.89**	**183.66**	**165.29**	**157.18**	**146.76**	**130.00**
Soaps and detergents	81.94	51.72	71.64	100.29	89.16	87.73	73.90	69.09
Other laundry cleaning products	68.32	38.48	54.25	83.38	76.13	69.45	72.86	60.91
Other household products	**329.02**	**154.63**	**245.26**	**331.61**	**344.46**	**402.91**	**440.95**	**291.93**
Cleansing and toilet tissue, paper towels, and napkins	103.41	62.11	85.99	112.95	114.07	115.58	104.32	97.56
Miscellaneous household products	129.52	83.27	114.01	153.64	148.10	143.82	117.12	89.63
Lawn and garden supplies	96.09	9.25	45.26	65.02	82.29	143.51	219.51	104.74
Postage and stationery	**132.30**	**34.27**	**93.42**	**147.67**	**140.13**	**157.12**	**173.29**	**129.69**
Stationery, stationery supplies, giftwrap	73.27	25.78	68.20	86.59	78.99	77.01	84.84	57.49
Postage	56.06	8.39	24.04	56.41	56.75	74.65	88.12	72.10
Delivery services	2.97	0.10	1.17	4.68	4.40	5.46	0.33	0.10
HOUSEHOLD FURNISHINGS AND EQUIPMENT	**1,466.67**	**874.35**	**1,458.33**	**1,747.54**	**1,584.98**	**1,697.74**	**1,296.86**	**862.07**
Household textiles	**102.43**	**52.68**	**79.49**	**111.50**	**109.43**	**138.08**	**113.74**	**65.88**
Bathroom linens	18.68	12.82	14.77	21.73	22.46	17.80	16.79	19.36
Bedroom linens	45.95	28.70	37.79	60.69	44.30	59.44	46.94	21.74
Kitchen and dining room linens	5.92	–	5.07	5.67	8.08	6.80	6.69	4.74
Curtains and draperies	17.69	6.25	13.25	13.97	17.41	35.82	18.36	6.78
Slipcovers and decorative pillows	3.71	1.51	3.01	3.52	4.16	4.24	6.54	1.70
Sewing materials for household items	9.53	2.45	4.86	5.20	11.80	12.58	17.51	11.23
Other linens	0.95	0.95	0.74	0.72	1.22	1.40	0.91	0.34
Furniture	**355.30**	**268.42**	**428.61**	**447.01**	**324.56**	**405.76**	**252.48**	**203.38**
Mattresses and springs	48.62	28.62	55.61	71.92	56.04	41.10	31.88	22.80
Other bedroom furniture	62.56	75.07	92.24	90.45	47.01	$60.60	28.27	25.16
Sofas	84.27	77.33	103.24	94.78	85.31	82.42	64.18	59.90

	total consumer units	under 25	25 to 34	35 to 44	45 to 54	55 to 64	65 to 74	75+
Living room chairs	$36.47	$27.03	$28.49	$37.92	$28.46	$57.10	$31.41	$39.13
Living room tables	16.16	13.54	18.53	17.81	13.12	22.47	15.38	6.52
Kitchen and dining room furniture	31.79	18.55	34.97	55.00	24.53	32.88	31.94	5.01
Infants' furniture	8.07	7.98	14.19	15.02	6.07	5.30	2.27	0.27
Outdoor furniture	26.39	–	41.43	23.59	33.35	30.39	5.77	24.72
Wall units, cabinets, and other furniture	40.97	20.31	39.91	40.51	30.65	73.50	41.37	19.88
Floor coverings	**36.08**	**7.89**	**43.86**	**41.87**	**36.52**	**51.02**	**19.69**	**21.03**
Wall-to-wall carpeting	18.69	1.46	29.05	21.43	20.91	20.71	7.98	11.01
Floor coverings, nonpermanent	17.38	6.44	14.81	20.44	15.62	30.31	11.71	10.02
Major appliances	**209.19**	**91.72**	**159.82**	**261.87**	**220.29**	**248.76**	**180.74**	**211.28**
Dishwashers (built-in), garbage disposals, range hoods	17.45	3.36	11.87	29.58	13.41	17.80	22.90	15.98
Refrigerators and freezers	58.14	23.30	44.26	75.25	66.11	66.71	44.01	56.94
Washing machines	34.04	16.52	30.93	42.07	32.46	44.70	30.47	24.12
Clothes dryers	27.92	13.14	23.96	40.53	28.56	31.87	16.69	25.10
Cooking stoves, ovens	28.81	8.00	18.22	24.15	22.65	41.92	28.21	60.38
Microwave ovens	10.54	6.50	7.29	13.89	12.40	11.53	10.15	7.21
Window air conditioners	5.12	3.26	3.52	5.51	5.60	7.18	4.11	4.77
Electric floor-cleaning equipment	15.47	13.16	12.77	18.13	14.44	18.98	16.26	11.54
Sewing machines	2.82	2.77	0.89	5.80	2.35	1.39	3.79	3.17
Miscellaneous household appliances	8.53	1.68	5.82	6.49	22.10	6.70	4.15	–
Small appliances and misc. housewares	**106.51**	**44.77**	**96.79**	**105.05**	**111.65**	**149.47**	**118.14**	**64.46**
Housewares	65.92	23.63	68.36	75.50	69.20	70.46	70.13	52.79
Plastic dinnerware	2.41	2.58	2.96	3.55	2.58	2.17	1.32	0.51
China and other dinnerware	7.52	2.13	6.45	5.90	4.14	7.37	25.98	2.76
Flatware	4.13	3.18	5.69	3.65	5.03	5.04	1.51	2.35
Glassware	10.01	4.02	13.31	8.14	8.78	8.90	8.08	19.11
Other serving pieces	1.23	0.60	1.10	1.80	0.77	2.19	0.74	0.63
Nonelectric cookware	16.07	1.93	17.57	18.66	17.35	18.45	12.64	15.24
Tableware, nonelectric kitchenware	23.57	8.95	20.35	32.13	29.69	25.21	19.03	11.81
Small appliances	40.58	21.14	28.43	29.55	42.45	79.02	48.01	11.67
Small electric kitchen appliances	21.85	17.16	24.50	18.94	23.82	26.47	23.19	11.67
Portable heating and cooling equipment	18.73	3.98	3.93	10.60	18.62	52.55	24.82	–
Miscellaneous household equipment	**657.15**	**408.86**	**649.77**	**780.24**	**782.53**	**704.65**	**612.07**	**296.04**
Window coverings	22.96	2.01	23.28	36.91	25.33	24.08	19.42	7.34
Infants' equipment	16.48	36.62	25.88	21.93	8.48	14.88	10.36	3.24
Laundry and cleaning equipment	17.83	10.16	16.28	20.90	21.34	16.67	19.22	12.92
Outdoor equipment	34.74	32.24	19.74	36.87	47.50	53.13	18.16	14.73
Lamps and lighting fixtures	21.93	1.32	28.67	17.63	25.17	20.77	34.06	13.64
Household decorative items	101.37	51.46	83.27	130.21	130.40	85.75	119.23	57.50
Telephones and accessories	32.60	6.74	31.84	46.13	35.21	41.32	30.07	7.28
Lawn and garden equipment	37.06	3.48	44.58	39.26	53.39	37.62	22.17	23.09
Power tools	39.23	26.32	34.02	29.29	45.71	58.76	36.32	28.38
Office furniture for home use	6.06	6.76	6.21	11.60	4.95	4.41	3.63	2.96
Hand tools	13.76	6.40	14.69	16.29	15.90	14.48	14.84	5.13
Indoor plants and fresh flowers	42.60	11.48	30.94	46.31	58.70	42.90	52.23	30.34
Closet and storage items	15.85	6.84	16.90	18.24	24.98	15.43	10.27	2.51
Rental of furniture	4.18	14.98	10.22	3.50	1.92	2.52	0.12	–
Luggage	12.64	–	19.37	22.37	11.14	9.64	12.31	0.79
Computers and computer hardware for nonbusiness use	144.58	142.86	148.32	161.05	176.87	154.10	119.90	48.23
Portable memory	7.06	5.69	8.02	9.01	8.56	8.23	3.15	1.61
Computer software and accessories for nonbusiness use	16.89	11.61	15.76	17.32	21.85	17.57	21.42	4.65
Personal digital assistants	4.68	1.43	2.45	7.65	5.46	7.75	2.56	0.22
Internet services away from home	1.86	1.31	2.46	2.39	2.03	1.68	1.42	0.63
Telephone answering devices	0.34	0.08	0.28	0.56	0.27	0.31	0.39	0.34
Business equipment for home use	3.79	0.62	3.55	3.21	4.10	5.74	4.82	2.04
Other hardware	15.41	5.32	18.74	27.91	5.79	25.22	11.75	0.41
Smoke alarms	1.47	0.67	0.94	2.61	1.29	1.30	2.03	0.82
Other household appliances	8.09	2.03	8.53	7.97	9.15	8.69	10.87	5.19
Miscellaneous household equipment and parts	33.68	20.42	34.84	43.14	37.03	31.68	31.34	22.05

Note: Annual average spending figures for some items may seem low because both purchasers and nonpurchasers are used to calculate the annual average; to find out how much purchasers spend on items, see the quarterly or weekly spending tables. Subcategories may not add to total because some are not shown. "–" means sample is too small to make a reliable estimate.
Source: Bureau of Labor Statistics, unpublished tables from the 2010 Consumer Expenditure Survey

Table 9.2 Housing: Household Operations: Indexed Annual Spending by Age, 2010

(indexed average annual spending of consumer units (CU) on household services, supplies, furnishings, and equipment, by age of consumer unit reference person, 2010; index definition: an index of 100 is the average for all consumer units; an index of 125 means that spending by consumer units in that group is 25 percent above the average for all consumer units; an index of 75 indicates spending that is 25 percent below the average for all consumer units)

	total consumer units	under 25	25 to 34	35 to 44	45 to 54	55 to 64	65 to 74	75+
Average annual spending of CU, total	$48,109	$27,483	$46,617	$55,946	$57,788	$50,900	$41,434	$31,529
Average annual spending of CU, index	100	57	97	116	120	106	86	66
Housing, annual spending index	100	58	102	121	114	101	87	69
HOUSEHOLD SERVICES	**100**	**41**	**123**	**140**	**93**	**88**	**86**	**77**
Personal services	**100**	**45**	**223**	**216**	**56**	**21**	**21**	**33**
Babysitting and child care in own home	100	47	184	261	84	1	1	13
Babysitting and child care in someone else's home	100	59	320	154	37	18	21	20
Care for elderly, invalids, handicapped, etc.	100	5	8	38	40	98	199	467
Day care centers, nurseries, and preschools	100	47	240	230	53	19	9	1
Other household services	**100**	**39**	**73**	**102**	**111**	**121**	**120**	**100**
Housekeeping services	100	11	35	97	113	114	134	189
Gardening, lawn care service	100	3	29	72	114	147	147	173
Water-softening service	100	12	66	91	109	109	122	175
Nonclothing laundry and dry cleaning, sent out	100	35	62	68	121	136	167	80
Nonclothing laundry and dry cleaning, coin-operated	100	112	140	125	105	72	68	51
Termite and pest control services	100	16	62	101	99	144	127	113
Home security system service fee	100	16	72	119	105	125	120	91
Other home services	100	7	45	87	95	129	190	139
Termite and pest control products	100	11	70	96	110	128	136	109
Moving, storage, and freight express	100	42	83	106	108	168	72	45
Appliance repair, including at service center	100	19	50	101	99	145	148	106
Reupholstering and furniture repair	100	6	7	38	181	70	253	154
Repairs and rentals of lawn and garden equipment, hand and power tools, etc.	100	21	28	57	179	167	100	66
Appliance rental	100	40	108	146	155	83	60	–
Rental of office equipment for nonbusiness use	100	92	181	144	3	125	117	50
Repair of computer systems for nonbusiness use	100	56	73	82	94	138	157	94
Computer information services	100	71	110	118	112	106	87	45
HOUSEKEEPING SUPPLIES	**100**	**46**	**76**	**108**	**106**	**117**	**124**	**90**
Laundry and cleaning supplies	**100**	**60**	**84**	**122**	**110**	**105**	**98**	**87**
Soaps and detergents	100	63	87	122	109	107	90	84
Other laundry cleaning products	100	56	79	122	111	102	107	89
Other household products	**100**	**47**	**75**	**101**	**105**	**122**	**134**	**89**
Cleansing and toilet tissue, paper towels, and napkins	100	60	83	109	110	112	101	94
Miscellaneous household products	100	64	88	119	114	111	90	69
Lawn and garden supplies	100	10	47	68	86	149	228	109
Postage and stationery	**100**	**26**	**71**	**112**	**106**	**119**	**131**	**98**
Stationery, stationery supplies, giftwrap	100	35	93	118	108	105	116	78
Postage	100	15	43	101	101	133	157	129
Delivery services	100	3	39	158	148	184	11	3
HOUSEHOLD FURNISHINGS AND EQUIPMENT	**100**	**60**	**99**	**119**	**108**	**116**	**88**	**59**
Household textiles	**100**	**51**	**78**	**109**	**107**	**135**	**111**	**64**
Bathroom linens	100	69	79	116	120	95	90	104
Bedroom linens	100	62	82	132	96	129	102	47
Kitchen and dining room linens	100	–	86	96	136	115	113	80
Curtains and draperies	100	35	75	79	98	202	104	38
Slipcovers and decorative pillows	100	41	81	95	112	114	176	46
Sewing materials for household items	100	26	51	55	124	132	184	118
Other linens	100	100	78	76	128	147	96	36
Furniture	**100**	**76**	**121**	**126**	**91**	**114**	**71**	**57**
Mattresses and springs	100	59	114	148	115	85	66	47
Other bedroom furniture	100	120	147	145	75	97	45	40
Sofas	100	92	123	112	101	98	76	71

	total consumer units	under 25	25 to 34	35 to 44	45 to 54	55 to 64	65 to 74	75+
Living room chairs	100	74	78	104	78	157	86	107
Living room tables	100	84	115	110	81	139	95	40
Kitchen and dining room furniture	100	58	110	173	77	103	100	16
Infants' furniture	100	99	176	186	75	66	28	3
Outdoor furniture	100	–	157	89	126	115	22	94
Wall units, cabinets, and other furniture	100	50	97	99	75	179	101	49
Floor coverings	**100**	**22**	**122**	**116**	**101**	**141**	**55**	**58**
Wall-to-wall carpeting	100	8	155	115	112	111	43	59
Floor coverings, nonpermanent	100	37	85	118	90	174	67	58
Major appliances	**100**	**44**	**76**	**125**	**105**	**119**	**86**	**101**
Dishwashers (built-in), garbage disposals, range hoods	100	19	68	170	77	102	131	92
Refrigerators and freezers	100	40	76	129	114	115	76	98
Washing machines	100	49	91	124	95	131	90	71
Clothes dryers	100	47	86	145	102	114	60	90
Cooking stoves, ovens	100	28	63	84	79	146	98	210
Microwave ovens	100	62	69	132	118	109	96	68
Window air conditioners	100	64	69	108	109	140	80	93
Electric floor-cleaning equipment	100	85	83	117	93	123	105	75
Sewing machines	100	98	32	206	83	49	134	112
Miscellaneous household appliances	100	20	68	76	259	79	49	–
Small appliances and miscellaneous housewares	**100**	**42**	**91**	**99**	**105**	**140**	**111**	**61**
Housewares	100	36	104	115	105	107	106	80
Plastic dinnerware	100	107	123	147	107	90	55	21
China and other dinnerware	100	28	86	78	55	98	345	37
Flatware	100	77	138	88	122	122	37	57
Glassware	100	40	133	81	88	89	81	191
Other serving pieces	100	49	89	146	63	178	60	51
Nonelectric cookware	100	12	109	116	108	115	79	95
Tableware, nonelectric kitchenware	100	38	86	136	126	107	81	50
Small appliances	100	52	70	73	105	195	118	29
Small electric kitchen appliances	100	79	112	87	109	121	106	53
Portable heating and cooling equipment	100	21	21	57	99	281	133	–
Miscellaneous household equipment	**100**	**62**	**99**	**119**	**119**	**107**	**93**	**45**
Window coverings	100	9	101	161	110	105	85	32
Infants' equipment	100	222	157	133	51	90	63	20
Laundry and cleaning equipment	100	57	91	117	120	93	108	72
Outdoor equipment	100	93	57	106	137	153	52	42
Lamps and lighting fixtures	100	6	131	80	115	95	155	62
Household decorative items	100	51	82	128	129	85	118	57
Telephones and accessories	100	21	98	142	108	127	92	22
Lawn and garden equipment	100	9	120	106	144	102	60	62
Power tools	100	67	87	75	117	150	93	72
Office furniture for home use	100	112	102	191	82	73	60	49
Hand tools	100	47	107	118	116	105	108	37
Indoor plants and fresh flowers	100	27	73	109	138	101	123	71
Closet and storage items	100	43	107	115	158	97	65	16
Rental of furniture	100	358	244	84	46	60	3	–
Luggage	100	–	153	177	88	76	97	6
Computers and computer hardware for nonbusiness use	100	99	103	111	122	107	83	33
Portable memory	100	81	114	128	121	117	45	23
Computer software and accessories for nonbusiness use	100	69	93	103	129	104	127	28
Personal digital assistants	100	31	52	163	117	166	55	5
Internet services away from home	100	70	132	128	109	90	76	34
Telephone answering devices	100	24	82	165	79	91	115	100
Business equipment for home use	100	16	94	85	108	151	127	54
Other hardware	100	35	122	181	38	164	76	3
Smoke alarms	100	46	64	178	88	88	138	56
Other household appliances	100	25	105	99	113	107	134	64
Miscellaneous household equipment and parts	100	61	103	128	110	94	93	65

Note: "–" means sample is too small to make a reliable estimate.
Source: Calculations by New Strategist based on the Bureau of Labor Statistics' 2010 Consumer Expenditure Survey

Table 9.3 Housing: Household Operations: Total Annual Spending by Age, 2010

(total annual spending on household services, supplies, furnishings, and equipment, by consumer unit (CU) age groups, 2010; consumer units and dollars in thousands)

	total consumer units	under 25	25 to 34	35 to 44	45 to 54	55 to 64	65 to 74	75+
Number of consumer units	121,107	8,034	20,166	21,912	25,054	21,359	13,031	11,551
Total annual spending of all CUs	$5,826,317,286	$220,796,574	$940,088,102	$1,225,881,521	$1,447,826,816	$1,087,167,333	$539,924,499	$364,186,281
Housing, total annual spending	2,005,187,976	76,752,417	339,704,740	439,142,774	473,529,369	356,110,063	187,907,672	131,926,281
HOUSEHOLD SERVICES	121,987,448	3,338,207	25,082,269	30,983,568	23,424,989	18,835,221	11,310,778	9,003,773
Personal services	41,155,792	1,238,280	15,256,789	16,109,483	4,800,346	1,534,217	916,731	1,300,181
Babysitting and child care in own home	6,429,571	200,609	1,969,613	3,036,127	1,122,670	15,165	7,558	78,431
Babysitting and child care in someone else's home	3,199,647	124,206	1,705,237	892,038	243,525	101,669	72,843	59,603
Care for elderly, invalids, handicapped, etc.	2,519,026	8,837	34,686	173,981	207,698	433,588	539,092	1,121,371
Day care centers, nurseries, and preschools	28,892,497	904,387	11,546,850	12,001,641	3,155,802	973,330	273,912	36,270
Other household services	80,830,445	2,099,927	9,825,480	14,874,085	18,624,643	17,301,004	10,394,047	7,703,593
Housekeeping services	13,527,652	96,247	780,626	2,383,587	3,158,558	2,721,777	1,951,392	2,435,066
Gardening, lawn care service	13,038,380	27,878	632,204	1,692,264	3,085,150	3,383,906	2,068,280	2,148,602
Water-softening service	428,719	3,455	46,987	70,776	96,708	82,659	56,424	71,501
Nonclothing laundry and dry cleaning, sent out	128,373	2,973	13,310	15,777	32,069	30,757	23,065	9,818
Nonclothing laundry and dry cleaning, coin-operated	434,774	32,297	101,032	98,604	94,454	55,106	31,796	21,023
Termite and pest control services	2,184,770	23,459	225,658	400,551	446,462	555,334	297,758	235,409
Home security system service fee	2,860,547	31,252	345,040	617,042	621,089	629,450	369,038	247,884
Other home services	2,239,268	10,444	168,386	353,441	441,451	509,626	458,952	296,514
Termite and pest control products	354,844	2,651	41,340	61,573	80,423	79,883	51,863	36,963
Moving, storage, and freight express	5,418,327	150,718	749,772	1,042,792	1,208,856	1,610,041	421,423	234,254
Appliance repair, including at service center	2,303,455	28,280	190,770	420,930	473,270	590,149	367,344	233,446
Reupholstering and furniture repair	752,074	2,973	8,268	51,493	281,607	92,271	204,847	110,543
Repairs and rentals of lawn and garden equipment, hand and power tools, etc.	857,438	12,131	40,130	88,524	317,434	252,463	92,259	53,828
Appliance rental	142,906	3,776	25,812	37,689	45,849	20,932	9,252	–
Rental of office equipment for nonbusiness use	43,599	2,651	13,108	11,394	251	9,612	5,473	2,079
Repair of computer systems for nonbusiness use	882,870	32,939	107,081	130,376	170,868	214,444	148,814	79,009
Computer information services	34,532,450	1,635,722	6,332,326	7,396,176	8,023,042	6,450,418	3,215,269	1,479,914
HOUSEKEEPING SUPPLIES	74,066,619	2,242,289	9,368,317	14,526,560	16,282,344	15,318,888	9,916,461	6,371,763
Laundry and cleaning supplies	18,197,538	724,747	2,538,698	4,024,358	4,141,176	3,357,208	1,912,430	1,501,630
Soaps and detergents	9,923,508	415,518	1,444,692	2,197,554	2,233,815	1,873,825	962,991	798,059
Other laundry cleaning products	8,274,030	309,148	1,094,006	1,827,023	1,907,361	1,483,383	949,439	703,571
Other household products	39,846,625	1,242,297	4,945,913	7,266,238	8,630,101	8,605,755	5,746,019	3,372,083
Cleansing and toilet tissue, paper towels, and napkins	12,523,675	498,992	1,734,074	2,474,960	2,857,910	2,468,673	1,359,394	1,126,916
Miscellaneous household products	15,685,779	668,991	2,299,126	3,366,560	3,710,497	3,071,851	1,526,191	1,035,316
Lawn and garden supplies	11,637,172	74,315	912,713	1,424,718	2,061,694	3,065,230	2,860,435	1,209,852
Postage and stationery	16,022,456	275,325	1,883,908	3,235,745	3,510,817	3,355,926	2,258,142	1,498,049
Stationery, stationery supplies, giftwrap	8,873,510	207,117	1,375,321	1,897,360	1,979,015	1,644,857	1,105,550	664,067
Postage	6,789,258	67,405	484,791	1,236,056	1,421,815	1,594,449	1,148,292	832,827
Delivery services	359,688	803	23,594	102,548	110,238	116,620	4,300	1,155
HOUSEHOLD FURNISHINGS AND EQUIPMENT	177,624,004	7,024,528	29,408,683	38,292,096	39,710,089	36,262,029	16,899,383	9,957,771
Household textiles	12,404,990	423,231	1,602,995	2,443,188	2,741,659	2,949,251	1,482,146	760,980
Bathroom linens	2,262,279	102,996	297,852	476,148	562,713	380,190	218,790	223,627
Bedroom linens	5,564,867	230,576	762,073	1,329,839	1,109,892	1,269,579	611,675	251,119
Kitchen and dining room linens	716,953	–	102,242	124,241	202,436	145,241	87,177	54,752
Curtains and draperies	2,142,383	50,213	267,200	306,111	436,190	765,079	239,249	78,316
Slipcovers and decorative pillows	449,307	12,131	60,700	77,130	104,225	90,562	85,223	19,637
Sewing materials for household items	1,154,150	19,683	98,007	113,942	295,637	268,696	228,173	129,718
Other linens	115,052	7,632	14,923	15,777	30,566	29,903	11,858	3,927
Furniture	43,029,317	2,156,486	8,643,349	9,794,883	8,131,526	8,666,628	3,290,067	2,349,242
Mattresses and springs	5,888,222	229,933	1,121,431	1,575,911	1,404,026	877,855	415,428	263,363
Other bedroom furniture	7,576,454	603,112	1,860,112	1,981,940	1,177,789	1,294,355	368,386	290,623
Sofas	10,205,687	621,269	2,081,938	2,076,819	2,137,357	1,760,409	836,330	691,905

	total consumer units	under 25	25 to 34	35 to 44	45 to 54	55 to 64	65 to 74	75+
Living room chairs	$4,416,772	$217,159	$574,529	$830,903	$713,037	$1,219,599	$409,304	$451,991
Living room tables	1,957,089	108,780	373,676	390,253	328,708	479,937	200,417	75,313
Kitchen and dining room furniture	3,849,992	149,031	705,205	1,205,160	614,575	702,284	416,210	57,871
Infants' furniture	977,333	64,111	286,156	329,118	152,078	113,203	29,580	3,119
Outdoor furniture	3,196,014	–	835,477	516,904	835,551	649,100	75,189	285,541
Wall units, cabinets, and other furniture	4,961,754	163,171	804,825	887,655	767,905	1,569,887	539,092	229,634
Floor coverings	**4,369,541**	**63,388**	**884,481**	**917,455**	**914,972**	**1,089,736**	**256,580**	**242,918**
Wall-to-wall carpeting	2,263,490	11,730	585,822	469,574	523,879	442,345	103,987	127,177
Floor coverings, nonpermanent	2,104,840	51,739	298,658	447,881	391,343	647,391	152,593	115,741
Major appliances	**25,334,373**	**736,878**	**3,222,930**	**5,738,095**	**5,519,146**	**5,313,265**	**2,355,223**	**2,440,495**
Dishwashers (built-in), garbage disposals, range hoods	2,113,317	26,994	239,370	648,157	335,974	380,190	298,410	184,585
Refrigerators and freezers	7,041,161	187,192	892,547	1,648,878	1,656,320	1,424,859	573,494	657,714
Washing machines	4,122,482	132,722	623,734	921,838	813,253	954,747	397,055	278,610
Clothes dryers	3,381,307	105,567	483,177	888,093	715,542	680,711	217,487	289,930
Cooking stoves, ovens	3,489,093	64,272	367,425	529,175	567,473	895,369	367,605	697,449
Microwave ovens	1,276,468	52,221	147,010	304,358	310,670	246,269	132,265	83,283
Window air conditioners	620,068	26,191	70,984	120,735	140,302	153,358	53,557	55,098
Electric floor-cleaning equipment	1,873,525	105,727	257,520	397,265	361,780	405,394	211,884	133,299
Sewing machines	341,522	22,254	17,948	127,090	58,877	29,689	49,387	36,617
Miscellaneous household appliances	1,033,043	13,497	117,366	142,209	553,693	143,105	54,079	–
Small appliances and misc. housewares	**12,899,107**	**359,682**	**1,951,867**	**2,301,856**	**2,797,279**	**3,192,530**	**1,539,482**	**744,577**
Housewares	7,983,373	189,843	1,378,548	1,654,356	1,733,737	1,504,955	913,864	609,777
Plastic dinnerware	291,868	20,728	59,691	77,788	64,639	46,349	17,201	5,891
China and other dinnerware	910,725	17,112	130,071	129,281	103,724	157,416	338,545	31,881
Flatware	500,172	25,548	114,745	79,979	126,022	107,649	19,677	27,145
Glassware	1,212,281	32,297	268,409	178,364	219,974	190,095	105,290	220,740
Other serving pieces	148,962	4,820	22,183	39,442	19,292	46,776	9,643	7,277
Nonelectric cookware	1,946,189	15,506	354,317	408,878	434,687	394,074	164,712	176,037
Tableware, nonelectric kitchenware	2,854,492	71,904	410,378	704,033	743,853	538,460	247,980	136,417
Small appliances	4,914,522	169,839	573,319	647,500	1,063,542	1,687,788	625,618	134,800
Small electric kitchen appliances	2,646,188	137,863	494,067	415,013	596,786	565,373	302,189	134,800
Portable heating and cooling equipment	2,268,334	31,975	79,252	232,267	466,505	1,122,415	323,429	–
Miscellaneous household equipment	**79,585,465**	**3,284,781**	**13,103,262**	**17,096,619**	**19,605,507**	**15,050,619**	**7,975,884**	**3,419,558**
Window coverings	2,780,617	16,148	469,464	808,772	634,618	514,325	253,062	84,784
Infants' equipment	1,995,843	294,205	521,896	480,530	212,458	317,822	135,001	37,425
Laundry and cleaning equipment	2,159,338	81,625	328,302	457,961	534,652	356,055	250,456	149,239
Outdoor equipment	4,207,257	259,016	398,077	807,895	1,190,065	1,134,804	236,643	170,146
Lamps and lighting fixtures	2,655,877	10,605	578,159	386,309	630,609	443,626	443,836	157,556
Household decorative items	12,276,617	413,430	1,679,223	2,853,162	3,267,042	1,831,534	1,553,686	664,183
Telephones and accessories	3,948,088	54,149	642,085	1,010,801	882,151	882,554	391,842	84,091
Lawn and garden equipment	4,488,225	27,958	899,000	860,265	1,337,633	803,526	288,897	266,713
Power tools	4,751,028	211,455	686,047	641,802	1,145,218	1,255,055	473,286	327,817
Office furniture for home use	733,908	54,310	125,231	254,179	124,017	94,193	47,303	34,191
Hand tools	1,666,432	51,418	296,239	356,946	398,359	309,278	193,380	59,257
Indoor plants and fresh flowers	5,159,158	92,230	623,936	1,014,745	1,470,670	916,301	680,609	350,457
Closet and storage items	1,919,546	54,953	340,805	399,675	625,849	329,569	133,828	28,993
Rental of furniture	506,227	120,349	206,097	76,692	48,104	53,825	1,564	–
Luggage	1,530,792	–	390,615	490,171	279,102	205,901	160,412	9,125
Computers and computer hardware for nonbusiness use	17,509,650	1,147,737	2,991,021	3,528,928	4,431,301	3,291,422	1,562,417	557,105
Portable memory	855,015	45,713	161,731	197,427	214,462	175,785	41,048	18,597
Computer software and accessories for nonbusiness use	2,045,497	93,275	317,816	379,516	547,430	375,278	279,124	53,712
Personal digital assistants	566,781	11,489	49,407	167,627	136,795	165,532	33,359	2,541
Internet services away from home	225,259	10,525	49,608	52,370	50,860	35,883	18,504	7,277
Telephone answering devices	41,176	643	5,646	12,271	6,765	6,621	5,082	3,927
Business equipment for home use	458,996	4,981	71,589	70,338	102,721	122,601	62,809	23,564
Other hardware	1,866,259	42,741	377,911	611,564	145,063	538,674	153,114	4,736
Smoke alarms	178,027	5,383	18,956	57,190	32,320	27,767	26,453	9,472
Other household appliances	979,756	16,309	172,016	174,639	229,244	185,610	141,647	59,950
Miscellaneous household equipment and parts	4,078,884	164,054	702,583	945,284	927,750	676,653	408,392	254,700

Note: Numbers may not add to total because of rounding and missing subcategories. "–" means sample is too small to make a reliable estimate.
Source: Calculations by New Strategist based on the Bureau of Labor Statistics' 2010 Consumer Expenditure Survey

Table 9.4 Housing: Household Operations: Share of Annual Spending by Age, 2010

(percentage of total annual spending on household services, supplies, furnishings, and equipment accounted for by consumer unit age groups, 2010)

	total consumer units	under 25	25 to 34	35 to 44	45 to 54	55 to 64	65 to 74	75+
Share of total consumer units	100.0%	6.6%	16.7%	18.1%	20.7%	17.6%	10.8%	9.5%
Share of total before-tax income	100.0	2.9	15.9	22.0	26.4	19.5	8.6	4.9
Share of total annual spending	100.0	3.8	16.1	21.0	24.8	18.7	9.3	6.3
Share of total annual housing spending	100.0	3.8	16.9	21.9	23.6	17.8	9.4	6.6
HOUSEHOLD SERVICES	100.0	2.7	20.6	25.4	19.2	15.4	9.3	7.4
Personal services	100.0	3.0	37.1	39.1	11.7	3.7	2.2	3.2
Babysitting and child care in own home	100.0	3.1	30.6	47.2	17.5	0.2	0.1	1.2
Babysitting and child care in someone else's home	100.0	3.9	53.3	27.9	7.6	3.2	2.3	1.9
Care for elderly, invalids, handicapped, etc.	100.0	0.4	1.4	6.9	8.2	17.2	21.4	44.5
Day care centers, nurseries, and preschools	100.0	3.1	40.0	41.5	10.9	3.4	0.9	0.1
Other household services	100.0	2.6	12.2	18.4	23.0	21.4	12.9	9.5
Housekeeping services	100.0	0.7	5.8	17.6	23.3	20.1	14.4	18.0
Gardening, lawn care service	100.0	0.2	4.8	13.0	23.7	26.0	15.9	16.5
Water-softening service	100.0	0.8	11.0	16.5	22.6	19.3	13.2	16.7
Nonclothing laundry and dry cleaning, sent out	100.0	2.3	10.4	12.3	25.0	24.0	18.0	7.6
Nonclothing laundry and dry cleaning, coin-operated	100.0	7.4	23.2	22.7	21.7	12.7	7.3	4.8
Termite and pest control services	100.0	1.1	10.3	18.3	20.4	25.4	13.6	10.8
Home security system service fee	100.0	1.1	12.1	21.6	21.7	22.0	12.9	8.7
Other home services	100.0	0.5	7.5	15.8	19.7	22.8	20.5	13.2
Termite and pest control products	100.0	0.7	11.7	17.4	22.7	22.5	14.6	10.4
Moving, storage, and freight express	100.0	2.8	13.8	19.2	22.3	29.7	7.8	4.3
Appliance repair, including at service center	100.0	1.2	8.3	18.3	20.5	25.6	15.9	10.1
Reupholstering and furniture repair	100.0	0.4	1.1	6.8	37.4	12.3	27.2	14.7
Repairs and rentals of lawn and garden equipment, hand and power tools, etc.	100.0	1.4	4.7	10.3	37.0	29.4	10.8	6.3
Appliance rental	100.0	2.6	18.1	26.4	32.1	14.6	6.5	–
Rental of office equipment for nonbusiness use	100.0	6.1	30.1	26.1	0.6	22.0	12.6	4.8
Repair of computer systems for nonbusiness use	100.0	3.7	12.1	14.8	19.4	24.3	16.9	8.9
Computer information services	100.0	4.7	18.3	21.4	23.2	18.7	9.3	4.3
HOUSEKEEPING SUPPLIES	100.0	3.0	12.6	19.6	22.0	20.7	13.4	8.6
Laundry and cleaning supplies	100.0	4.0	14.0	22.1	22.8	18.4	10.5	8.3
Soaps and detergents	100.0	4.2	14.6	22.1	22.5	18.9	9.7	8.0
Other laundry cleaning products	100.0	3.7	13.2	22.1	23.1	17.9	11.5	8.5
Other household products	100.0	3.1	12.4	18.2	21.7	21.6	14.4	8.5
Cleansing and toilet tissue, paper towels, and napkins	100.0	4.0	13.8	19.8	22.8	19.7	10.9	9.0
Miscellaneous household products	100.0	4.3	14.7	21.5	23.7	19.6	9.7	6.6
Lawn and garden supplies	100.0	0.6	7.8	12.2	17.7	26.3	24.6	10.4
Postage and stationery	100.0	1.7	11.8	20.2	21.9	20.9	14.1	9.3
Stationery, stationery supplies, giftwrap	100.0	2.3	15.5	21.4	22.3	18.5	12.5	7.5
Postage	100.0	1.0	7.1	18.2	20.9	23.5	16.9	12.3
Delivery services	100.0	0.2	6.6	28.5	30.6	32.4	1.2	0.3
HOUSEHOLD FURNISHINGS AND EQUIPMENT	100.0	4.0	16.6	21.6	22.4	20.4	9.5	5.6
Household textiles	100.0	3.4	12.9	19.7	22.1	23.8	11.9	6.1
Bathroom linens	100.0	4.6	13.2	21.0	24.9	16.8	9.7	9.9
Bedroom linens	100.0	4.1	13.7	23.9	19.9	22.8	11.0	4.5
Kitchen and dining room linens	100.0	–	14.3	17.3	28.2	20.3	12.2	7.6
Curtains and draperies	100.0	2.3	12.5	14.3	20.4	35.7	11.2	3.7
Slipcovers and decorative pillows	100.0	2.7	13.5	17.2	23.2	20.2	19.0	4.4
Sewing materials for household items	100.0	1.7	8.5	9.9	25.6	23.3	19.8	11.2
Other linens	100.0	6.6	13.0	13.7	26.6	26.0	10.3	3.4
Furniture	100.0	5.0	20.1	22.8	18.9	20.1	7.6	5.5
Mattresses and springs	100.0	3.9	19.0	26.8	23.8	14.9	7.1	4.5
Other bedroom furniture	100.0	8.0	24.6	26.2	15.5	17.1	4.9	3.8
Sofas	100.0	6.1	20.4	20.3	20.9	17.2	8.2	6.8

	total consumer units	under 25	25 to 34	35 to 44	45 to 54	55 to 64	65 to 74	75+
Living room chairs	100.0%	4.9%	13.0%	18.8%	16.1%	27.6%	9.3%	10.2%
Living room tables	100.0	5.6	19.1	19.9	16.8	24.5	10.2	3.8
Kitchen and dining room furniture	100.0	3.9	18.3	31.3	16.0	18.2	10.8	1.5
Infants' furniture	100.0	6.6	29.3	33.7	15.6	11.6	3.0	0.3
Outdoor furniture	100.0	–	26.1	16.2	26.1	20.3	2.4	8.9
Wall units, cabinets, and other furniture	100.0	3.3	16.2	17.9	15.5	31.6	10.9	4.6
Floor coverings	**100.0**	**1.5**	**20.2**	**21.0**	**20.9**	**24.9**	**5.9**	**5.6**
Wall-to-wall carpeting	100.0	0.5	25.9	20.7	23.1	19.5	4.6	5.6
Floor coverings, nonpermanent	100.0	2.5	14.2	21.3	18.6	30.8	7.2	5.5
Major appliances	**100.0**	**2.9**	**12.7**	**22.6**	**21.8**	**21.0**	**9.3**	**9.6**
Dishwashers (built-in), garbage disposals, range hoods	100.0	1.3	11.3	30.7	15.9	18.0	14.1	8.7
Refrigerators and freezers	100.0	2.7	12.7	23.4	23.5	20.2	8.1	9.3
Washing machines	100.0	3.2	15.1	22.4	19.7	23.2	9.6	6.8
Clothes dryers	100.0	3.1	14.3	26.3	21.2	20.1	6.4	8.6
Cooking stoves, ovens	100.0	1.8	10.5	15.2	16.3	25.7	10.5	20.0
Microwave ovens	100.0	4.1	11.5	23.8	24.3	19.3	10.4	6.5
Window air conditioners	100.0	4.2	11.4	19.5	22.6	24.7	8.6	8.9
Electric floor-cleaning equipment	100.0	5.6	13.7	21.2	19.3	21.6	11.3	7.1
Sewing machines	100.0	6.5	5.3	37.2	17.2	8.7	14.5	10.7
Miscellaneous household appliances	100.0	1.3	11.4	13.8	53.6	13.9	5.2	–
Small appliances and miscellaneous housewares	**100.0**	**2.8**	**15.1**	**17.8**	**21.7**	**24.8**	**11.9**	**5.8**
Housewares	100.0	2.4	17.3	20.7	21.7	18.9	11.4	7.6
Plastic dinnerware	100.0	7.1	20.5	26.7	22.1	15.9	5.9	2.0
China and other dinnerware	100.0	1.9	14.3	14.2	11.4	17.3	37.2	3.5
Flatware	100.0	5.1	22.9	16.0	25.2	21.5	3.9	5.4
Glassware	100.0	2.7	22.1	14.7	18.1	15.7	8.7	18.2
Other serving pieces	100.0	3.2	14.9	26.5	13.0	31.4	6.5	4.9
Nonelectric cookware	100.0	0.8	18.2	21.0	22.3	20.2	8.5	9.0
Tableware, nonelectric kitchenware	100.0	2.5	14.4	24.7	26.1	18.9	8.7	4.8
Small appliances	100.0	3.5	11.7	13.2	21.6	34.3	12.7	2.7
Small electric kitchen appliances	100.0	5.2	18.7	15.7	22.6	21.4	11.4	5.1
Portable heating and cooling equipment	100.0	1.4	3.5	10.2	20.6	49.5	14.3	–
Miscellaneous household equipment	**100.0**	**4.1**	**16.5**	**21.5**	**24.6**	**18.9**	**10.0**	**4.3**
Window coverings	100.0	0.6	16.9	29.1	22.8	18.5	9.1	3.0
Infants' equipment	100.0	14.7	26.1	24.1	10.6	15.9	6.8	1.9
Laundry and cleaning equipment	100.0	3.8	15.2	21.2	24.8	16.5	11.6	6.9
Outdoor equipment	100.0	6.2	9.5	19.2	28.3	27.0	5.6	4.0
Lamps and lighting fixtures	100.0	0.4	21.8	14.5	23.7	16.7	16.7	5.9
Household decorative items	100.0	3.4	13.7	23.2	26.6	14.9	12.7	5.4
Telephones and accessories	100.0	1.4	16.3	25.6	22.3	22.4	9.9	2.1
Lawn and garden equipment	100.0	0.6	20.0	19.2	29.8	17.9	6.4	5.9
Power tools	100.0	4.5	14.4	13.5	24.1	26.4	10.0	6.9
Office furniture for home use	100.0	7.4	17.1	34.6	16.9	12.8	6.4	4.7
Hand tools	100.0	3.1	17.8	21.4	23.9	18.6	11.6	3.6
Indoor plants and fresh flowers	100.0	1.8	12.1	19.7	28.5	17.8	13.2	6.8
Closet and storage items	100.0	2.9	17.8	20.8	32.6	17.2	7.0	1.5
Rental of furniture	100.0	23.8	40.7	15.1	9.5	10.6	0.3	–
Luggage	100.0	–	25.5	32.0	18.2	13.5	10.5	0.6
Computers and computer hardware for nonbusiness use	100.0	6.6	17.1	20.2	25.3	18.8	8.9	3.2
Portable memory	100.0	5.3	18.9	23.1	25.1	20.6	4.8	2.2
Computer software and accessories for nonbusiness use	100.0	4.6	15.5	18.6	26.8	18.3	13.6	2.6
Personal digital assistants	100.0	2.0	8.7	29.6	24.1	29.2	5.9	0.4
Internet services away from home	100.0	4.7	22.0	23.2	22.6	15.9	8.2	3.2
Telephone answering devices	100.0	1.6	13.7	29.8	16.4	16.1	12.3	9.5
Business equipment for home use	100.0	1.1	15.6	15.3	22.4	26.7	13.7	5.1
Other hardware	100.0	2.3	20.2	32.8	7.8	28.9	8.2	0.3
Smoke alarms	100.0	3.0	10.6	32.1	18.2	15.6	14.9	5.3
Other household appliances	100.0	1.7	17.6	17.8	23.4	18.9	14.5	6.1
Miscellaneous household equipment and parts	100.0	4.0	17.2	23.2	22.7	16.6	10.0	6.2

Note: Numbers may not add to total because of rounding. "–" means sample is too small to make a reliable estimate.
Source: Calculations by New Strategist based on the Bureau of Labor Statistics' 2010 Consumer Expenditure Survey

Table 9.5 Percent of Consumer Units That Bought Household Operations during the Average Quarter, 2010

(percent of consumer units purchasing household operation products and services during the average quarter of 2010, by household operation category and age of consumer unit reference person, 2010)

	total consumer units	under 25	25 to 34	35 to 44	45 to 54	55 to 64	65 to 74	75+
HOUSEHOLD SERVICES	**70.2%**	**56.2%**	**72.4%**	**75.9%**	**73.9%**	**72.1%**	**68.4%**	**55.3%**
Personal services	**7.0**	**5.3**	**16.4**	**13.8**	**4.0**	**1.7**	**1.5**	**1.4**
Babysitting and child care in own home	1.8	1.0	3.9	4.2	1.1	0.1	0.2	0.0
Babysitting and child care in someone else's home	1.0	0.9	3.0	1.6	0.4	0.1	0.1	0.2
Care for elderly, invalids, handicapped, etc.	0.3	0.1	0.1	0.1	0.2	0.3	0.6	1.0
Day care centers, nurseries, and preschools	4.7	3.6	11.3	9.9	2.6	1.2	0.6	0.1
Other household services	**69.0**	**54.1**	**69.1**	**74.5**	**73.4**	**71.8**	**68.1**	**55.0**
Housekeeping services	5.7	0.9	2.8	5.1	5.5	6.2	8.4	11.9
Gardening, lawn care service	14.2	1.5	8.0	11.9	14.3	18.1	20.4	24.0
Water-softening service	1.2	0.3	0.7	1.1	1.3	1.4	1.4	1.7
Nonclothing laundry and dry cleaning, sent out	0.6	0.3	0.5	0.4	0.8	0.9	0.7	0.6
Nonclothing laundry and dry cleaning, coin-operated	3.6	5.3	4.9	3.4	3.4	3.0	2.9	2.6
Termite and pest control services	3.7	0.7	2.3	3.8	3.5	4.7	5.7	3.9
Home security system service fee	4.8	0.9	3.8	5.9	5.0	5.9	5.5	3.8
Other home services	2.2	0.5	1.2	2.0	2.4	2.5	3.8	3.1
Termite and pest control products	2.6	0.5	1.7	2.6	2.7	3.1	4.2	2.8
Moving, storage, and freight express	2.2	2.6	2.5	2.0	2.5	2.5	2.1	1.0
Appliance repair, including at service center	2.7	0.9	1.6	2.8	2.6	3.7	3.9	2.8
Reupholstering and furniture repair	0.5	0.3	0.2	0.4	0.5	0.6	1.1	0.4
Repairs and rentals of lawn and garden equipment, hand and power tools, etc.	1.3	0.5	0.5	1.1	1.5	1.9	1.8	1.2
Appliance rental	0.3	0.2	0.3	0.3	0.4	0.2	0.1	–
Rental of office equipment for nonbusiness use	0.1	0.0	0.1	0.1	–	0.1	0.0	0.1
Repair of computer systems for nonbusiness use	1.0	0.5	0.8	0.9	1.1	1.3	1.3	0.9
Computer information services	59.9	48.3	63.4	68.3	66.1	63.2	55.8	30.7
Installation of computer	0.1	–	0.1	0.0	0.1	0.1	0.2	0.1
HOUSEHOLD FURNISHINGS AND EQUIPMENT	**56.6**	**56.7**	**58.6**	**60.0**	**57.5**	**57.4**	**56.3**	**43.7**
Household textiles	**20.6**	**20.2**	**22.5**	**21.3**	**21.1**	**21.8**	**20.1**	**13.5**
Bathroom linens	6.9	8.3	8.4	7.5	6.8	6.3	6.1	4.0
Bedroom linens	11.0	11.6	12.7	12.2	11.7	11.0	9.2	5.4
Kitchen and dining room linens	1.6	1.1	1.6	1.6	2.1	1.9	1.4	1.1
Curtains and draperies	2.7	3.2	3.5	3.0	2.5	2.8	1.8	1.5
Slipcovers and decorative pillows	1.6	1.3	1.6	2.1	1.6	1.8	1.5	0.9
Sewing materials for household items	3.5	1.6	2.4	2.4	3.5	5.0	5.4	3.6
Other linens	0.5	0.5	0.5	0.5	0.6	0.5	0.4	0.3
Furniture	**10.9**	**13.2**	**13.9**	**13.2**	**10.1**	**10.4**	**8.8**	**5.2**
Mattresses and springs	1.8	1.8	2.4	2.4	1.9	1.3	1.3	0.7
Other bedroom furniture	2.3	3.1	3.5	3.2	1.8	1.7	1.4	0.9
Sofas	2.3	3.7	3.0	2.7	2.2	1.8	1.6	1.0
Living room chairs	1.8	1.7	1.8	1.9	1.5	2.0	1.7	1.7
Living room tables	1.4	3.0	2.0	1.5	1.1	1.3	1.0	0.6
Kitchen and dining room furniture	1.5	2.4	2.0	1.8	1.4	1.2	1.0	0.6
Infants' furniture	0.7	1.2	1.5	0.9	0.6	0.5	0.3	0.1
Outdoor furniture	1.3	0.4	1.2	1.8	1.2	1.9	1.1	0.8
Wall units, cabinets, and other furniture	2.6	3.4	3.4	3.1	2.2	2.7	2.0	1.0
Floor coverings	**2.9**	**2.3**	**3.1**	**3.5**	**3.0**	**3.2**	**2.7**	**1.6**
Wall-to-wall carpeting	0.2	0.0	0.1	0.3	0.2	0.3	0.2	0.3
Floor coverings, nonpermanent	2.7	2.1	3.0	3.2	2.7	2.9	2.5	1.4
Major appliances	**8.8**	**8.8**	**9.1**	**9.6**	**8.5**	**9.1**	**8.4**	**7.6**
Dishwashers (built-in), garbage disposals, range hoods (renter)	0.0	0.0	0.1	0.0	0.0	0.0	0.1	–
Dishwashers (built-in), garbage disposals, range hoods (owner)	0.8	0.1	0.7	1.1	0.7	0.9	1.0	0.8
Refrigerators, freezers (renter)	0.3	1.0	0.6	0.3	0.3	0.2	0.1	0.1
Refrigerators, freezers (owner)	1.4	0.6	1.2	1.6	1.3	1.8	1.5	1.6

	total consumer units	under 25	25 to 34	35 to 44	45 to 54	55 to 64	65 to 74	75+
Washing machines (renter)	0.5%	1.6%	0.9%	0.5%	0.2%	0.2%	0.2%	0.2%
Washing machines (owner)	1.1	0.2	1.0	1.2	1.0	1.6	1.4	1.0
Clothes dryers (renter)	0.4	1.4	0.9	0.4	0.3	0.2	0.1	0.1
Clothes dryers (owner)	1.0	0.3	0.9	1.2	1.1	1.1	1.0	0.9
Cooking stoves, ovens (renter)	0.1	0.1	0.2	0.2	0.2	0.1	0.0	0.0
Cooking stoves, ovens (owner)	0.7	0.3	0.5	0.7	0.7	0.9	1.2	0.6
Microwave ovens (renter)	0.7	2.5	1.1	1.0	0.4	0.4	0.2	0.3
Microwave ovens (owner)	1.0	0.3	0.6	1.0	1.2	1.2	1.2	1.2
Window air conditioners (renter)	0.2	0.4	0.3	0.2	0.2	0.2	0.1	0.1
Window air conditioners (owner)	0.3	0.1	0.2	0.2	0.3	0.3	0.3	0.2
Electric floor-cleaning equipment	2.5	2.9	2.8	2.8	2.5	2.4	2.1	1.6
Sewing machines	0.3	0.3	0.2	0.5	0.3	0.3	0.3	0.2
Small appliances and misc. housewares	**17.7**	**20.5**	**19.6**	**18.8**	**18.8**	**17.6**	**15.2**	**10.8**
Housewares	10.5	13.4	12.6	11.8	11.2	9.9	7.1	5.6
Plastic dinnerware	2.6	4.8	3.7	3.2	2.5	2.1	1.3	0.8
China and other dinnerware	2.4	3.4	2.9	2.8	2.2	2.3	1.9	1.2
Flatware	1.5	2.7	2.2	1.7	1.6	1.1	0.8	0.5
Glassware	2.0	2.8	2.6	2.0	2.2	2.0	1.5	0.9
Silver serving pieces	0.1	0.1	0.2	0.1	0.2	0.1	0.0	–
Other serving pieces	0.7	0.7	0.7	1.1	0.6	0.7	0.4	0.5
Nonelectric cookware	3.6	4.3	3.9	3.7	3.9	3.9	2.6	2.4
Small appliances	9.4	9.6	9.5	9.2	10.2	10.0	9.4	6.3
Small electric kitchen appliances	8.0	8.3	8.1	7.7	8.7	8.7	8.3	5.4
Portable heating and cooling equipment	1.6	1.5	1.7	1.7	1.9	1.4	1.5	1.1
Miscellaneous household equipment	**39.8**	**38.4**	**40.6**	**43.4**	**41.2**	**41.3**	**39.1**	**27.5**
Window coverings	1.5	0.8	2.0	1.5	1.6	1.7	1.6	0.7
Infants' equipment	0.8	1.2	1.7	0.8	0.5	0.5	0.5	0.2
Outdoor equipment	1.0	0.6	1.0	1.6	0.8	1.2	0.9	0.4
Lamps and lighting fixtures	3.7	5.3	4.0	4.0	3.6	3.8	3.4	2.5
Clocks and other household decorative items	6.1	7.0	7.6	7.0	6.0	6.0	4.9	2.4
Telephones and accessories	6.5	7.6	8.3	7.7	7.1	5.4	4.6	3.1
Lawn and garden equipment	2.5	0.9	2.4	2.3	2.7	3.2	3.0	1.8
Power tools	2.1	1.7	2.2	2.1	2.3	2.5	2.4	1.2
Office furniture for home use	0.7	1.2	0.9	0.9	0.7	0.6	0.6	0.4
Hand tools	1.8	1.9	2.2	2.1	1.4	1.9	1.8	0.6
Indoor plants and fresh flowers	16.1	8.7	12.8	16.2	17.4	18.3	20.8	15.0
Closet and storage items	1.3	1.7	1.9	1.4	1.3	1.0	1.0	0.3
Rental of furniture	0.2	0.5	0.4	0.3	0.2	0.1	0.0	–
Luggage	1.7	1.2	1.8	1.8	1.8	1.7	1.4	1.2
Computers and computer hardware, nonbusiness use	6.7	7.4	7.5	7.5	7.8	6.6	5.1	2.5
Portable memory	4.4	5.0	5.4	5.6	4.8	4.3	2.5	0.9
Computer software and accessories, nonbusiness use	4.3	4.0	4.2	4.3	5.0	4.8	4.4	1.6
Personal digital assistants	0.3	0.1	0.3	0.4	0.4	0.5	0.3	0.1
Internet services away from home	0.5	0.5	0.8	0.6	0.5	0.5	0.3	0.1
Telephone answering devices	0.2	0.1	0.1	0.2	0.1	0.2	0.2	0.2
Business equipment for home use	0.8	0.4	0.8	0.9	1.0	0.9	0.7	0.5
Smoke alarms (owner)	0.6	0.2	0.4	0.8	0.6	0.7	0.7	0.3
Smoke alarms (renter)	0.1	0.3	0.2	0.1	0.1	0.1	0.1	0.1
Other household appliances (owner)	1.2	0.1	0.9	1.2	1.2	1.6	1.3	1.2
Other household appliances (renter)	0.5	0.8	1.0	0.4	0.3	0.3	0.2	0.3

Note: Figures shown are from the interview portion of the Consumer Expenditure Survey. Not all household operation categories are included in the interview survey. For more information about the survey, see Appendix A. "–" means sample is too small to make a reliable estimate.
Source: Bureau of Labor Statistics, unpublished data from the 2010 Consumer Expenditure Survey

Table 9.6 Amount Purchasers Spent on Household Operations during the <u>Average Quarter</u>, 2010

(average amount spent by consumer units purchasing household operation products and services during the average quarter of 2010, by household operation category and age of consumer unit reference person, 2010)

	total consumer units	under 25	25 to 34	35 to 44	45 to 54	55 to 64	65 to 74	75+
HOUSEHOLD SERVICES	**$356.96**	**$184.90**	**$429.25**	**$465.62**	**$316.03**	**$305.52**	**$300.30**	**$352.38**
Personal services	**1,215.41**	**732.56**	**1,154.70**	**1,336.71**	**1,191.54**	**1,062.57**	**1,157.07**	**2,069.12**
Babysitting and child care in own home	758.43	643.56	629.32	818.91	1,018.41	136.54	80.56	4,243.75
Babysitting and child care in someone else's home	673.98	439.20	695.39	628.24	639.47	1,487.50	1,397.50	758.82
Care for elderly, invalids, handicapped, etc.	1,793.10	392.86	860.00	1,526.92	1,151.39	1,691.67	1,723.75	2,356.31
Day care centers, nurseries, and preschools	1,258.28	790.52	1,267.91	1,378.95	1,206.51	957.35	821.09	1,308.33
Other household services	**239.91**	**120.87**	**176.25**	**227.94**	**252.82**	**281.83**	**275.59**	**303.15**
Housekeeping services	488.20	325.54	344.40	536.39	573.05	511.36	445.15	441.76
Gardening, lawn care service	189.14	57.07	97.48	162.80	215.13	218.83	194.41	193.52
Water-softening service	75.00	33.59	83.21	71.46	72.56	68.62	76.77	88.94
Nonclothing laundry and dry cleaning, sent out	42.74	37.00	35.87	42.86	41.56	39.13	68.08	33.73
Nonclothing laundry and dry cleaning, coin-operated	25.14	18.82	25.35	33.48	27.64	21.79	21.25	17.23
Termite and pest control services	123.56	98.65	121.63	120.26	128.02	137.71	101.11	131.99
Home security system service fee	123.28	106.87	111.68	120.14	125.20	124.03	128.49	141.56
Other home services	207.29	70.65	173.96	206.79	184.31	235.77	229.90	209.04
Termite and pest control products	28.07	18.33	30.33	26.71	29.83	29.87	23.47	29.09
Moving, storage, and freight express	503.83	177.65	379.39	583.21	486.39	762.96	390.58	487.50
Appliance repair, including at service center	176.11	97.78	151.60	174.00	180.25	188.22	181.17	179.17
Reupholstering and furniture repair	304.41	28.03	42.71	158.78	520.37	174.19	363.89	556.40
Repairs and rentals of lawn and garden equipment, hand and power tools, etc.	141.60	83.89	110.56	90.18	214.02	159.73	96.20	97.90
Appliance rental	118.00	53.41	96.97	153.57	108.93	153.13	177.50	–
Rental of office equipment for nonbusiness use	180.00	412.50	270.83	144.44	–	125.00	350.00	90.00
Repair of computer systems for nonbusiness use	180.45	197.12	170.19	163.46	153.60	196.09	223.05	183.87
Computer information services	119.09	105.36	123.76	123.60	121.06	119.52	110.63	104.50
Installation of computer	86.11	–	59.38	50.00	103.57	32.14	167.65	16.67
HOUSEHOLD FURNISHINGS AND EQUIPMENT	**513.80**	**346.76**	**510.88**	**574.45**	**510.23**	**595.27**	**470.14**	**389.37**
Household textiles	**100.35**	**61.18**	**83.03**	**94.67**	**109.72**	**122.72**	**111.50**	**90.94**
Bathroom linens	42.33	26.53	38.44	40.64	49.27	46.14	46.55	41.94
Bedroom linens	85.46	60.22	76.41	88.97	90.94	88.20	91.48	98.71
Kitchen and dining room linens	25.31	27.88	16.94	25.00	24.63	35.08	23.39	19.86
Curtains and draperies	165.02	49.29	95.19	115.26	177.65	315.32	253.59	115.31
Slipcovers and decorative pillows	57.25	29.49	46.45	42.11	64.20	60.57	110.47	48.30
Sewing materials for household items	68.46	37.35	49.80	53.94	83.57	63.28	80.77	78.86
Other linens	49.48	45.67	40.22	33.33	54.46	68.63	59.87	32.69
Furniture	**784.85**	**512.21**	**715.86**	**847.90**	**747.88**	**957.66**	**736.96**	**891.33**
Mattresses and springs	682.87	404.24	576.87	752.30	729.69	790.38	617.83	876.92
Other bedroom furniture	688.99	597.69	664.55	711.08	645.74	891.18	512.14	722.99
Sofas	936.33	526.77	857.48	894.15	978.33	1,170.74	1,028.53	1,453.88
Living room chairs	518.04	399.85	402.40	488.66	474.33	703.20	470.21	592.88
Living room tables	284.51	112.46	236.35	298.83	303.70	422.37	380.69	271.67
Kitchen and dining room furniture	540.65	196.50	441.54	751.37	454.26	679.34	814.80	212.29
Infants' furniture	272.64	166.25	242.98	412.64	257.20	245.37	183.06	112.50
Outdoor furniture	273.12	160.37	215.30	346.53	242.42	294.31	272.75	163.89
Wall units, cabinets, and other furniture	397.00	149.34	295.19	328.81	356.40	675.55	519.72	497.00
Floor coverings	**306.80**	**85.02**	**350.32**	**299.07**	**304.33**	**401.10**	**181.64**	**320.58**
Wall-to-wall carpeting	2,084.09	–	5,492.31	1,602.34	2,173.96	1,849.11	1,108.33	1,101.00
Floor coverings, nonpermanent	161.52	75.59	125.51	161.71	142.52	258.62	115.71	177.66
Major appliances	**567.51**	**255.22**	**423.08**	**662.32**	**581.54**	**664.27**	**526.22**	**696.83**
Dishwashers (built-in), garbage disposals, range hoods (renter)	193.75	150.00	209.09	75.00	350.00	250.00	100.00	–
Dishwashers (built-in), garbage disposals, range hoods (owner)	535.63	709.09	402.57	694.81	449.66	483.52	577.04	532.67
Refrigerators, freezers (renter)	369.12	227.37	289.83	267.50	558.82	535.29	503.57	597.22
Refrigerators, freezers (owner)	941.84	610.83	813.48	1,132.70	1,108.14	880.87	710.17	866.93

	total consumer units	under 25	25 to 34	35 to 44	45 to 54	55 to 64	65 to 74	75+
Washing machines (renter)	$369.02	$224.84	$343.28	$466.85	$439.13	$637.50	$261.36	$383.75
Washing machines (owner)	608.26	322.50	468.04	691.74	703.47	646.94	514.05	515.93
Clothes dryers (renter)	329.27	171.48	301.76	388.57	322.22	605.95	348.08	793.75
Clothes dryers (owner)	568.69	326.92	372.28	731.04	591.51	637.62	387.50	600.00
Cooking stoves, ovens (renter)	287.50	46.88	384.72	411.67	217.11	250.00	175.00	–
Cooking stoves, ovens (owner)	952.43	633.06	742.79	785.51	750.00	1,098.94	594.70	2,602.59
Microwave ovens (renter)	73.97	61.34	67.98	68.75	83.78	78.38	91.67	159.09
Microwave ovens (owner)	207.43	44.00	183.77	273.04	225.00	212.50	200.43	107.35
Window air conditioners (renter)	192.50	129.88	140.00	201.19	346.67	211.67	210.42	122.73
Window air conditioners (owner)	358.00	235.42	200.00	477.50	275.00	476.61	258.33	528.75
Electric floor-cleaning equipment	157.22	114.63	115.67	163.04	144.40	200.21	197.33	179.19
Sewing machines	235.00	266.35	148.33	308.51	202.59	115.83	296.09	377.38
Small appliances and misc. housewares	**84.62**	**51.29**	**76.65**	**76.60**	**85.34**	**104.12**	**103.97**	**87.44**
Housewares	67.14	42.17	58.74	59.83	67.53	98.43	67.02	67.84
Plastic dinnerware	22.91	13.33	20.11	27.65	25.49	25.59	26.19	15.18
China and other dinnerware	77.19	36.12	58.04	64.23	73.08	132.40	87.76	94.31
Flatware	68.83	29.12	64.08	55.30	80.10	115.60	49.67	115.20
Glassware	32.48	22.87	25.29	30.88	32.74	37.69	44.73	51.74
Silver serving pieces	63.46	28.85	58.33	114.29	36.25	97.50	41.67	–
Other serving pieces	43.93	21.74	42.31	40.54	31.05	81.72	42.05	30.29
Nonelectric cookware	68.89	50.35	66.37	58.74	77.57	87.24	59.28	54.12
Small appliances	85.00	50.94	80.05	80.37	84.06	86.99	117.45	89.98
Small electric kitchen appliances	68.11	51.44	75.99	61.25	68.76	75.98	70.19	54.03
Portable heating and cooling equipment	155.31	38.59	86.38	153.05	133.94	144.54	364.83	250.91
Miscellaneous household equipment	**276.66**	**211.70**	**287.51**	**285.44**	**290.54**	**299.19**	**287.24**	**161.05**
Window coverings	375.16	62.04	293.94	599.19	386.13	360.48	299.69	273.88
Infants' equipment	181.49	160.95	178.63	238.14	190.38	129.89	118.62	237.50
Outdoor equipment	188.38	133.47	139.03	173.92	191.23	219.61	315.00	92.76
Lamps and lighting fixtures	110.76	33.57	142.61	116.12	103.43	135.58	115.20	66.27
Clocks and other household decorative items	159.08	85.34	175.96	134.47	115.56	225.88	241.70	93.42
Telephones and accessories	130.13	131.71	148.16	138.12	142.88	99.95	104.92	79.43
Lawn and garden equipment	399.70	283.60	273.44	415.11	359.62	449.45	571.56	344.61
Power tools	167.45	175.76	207.77	179.57	160.18	154.25	155.15	88.04
Office furniture for home use	204.73	137.40	172.50	322.22	179.35	193.42	146.37	185.00
Hand tools	73.00	138.40	69.04	68.78	63.37	87.90	42.31	50.86
Indoor plants and fresh flowers	74.92	46.40	67.76	68.77	78.96	83.59	82.94	67.18
Closet and storage items	58.66	23.99	54.68	78.55	53.32	46.15	101.44	28.23
Rental of furniture	497.62	720.19	623.17	312.50	282.35	525.00	100.00	–
Luggage	94.85	61.76	68.54	95.42	126.63	98.08	96.35	72.65
Computers and computer hardware, nonbusiness use	542.72	482.64	496.39	534.69	569.08	585.49	588.90	474.70
Portable memory	40.48	28.34	37.13	40.15	44.40	47.96	31.50	43.75
Computer software and accessories, nonbusiness use	99.35	72.56	92.92	99.77	110.13	91.32	121.70	74.52
Personal digital assistants	365.63	275.00	245.00	478.13	332.93	430.56	246.15	110.00
Internet services away from home	89.42	66.84	77.85	94.84	97.60	91.30	104.41	131.25
Telephone answering devices	50.00	18.18	58.33	70.00	56.25	40.79	51.32	35.42
Business equipment for home use	118.44	36.05	115.26	93.31	99.51	161.24	169.72	110.87
Smoke alarms (owner)	55.70	38.33	38.95	80.26	55.91	42.25	57.19	43.18
Smoke alarms (renter)	45.45	39.29	39.71	38.64	30.00	31.25	100.00	52.08
Other household appliances (owner)	148.26	102.27	182.27	150.42	159.45	118.25	204.07	89.66
Other household appliances (renter)	70.56	52.67	59.47	53.05	118.18	84.48	44.74	75.74

Note: Figures shown are from the interview portion of the Consumer Expenditure Survey. Not all household operation categories are included in the interview survey. For more information about the survey, see Appendix A. "–" means sample is too small to make a reliable estimate.
Source: Calculations by New Strategist based on unpublished data from the Bureau of Labor Statistics 2010 Consumer Expenditure Survey

Table 9.7 Percent of Consumer Units That Bought Household Operations during the <u>Average Week</u>, 2010

(percent of consumer units purchasing household operation products and services during the average week of 2010, by household operation category and age of consumer unit reference person, 2010)

	total consumer units	under 25	25 to 34	35 to 44	45 to 54	55 to 64	65 to 74	75+
HOUSEKEEPING SUPPLIES	**51.6%**	**36.8%**	**46.7%**	**53.3%**	**53.8%**	**54.8%**	**55.5%**	**51.4%**
Laundry and cleaning supplies	**27.0**	**18.4**	**25.0**	**29.9**	**28.4**	**28.2**	**27.4**	**25.2**
Soaps and detergents	18.9	13.5	17.9	21.5	20.0	19.7	18.0	16.6
Other laundry cleaning products	17.6	11.7	16.0	19.3	18.8	18.1	20.2	14.9
Other household products	**38.7**	**27.6**	**34.7**	**40.5**	**41.1**	**41.6**	**41.1**	**36.8**
Cleansing and toilet tissue, paper towels, and napkins	23.5	17.0	20.6	24.7	25.6	24.7	24.6	23.1
Miscellaneous household products	23.8	15.9	22.5	25.8	25.3	25.2	24.1	21.5
Lawn and garden supplies	6.3	1.2	3.9	5.9	6.2	9.1	8.2	7.2
Postage and stationery	**20.0**	**9.6**	**16.1**	**20.8**	**20.6**	**23.7**	**22.8**	**21.6**
Stationery, stationery supplies, giftwrap	15.5	8.0	13.0	16.7	16.3	17.7	17.1	15.3
Postage	7.3	2.7	4.7	6.6	6.7	9.7	10.5	9.2
Delivery services	0.4	0.2	0.4	0.5	0.5	0.6	0.0	0.1
HOUSEHOLD FURNISHINGS AND EQUIPMENT	**28.3**	**17.4**	**28.0**	**30.7**	**28.9**	**31.0**	**30.2**	**22.9**
Household textiles	**5.7**	**3.1**	**5.7**	**6.7**	**5.8**	**6.1**	**6.0**	**4.1**
Bathroom linens	2.5	1.7	2.4	3.0	2.7	2.5	2.6	1.8
Bedroom linens	2.5	1.5	2.2	3.1	2.5	2.8	2.9	1.3
Kitchen and dining room linens	1.2	–	1.2	1.1	1.5	1.5	1.1	1.1
Slipcovers and decorative pillows	0.1	–	0.1	0.1	0.1	0.2	0.1	0.2
Furniture	**0.4**	**–**	**0.2**	**0.6**	**0.8**	**0.4**	**0.2**	**0.2**
Outdoor furniture	0.4	–	0.2	0.6	0.8	0.4	0.2	0.2
Floor coverings, nonpermanent	1.0	0.5	1.0	1.3	1.1	1.2	1.2	0.4
Major appliances	**0.6**	**0.4**	**0.8**	**0.6**	**0.6**	**0.7**	**0.7**	**0.3**
Electric floor-cleaning equipment	0.4	0.3	0.4	0.3	0.3	0.5	0.5	0.2
Miscellaneous household appliances	0.2	0.1	0.3	0.3	0.3	0.2	0.2	–
Housewares	**7.4**	**4.1**	**8.1**	**7.9**	**7.3**	**8.6**	**7.6**	**5.7**
China and other dinnerware	1.4	0.9	1.8	1.6	1.1	1.5	1.2	0.9
Glassware	1.7	1.3	1.7	2.0	1.4	2.0	1.6	1.4
Nonelectric cookware	2.2	1.0	2.4	2.2	2.2	2.9	1.9	1.6
Tableware, nonelectric kitchenware	3.6	1.9	3.7	3.8	4.2	3.8	3.7	2.8
Portable heating and cooling equipment	0.5	0.2	0.3	0.5	0.7	1.0	0.5	–
Miscellaneous household equipment	**22.0**	**13.1**	**21.7**	**24.3**	**22.5**	**23.9**	**23.9**	**17.7**
Infants' equipment	0.9	0.8	2.0	1.2	0.8	0.5	0.2	0.1
Laundry and cleaning equipment	4.7	2.7	4.4	5.7	5.3	4.7	4.4	3.7
Outdoor equipment	1.2	0.7	0.8	1.3	1.1	1.8	1.5	1.1
Lamps and lighting fixtures	1.2	0.1	1.4	1.1	1.1	1.7	1.3	0.8
Clocks and other household decorative items	6.8	4.7	6.9	7.8	6.7	7.5	7.2	4.1
Telephones and accessories	1.1	0.5	1.0	1.1	1.2	1.3	1.3	0.6
Lawn and garden equipment	1.6	0.3	1.2	1.8	1.8	1.6	1.8	1.9
Power tools	1.4	0.6	1.4	1.2	1.4	2.2	1.5	1.2
Hand tools	1.6	1.0	1.6	1.8	1.5	2.0	1.7	0.8
Indoor plants and fresh flowers	4.1	1.7	3.2	4.0	4.6	4.5	5.7	4.0
Closet and storage items	2.0	1.1	2.2	2.3	2.0	2.4	2.0	0.7
Other hardware	0.6	0.6	0.9	0.8	0.4	0.7	0.5	0.2
Miscellaneous household equipment and parts	4.6	2.9	4.6	5.7	4.7	4.8	4.5	2.6
Luggage	0.5	–	0.4	0.8	0.5	0.6	0.6	0.2

Note: Figures shown are from the diary portion of the Consumer Expenditure Survey. Not all household operation categories are included in the diary survey. For more information about the survey, see Appendix A. "–" means sample is too small to make a reliable estimate.
Source: Bureau of Labor Statistics, unpublished data from the 2010 Consumer Expenditure Survey

Table 9.8 Amount Purchasers Spent on Household Operations during the Average Week, 2010

(average amount spent by consumer units purchasing household operation products and services during the average week of 2010, by household operation category and age of consumer unit reference person, 2010)

	total consumer units	under 25	25 to 34	35 to 44	45 to 54	55 to 64	65 to 74	75+
HOUSEKEEPING SUPPLIES	**$22.81**	**$14.59**	**$19.11**	**$23.91**	**$23.23**	**$25.17**	**$26.35**	**$20.63**
Laundry and cleaning supplies	**10.71**	**9.39**	**9.70**	**11.80**	**11.19**	**10.69**	**10.31**	**9.92**
Soaps and detergents	8.37	7.34	7.73	8.98	8.55	8.60	7.90	8.02
Other laundry cleaning products	7.44	6.34	6.49	8.28	7.78	7.41	6.93	7.83
Other household products	**16.35**	**10.76**	**13.61**	**15.77**	**16.09**	**18.64**	**20.62**	**15.25**
Cleansing and toilet tissue, paper towels, and napkins	8.45	7.02	8.03	8.80	8.54	8.98	8.16	8.13
Miscellaneous household products	10.46	10.05	9.73	11.44	11.25	10.99	9.34	7.99
Lawn and garden supplies	29.60	15.13	22.14	21.04	25.65	30.33	51.53	28.03
Postage and stationery	**12.68**	**6.90**	**11.19**	**13.65**	**13.05**	**12.77**	**14.58**	**11.52**
Stationery, stationery supplies, giftwrap	9.10	6.23	10.05	9.98	9.35	8.39	9.55	7.24
Postage	14.88	6.02	9.75	16.39	16.20	14.83	16.14	15.17
Delivery services	16.22	0.00	5.41	20.00	17.78	18.33	25.00	0.00
HOUSEHOLD FURNISHINGS AND EQUIPMENT	**46.65**	**32.84**	**45.23**	**47.54**	**54.08**	**49.68**	**42.49**	**32.56**
Household textiles	**24.73**	**25.81**	**20.18**	**25.60**	**25.13**	**28.34**	**23.79**	**22.25**
Bathroom linens	14.29	14.45	11.67	14.05	15.75	13.39	12.17	20.33
Bedroom linens	35.77	36.18	32.59	37.62	34.69	41.45	31.47	32.31
Kitchen and dining room linens	9.32	–	8.40	10.19	11.03	8.78	11.40	8.49
Slipcovers and decorative pillows	33.33	–	21.43	50.00	10.00	50.00	58.33	14.29
Furniture	**124.39**	**–**	**363.64**	**78.95**	**83.12**	**131.82**	**68.75**	**320.00**
Outdoor furniture	124.39	–	363.64	78.95	83.12	131.82	68.75	320.00
Floor coverings, nonpermanent	62.14	17.39	49.50	37.50	78.10	93.39	47.83	90.00
Major appliances	**127.42**	**54.76**	**116.05**	**91.38**	**201.72**	**111.11**	**119.72**	**177.78**
Electric floor-cleaning equipment	151.35	58.82	190.48	121.21	264.29	110.87	122.45	150.00
Miscellaneous household appliances	69.57	37.50	35.48	48.00	138.71	54.17	47.06	–
Housewares	**15.07**	**8.01**	**13.93**	**16.26**	**16.03**	**13.65**	**16.86**	**16.75**
China and other dinnerware	10.37	4.71	6.52	7.01	7.27	9.15	43.10	5.62
Glassware	11.31	6.15	14.94	8.08	12.32	8.46	9.88	26.06
Nonelectric cookware	14.29	4.12	14.29	16.74	14.80	12.24	12.70	18.59
Tableware, nonelectric kitchenware	12.36	9.04	10.43	16.19	13.57	12.70	10.00	8.19
Portable heating and cooling equipment	69.23	42.11	29.63	43.48	51.43	100.00	90.57	–
Miscellaneous household equipment	**38.05**	**32.11**	**37.14**	**40.90**	**44.59**	**37.67**	**34.02**	**24.19**
Infants' equipment	36.36	86.42	24.88	35.59	20.51	60.42	83.33	120.00
Laundry and cleaning equipment	7.25	7.38	7.00	7.02	7.72	6.79	8.51	6.83
Outdoor equipment	55.37	92.54	50.00	53.38	81.25	57.95	24.14	26.17
Lamps and lighting fixtures	35.00	21.43	38.46	30.36	42.48	23.95	48.87	33.77
Clocks and other household decorative items	28.89	21.06	23.12	32.22	37.35	21.91	31.89	27.21
Telephones and accessories	59.43	28.26	62.89	78.76	57.63	62.20	46.03	23.73
Lawn and garden equipment	45.81	26.92	74.14	40.98	57.87	46.15	24.57	23.66
Power tools	52.45	80.95	48.15	48.28	64.23	51.83	46.05	44.72
Hand tools	16.46	11.65	17.72	17.22	20.81	13.86	17.06	13.33
Indoor plants and fresh flowers	20.00	12.79	18.73	22.53	24.35	18.43	17.51	14.36
Closet and storage items	15.15	11.93	14.61	15.28	24.00	12.40	10.00	6.85
Other hardware	49.18	15.87	40.91	66.67	25.58	68.06	51.11	6.25
Miscellaneous household equipment and parts	14.29	13.54	14.44	14.54	15.14	12.73	13.27	16.15
Luggage	48.98	–	90.24	52.44	43.75	33.93	38.10	13.33

Note: Figures shown are from the diary portion of the Consumer Expenditure Survey. Not all household operation categories are included in the diary survey. For more information about the survey, see Appendix A. "–" means sample is too small to make a reliable estimate.
Source: Calculations by New Strategist based on unpublished data from the Bureau of Labor Statistics 2010 Consumer Expenditure Survey

CHAPTER
10

Spending on Housing: Shelter and Utilities, 2010

Housing is by far Americans' biggest expense. In 2010, housing costs—including shelter, utilities, and household operations—absorbed one-third of average household expenditures. Average spending on shelter increased 9 percent between 2000 and 2010, after adjusting for inflation. Average spending on owned homes rose 8 percent, while spending on rented homes grew 13 percent. Average spending on "other lodging," such as hotels and motels, rose 5 percent between 2000 and 2010, after adjusting for inflation. Average household spending on utilities and fuels expanded 16 percent because of rising energy prices.

Annual Spending

Housing costs are highest for householders aged 35 to 44, at $20,041 on average in 2010. This age group spends much more than any other on mortgage interest—an average of $4,981, or 58 percent more than the average household. Second in spending on mortgage interest are householders aged 45 to 54, who devoted an average of $4,349 to this item in 2010. Spending on maintenance and repair services for owned homes is greatest among householders aged 65 to 74, at 74 percent above average. The 55-to-64 age group spends 67 percent more than average on owned vacation homes. Householders under age 25 spend the most on rent, 68 percent more than average.

Quarterly Spending

During the average quarter of 2010, nearly all households spent on shelter and utilities, devoting an average of $2,516 to shelter and $936 to utilities during the quarter. Thirty-nine percent of households paid mortgage interest during the average quarter, and those with this expense paid $2,016 on average during the quarter. Mortgage interest payments are most common among householders spanning the ages from 35 to 54, the majority of whom paid interest on a mortgage during the average quarter. Sixty-five percent of households paid for cellular phone service during the average quarter of 2010, the figure peaking at 76 percent among householders aged 25 to 34, whose quarterly bill averaged $302. Just 5 percent of households spend on owned vacation homes during the average quarter, householders aged 55 to 74 being most likely to do so (8 to 9 percent).

Weekly Spending

The diary (weekly spending) portion of the Consumer Expenditure Survey collects data on only a handful of shelter categories. During the average week of 2010, one-third of households paid fuel and utility bills. Twenty-one percent paid for phone service, spending an average of $106. The 17 percent of householders who paid an electricity bill during the average week of 2010 spent $146 on the service.

Table 10.1 Housing: Shelter and Utilities: Average Annual Spending by Age, 2010

(average annual spending of consumer units (CU) on shelter and utilities, by age of consumer unit reference person, 2010)

	total consumer units	under 25	25 to 34	35 to 44	45 to 54	55 to 64	65 to 74	75+
Number of consumer units (in 000s)	121,107	8,034	20,166	21,912	25,054	21,359	13,031	11,551
Average number of persons per CU	2.5	2.0	2.9	3.3	2.8	2.2	1.9	1.6
Average before-tax income of CU	$62,481.00	$26,881.00	$59,613.00	$76,128.00	$79,589.00	$68,906.00	$49,711.00	$31,782.00
Average annual spending of CU, total	48,108.84	27,482.77	46,617.48	55,945.67	57,788.25	50,899.73	41,433.85	31,528.55
Housing, average annual spending	**16,557.16**	**9,553.45**	**16,845.42**	**20,041.20**	**18,900.35**	**16,672.60**	**14,420.05**	**11,421.20**
SHELTER	**9,811.78**	**6,166.17**	**10,450.78**	**12,139.28**	**11,517.13**	**9,396.90**	**7,849.97**	**6,098.26**
Owned dwellings*	**6,277.18**	**1,122.85**	**5,125.74**	**8,149.43**	**8,163.06**	**6,777.12**	**5,809.47**	**3,833.68**
Mortgage interest and charges	3,351.21	685.57	3,415.04	5,195.94	4,667.30	3,198.47	1,887.98	673.04
Mortgage interest	3,154.47	618.08	3,360.47	4,981.07	4,348.67	2,917.09	1,691.56	593.09
Interest paid, home equity loan	77.89	61.15	22.57	93.84	112.12	110.43	64.08	37.04
Interest paid, home equity line of credit	118.85	6.33	32.00	121.03	206.50	170.96	132.34	42.90
Property taxes	1,813.84	251.96	1,108.31	1,975.05	2,295.30	2,216.18	2,124.67	1,687.24
Maintenance, repairs, insurance, other expenses	1,112.13	185.32	602.39	978.44	1,200.47	1,362.47	1,796.83	1,473.40
Homeowner's insurance	344.52	50.44	184.30	324.95	360.97	466.18	500.53	429.22
Ground rent	58.00	17.52	36.63	37.02	44.94	42.35	135.59	133.01
Maintenance and repair services	576.13	70.07	278.95	490.59	624.98	712.18	1,003.45	769.58
Painting and papering	61.73	1.29	20.17	46.50	85.00	95.61	82.48	68.73
Plumbing and water heating	62.51	1.46	29.49	34.56	62.55	74.00	92.71	160.24
Heat, air conditioning, electrical work	123.95	11.53	46.80	84.65	163.99	160.97	196.21	174.56
Roofing and gutters	89.55	33.54	58.88	84.47	67.27	100.46	163.28	136.67
Other repair and maintenance services	198.37	22.10	106.21	215.29	208.53	241.60	347.65	179.40
Repair, replacement of hard-surface flooring	37.95	–	16.78	23.80	35.57	36.67	115.78	47.90
Repair of built-in appliances	2.06	0.16	0.61	1.33	2.07	2.88	5.34	2.09
Maintenance and repair materials	68.48	40.21	50.94	71.47	98.10	84.63	58.58	30.17
Paints, wallpaper, and supplies	11.18	4.20	10.64	14.50	12.35	15.32	9.54	2.31
Tools, equipment for painting, wallpapering	1.20	0.45	1.14	1.56	1.33	1.65	1.03	0.25
Plumbing supplies and equipment	5.36	0.94	3.95	5.30	5.29	7.08	6.52	6.63
Electrical supplies, heating and cooling equipment	2.54	0.11	3.38	1.45	3.45	2.84	4.46	0.19
Hard-surface flooring, repair and replacement	10.39	7.79	9.87	16.46	16.19	5.45	5.60	3.61
Roofing and gutters	5.48	1.63	2.85	5.83	13.35	4.13	1.81	1.64
Plaster, paneling, siding, windows, doors, screens, awnings	14.27	18.40	9.51	14.02	23.87	13.33	11.88	3.82
Patio, walk, fence, driveway, masonry, brick, and stuccos materials	1.42	0.75	0.22	1.45	3.59	1.40	0.62	0.16
Miscellaneous supplies and equipment	16.64	5.95	9.37	10.91	18.68	33.45	17.13	11.56
Material for insulation, other maintenance and repair	16.54	5.95	9.37	10.91	18.68	32.91	17.13	11.56
Property management and security	62.37	6.90	49.79	52.34	69.40	55.08	95.23	103.07
Property management	53.59	6.82	45.17	48.60	64.76	42.46	73.21	84.51
Management and upkeep services for security	8.77	0.08	4.62	3.74	4.64	12.61	22.02	18.56
Parking	2.64	0.17	1.77	2.06	2.10	2.05	3.46	8.36
Rented dwellings	**2,899.52**	**4,812.65**	**4,988.92**	**3,475.05**	**2,492.73**	**1,688.68**	**1,274.90**	**1,783.47**
Rent	2,773.24	4,656.47	4,823.38	3,338.24	2,377.05	1,574.48	1,187.65	1,677.15
Rent as pay	80.63	118.61	113.52	80.94	69.03	63.39	60.24	76.31
Maintenance, insurance, and other expenses	45.65	37.56	52.03	55.87	46.66	50.81	27.01	30.01
Tenant's insurance	12.28	14.08	16.68	15.83	10.06	9.07	12.11	7.59
Maintenance and repair services	25.25	12.68	22.99	32.38	27.34	31.56	13.25	21.73
Maintenance and repair materials	8.11	10.80	12.35	7.66	9.26	10.18	1.65	0.69

	total consumer units	under 25	25 to 34	35 to 44	45 to 54	55 to 64	65 to 74	75+
Other lodging	**$635.08**	**$230.68**	**$336.12**	**$514.80**	**$861.33**	**$931.10**	**$765.60**	**$481.12**
Owned vacation homes	278.94	14.49	134.05	208.20	343.30	465.29	376.84	255.44
Mortgage interest and charges	108.34	5.11	70.58	118.32	149.21	155.86	123.33	33.70
Property taxes	116.38	8.89	27.49	56.17	146.23	221.10	161.32	151.52
Maintenance, insurance, and other expenses	54.22	0.49	35.98	33.71	47.86	88.33	92.19	70.22
Housing while attending school	57.11	128.52	23.06	15.54	116.36	86.14	17.79	7.92
Lodging on trips	299.03	87.67	179.01	291.06	401.67	379.67	370.97	217.75
UTILITIES, FUELS, AND PUBLIC SERVICES	**3,659.86**	**1,818.32**	**3,227.95**	**4,077.43**	**4,213.37**	**3,978.91**	**3,644.24**	**3,129.77**
Natural gas	**439.97**	**185.89**	**355.01**	**496.91**	**506.08**	**456.46**	**454.54**	**466.64**
Electricity	**1,412.54**	**715.67**	**1,253.04**	**1,566.97**	**1,578.30**	**1,546.38**	**1,482.43**	**1,196.86**
Fuel oil and other fuels	**140.31**	**19.79**	**69.80**	**105.29**	**149.81**	**194.09**	**192.05**	**235.24**
Fuel oil	77.47	9.46	34.72	56.94	81.50	93.82	105.58	167.65
Coal, wood, and other fuels	8.96	2.14	3.71	11.43	13.36	10.36	7.48	7.70
Bottled gas	53.88	8.19	31.37	36.92	54.94	89.90	78.99	59.90
Telephone services	**1,177.75**	**713.01**	**1,159.75**	**1,363.95**	**1,428.03**	**1,223.69**	**1,000.96**	**750.91**
Residential telephone and pay phones	401.31	86.99	223.59	379.67	452.48	511.84	529.69	511.08
Cellular phone service	759.68	615.38	917.26	960.19	957.72	699.40	454.49	230.76
Phone cards	8.14	6.88	9.75	10.81	9.68	5.85	6.79	3.58
Voice over IP	8.62	3.76	9.15	13.29	8.15	6.60	9.98	5.49
Water and other public services	**489.29**	**183.96**	**390.35**	**544.31**	**551.15**	**558.30**	**514.27**	**480.12**
Water and sewerage maintenance	360.40	145.89	291.22	411.90	412.40	401.34	367.03	336.77
Trash and garbage collection	125.49	38.07	97.87	130.77	134.15	150.47	142.60	140.23
Septic tank cleaning	3.40	–	1.26	1.64	4.60	6.49	4.63	3.12

See Appendix B for information about mortgage principal reduction.

Note: Annual average spending figures for some items may seem low because both purchasers and nonpurchasers are used to calculate the annual average; to find out how much purchasers spend on items, see the quarterly or weekly spending tables. Subcategories may not add to total because some are not shown. "–" means sample is too small to make a reliable estimate.

Source: Bureau of Labor Statistics, unpublished tables from the 2010 Consumer Expenditure Survey

Table 10.2 Housing: Shelter and Utilities: Indexed Annual Spending by Age, 2010

(indexed average annual spending of consumer units (CU) on shelter and utilities, by age of consumer unit reference person, 2010; index definition: an index of 100 is the average for all consumer units; an index of 125 means that spending by consumer units in that group is 25 percent above the average for all consumer units; an index of 75 indicates spending that is 25 percent below the average for all consumer units)

	total consumer units	under 25	25 to 34	35 to 44	45 to 54	55 to 64	65 to 74	75+
Average annual spending of CU, total	$48,109	$27,483	$46,617	$55,946	$57,788	$50,900	$41,434	$31,529
Average annual spending of CU, index	100	57	97	116	120	106	86	66
Housing, annual spending index	100	58	102	121	114	101	87	69
SHELTER	100	63	107	124	117	96	80	62
Owned dwellings*	100	18	82	130	130	108	93	61
Mortgage interest and charges	100	20	102	155	139	95	56	20
Mortgage interest	100	20	107	158	138	92	54	19
Interest paid, home equity loan	100	79	29	120	144	142	82	48
Interest paid, home equity line of credit	100	5	27	102	174	144	111	36
Property taxes	100	14	61	109	127	122	117	93
Maintenance, repairs, insurance, other expenses	100	17	54	88	108	123	162	132
Homeowner's insurance	100	15	53	94	105	135	145	125
Ground rent	100	30	63	64	77	73	234	229
Maintenance and repair services	100	12	48	85	108	124	174	134
Painting and papering	100	2	33	75	138	155	134	111
Plumbing and water heating	100	2	47	55	100	118	148	256
Heat, air conditioning, electrical work	100	9	38	68	132	130	158	141
Roofing and gutters	100	37	66	94	75	112	182	153
Other repair and maintenance services	100	11	54	109	105	122	175	90
Repair, replacement of hard-surface flooring	100	–	44	63	94	97	305	126
Repair of built-in appliances	100	8	30	65	100	140	259	101
Maintenance and repair materials	100	59	74	104	143	124	86	44
Paints, wallpaper, and supplies	100	38	95	130	110	137	85	21
Tools, equipment for painting, wallpapering	100	38	95	130	111	138	86	21
Plumbing supplies and equipment	100	18	74	99	99	132	122	124
Electrical supplies, heating and cooling equipment	100	4	133	57	136	112	176	7
Hard-surface flooring, repair and replacement	100	75	95	158	156	52	54	35
Roofing and gutters	100	30	52	106	244	75	33	30
Plaster, paneling, siding, windows, doors, screens, awnings	100	129	67	98	167	93	83	27
Patio, walk, fence, driveway, masonry, brick, and stuccos materials	100	53	15	102	253	99	44	11
Miscellaneous supplies and equipment	100	36	56	66	112	201	103	69
Material for insulation, other maintenance and repair	100	36	57	66	113	199	104	70
Property management and security	100	11	80	84	111	88	153	165
Property management	100	13	84	91	121	79	137	158
Management and upkeep services for security	100	1	53	43	53	144	251	212
Parking	100	6	67	78	80	78	131	317
Rented dwellings	100	166	172	120	86	58	44	62
Rent	100	168	174	120	86	57	43	60
Rent as pay	100	147	141	100	86	79	75	95
Maintenance, insurance, and other expenses	100	82	114	122	102	111	59	66
Tenant's insurance	100	115	136	129	82	74	99	62
Maintenance and repair services	100	50	91	128	108	125	52	86
Maintenance and repair materials	100	133	152	94	114	126	20	9

	total consumer units	under 25	25 to 34	35 to 44	45 to 54	55 to 64	65 to 74	75+
Other lodging	**100**	**36**	**53**	**81**	**136**	**147**	**121**	**76**
Owned vacation homes	100	5	48	75	123	167	135	92
Mortgage interest and charges	100	5	65	109	138	144	114	31
Property taxes	100	8	24	48	126	190	139	130
Maintenance, insurance, and other expenses	100	1	66	62	88	163	170	130
Housing while attending school	100	225	40	27	204	151	31	14
Lodging on trips	100	29	60	97	134	127	124	73
UTILITIES, FUELS, AND PUBLIC SERVICES	**100**	**50**	**88**	**111**	**115**	**109**	**100**	**86**
Natural gas	**100**	**42**	**81**	**113**	**115**	**104**	**103**	**106**
Electricity	**100**	**51**	**89**	**111**	**112**	**109**	**105**	**85**
Fuel oil and other fuels	**100**	**14**	**50**	**75**	**107**	**138**	**137**	**168**
Fuel oil	100	12	45	73	105	121	136	216
Coal, wood, and other fuels	100	24	41	128	149	116	83	86
Bottled gas	100	15	58	69	102	167	147	111
Telephone services	**100**	**61**	**98**	**116**	**121**	**104**	**85**	**64**
Residential telephone and pay phones	100	22	56	95	113	128	132	127
Cellular phone service	100	81	121	126	126	92	60	30
Phone cards	100	85	120	133	119	72	83	44
Voice over IP	100	44	106	154	95	77	116	64
Water and other public services	**100**	**38**	**80**	**111**	**113**	**114**	**105**	**98**
Water and sewerage maintenance	100	40	81	114	114	111	102	93
Trash and garbage collection	100	30	78	104	107	120	114	112
Septic tank cleaning	100	–	37	48	135	191	136	92

See Appendix B for information about mortgage principal reduction.
Note: "–" means sample is too small to make a reliable estimate.
Source: Calculations by New Strategist based on the Bureau of Labor Statistics' 2010 Consumer Expenditure Survey

Table 10.3 Housing: Shelter and Utilities: Total Annual Spending by Age, 2010

(total annual spending on shelter and utilities, by consumer unit (CU) age groups, 2010; consumer units and dollars in thousands)

	total consumer units	under 25	25 to 34	35 to 44	45 to 54	55 to 64	65 to 74	75+
Number of consumer units	121,107	8,034	20,166	21,912	25,054	21,359	13,031	11,551
Total annual spending of all CUs	$5,826,317,286	$220,796,574	$940,088,102	$1,225,881,521	$1,447,826,816	$1,087,167,333	$539,924,499	$364,186,281
Housing, total annual spending	2,005,187,976	76,752,417	339,704,740	439,142,774	473,529,369	356,110,063	187,907,672	131,926,281
SHELTER	**1,188,275,240**	**49,539,010**	**210,750,429**	**265,995,903**	**288,550,175**	**200,708,387**	**102,292,959**	**70,441,001**
Owned dwellings*	**760,210,438**	**9,020,977**	**103,365,673**	**178,570,310**	**204,517,305**	**144,752,506**	**75,703,204**	**44,282,838**
Mortgage interest and charges	405,854,989	5,507,869	68,867,697	113,853,437	116,934,534	68,316,121	24,602,267	7,774,285
Mortgage interest	382,028,398	4,965,655	67,767,238	109,145,206	108,951,578	62,306,125	22,042,718	6,850,783
Interest paid, home equity loan	9,433,024	491,279	455,147	2,056,222	2,809,054	2,358,674	835,026	427,849
Interest paid, home equity line of credit	14,393,567	50,855	645,312	2,652,009	5,173,651	3,651,535	1,724,523	495,538
Property taxes	219,668,721	2,024,247	22,350,179	43,277,296	57,506,446	47,335,389	27,686,575	19,489,309
Maintenance, repairs, insurance, other expenses	134,686,728	1,488,861	12,147,797	21,439,577	30,076,575	29,100,997	23,414,492	17,019,243
Homeowner's insurance	41,723,784	405,235	3,716,594	7,120,304	9,043,742	9,957,139	6,522,406	4,957,920
Ground rent	7,024,206	140,756	738,681	811,182	1,125,927	904,554	1,766,873	1,536,399
Maintenance and repair services	69,773,376	562,942	5,625,306	10,749,808	15,658,249	15,211,453	13,075,957	8,889,419
Painting and papering	7,475,935	10,364	406,748	1,018,908	2,129,590	2,042,134	1,074,797	793,900
Plumbing and water heating	7,570,399	11,730	594,695	757,279	1,567,128	1,580,566	1,208,104	1,850,932
Heat, air conditioning, electrical work	15,011,213	92,632	943,769	1,854,851	4,108,605	3,438,158	2,556,813	2,016,343
Roofing and gutters	10,845,132	269,460	1,187,374	1,850,907	1,685,383	2,145,725	2,127,702	1,578,675
Other repair and maintenance services	24,023,996	177,551	2,141,831	4,717,434	5,224,511	5,160,334	4,530,227	2,072,249
Repair, replacement of hard-surface flooring	4,596,011	–	338,385	521,506	891,171	783,235	1,508,729	553,293
Repair of built-in appliances	249,480	1,285	12,301	29,143	51,862	61,514	69,586	24,142
Maintenance and repair materials	8,293,407	323,047	1,027,256	1,566,051	2,457,797	1,807,612	763,356	348,494
Paints, wallpaper, and supplies	1,353,976	33,743	214,566	317,724	309,417	327,220	124,316	26,683
Tools, equipment for painting, wallpapering	145,328	3,615	22,989	34,183	33,322	35,242	13,422	2,888
Plumbing supplies and equipment	649,134	7,552	79,656	116,134	132,536	151,222	84,962	76,583
Electrical supplies, heating and cooling equipment	307,612	884	68,161	31,772	86,436	60,660	58,118	2,195
Hard-surface flooring, repair and replacement	1,258,302	62,585	199,038	360,672	405,624	116,407	72,974	41,699
Roofing and gutters	663,666	13,095	57,473	127,747	334,471	88,213	23,586	18,944
Plaster, paneling, siding, windows, doors, screens, awnings	1,728,197	147,826	191,779	307,206	598,039	284,715	154,808	44,125
Patio, walk, fence, driveway, masonry, brick, and stuccos materials	171,972	6,026	4,437	31,772	89,944	29,903	8,079	1,848
Miscellaneous supplies and equipment	2,015,220	47,802	188,955	239,060	468,009	714,459	223,221	133,530
Material for insulation, other maintenance and repair	2,003,110	47,802	188,955	239,060	468,009	702,925	223,221	133,530
Property management and security	7,553,444	55,435	1,004,065	1,146,874	1,738,748	1,176,454	1,240,942	1,190,562
Property management	6,490,124	54,792	910,898	1,064,923	1,622,497	906,903	954,000	976,175
Management and upkeep services for security	1,062,108	643	93,167	81,951	116,251	269,337	286,943	214,387
Parking	319,722	1,366	35,694	45,139	52,613	43,786	45,087	96,566
Rented dwellings	351,152,169	38,664,830	100,606,561	76,145,296	62,452,857	36,068,516	16,613,222	20,600,862
Rent	**335,858,777**	**37,410,080**	**97,268,281**	**73,147,515**	**59,554,611**	**33,629,318**	**15,476,267**	**19,372,760**
Rent as pay	9,764,857	952,913	2,289,244	1,773,557	1,729,478	1,353,947	784,987	881,457
Maintenance, insurance, and other expenses	5,528,535	301,757	1,049,237	1,224,223	1,169,020	1,085,251	351,967	346,646
Tenant's insurance	1,487,194	113,119	336,369	346,867	252,043	193,726	157,805	87,672
Maintenance and repair services	3,057,952	101,871	463,616	709,511	684,976	674,090	172,661	251,003
Maintenance and repair materials	982,178	86,767	249,050	167,846	232,000	217,435	21,501	7,970

	total consumer units	under 25	25 to 34	35 to 44	45 to 54	55 to 64	65 to 74	75+
Other lodging	**$76,912,634**	**$1,853,283**	**$6,778,196**	**$11,280,298**	**$21,579,762**	**$19,887,365**	**$9,976,534**	**$5,557,417**
Owned vacation homes	33,781,587	116,413	2,703,252	4,562,078	8,601,038	9,938,129	4,910,602	2,950,587
Mortgage interest and charges	13,120,732	41,054	1,423,316	2,592,628	3,738,307	3,329,014	1,607,113	389,269
Property taxes	14,094,433	71,422	554,363	1,230,797	3,663,646	4,722,475	2,102,161	1,750,208
Maintenance, insurance, and other expenses	6,566,422	3,937	725,573	738,654	1,199,084	1,886,640	1,201,328	811,111
Housing while attending school	6,916,421	1,032,530	465,028	340,512	2,915,283	1,839,864	231,821	91,484
Lodging on trips	36,214,626	704,341	3,609,916	6,377,707	10,063,440	8,109,372	4,834,110	2,515,230
UTILITIES, FUELS, AND PUBLIC SERVICES	**443,234,665**	**14,608,383**	**65,094,840**	**89,344,646**	**105,561,772**	**84,985,539**	**47,488,091**	**36,151,973**
Natural gas	**53,283,447**	**1,493,440**	**7,159,132**	**10,888,292**	**12,679,328**	**9,749,529**	**5,923,111**	**5,390,159**
Electricity	**171,068,482**	**5,749,693**	**25,268,805**	**34,335,447**	**39,542,728**	**33,029,130**	**19,317,545**	**13,824,930**
Fuel oil and other fuels	**16,992,523**	**158,993**	**1,407,587**	**2,307,114**	**3,753,340**	**4,145,568**	**2,502,604**	**2,717,257**
Fuel oil	9,382,159	76,002	700,164	1,247,669	2,041,901	2,003,901	1,375,813	1,936,525
Coal, wood, and other fuels	1,085,119	17,193	74,816	250,454	334,721	221,279	97,472	88,943
Bottled gas	6,525,245	65,798	632,607	808,991	1,376,467	1,920,174	1,029,319	691,905
Telephone services	**142,633,769**	**5,728,322**	**23,387,519**	**29,886,872**	**35,777,864**	**26,136,795**	**13,043,510**	**8,673,761**
Residential telephone and pay phones	48,601,450	698,878	4,508,916	8,319,329	11,336,434	10,932,391	6,902,390	5,903,485
Cellular phone service	92,002,566	4,943,963	18,497,465	21,039,683	23,994,717	14,938,485	5,922,459	2,665,509
Phone cards	985,811	55,274	196,619	236,869	242,523	124,950	88,480	41,353
Voice over IP	1,043,942	30,208	184,519	291,210	204,190	140,969	130,049	63,415
Water and other public services	**59,256,444**	**1,477,935**	**7,871,798**	**11,926,921**	**13,808,512**	**11,924,730**	**6,701,452**	**5,545,866**
Water and sewerage maintenance	43,646,963	1,172,080	5,872,743	9,025,553	10,332,270	8,572,221	4,782,768	3,890,030
Trash and garbage collection	15,197,717	305,854	1,973,646	2,865,432	3,360,994	3,213,889	1,858,221	1,619,797
Septic tank cleaning	411,764	–	25,409	35,936	115,248	138,620	60,334	36,039

*See Appendix B for information about mortgage principal reduction.

Note: Numbers may not add to total because of rounding and missing subcategories. "–" means sample is too small to make a reliable estimate.

Source: Calculations by New Strategist based on the Bureau of Labor Statistics' 2010 Consumer Expenditure Survey

Table 10.4 Housing: Shelter and Utilities: Share of Annual Spending by Age, 2010

(percentage of total annual spending on shelter and utilities accounted for by consumer unit age groups, 2010)

	total consumer units	under 25	25 to 34	35 to 44	45 to 54	55 to 64	65 to 74	75+
Share of total consumer units	100.0%	6.6%	16.7%	18.1%	20.7%	17.6%	10.8%	9.5%
Share of total before-tax income	100.0	2.9	15.9	22.0	26.4	19.5	8.6	4.9
Share of total annual spending	100.0	3.8	16.1	21.0	24.8	18.7	9.3	6.3
Share of total annual housing spending	100.0	3.8	16.9	21.9	23.6	17.8	9.4	6.6
SHELTER	100.0	4.2	17.7	22.4	24.3	16.9	8.6	5.9
Owned dwellings*	100.0	1.2	13.6	23.5	26.9	19.0	10.0	5.8
Mortgage interest and charges	100.0	1.4	17.0	28.1	28.8	16.8	6.1	1.9
Mortgage interest	100.0	1.3	17.7	28.6	28.5	16.3	5.8	1.8
Interest paid, home equity loan	100.0	5.2	4.8	21.8	29.8	25.0	8.9	4.5
Interest paid, home equity line of credit	100.0	0.4	4.5	18.4	35.9	25.4	12.0	3.4
Property taxes	100.0	0.9	10.2	19.7	26.2	21.5	12.6	8.9
Maintenance, repairs, insurance, other expenses	100.0	1.1	9.0	15.9	22.3	21.6	17.4	12.6
Homeowner's insurance	100.0	1.0	8.9	17.1	21.7	23.9	15.6	11.9
Ground rent	100.0	2.0	10.5	11.5	16.0	12.9	25.2	21.9
Maintenance and repair services	100.0	0.8	8.1	15.4	22.4	21.8	18.7	12.7
Painting and papering	100.0	0.1	5.4	13.6	28.5	27.3	14.4	10.6
Plumbing and water heating	100.0	0.2	7.9	10.0	20.7	20.9	16.0	24.4
Heat, air conditioning, electrical work	100.0	0.6	6.3	12.4	27.4	22.9	17.0	13.4
Roofing and gutters	100.0	2.5	10.9	17.1	15.5	19.8	19.6	14.6
Other repair and maintenance services	100.0	0.7	8.9	19.6	21.7	21.5	18.9	8.6
Repair, replacement of hard-surface flooring	100.0	–	7.4	11.3	19.4	17.0	32.8	12.0
Repair of built-in appliances	100.0	0.5	4.9	11.7	20.8	24.7	27.9	9.7
Maintenance and repair materials	100.0	3.9	12.4	18.9	29.6	21.8	9.2	4.2
Paints, wallpaper, and supplies	100.0	2.5	15.8	23.5	22.9	24.2	9.2	2.0
Tools, equipment for painting, wallpapering	100.0	2.5	15.8	23.5	22.9	24.3	9.2	2.0
Plumbing supplies and equipment	100.0	1.2	12.3	17.9	20.4	23.3	13.1	11.8
Electrical supplies, heating and cooling equipment	100.0	0.3	22.2	10.3	28.1	19.7	18.9	0.7
Hard-surface flooring, repair and replacement	100.0	5.0	15.8	28.7	32.2	9.3	5.8	3.3
Roofing and gutters	100.0	2.0	8.7	19.2	50.4	13.3	3.6	2.9
Plaster, paneling, siding, windows, doors, screens, awnings	100.0	8.6	11.1	17.8	34.6	16.5	9.0	2.6
Patio, walk, fence, driveway, masonry, brick, and stuccos materials	100.0	3.5	2.6	18.5	52.3	17.4	4.7	1.1
Miscellaneous supplies and equipment	100.0	2.4	9.4	11.9	23.2	35.5	11.1	6.6
Material for insulation, other maintenance and repair	100.0	2.4	9.4	11.9	23.4	35.1	11.1	6.7
Property management and security	100.0	0.7	13.3	15.2	23.0	15.6	16.4	15.8
Property management	100.0	0.8	14.0	16.4	25.0	14.0	14.7	15.0
Management and upkeep services for security	100.0	0.1	8.8	7.7	10.9	25.4	27.0	20.2
Parking	100.0	0.4	11.2	14.1	16.5	13.7	14.1	30.2
Rented dwellings	100.0	11.0	28.7	21.7	17.8	10.3	4.7	5.9
Rent	100.0	11.1	29.0	21.8	17.7	10.0	4.6	5.8
Rent as pay	100.0	9.8	23.4	18.2	17.7	13.9	8.0	9.0
Maintenance, insurance, and other expenses	100.0	5.5	19.0	22.1	21.1	19.6	6.4	6.3
Tenant's insurance	100.0	7.6	22.6	23.3	16.9	13.0	10.6	5.9
Maintenance and repair services	100.0	3.3	15.2	23.2	22.4	22.0	5.6	8.2
Maintenance and repair materials	100.0	8.8	25.4	17.1	23.6	22.1	2.2	0.8

	total consumer units	under 25	25 to 34	35 to 44	45 to 54	55 to 64	65 to 74	75+
Other lodging	**100.0%**	**2.4%**	**8.8%**	**14.7%**	**28.1%**	**25.9%**	**13.0%**	**7.2%**
Owned vacation homes	100.0	0.3	8.0	13.5	25.5	29.4	14.5	8.7
Mortgage interest and charges	100.0	0.3	10.8	19.8	28.5	25.4	12.2	3.0
Property taxes	100.0	0.5	3.9	8.7	26.0	33.5	14.9	12.4
Maintenance, insurance, and other expenses	100.0	0.1	11.0	11.2	18.3	28.7	18.3	12.4
Housing while attending school	100.0	14.9	6.7	4.9	42.2	26.6	3.4	1.3
Lodging on trips	100.0	1.9	10.0	17.6	27.8	22.4	13.3	6.9
UTILITIES, FUELS, AND PUBLIC SERVICES	**100.0**	**3.3**	**14.7**	**20.2**	**23.8**	**19.2**	**10.7**	**8.2**
Natural gas	**100.0**	**2.8**	**13.4**	**20.4**	**23.8**	**18.3**	**11.1**	**10.1**
Electricity	**100.0**	**3.4**	**14.8**	**20.1**	**23.1**	**19.3**	**11.3**	**8.1**
Fuel oil and other fuels	**100.0**	**0.9**	**8.3**	**13.6**	**22.1**	**24.4**	**14.7**	**16.0**
Fuel oil	100.0	0.8	7.5	13.3	21.8	21.4	14.7	20.6
Coal, wood, and other fuels	100.0	1.6	6.9	23.1	30.8	20.4	9.0	8.2
Bottled gas	100.0	1.0	9.7	12.4	21.1	29.4	15.8	10.6
Telephone services	**100.0**	**4.0**	**16.4**	**21.0**	**25.1**	**18.3**	**9.1**	**6.1**
Residential telephone and pay phones	100.0	1.4	9.3	17.1	23.3	22.5	14.2	12.1
Cellular phone service	100.0	5.4	20.1	22.9	26.1	16.2	6.4	2.9
Phone cards	100.0	5.6	19.9	24.0	24.6	12.7	9.0	4.2
Voice over IP	100.0	2.9	17.7	27.9	19.6	13.5	12.5	6.1
Water and other public services	**100.0**	**2.5**	**13.3**	**20.1**	**23.3**	**20.1**	**11.3**	**9.4**
Water and sewerage maintenance	100.0	2.7	13.5	20.7	23.7	19.6	11.0	8.9
Trash and garbage collection	100.0	2.0	13.0	18.9	22.1	21.1	12.2	10.7
Septic tank cleaning	100.0	–	6.2	8.7	28.0	33.7	14.7	8.8

*See Appendix B for information about mortgage principal reduction.
Note: Numbers may not add to total because of rounding. "–" means sample is too small to make a reliable estimate.
Source: Calculations by New Strategist based on the Bureau of Labor Statistics' 2010 Consumer Expenditure Survey

Table 10.5 Percent of Consumer Units That Spent on Shelter and Utilities during the Average Quarter, 2010

(percent of consumer units spending on shelter and utilities during the average quarter of 2010, by shelter and utility category and age of consumer unit reference person, 2010)

	total consumer units	under 25	25 to 34	35 to 44	45 to 54	55 to 64	65 to 74	75+
Percent spending on housing during the average quarter	**99.6%**	**94.9%**	**99.8%**	**99.8%**	**99.9%**	**100.0%**	**100.0%**	**99.9%**
SHELTER	**97.5**	**83.8**	**97.8**	**98.8**	**98.7**	**98.9**	**98.6**	**97.8**
Owned dwellings*	**65.9**	**13.8**	**45.9**	**65.7**	**73.2**	**79.4**	**81.6**	**78.8**
Mortgage interest and charges	41.9	8.8	38.7	56.2	56.2	47.2	32.1	14.3
Mortgage interest	39.1	8.8	38.3	54.8	53.1	42.0	26.5	10.8
Interest paid, home equity loan	2.9	0.5	1.3	3.5	4.3	3.7	3.0	1.8
Interest paid, home equity line of credit	5.3	0.2	1.6	5.8	8.0	7.9	6.3	2.6
Property taxes	64.9	13.5	45.6	65.0	72.2	78.3	79.8	76.5
Maintenance, repairs, insurance, other expenses	36.1	6.2	25.8	36.6	39.5	42.5	47.0	42.8
Homeowner's insurance	23.9	3.8	17.0	24.8	27.1	29.2	29.2	25.6
Ground rent	1.6	0.5	1.3	1.3	1.4	1.3	3.0	3.2
Maintenance and repair services	13.3	1.5	8.7	11.8	13.1	16.1	20.4	19.9
Painting and papering	1.2	0.2	0.8	0.9	1.3	1.6	1.8	1.3
Plumbing and water heating	3.8	0.2	2.5	3.3	3.4	4.7	6.0	6.2
Heat, air conditioning, electrical work	5.0	0.6	3.6	3.9	5.2	6.4	7.3	7.6
Roofing and gutters	1.1	0.1	0.6	1.1	1.1	1.2	1.9	1.8
Other repair and maintenance services	4.6	0.5	3.0	4.1	4.6	5.1	7.1	7.1
Repair, replacement of hard-surface flooring	0.5	0.0	0.3	0.4	0.5	0.5	1.0	0.6
Repair of built-in appliances	0.4	0.0	0.2	0.3	0.4	0.6	0.7	0.3
Maintenance and repair materials	5.3	1.7	4.8	5.8	6.1	6.5	5.8	3.3
Paints, wallpaper, and supplies	1.9	0.5	1.8	2.5	2.1	2.3	1.7	0.9
Tools, equipment for painting, wallpapering	1.9	0.5	1.8	2.5	2.1	2.3	1.7	0.9
Plumbing supplies and equipment	0.7	0.1	0.5	0.7	0.9	0.8	0.9	0.7
Electrical supplies, heating and cooling equipment	0.3	0.1	0.3	0.3	0.3	0.2	0.4	0.2
Hard-surface flooring, repair and replacement	0.4	0.3	0.5	0.5	0.5	0.3	0.3	0.1
Roofing and gutters	0.3	0.1	0.1	0.3	0.4	0.3	0.2	0.2
Plaster, paneling, siding, windows, doors, screens, awnings	0.7	0.3	0.8	0.7	0.8	0.9	0.6	0.3
Patio, walk, fence, driveway, masonry, brick, and stuccos materials	0.3	0.1	0.2	0.3	0.3	0.5	0.4	0.2
Miscellaneous supplies and equipment	1.8	0.6	1.5	1.7	1.8	2.4	2.5	1.2
Insulation, other maintenance and repair supplies	1.8	0.6	1.5	1.7	1.8	2.4	2.5	1.2
Property management and security	6.0	1.0	5.5	6.1	5.4	6.0	8.4	8.7
Property management	5.8	1.0	5.4	5.9	5.3	5.9	8.2	8.1
Management and upkeep services for security	1.2	0.1	0.7	0.7	0.8	1.6	2.3	2.4
Parking	0.7	0.2	0.7	0.7	0.6	0.7	0.9	1.1
Rented dwellings	**32.8**	**68.2**	**53.1**	**34.6**	**27.3**	**20.8**	**18.0**	**19.7**
Rent	31.6	66.8	51.8	33.7	26.2	19.7	16.7	18.4
Rent as pay	1.4	1.9	2.0	1.3	1.2	1.2	1.2	1.4
Maintenance, insurance, and other expenses	5.1	7.3	8.3	6.2	4.4	3.2	3.4	2.7
Tenant's insurance	3.8	5.0	6.6	4.9	3.3	2.2	2.6	2.0
Maintenance and repair services	0.7	1.0	0.8	0.8	0.5	0.7	0.8	0.6
Maintenance and repair materials	0.8	1.7	1.3	0.8	0.9	0.6	0.3	0.2

	total consumer units	under 25	25 to 34	35 to 44	45 to 54	55 to 64	65 to 74	75+
Other lodging	**18.6%**	**10.1%**	**13.7%**	**18.4%**	**22.8%**	**23.0%**	**21.9%**	**12.8%**
Owned vacation homes	5.3	0.5	1.3	4.4	6.7	8.0	8.6	5.7
Mortgage interest and charges	1.5	0.3	0.8	1.6	2.0	2.2	2.1	0.6
Property taxes	5.2	0.5	1.2	4.0	6.7	7.7	8.4	5.7
Maintenance, insurance, and other expenses	1.9	0.2	0.4	1.4	1.9	2.8	4.0	2.2
Housing while attending school	0.9	1.9	0.2	0.4	1.7	1.4	0.2	0.2
Lodging on trips	14.3	7.9	12.8	15.1	17.0	16.6	16.0	8.2
UTILITIES, FUELS, AND PUBLIC SERVICES	**97.7**	**81.1**	**98.8**	**99.0**	**99.2**	**98.9**	**99.3**	**98.0**
Natural gas	**49.6**	**30.5**	**46.6**	**53.6**	**53.9**	**50.6**	**49.8**	**49.5**
Electricity	**92.2**	**70.7**	**92.1**	**94.1**	**94.8**	**94.6**	**94.0**	**91.3**
Fuel oil and other fuels	**8.1**	**1.8**	**4.5**	**7.1**	**9.2**	**10.9**	**10.2**	**10.9**
Fuel oil	3.0	0.3	1.5	2.4	3.1	3.9	3.9	6.2
Coal, wood, and other fuels	0.6	0.1	0.3	0.8	0.8	0.9	0.6	0.7
Bottled gas	4.92	1.49	2.95	4.44	5.86	6.90	6.27	4.44
Telephone services	**91.9**	**64.5**	**91.3**	**93.4**	**94.6**	**94.6**	**95.4**	**94.7**
Residential telephone and pay phones	62.5	15.7	36.1	57.5	68.0	76.3	83.3	89.8
Cellular phone service	64.8	56.7	76.0	72.6	70.4	64.1	55.2	35.8
Phone cards	4.0	3.3	4.9	4.7	4.0	3.4	3.5	2.8
Voice over IP	1.7	0.8	1.9	2.5	1.7	1.3	2.1	0.9
Water and other public services	**64.5**	**30.7**	**57.2**	**66.9**	**69.3**	**72.3**	**70.6**	**64.7**
Water and sewerage maintenance	58.2	29.0	52.3	61.8	62.7	63.7	62.2	58.1
Trash and garbage collection	39.6	16.3	34.9	41.9	42.3	45.2	42.7	39.7
Septic tank cleaning	0.4	–	0.1	0.2	0.6	0.6	0.6	0.3

*See Appendix B for information about mortgage principal reduction.
Note: Figures shown are from the interview portion of the Consumer Expenditure Survey. Not all shelter and utility categories are included in the interview survey. For more information about the survey, see the introduction or glossary. "–" means sample is too small to make a reliable estimate.
Source: Bureau of Labor Statistics, unpublished data from the 2010 Consumer Expenditure Survey

Table 10.6 Amount Purchasers Spent on Shelter and Utilities during the Average Quarter, 2010

(average amount spent by consumer units spending on shelter and utilities during the average quarter of 2010, by shelter and utility category and age of consumer unit reference person, 2010)

	total consumer units	under 25	25 to 34	35 to 44	45 to 54	55 to 64	65 to 74	75+
Amount spent on housing during the average quarter	$3,926.44	$2,419.37	$4,036.36	$4,761.87	$4,465.28	$3,906.46	$3,344.38	$2,673.37
SHELTER	2,515.58	1,840.21	2,671.47	3,072.92	2,917.50	2,375.59	1,989.55	1,558.22
Owned dwellings*	2,382.05	2,028.27	2,791.80	3,100.53	2,788.69	2,134.39	1,780.30	1,216.42
Mortgage interest and charges	1,997.62	1,938.83	2,206.10	2,312.60	2,077.68	1,694.82	1,472.22	1,177.47
Mortgage interest	2,015.89	1,765.94	2,194.66	2,274.05	2,048.55	1,738.02	1,598.22	1,369.09
Interest paid, home equity loan	669.16	3,252.66	447.82	668.38	656.44	738.17	541.22	520.22
Interest paid, home equity line of credit	558.51	659.38	487.80	519.00	642.90	538.97	527.67	418.95
Property taxes	699.24	466.94	608.16	760.22	795.10	707.59	666.04	551.10
Maintenance, repairs, insurance, other expenses	769.32	744.86	583.03	668.88	759.98	800.70	955.56	860.83
Homeowner's insurance	360.38	335.37	271.19	328.23	332.51	398.99	429.12	418.67
Ground rent	889.57	842.31	693.75	734.52	808.27	833.66	1,129.92	1,026.31
Maintenance and repair services	1,081.33	1,191.67	804.35	1,037.63	1,196.36	1,107.93	1,227.31	965.84
Painting and papering	1,319.02	179.17	638.29	1,291.67	1,700.00	1,457.47	1,178.29	1,301.70
Plumbing and water heating	413.43	158.70	297.28	265.03	455.90	397.00	388.88	648.22
Heat, air conditioning, electrical work	614.83	457.54	326.82	549.68	796.07	628.79	671.03	572.70
Roofing and gutters	2,016.89	6,987.50	2,676.36	1,919.77	1,528.86	2,110.50	2,206.49	1,908.80
Other repair and maintenance services	1,089.95	1,127.55	888.04	1,325.68	1,143.26	1,188.98	1,218.97	631.69
Repair, replacement of hard-surface flooring	1,976.56	–	1,446.55	1,525.64	1,743.63	1,762.98	2,894.50	1,995.83
Repair of built-in appliances	135.53	200.00	89.71	114.66	129.38	112.50	188.03	186.61
Maintenance and repair materials	323.63	598.36	268.11	308.59	403.37	326.00	252.50	232.08
Paints, wallpaper, and supplies	147.88	201.92	149.44	146.17	149.15	164.38	138.66	64.89
Tools, equipment for painting, wallpapering	15.87	21.63	16.01	15.73	16.06	17.70	14.97	7.02
Plumbing supplies and equipment	188.73	167.86	214.67	192.03	146.94	218.52	175.27	243.75
Electrical supplies, heating and cooling equipment	235.19	55.00	272.58	129.46	253.68	308.70	309.72	26.39
Hard-surface flooring, repair and replacement	666.03	749.04	548.33	791.35	778.37	400.74	451.61	1,002.78
Roofing and gutters	548.00	815.00	508.93	539.81	902.03	322.66	226.25	256.25
Plaster, paneling, siding, windows, doors, screens, awnings	517.03	1,586.21	308.77	515.44	710.42	358.33	540.00	353.70
Patio, walk, fence, driveway, masonry, brick, and stuccos materials	118.33	187.50	22.92	139.42	271.97	76.09	41.89	23.53
Miscellaneous supplies and equipment	232.40	260.96	157.21	161.39	256.59	344.14	169.27	233.06
Insulation, other maintenance and repair supplies	231.01	260.96	157.21	161.39	256.59	339.98	169.27	233.06
Property management and security	259.88	174.24	225.91	214.16	320.70	228.36	283.76	297.20
Property management	230.59	172.22	207.97	204.89	308.38	181.45	223.47	262.13
Management and upkeep services for security	187.39	22.22	162.68	135.51	146.84	200.80	238.31	193.33
Parking	94.29	28.33	65.07	74.64	84.68	73.21	100.58	190.00
Rented dwellings	2,213.37	1,765.20	2,347.51	2,513.05	2,285.23	2,030.64	1,766.77	2,269.05
Rent	2,194.02	1,741.65	2,327.89	2,478.65	2,269.04	1,997.06	1,775.79	2,277.50
Rent as pay	1,450.18	1,536.40	1,447.96	1,605.95	1,500.65	1,343.01	1,276.27	1,343.49
Maintenance, insurance, and other expenses	225.10	129.52	157.67	226.38	264.51	396.95	196.29	278.90
Tenant's insurance	79.95	71.11	62.99	81.43	76.68	103.54	116.89	96.32
Maintenance and repair services	889.08	320.20	709.57	1,065.13	1,265.74	1,195.45	414.06	905.42
Maintenance and repair materials	250.31	163.64	245.04	255.33	257.22	417.21	125.00	78.41

	total consumer units	under 25	25 to 34	35 to 44	45 to 54	55 to 64	65 to 74	75+
Other lodging	**$851.77**	**$569.86**	**$611.57**	**$699.84**	**$943.20**	**$1,012.95**	**$875.17**	**$938.22**
Owned vacation homes	1,310.81	710.29	2,538.83	1,193.81	1,279.06	1,446.80	1,095.47	1,114.49
Mortgage interest and charges	1,781.91	456.25	2,262.18	1,848.75	1,883.96	1,787.39	1,475.24	1,316.41
Property taxes	563.86	435.78	554.23	347.59	549.74	714.15	479.55	669.26
Maintenance, insurance, and other expenses	728.76	76.56	2,248.75	601.96	626.44	780.30	582.01	816.51
Housing while attending school	1,660.17	1,673.44	2,745.24	1,079.17	1,711.18	1,549.28	1,933.70	1,320.00
Lodging on trips	522.05	276.04	350.45	482.53	591.39	572.83	581.46	665.50
UTILITIES, FUELS, AND PUBLIC SERVICES	**936.22**	**560.38**	**816.46**	**1,029.34**	**1,062.27**	**1,006.30**	**917.85**	**798.17**
Natural gas	**221.58**	**152.22**	**190.29**	**231.68**	**234.77**	**225.75**	**228.18**	**235.63**
Electricity	**383.13**	**252.96**	**340.20**	**416.17**	**416.35**	**408.58**	**394.10**	**327.91**
Fuel oil and other fuels	**431.46**	**271.84**	**386.06**	**368.66**	**406.65**	**445.16**	**470.25**	**540.04**
Fuel oil	643.44	844.64	598.62	603.18	668.03	604.51	680.28	671.67
Coal, wood, and other fuels	350.00	891.67	319.83	381.00	417.50	291.01	340.00	275.00
Bottled gas	273.78	137.42	265.85	207.88	234.39	325.72	314.95	337.27
Telephone services	**320.35**	**276.19**	**317.57**	**365.28**	**377.59**	**323.49**	**262.22**	**198.32**
Residential telephone and pay phones	160.52	138.25	154.67	165.16	166.40	167.75	158.89	142.36
Cellular phone service	293.13	271.24	301.61	330.51	340.15	272.61	205.95	161.37
Phone cards	51.52	51.50	50.26	57.26	60.96	43.01	48.92	31.51
Voice over IP	126.76	123.68	121.68	131.85	119.85	129.92	121.12	150.82
Water and other public services	**189.62**	**149.95**	**170.58**	**203.43**	**198.77**	**193.16**	**182.11**	**185.49**
Water and sewerage maintenance	154.76	125.85	139.21	166.76	164.54	157.61	147.59	145.03
Trash and garbage collection	79.30	58.32	70.21	78.01	79.32	83.24	83.55	88.40
Septic tank cleaning	223.68	–	262.50	186.36	205.36	257.54	186.69	229.41

See Appendix B for information about mortgage principal reduction.

Note: Figures shown are from the interview portion of the Consumer Expenditure Survey. Not all shelter and utility categories are included in the interview survey. For more information about the survey, see the introduction or glossary. "–" means sample is too small to make a reliable estimate.

Source: Calculations by New Strategist based on unpublished data from the Bureau of Labor Statistics 2010 Consumer Expenditure Survey

Table 10.7 Percent of Consumer Units That Spent on Fuel and Utilities during the <u>Average Week</u>, 2010

(percent of consumer units spending on fuel and utilities during the average week of 2010, by shelter and utility category and age of consumer unit reference person, 2010)

	total consumer units	under 25	25 to 34	35 to 44	45 to 54	55 to 64	65 to 74	75+
Percent spending on fuel and utilities during the average week	**33.4%**	**23.9%**	**33.2%**	**33.6%**	**36.0%**	**34.5%**	**31.2%**	**34.6%**
Electricity and natural gas	**20.5**	**12.7**	**19.9**	**21.2**	**21.8**	**21.5**	**19.9**	**21.9**
Electricity	16.9	10.5	15.7	17.2	17.9	17.9	16.9	18.6
Natural gas	9.6	4.9	9.5	10.4	10.3	10.6	8.3	9.3
Fuel oil and other fuels	**5.5**	**3.7**	**4.8**	**5.1**	**6.6**	**6.2**	**5.8**	**4.8**
Fuel oil	1.7	0.7	1.1	1.8	2.0	1.9	1.7	1.7
Bottled and tank gas	1.7	1.2	1.5	1.5	2.3	1.7	1.5	1.7
Coal	0.0	–	0.0	–	–	0.1	–	–
Miscellaneous fuels	2.7	2.0	2.6	2.5	3.2	3.0	3.4	1.7
Telephone services	**21.0**	**14.9**	**20.4**	**21.1**	**23.3**	**21.8**	**19.6**	**20.7**

Note: Figures shown are from the diary portion of the Consumer Expenditure Survey. Not all shelter or utility categories are included in the diary survey. For more information about the survey, see the introduction or glossary. "–" means sample is too small to make a reliable estimate.
Source: Bureau of Labor Statistics, unpublished data from the 2010 Consumer Expenditure Survey

Table 10.8 Amount Purchasers Spent on Fuel and Utilities during the <u>Average Week</u>, 2010

(average amount spent by consumer units spending on fuel and utilities during the average week of 2010, by fuel and utility category and age of consumer unit reference person, 2010)

	total consumer units	under 25	25 to 34	35 to 44	45 to 54	55 to 64	65 to 74	75+
Amount spent on fuel and utilities during the average week	**$178.45**	**$154.99**	**$159.19**	**$196.93**	**$198.16**	**$185.84**	**$173.88**	**$133.43**
Electricity and natural gas	**158.32**	**136.14**	**137.32**	**171.93**	**177.03**	**164.99**	**152.84**	**127.43**
Electricity	146.09	135.98	131.53	159.22	160.95	148.83	143.08	114.69
Natural gas	81.21	63.73	69.78	85.87	94.19	82.39	74.22	70.73
Fuel oil and other fuels	**88.91**	**75.88**	**55.79**	**80.20**	**86.99**	**109.24**	**107.40**	**101.46**
Fuel oil	146.39	110.96	94.74	125.42	126.11	208.29	160.61	166.86
Bottled and tank gas	81.76	100.00	47.40	70.86	80.60	89.16	135.81	78.82
Coal	66.67	–	25.00	–	–	83.33	–	–
Miscellaneous fuels	38.46	40.89	32.81	31.05	40.56	38.26	47.16	42.11
Telephone services	**106.06**	**113.01**	**112.22**	**121.74**	**115.95**	**100.69**	**90.27**	**64.75**

Note: Figures shown are from the diary portion of the Consumer Expenditure Survey. Not all shelter and utility categories are included in the diary survey. For more information about the survey, see the introduction or glossary. "–" means sample is too small to make a reliable estimate.
Source: Calculations by New Strategist based on unpublished data from the Bureau of Labor Statistics 2010 Consumer Expenditure Survey

CHAPTER
11

Spending on Personal Care, Reading, Education, and Tobacco, 2010

The average household spent 19 percent less on personal care products and services in 2010 than in 2000, after adjusting for inflation. Spending on reading material fell by a substantial 46 percent as the Internet cut household spending on newspapers and magazines during those years. Not surprisingly, average spending on education increased 34 percent as college tuition soared. The average household spent 10 percent less on tobacco and smoking supplies in 2010 than in 2000 as higher prices largely offset the effect of smoking declining in popularity.

Annual Spending

Average annual spending on personal care products and services was highest among householders aged 35 to 54 at an average of nearly $700 in 2010, or 16 to 17 percent more than the average household. Householders aged 55 or older are the biggest spenders on reading material. They account for 38 percent of households, but control 51 percent of household spending on books, newspapers, and magazines. Not surprisingly, education spending is greatest among the youngest householders (most likely to be college students) and their parents. Householders younger than age 25 spend two-and-one-third times the average on college tuition, while householders aged 45 to 54 spend twice the average. Together, the two age groups control 57 percent of the market. Tobacco spending is highest among householders aged 45 to 64, at 24 percent above average.

Quarterly Spending

During the average quarter of 2010, 60 percent of households spent on personal care products or services, 37 percent bought reading material, 15 percent had education expenses, and 21 percent bought tobacco products. Seventeen percent of households purchased newspaper and magazine subscriptions during the average quarter of 2010, spending an average of $58 on these items. Those most likely to pay for newspaper and magazine subscriptions are householders aged 65 or older, more than 30 percent of whom did so. In contrast, only 4 percent of householders under age 25 paid for newspaper and magazine subscriptions during the average quarter. Five percent of households paid for college tuition during the average quarter of 2010, but among householders under age 25 the proportion was 12 percent. Among those who paid college tuition, average spending on the category during the quarter was $3,354.

Weekly Spending

During the average week of 2010, 32 percent of households purchased personal care products and 9 percent spent on personal care services. Those spending on personal care products during the average week devoted $18 to the category. Those buying personal care services spent a larger average of $43. Householders aged 65 or older are most likely to spend on personal care services, 12 to 13 percent doing so during the average week.

Table 11.1 Personal Care, Reading, Education, and Tobacco: Average Annual Spending by Age, 2010

(average annual spending of consumer units on personal care, reading, education, and tobacco products, by age of consumer unit reference person, 2010)

	total consumer units	under 25	25 to 34	35 to 44	45 to 54	55 to 64	65 to 74	75+
Number of consumer units (in 000s)	121,107	8,034	20,166	21,912	25,054	21,359	13,031	11,551
Average number of persons per consumer unit	2.5	2.0	2.9	3.3	2.8	2.2	1.9	1.6
Average before-tax income of consumer units	$62,481.00	$26,881.00	$59,613.00	$76,128.00	$79,589.00	$68,906.00	$49,711.00	$31,782.00
Average annual spending of consumer units, total	48,108.84	27,482.77	46,617.48	55,945.67	57,788.25	50,899.73	41,433.85	31,528.55
PERSONAL CARE PRODUCTS AND SERVICES	**582.04**	**347.38**	**516.60**	**681.51**	**672.90**	**598.61**	**570.87**	**454.84**
Personal care products	**304.78**	**210.05**	**284.08**	**377.33**	**356.20**	**301.07**	**266.02**	**207.41**
Hair care products	62.00	43.09	54.24	77.56	84.28	65.62	34.88	34.13
Hair accessories	7.11	4.57	7.48	11.00	8.15	5.90	5.71	2.42
Wigs and hairpieces	3.19	3.27	5.82	4.45	2.62	2.77	0.95	0.64
Oral hygiene products	33.98	18.29	31.99	37.14	36.65	39.25	31.20	29.94
Shaving products	17.95	5.43	15.73	26.25	20.56	18.17	12.28	15.39
Cosmetics, perfume, and bath products	134.20	98.36	129.90	160.92	150.65	123.54	145.06	87.00
Deodorants, feminine hygiene, miscellaneous products	35.24	18.87	29.33	48.81	38.85	35.13	24.38	36.41
Electric personal care appliances	11.13	18.16	9.60	11.20	14.43	10.70	11.56	1.48
Personal care services	**277.26**	**137.33**	**232.52**	**304.18**	**316.70**	**297.54**	**304.84**	**247.44**
READING	**99.63**	**39.20**	**61.26**	**79.80**	**104.16**	**125.55**	**147.14**	**135.00**
Newspaper and magazine subscriptions	39.90	5.10	10.93	22.43	35.91	54.51	75.56	89.26
Newspapers and magazines, nonsubscription	12.63	4.97	9.92	10.81	13.33	16.18	18.07	11.93
Books	46.09	29.14	40.41	46.56	52.59	54.85	53.51	28.23
EDUCATION	**1,074.46**	**1,906.47**	**838.51**	**963.28**	**2,093.66**	**917.47**	**239.75**	**139.60**
College tuition	701.62	1,617.55	586.28	382.27	1,414.99	640.16	133.38	79.13
Elementary and high school tuition	156.02	8.66	60.11	318.84	343.66	70.28	29.26	11.61
Vocational and technical school tuition	9.19	0.42	16.21	7.63	13.70	9.20	2.62	3.60
Test preparation, tutoring services	10.20	4.15	10.22	14.02	17.64	7.43	6.73	–
Other school tuition	19.55	0.83	21.55	21.14	28.90	32.87	1.92	1.09
Other school expenses including rentals	34.76	18.70	30.13	48.17	57.52	36.06	11.62	2.87
Books and supplies for college	63.79	230.39	54.39	50.29	99.54	44.95	11.41	6.27
Books and supplies for elementary and high school	13.14	3.04	13.57	26.08	23.78	3.55	3.05	0.88
Books and supplies for vocational and technical schools	0.98	0.62	0.52	0.66	1.78	1.55	0.46	0.48
Books and supplies for day care and nursery	0.49	–	1.05	0.53	0.78	0.02	0.04	0.48
Books and supplies for other schools	1.19	0.09	0.45	0.82	3.09	0.85	1.50	0.14
Miscellaneous school expenses and supplies	63.54	22.05	44.02	92.83	88.28	70.56	37.77	33.04
TOBACCO PRODUCTS AND SMOKING SUPPLIES	**362.05**	**283.08**	**362.00**	**357.63**	**449.04**	**449.73**	**297.64**	**147.34**
Cigarettes	331.80	253.20	327.49	327.72	412.62	415.49	275.12	135.64
Other tobacco products	26.52	25.61	30.49	25.88	32.68	29.29	20.81	9.38
Smoking accessories	3.74	4.27	4.02	4.04	3.75	4.95	1.71	2.32

Note: Annual average spending figures for some items may seem low because both purchasers and nonpurchasers are used to calculate the annual average; to find out how much purchasers spend on items, see the quarterly or weekly spending tables. Subcategories may not add to total because some are not shown. "–" means sample is too small to make a reliable estimate.

Source: Bureau of Labor Statistics, unpublished tables from the 2010 Consumer Expenditure Survey

Table 11.2 Personal Care, Reading, Education, and Tobacco: Indexed Annual Spending by Age, 2010

(indexed average annual spending of consumer units (CU) on personal care, reading, education, and tobacco products, by age of consumer unit reference person, 2010; index definition: an index of 100 is the average for all consumer units; an index of 125 means that spending by consumer units in that group is 25 percent above the average for all consumer units; an index of 75 indicates spending that is 25 percent below the average for all consumer units)

	total consumer units	under 25	25 to 34	35 to 44	45 to 54	55 to 64	65 to 74	75+
Average annual spending of CU, total	$48,109	$27,483	$46,617	$55,946	$57,788	$50,900	$41,434	$31,529
Average annual spending of CU, index	100	57	97	116	120	106	86	66
PERSONAL CARE PRODUCTS AND SERVICES	**100**	**60**	**89**	**117**	**116**	**103**	**98**	**78**
Personal care products	**100**	**69**	**93**	**124**	**117**	**99**	**87**	**68**
Hair care products	100	70	87	125	136	106	56	55
Hair accessories	100	64	105	155	115	83	80	34
Wigs and hairpieces	100	103	182	139	82	87	30	20
Oral hygiene products	100	54	94	109	108	116	92	88
Shaving products	100	30	88	146	115	101	68	86
Cosmetics, perfume, and bath products	100	73	97	120	112	92	108	65
Deodorants, feminine hygiene, miscellaneous products	100	54	83	139	110	100	69	103
Electric personal care appliances	100	163	86	101	130	96	104	13
Personal care services	**100**	**50**	**84**	**110**	**114**	**107**	**110**	**89**
READING	**100**	**39**	**61**	**80**	**105**	**126**	**148**	**136**
Newspaper and magazine subscriptions	100	13	27	56	90	137	189	224
Newspapers and magazines, nonsubscription	100	39	79	86	106	128	143	94
Books	100	63	88	101	114	119	116	61
EDUCATION	**100**	**177**	**78**	**90**	**195**	**85**	**22**	**13**
College tuition	100	231	84	54	202	91	19	11
Elementary and high school tuition	100	6	39	204	220	45	19	7
Vocational and technical school tuition	100	5	176	83	149	100	29	39
Test preparation, tutoring services	100	41	100	137	173	73	66	–
Other school tuition	100	4	110	108	148	168	10	6
Other school expenses including rentals	100	54	87	139	165	104	33	8
Books and supplies for college	100	361	85	79	156	70	18	10
Books and supplies for elementary and high school	100	23	103	198	181	27	23	7
Books and supplies for vocational and technical schools	100	63	53	67	182	158	47	49
Books and supplies for day care and nursery	100	–	214	108	159	4	8	98
Books and supplies for other schools	100	8	38	69	260	71	126	12
Miscellaneous school expenses and supplies	100	35	69	146	139	111	59	52
TOBACCO PRODUCTS AND SMOKING SUPPLIES	**100**	**78**	**100**	**99**	**124**	**124**	**82**	**41**
Cigarettes	100	76	99	99	124	125	83	41
Other tobacco products	100	97	115	98	123	110	78	35
Smoking accessories	100	114	107	108	100	132	46	62

Note: "–" means sample is too small to make a reliable estimate.
Source: Calculations by New Strategist based on the Bureau of Labor Statistics' 2010 Consumer Expenditure Survey

Table 11.3 Personal Care, Reading, Education, and Tobacco: Total Annual Spending by Age, 2010

(total annual spending on personal care, reading, education, and tobacco products, by consumer unit (CU) age groups, 2010; consumer units and dollars in thousands)

	total consumer units	under 25	25 to 34	35 to 44	45 to 54	55 to 64	65 to 74	75+
Number of consumer units	121,107	8,034	20,166	21,912	25,054	21,359	13,031	11,551
Total annual spending of all CUs	$5,826,317,286	$220,796,574	$940,088,102	$1,225,881,521	$1,447,826,816	$1,087,167,333	$539,924,499	$364,186,281
PERSONAL CARE PRODUCTS AND SERVICES	**70,489,118**	**2,790,851**	**10,417,756**	**14,933,247**	**16,858,837**	**12,785,711**	**7,439,007**	**5,253,857**
Personal care products	**36,910,991**	**1,687,542**	**5,728,757**	**8,268,055**	**8,924,235**	**6,430,554**	**3,466,507**	**2,395,793**
Hair care products	7,508,634	346,185	1,093,804	1,699,495	2,111,551	1,401,578	454,521	394,236
Hair accessories	861,071	36,715	150,842	241,032	204,190	126,018	74,407	27,953
Wigs and hairpieces	386,331	26,271	117,366	97,508	65,641	59,164	12,379	7,393
Oral hygiene products	4,115,216	146,942	645,110	813,812	918,229	838,341	406,567	345,837
Shaving products	2,173,871	43,625	317,211	575,190	515,110	388,093	160,021	177,770
Cosmetics, perfume, and bath products	16,252,559	790,224	2,619,563	3,526,079	3,774,385	2,638,691	1,890,277	1,004,937
Deodorants, feminine hygiene, miscellaneous products	4,267,811	151,602	591,469	1,069,525	973,348	750,342	317,696	420,572
Electric personal care appliances	1,347,921	145,897	193,594	245,414	361,529	228,541	150,638	17,095
Personal care services	**33,578,127**	**1,103,309**	**4,688,998**	**6,665,192**	**7,934,602**	**6,355,157**	**3,972,370**	**2,858,179**
READING	**12,065,890**	**314,933**	**1,235,369**	**1,748,578**	**2,609,625**	**2,681,622**	**1,917,381**	**1,559,385**
Newspaper and magazine subscriptions	4,832,169	40,973	220,414	491,486	899,689	1,164,279	984,622	1,031,042
Newspapers and magazines, nonsubscription	1,529,581	39,929	200,047	236,869	333,970	345,589	235,470	137,803
Books	5,581,822	234,111	814,908	1,020,223	1,317,590	1,171,541	697,289	326,085
EDUCATION	**130,124,627**	**15,316,580**	**16,909,393**	**21,107,391**	**52,454,558**	**19,596,242**	**3,124,182**	**1,612,520**
College tuition	84,971,093	12,995,397	11,822,922	8,376,300	35,451,159	13,673,177	1,738,075	914,031
Elementary and high school tuition	18,895,114	69,574	1,212,178	6,986,422	8,610,058	1,501,111	381,287	134,107
Vocational and technical school tuition	1,112,973	3,374	326,891	167,189	343,240	196,503	34,141	41,584
Test preparation, tutoring services	1,235,291	33,341	206,097	307,206	441,953	158,697	87,699	–
Other school tuition	2,367,642	6,668	434,577	463,220	724,061	702,070	25,020	12,591
Other school expenses including rentals	4,209,679	150,236	607,602	1,055,501	1,441,106	770,206	151,420	33,151
Books and supplies for college	7,725,416	1,850,953	1,096,829	1,101,954	2,493,875	960,087	148,684	72,425
Books and supplies for elementary and high school	1,591,346	24,423	273,653	571,465	595,784	75,824	39,745	10,165
Books and supplies for vocational and technical schools	118,685	4,981	10,486	14,462	44,596	33,106	5,994	5,544
Books and supplies for day care and nursery	59,342	–	21,174	11,613	19,542	427	521	5,544
Books and supplies for other schools	144,117	723	9,075	17,968	77,417	18,155	19,547	1,617
Miscellaneous school expenses and supplies	7,695,139	177,150	887,707	2,034,091	2,211,767	1,507,091	492,181	381,645
TOBACCO PRODUCTS AND SMOKING SUPPLIES	**43,846,789**	**2,274,265**	**7,300,092**	**7,836,389**	**11,250,248**	**9,605,783**	**3,878,547**	**1,701,924**
Cigarettes	40,183,303	2,034,209	6,604,163	7,181,001	10,337,781	8,874,451	3,585,089	1,566,778
Other tobacco products	3,211,758	205,751	614,861	567,083	818,765	625,605	271,175	108,348
Smoking accessories	452,940	34,305	81,067	88,524	93,953	105,727	22,283	26,798

Note: Numbers may not add to total because of rounding and missing subcategories. "–" means sample is too small to make a reliable estimate.
Source: Calculations by New Strategist based on the Bureau of Labor Statistics' 2010 Consumer Expenditure Survey

Table 11.4 Personal Care, Reading, Education, and Tobacco: Share of Annual Spending by Age, 2010

(percentage of total annual spending on personal care, reading, education, and tobacco products accounted for by consumer unit age groups, 2010)

	total consumer units	under 25	25 to 34	35 to 44	45 to 54	55 to 64	65 to 74	75+
Share of total consumer units	100.0%	6.6%	16.7%	18.1%	20.7%	17.6%	10.8%	9.5%
Share of total before-tax income	100.0	2.9	15.9	22.0	26.4	19.5	8.6	4.9
Share of total annual spending	100.0	3.8	16.1	21.0	24.8	18.7	9.3	6.3
PERSONAL CARE PRODUCTS								
AND SERVICES	100.0	4.0	14.8	21.2	23.9	18.1	10.6	7.5
Personal care products	100.0	4.6	15.5	22.4	24.2	17.4	9.4	6.5
Hair care products	100.0	4.6	14.6	22.6	28.1	18.7	6.1	5.3
Hair accessories	100.0	4.3	17.5	28.0	23.7	14.6	8.6	3.2
Wigs and hairpieces	100.0	6.8	30.4	25.2	17.0	15.3	3.2	1.9
Oral hygiene products	100.0	3.6	15.7	19.8	22.3	20.4	9.9	8.4
Shaving products	100.0	2.0	14.6	26.5	23.7	17.9	7.4	8.2
Cosmetics, perfume, and bath products	100.0	4.9	16.1	21.7	23.2	16.2	11.6	6.2
Deodorants, feminine hygiene, miscellaneous products	100.0	3.6	13.9	25.1	22.8	17.6	7.4	9.9
Electric personal care appliances	100.0	10.8	14.4	18.2	26.8	17.0	11.2	1.3
Personal care services	100.0	3.3	14.0	19.8	23.6	18.9	11.8	8.5
READING	100.0	2.6	10.2	14.5	21.6	22.2	15.9	12.9
Newspaper and magazine subscriptions	100.0	0.8	4.6	10.2	18.6	24.1	20.4	21.3
Newspapers and magazines, nonsubscription	100.0	2.6	13.1	15.5	21.8	22.6	15.4	9.0
Books	100.0	4.2	14.6	18.3	23.6	21.0	12.5	5.8
EDUCATION	100.0	11.8	13.0	16.2	40.3	15.1	2.4	1.2
College tuition	100.0	15.3	13.9	9.9	41.7	16.1	2.0	1.1
Elementary and high school tuition	100.0	0.4	6.4	37.0	45.6	7.9	2.0	0.7
Vocational and technical school tuition	100.0	0.3	29.4	15.0	30.8	17.7	3.1	3.7
Test preparation, tutoring services	100.0	2.7	16.7	24.9	35.8	12.8	7.1	–
Other school tuition	100.0	0.3	18.4	19.6	30.6	29.7	1.1	0.5
Other school expenses including rentals	100.0	3.6	14.4	25.1	34.2	18.3	3.6	0.8
Books and supplies for college	100.0	24.0	14.2	14.3	32.3	12.4	1.9	0.9
Books and supplies for elementary and high school	100.0	1.5	17.2	35.9	37.4	4.8	2.5	0.6
Books and supplies for vocational and technical schools	100.0	4.2	8.8	12.2	37.6	27.9	5.1	4.7
Books and supplies for day care and nursery	100.0	–	35.7	19.6	32.9	0.7	0.9	9.3
Books and supplies for other schools	100.0	0.5	6.3	12.5	53.7	12.6	13.6	1.1
Miscellaneous school expenses and supplies	100.0	2.3	11.5	26.4	28.7	19.6	6.4	5.0
TOBACCO PRODUCTS AND								
SMOKING SUPPLIES	100.0	5.2	16.6	17.9	25.7	21.9	8.8	3.9
Cigarettes	100.0	5.1	16.4	17.9	25.7	22.1	8.9	3.9
Other tobacco products	100.0	6.4	19.1	17.7	25.5	19.5	8.4	3.4
Smoking accessories	100.0	7.6	17.9	19.5	20.7	23.3	4.9	5.9

Note: Numbers may not add to total because of rounding. "–" means sample is too small to make a reliable estimate.
Source: Calculations by New Strategist based on the Bureau of Labor Statistics' 2010 Consumer Expenditure Survey

Table 11.5 Percent of Consumer Units That Bought Personal Care Products and Services, Reading, Education, and Tobacco during the <u>Average Quarter</u>, 2010

(percent of consumer units spending on personal care products and services, reading, education, and tobacco during the average quarter of 2010, by category and age of consumer unit reference person, 2010)

	total consumer units	under 25	25 to 34	35 to 44	45 to 54	55 to 64	65 to 74	75+
PERSONAL CARE PRODUCTS AND SERVICES	**60.4%**	**46.5%**	**56.5%**	**60.8%**	**61.7%**	**62.6%**	**66.7%**	**62.2%**
Wigs and hairpieces	0.9	1.0	1.1	1.3	0.7	0.9	0.4	0.3
Electric personal care appliances	3.3	3.9	3.6	3.5	3.8	3.1	2.8	2.0
Personal care services	**59.3**	**44.3**	**55.1**	**59.5**	**60.9**	**61.7**	**66.1**	**61.5**
READING	**36.9**	**21.9**	**28.2**	**34.3**	**36.5**	**43.3**	**47.5**	**44.6**
Newspaper and magazine subscriptions	17.2	3.6	7.2	11.9	15.6	22.6	30.5	32.8
Newspapers and magazines, nonsubscription	13.1	7.9	10.7	13.9	14.5	15.5	14.2	10.3
Books purchased through book clubs	1.1	0.3	0.7	1.3	1.0	1.5	1.1	1.8
Books not purchased through book clubs	17.6	13.4	16.6	18.4	18.0	20.6	20.3	11.2
EDUCATION	**14.6**	**24.7**	**16.0**	**20.3**	**19.9**	**9.9**	**4.6**	**2.4**
College tuition	5.2	11.6	5.9	4.3	7.8	4.8	1.4	1.0
Elementary and high school tuition	1.4	0.3	1.1	3.3	2.3	0.8	0.2	0.2
Test preparation, tutoring services	0.3	0.1	0.3	0.3	0.4	0.3	0.1	0.1
Vocational and technical schools tuition	0.7	0.7	0.4	1.1	1.3	0.6	0.1	0.0
Other school tuition	0.4	0.2	0.3	0.5	0.5	0.4	0.3	0.1
Other school expenses including rentals	3.7	3.3	3.8	6.3	5.4	2.5	1.1	0.5
Books, supplies for college	4.3	17.1	4.9	3.5	5.1	2.9	1.1	0.6
Books, supplies for elementary, high school	2.8	0.8	3.3	6.2	4.0	0.8	0.9	0.5
Books, supplies for vocational and technical schools	0.2	0.1	0.2	0.1	0.2	0.2	0.1	0.0
Books, supplies for day care, nursery school	0.1	0.0	0.2	0.2	0.1	0.0	0.0	0.0
Books, supplies for other schools	0.2	0.1	0.2	0.2	0.2	0.3	0.2	0.1
TOBACCO PRODUCTS AND SMOKING SUPPLIES	**20.9**	**20.2**	**23.2**	**21.5**	**24.4**	**23.6**	**17.5**	**7.4**
Cigarettes	18.3	17.3	20.1	18.8	21.5	21.3	15.1	5.9
Other tobacco products	3.5	4.4	4.5	3.8	3.7	3.0	3.1	1.5

Note: Figures shown are from the interview portion of the Consumer Expenditure Survey. Not all categories are included in the interview survey. For more information about the survey, see Appendix A.
Source: Bureau of Labor Statistics, unpublished data from the 2010 Consumer Expenditure Survey

Table 11.6 Amount Purchasers Spent on Personal Care Products and Services, Reading, Education, and Tobacco during the <u>Average Quarter</u>, 2010

(average amount spent by consumer units on personal care products and services, reading, education, and tobacco during the average quarter of 2010, by category and age of consumer unit reference person, 2010)

	total consumer units	under 25	25 to 34	35 to 44	45 to 54	55 to 64	65 to 74	75+
PERSONAL CARE PRODUCTS AND SERVICES	**$118.61**	**$78.77**	**$108.78**	**$129.83**	**$131.97**	**$122.29**	**$116.29**	**$101.19**
Wigs and hairpieces	92.73	86.05	129.91	84.92	94.93	81.47	55.23	51.61
Electric personal care appliances	45.47	37.14	51.90	48.31	43.31	45.21	38.91	46.30
Personal care services	**116.83**	**77.48**	**105.56**	**127.72**	**130.12**	**120.50**	**115.38**	**100.59**
READING	**66.85**	**44.83**	**54.39**	**58.23**	**69.85**	**72.44**	**77.44**	**72.61**
Newspaper and magazine subscriptions	57.96	35.42	38.00	47.16	57.55	60.33	61.85	68.14
Newspapers and magazines, nonsubscription	24.18	15.75	23.13	19.50	22.94	26.16	31.90	28.96
Books purchased through book clubs	64.82	67.00	46.48	50.00	100.74	60.54	57.74	66.95
Books not purchased through book clubs	61.04	52.80	58.00	59.64	67.28	61.92	62.50	52.17
EDUCATION	**1,734.59**	**1,908.09**	**1,240.62**	**1,071.98**	**2,521.86**	**2,130.06**	**1,090.55**	**1,110.10**
College tuition	3,353.82	3,474.12	2,488.46	2,217.34	4,541.05	3,313.46	2,470.00	2,082.37
Elementary and high school tuition	2,708.68	866.00	1,378.67	2,408.16	3,818.44	2,311.84	3,180.43	1,814.06
Vocational and technical schools tuition	883.65	116.67	1,228.03	763.00	815.48	766.67	1,310.00	1,500.00
Test preparation, tutoring services	375.00	154.85	709.72	333.81	347.24	309.58	1,294.23	–
Other school tuition	1,357.64	138.33	1,683.59	1,036.27	1,505.21	2,054.38	184.62	227.08
Other school expenses including rentals	233.60	142.97	197.70	191.76	264.34	357.74	259.38	159.44
Books, supplies for college	370.87	337.22	279.21	361.28	490.83	394.30	259.32	261.25
Books, supplies for elementary, high school	116.49	101.33	103.75	105.84	148.25	105.65	89.71	48.89
Books, supplies for vocational and technical schools	163.33	140.91	65.00	165.00	193.48	227.94	104.55	400.00
Books, supplies for day care, nursery school	136.11	–	119.32	73.61	278.57	50.00	33.33	600.00
Books, supplies for other schools	165.28	28.13	70.31	113.89	367.86	85.00	220.59	58.33
TOBACCO PRODUCTS AND SMOKING SUPPLIES	**428.61**	**344.88**	**385.09**	**411.73**	**456.81**	**470.37**	**422.27**	**490.60**
Cigarettes	453.28	365.68	408.14	435.57	478.90	486.98	454.89	572.80
Other tobacco products	188.89	145.51	169.77	169.82	219.62	241.67	168.37	152.27

Note: Figures shown are from the interview portion of the Consumer Expenditure Survey. Not all categories are included in the interview survey. For more information about the survey, see the introduction or glossary. "–" means sample is too small to make a reliable estimate.
Source: Calculations by New Strategist based on unpublished data from the Bureau of Labor Statistics 2010 Consumer Expenditure Survey

Table 11.7 Percent of Consumer Units That Bought Personal Care Products and Services, Education, and Tobacco during the Average Week, 2010

(percent of consumer units spending on personal care products and services, education, and tobacco during the average week of 2010, by category and age of consumer unit reference person, 2010)

	total consumer units	under 25	25 to 34	35 to 44	45 to 54	55 to 64	65 to 74	75+
PERSONAL CARE PRODUCTS AND SERVICES	**36.3%**	**24.3%**	**35.8%**	**40.0%**	**38.4%**	**37.9%**	**35.8%**	**31.2%**
Personal care products	**31.9**	**22.9**	**32.3**	**36.5**	**34.6**	**33.8**	**29.0**	**22.9**
Hair care products	10.9	7.3	10.6	13.1	13.6	11.5	8.5	5.4
Hair accessories	2.1	1.5	2.9	3.0	2.4	1.8	1.2	0.6
Oral hygiene products	9.9	5.3	9.2	11.3	10.9	11.1	9.4	8.1
Shaving products	3.6	1.8	3.4	4.4	4.5	3.6	3.2	2.0
Cosmetics, perfume, and bath products	19.7	13.6	19.8	24.2	21.9	20.4	16.5	12.6
Deodorants, feminine hygiene, misc. products	8.8	6.7	8.9	12.3	9.8	7.7	6.5	6.0
Electric personal care appliances	0.5	0.7	0.6	0.5	0.7	0.5	0.4	0.2
Personal care services	**8.9**	**2.6**	**7.0**	**8.8**	**9.2**	**8.8**	**12.0**	**12.9**
Personal care service for females	8.5	2.6	6.6	8.3	8.6	8.3	11.7	12.4
Personal care service for males	8.5	2.2	6.8	8.4	8.7	8.7	11.8	12.0
SCHOOL SUPPLIES	**8.1**	**4.6**	**7.8**	**9.9**	**9.6**	**8.9**	**6.8**	**4.8**
TOBACCO PRODUCTS AND SMOKING SUPPLIES (EXCEPT CIGARETTES)	**1.1**	**0.9**	**1.0**	**1.3**	**1.5**	**0.9**	**0.7**	**0.6**

Note: Figures shown are from the diary portion of the Consumer Expenditure Survey. Not all categories are included in the diary survey. For more information about the survey, see Appendix A.
Source: Bureau of Labor Statistics, unpublished data from the 2010 Consumer Expenditure Survey

Table 11.8 Amount Purchasers Spent on Personal Care Products and Services, Education, and Tobacco during the <u>Average Week</u>, 2010

(average amount spent by consumer units purchasing personal care products and services, education, and tobacco during the average week of 2010, by category and age of consumer unit reference person, 2010)

	total consumer units	under 25	25 to 34	35 to 44	45 to 54	55 to 64	65 to 74	75+
PERSONAL CARE PRODUCTS AND SERVICES	**$26.50**	**$20.26**	**$22.85**	**$29.15**	**$27.52**	**$26.79**	**$27.46**	**$26.22**
Personal care products	**18.17**	**17.36**	**16.57**	**19.63**	**19.64**	**17.01**	**17.62**	**17.41**
Hair care products	10.91	11.39	9.77	11.35	11.91	10.99	7.90	12.18
Hair accessories	6.64	5.88	4.91	7.00	6.75	6.15	8.94	7.94
Oral hygiene products	6.54	6.57	6.71	6.28	6.42	6.75	6.38	7.20
Shaving products	9.83	5.56	8.96	11.39	8.95	9.86	7.59	15.00
Cosmetics, perfume, and bath products	13.10	13.92	12.61	12.77	13.23	11.64	16.90	13.23
Deodorants, feminine hygiene, misc. products	7.73	5.41	6.26	7.66	7.65	8.80	7.28	11.74
Electric personal care appliances	41.18	52.24	30.00	45.83	43.08	42.86	61.11	16.67
Personal care services	**42.81**	**36.40**	**40.31**	**51.43**	**40.91**	**50.17**	**39.35**	**32.66**
Personal care service for females	23.91	21.07	22.12	28.90	23.05	28.13	21.70	18.50
Personal care service for males	21.03	18.52	20.00	25.36	20.46	24.16	18.72	15.98
SCHOOL SUPPLIES	**15.01**	**9.17**	**10.91**	**18.17**	**17.69**	**15.28**	**10.78**	**13.33**
TOBACCO PRODUCTS AND SMOKING SUPPLIES (EXCEPT CIGARETTES)	**6.54**	**9.30**	**8.16**	**6.02**	**4.64**	**11.24**	**4.35**	**6.35**

Note: Figures shown are from the diary portion of the Consumer Expenditure Survey. Not all categories are included in the diary survey. For more information about the survey, see Appendix A.
Source: Calculations by New Strategist based on unpublished data from the Bureau of Labor Statistics 2010 Consumer Expenditure Survey

Spending on Restaurant Meals and Other Food Away from Home, 2010

The average household spent $2,505 on food away from home in 2010. Spending on this category increased 8 percent between 2000 and 2006 (when overall household spending peaked), after adjusting for inflation, then fell 14 percent between 2006 and 2010 as the Great Recession took hold. Local restaurant and carry-out meals account for 83 percent of the food-away-from-home category, while restaurant meals on trips account for 9 percent.

Annual Spending

Householders aged 35 to 44 spend the most on restaurant and carry-out meals—$2,734 on average in 2010, or 31 percent more than the average household. They are the biggest spenders on full-service restaurant dinners (26 percent more than average) and fast-food lunches (34 percent more) and snacks (51 percent more). Householders aged 65 to 74 spend the most on full-service breakfasts (18 percent more). Householders aged 45 to 64 are the biggest spenders on catered affairs, on which they spend 29 to 31 percent more than the average household.

Quarterly Spending

During the average quarter of 2010, 80 percent of households bought food away from home. Some 77 percent spent on local restaurant meals, 24 percent bought restaurant meals while on trips, 8 percent purchased school lunches, 2 percent purchased catering or received meals as pay, and just 1 percent bought board at school. Among the few who purchased catering services, average spending amounted to $811 during the quarter. Householders aged 35 to 44 are most likely to spend on school lunches, 19 percent having done so during the average quarter of 2010. They spent on average $206 on school lunches during the quarter.

Weekly Spending

During the average week of 2010, a substantial 69 percent of households bought restaurant or carry-out meals, the purchasers spending an average of $58 on the food. The most-popular meal for eating out during the average week is lunch, which attracted 51 percent of households. Dinners are not far behind, being purchased by 45 percent of households during the average week. The figure rises to more than 50 percent among householders aged 25 to 44. Thirty percent of households purchased a fast-food dinner during the average week, while 25 percent had dinners at a full-service restaurant. Average weekly spending is greatest on full-service dinners, with purchasers aged 35 to 44 spending the most—$58 during the average week.

Table 12.1 Restaurant Meals and Other Food Away from Home: Average Annual Spending by Age, 2010

(average annual spending of consumer units (CU) on restaurant meals and other food away from home, by age of consumer unit reference person, 2010)

	total consumer units	under 25	25 to 34	35 to 44	45 to 54	55 to 64	65 to 74	75+
Number of consumer units (in 000s)	121,107	8,034	20,166	21,912	25,054	21,359	13,031	11,551
Average number of persons per CU	2.5	2.0	2.9	3.3	2.8	2.2	1.9	1.6
Average before-tax income of CU	$62,481.00	$26,881.00	$59,613.00	$76,128.00	$79,589.00	$68,906.00	$49,711.00	$31,782.00
Average annual spending of CU, total	48,108.84	27,482.77	46,617.48	55,945.67	57,788.25	50,899.73	41,433.85	31,528.55
Food away from home, average annual spending	**2,504.52**	**1,876.02**	**2,753.07**	**3,227.31**	**2,860.83**	**2,387.43**	**1,934.75**	**1,229.75**
Meals at restaurants, carry-outs, other	**2,080.95**	**1,649.40**	**2,358.23**	**2,733.61**	**2,277.60**	**1,915.55**	**1,604.89**	**1,081.92**
Lunch	726.61	582.11	798.23	955.44	773.11	665.18	583.13	446.83
At fast-food restaurants*	351.38	309.91	445.15	470.00	379.18	324.47	219.81	130.90
At full-service restaurants	285.15	175.25	270.00	310.45	266.53	294.55	341.40	301.38
At vending machines, mobile vendors	7.94	10.47	9.80	9.55	9.28	8.04	2.08	3.39
At employer and school cafeterias	82.14	86.47	73.29	165.44	118.12	38.13	19.83	11.16
Dinner	986.99	744.60	1,130.06	1,321.87	1,090.03	918.53	737.54	458.11
At fast-food restaurants*	331.42	332.68	421.32	499.01	368.08	263.55	158.40	100.14
At full-service restaurants	645.44	372.23	698.48	811.09	713.77	648.73	573.81	355.07
At vending machines, mobile vendors	2.86	3.19	4.54	5.39	2.58	1.21	1.62	–
At employer and school cafeterias	7.27	36.51	5.71	6.38	5.59	5.04	3.71	2.90
Snacks and nonalcoholic beverages	155.29	163.19	186.12	216.54	172.36	141.60	87.12	45.42
At fast-food restaurants*	102.25	91.26	122.66	154.03	110.82	91.71	56.82	29.06
At full-service restaurants	28.53	31.02	33.85	26.10	33.37	31.81	21.85	12.52
At vending machines, mobile vendors	18.59	32.53	21.38	24.35	23.34	14.94	6.71	2.78
At employer and school cafeterias	5.93	8.38	8.23	12.06	4.83	3.15	1.73	1.06
Breakfast and brunch	212.05	159.50	243.83	239.76	242.10	190.23	197.10	131.56
At fast-food restaurants*	110.61	78.54	147.30	135.76	125.16	94.42	90.36	42.16
At full-service restaurants	84.81	57.30	79.52	86.66	87.42	85.26	100.00	85.96
At vending machines, mobile vendors	3.21	6.26	2.28	3.76	4.01	2.76	2.85	1.13
At employer and school cafeterias	13.42	17.40	14.73	13.58	25.52	7.80	3.89	2.30
Board (including at school)	**38.94**	**46.32**	**6.74**	**16.13**	**94.80**	**64.56**	**4.40**	**3.70**
Catered affairs	**70.71**	**29.92**	**110.16**	**56.94**	**92.39**	**91.27**	**37.00**	**9.34**
Restaurant meals on trips	**223.08**	**82.60**	**171.66**	**240.46**	**271.80**	**269.45**	**272.54**	**130.35**
School lunches	**63.40**	**16.24**	**49.16**	**154.45**	**103.98**	**21.49**	**5.30**	**3.33**
Meals as pay	**27.45**	**51.54**	**57.13**	**25.71**	**20.27**	**25.10**	**10.63**	**1.12**

* The category fast-food restaurants also includes take-out, delivery, concession stands, buffets, and cafeterias other than employer and school.

Note: Annual average spending figures for some items may seem low because both purchasers and nonpurchasers are used to calculate the annual average; to find out how much purchasers spend on items, see the quarterly or weekly spending tables. Subcategories may not add to total because some are not shown. "–" means sample is too small to make a reliable estimate.

Source: Bureau of Labor Statistics, unpublished tables from the 2010 Consumer Expenditure Survey

Table 12.2 Restaurant Meals and Other Food Away from Home: Indexed Annual Spending by Age, 2010

(indexed average annual spending of consumer units (CU) on restaurant meals and other food away from home, by age of consumer unit reference person, 2010; index definition: an index of 100 is the average for all consumer units; an index of 125 means that spending by consumer units in that group is 25 percent above the average for all consumer units; an index of 75 indicates spending that is 25 percent below the average for all consumer units)

	total consumer units	under 25	25 to 34	35 to 44	45 to 54	55 to 64	65 to 74	75+
Average annual spending of CU, total	$48,109	$27,483	$46,617	$55,946	$57,788	$50,900	$41,434	$31,529
Average annual spending of CU, index	100	57	97	116	120	106	86	66
Food away from home, annual spending index	100	75	110	129	114	95	77	49
Meals at restaurants, carry-outs, other	100	79	113	131	109	92	77	52
Lunch	100	80	110	131	106	92	80	61
At fast-food restaurants*	100	88	127	134	108	92	63	37
At full-service restaurants	100	61	95	109	93	103	120	106
At vending machines, mobile vendors	100	132	123	120	117	101	26	43
At employer and school cafeterias	100	105	89	201	144	46	24	14
Dinner	100	75	114	134	110	93	75	46
At fast-food restaurants*	100	100	127	151	111	80	48	30
At full-service restaurants	100	58	108	126	111	101	89	55
At vending machines, mobile vendors	100	112	159	188	90	42	57	–
At employer and school cafeterias	100	502	79	88	77	69	51	40
Snacks and nonalcoholic beverages	100	105	120	139	111	91	56	29
At fast-food restaurants*	100	89	120	151	108	90	56	28
At full-service restaurants	100	109	119	91	117	111	77	44
At vending machines, mobile vendors	100	175	115	131	126	80	36	15
At employer and school cafeterias	100	141	139	203	81	53	29	18
Breakfast and brunch	100	75	115	113	114	90	93	62
At fast-food restaurants*	100	71	133	123	113	85	82	38
At full-service restaurants	100	68	94	102	103	101	118	101
At vending machines, mobile vendors	100	195	71	117	125	86	89	35
At employer and school cafeterias	100	130	110	101	190	58	29	17
Board (including at school)	100	119	17	41	243	166	11	10
Catered affairs	100	42	156	81	131	129	52	13
Restaurant meals on trips	100	37	77	108	122	121	122	58
School lunches	100	26	78	244	164	34	8	5
Meals as pay	100	188	208	94	74	91	39	4

* The category fast-food restaurants also includes take-out, delivery, concession stands, buffets, and cafeterias other than employer and school.
Note: "–" means sample is too small to make a reliable estimate.
Source: Calculations by New Strategist based on the Bureau of Labor Statistics' 2010 Consumer Expenditure Survey

Table 12.3 Restaurant Meals and Other Food from Home: Total Annual Spending by Age, 2010

(total annual spending on restaurant meals and other food away from home, by consumer unit (CU) age groups, 2010; consumer units and dollars in thousands)

	total consumer units	under 25	25 to 34	35 to 44	45 to 54	55 to 64	65 to 74	75+
Number of consumer units	121,107	8,034	20,166	21,912	25,054	21,359	13,031	11,551
Total annual spending of all CUs	$5,826,317,286	$220,796,574	$940,088,102	$1,225,881,521	$1,447,826,816	$1,087,167,333	$539,924,499	$364,186,281
Food away from home, total annual spending	303,314,904	15,071,945	55,518,410	70,716,817	71,675,235	50,993,117	25,211,727	14,204,842
Meals at restaurants, carry-outs, other	252,017,612	13,251,280	47,556,066	59,898,862	57,062,990	40,914,232	20,913,322	12,497,258
Lunch	87,997,557	4,676,672	16,097,106	20,935,601	19,369,498	14,207,580	7,598,767	5,161,333
At fast-food restaurants*	42,554,578	2,489,817	8,976,895	10,298,640	9,499,976	6,930,355	2,864,344	1,512,026
At full-service restaurants	34,533,661	1,407,959	5,444,820	6,802,580	6,677,643	6,291,293	4,448,783	3,481,240
At vending machines, mobile vendors	961,590	84,116	197,627	209,260	232,501	171,726	27,104	39,158
At employer and school cafeterias	9,947,729	694,700	1,477,966	3,625,121	2,959,378	814,419	258,405	128,909
Dinner	119,531,398	5,982,116	22,788,790	28,964,815	27,309,612	19,618,882	9,610,884	5,291,629
At fast-food restaurants*	40,137,282	2,672,751	8,496,339	10,934,307	9,221,876	5,629,164	2,064,110	1,156,717
At full-service restaurants	78,167,302	2,990,496	14,085,548	17,772,604	17,882,794	13,856,224	7,477,318	4,101,414
At vending machines, mobile vendors	346,366	25,628	91,554	118,106	64,639	25,844	21,110	–
At employer and school cafeterias	880,448	293,321	115,148	139,799	140,052	107,649	48,345	33,498
Snacks and nonalcoholic beverages	18,806,706	1,311,068	3,753,296	4,744,824	4,318,307	3,024,434	1,135,261	524,646
At fast-food restaurants*	12,383,191	733,183	2,473,562	3,375,105	2,776,484	1,958,834	740,421	335,672
At full-service restaurants	3,455,183	249,215	682,619	571,903	836,052	679,430	284,727	144,619
At vending machines, mobile vendors	2,251,379	261,346	431,149	533,557	584,760	319,103	87,438	32,112
At employer and school cafeterias	718,165	67,325	165,966	264,259	121,011	67,281	22,544	12,244
Breakfast and brunch	25,680,739	1,281,423	4,917,076	5,253,621	6,065,573	4,063,123	2,568,410	1,519,650
At fast-food restaurants*	13,395,645	630,990	2,970,452	2,974,773	3,135,759	2,016,717	1,177,481	486,990
At full-service restaurants	10,271,085	460,348	1,603,600	1,898,894	2,190,221	1,821,068	1,303,100	992,924
At vending machines, mobile vendors	388,753	50,293	45,978	82,389	100,467	58,951	37,138	13,053
At employer and school cafeterias	1,625,256	139,792	297,045	297,565	639,378	166,600	50,691	26,567
Board (including at school)	4,715,907	372,135	135,919	353,441	2,375,119	1,378,937	57,336	42,739
Catered affairs	8,563,476	240,377	2,221,487	1,247,669	2,314,739	1,949,436	482,147	107,886
Restaurant meals on trips	27,016,550	663,608	3,461,696	5,268,960	6,809,677	5,755,183	3,551,469	1,505,673
School lunches	7,678,184	130,472	991,361	3,384,308	2,605,115	459,005	69,064	38,465
Meals as pay	3,324,387	414,072	1,152,084	563,358	507,845	536,111	138,520	12,937

* The category fast-food restaurants also includes take-out, delivery, concession stands, buffets, and cafeterias other than employer and school.
Note: Numbers may not add to total because of rounding and missing subcategories. "–" means sample is too small to make a reliable estimate.
Source: Calculations by New Strategist based on the Bureau of Labor Statistics' 2010 Consumer Expenditure Survey

Table 12.4 Restaurant Meals and Other Food Away from Home: Share of Annual Spending by Age, 2010

(percentage of total annual spending on restaurant meals and other food away from home accounted for by consumer unit age groups, 2010)

	total consumer units	under 25	25 to 34	35 to 44	45 to 54	55 to 64	65 to 74	75+
Share of total consumer units	100.0%	6.6%	16.7%	18.1%	20.7%	17.6%	10.8%	9.5%
Share of total before-tax income	100.0	2.9	15.9	22.0	26.4	19.5	8.6	4.9
Share of total annual spending	100.0	3.8	16.1	21.0	24.8	18.7	9.3	6.3
Share of total annual food-away-from-home spending	100.0	5.0	18.3	23.3	23.6	16.8	8.3	4.7
Meals at restaurants, carry-outs, other	100.0	5.3	18.9	23.8	22.6	16.2	8.3	5.0
Lunch	100.0	5.3	18.3	23.8	22.0	16.1	8.6	5.9
At fast-food restaurants*	100.0	5.9	21.1	24.2	22.3	16.3	6.7	3.6
At full-service restaurants	100.0	4.1	15.8	19.7	19.3	18.2	12.9	10.1
At vending machines, mobile vendors	100.0	8.7	20.6	21.8	24.2	17.9	2.8	4.1
At employer and school cafeterias	100.0	7.0	14.9	36.4	29.7	8.2	2.6	1.3
Dinner	100.0	5.0	19.1	24.2	22.8	16.4	8.0	4.4
At fast-food restaurants*	100.0	6.7	21.2	27.2	23.0	14.0	5.1	2.9
At full-service restaurants	100.0	3.8	18.0	22.7	22.9	17.7	9.6	5.2
At vending machines, mobile vendors	100.0	7.4	26.4	34.1	18.7	7.5	6.1	–
At employer and school cafeterias	100.0	33.3	13.1	15.9	15.9	12.2	5.5	3.8
Snacks and nonalcoholic beverages	100.0	7.0	20.0	25.2	23.0	16.1	6.0	2.8
At fast-food restaurants*	100.0	5.9	20.0	27.3	22.4	15.8	6.0	2.7
At full-service restaurants	100.0	7.2	19.8	16.6	24.2	19.7	8.2	4.2
At vending machines, mobile vendors	100.0	11.6	19.2	23.7	26.0	14.2	3.9	1.4
At employer and school cafeterias	100.0	9.4	23.1	36.8	16.9	9.4	3.1	1.7
Breakfast and brunch	100.0	5.0	19.1	20.5	23.6	15.8	10.0	5.9
At fast-food restaurants*	100.0	4.7	22.2	22.2	23.4	15.1	8.8	3.6
At full-service restaurants	100.0	4.5	15.6	18.5	21.3	17.7	12.7	9.7
At vending machines, mobile vendors	100.0	12.9	11.8	21.2	25.8	15.2	9.6	3.4
At employer and school cafeterias	100.0	8.6	18.3	18.3	39.3	10.3	3.1	1.6
Board (including at school)	100.0	7.9	2.9	7.5	50.4	29.2	1.2	0.9
Catered affairs	100.0	2.8	25.9	14.6	27.0	22.8	5.6	1.3
Restaurant meals on trips	100.0	2.5	12.8	19.5	25.2	21.3	13.1	5.6
School lunches	100.0	1.7	12.9	44.1	33.9	6.0	0.9	0.5
Meals as pay	100.0	12.5	34.7	16.9	15.3	16.1	4.2	0.4

* The category fast-food restaurants also includes take-out, delivery, concession stands, buffets, and cafeterias other than employer and school.
Note: Numbers may not add to total because of rounding. "–" means sample is too small to make a reliable estimate.
Source: Calculations by New Strategist based on the Bureau of Labor Statistics' 2010 Consumer Expenditure Survey

Table 12.5 Percent of Consumer Units That Bought Restaurant Meals and Other Food Away from Home during the Average Quarter, 2010

(percent of consumer units purchasing restaurant meals and other food away from home during the average quarter of 2010, by food-away-from-home category and age of consumer unit reference person, 2010)

	total consumer units	under 25	25 to 34	35 to 44	45 to 54	55 to 64	65 to 74	75+
Percent purchasing food away from home during the average quarter	**80.3%**	**84.0%**	**85.2%**	**85.2%**	**81.1%**	**79.2%**	**76.3%**	**65.2%**
Meals at restaurants, carry-outs, etc.	76.6	80.1	81.2	81.0	77.3	75.5	72.7	62.9
Food or board at school	1.1	1.8	0.5	1.3	2.0	1.3	0.3	0.0
Catered affairs	2.2	1.7	2.3	3.1	2.7	1.9	1.7	0.7
Restaurant meals on trips	23.7	18.1	23.9	25.7	26.3	25.9	24.5	13.3
School lunches	7.9	2.0	7.7	18.8	11.9	2.6	0.8	0.3
Meals as pay	1.8	3.8	3.4	1.6	1.5	1.4	0.8	0.2

Note: Figures shown are from the interview portion of the Consumer Expenditure Survey. Not all food-away-from-home categories are included in the interview survey. For more information about the survey, see Appendix A.
Source: Bureau of Labor Statistics, unpublished data from the 2010 Consumer Expenditure Survey

Table 12.6 Amount Purchasers Spent on Restaurant Meals and Other Food Away from Home during the Average Quarter, 2010

(average amount spent by consumer units purchasing restaurant meals and other food away from home during the average quarter of 2010, by food-away-from-home category and age of consumer unit reference person, 2010)

	total consumer units	under 25	25 to 34	35 to 44	45 to 54	55 to 64	65 to 74	75+
Amount spent on food away from home during the average quarter	**$685.99**	**$500.66**	**$670.89**	**$750.85**	**$788.16**	**$703.22**	**$616.37**	**$502.90**
Meals at restaurants, carry-outs, etc.	581.09	453.89	582.07	637.40	639.01	581.01	533.37	462.08
Food or board at school	877.03	636.26	324.04	312.60	1,190.95	1,270.87	392.86	2,312.50
Catered affairs	810.89	434.88	1,197.39	466.72	871.60	1,188.41	560.61	324.31
Restaurant meals on trips	235.02	113.90	179.94	233.91	258.37	260.59	278.10	244.47
School lunches	201.91	199.02	159.61	205.60	218.45	204.28	174.34	252.27
Meals as pay	387.71	337.30	418.84	394.33	344.73	451.44	336.39	175.00

Note: Figures shown are from the interview portion of the Consumer Expenditure Survey. Not all food-away-from-home categories are included in the interview survey. For more information about the survey, see Appendix A.
Source: Calculations by New Strategist based on unpublished data from the Bureau of Labor Statistics 2010 Consumer Expenditure Survey

Table 12.7 Percent of Consumer Units That Bought Restaurant Meals during the Average Week, 2010

(percent of consumer units purchasing restaurant meals during the average week of 2010, by category and age of consumer unit reference person, 2010)

Percent purchasing meals at restaurants and carry-outs during the average week	total consumer units	under 25	25 to 34	35 to 44	45 to 54	55 to 64	65 to 74	75+
	69.5%	69.3%	73.8%	75.4%	71.8%	69.6%	62.8%	53.0%
Lunch	51.0	49.8	55.8	58.9	52.3	49.1	45.2	35.4
At fast-food restaurants*	39.1	40.3	44.0	46.6	41.1	38.0	31.7	21.6
At full-service restaurants	19.7	14.3	20.1	20.0	18.7	20.6	22.7	19.2
At vending machines, mobile vendors	3.1	3.8	3.2	4.1	4.1	2.8	1.3	1.2
At employer and school cafeterias	9.6	9.1	10.3	16.1	13.4	5.9	3.2	2.2
Dinner	45.1	46.4	51.6	52.3	48.0	43.4	36.5	25.3
At fast-food restaurants*	29.7	34.0	36.2	38.9	32.7	26.4	17.8	11.5
At full-service restaurants	25.1	20.4	26.6	26.8	26.5	26.2	25.2	16.4
At vending machines, mobile vendors	0.7	1.3	0.8	1.0	0.7	0.4	0.4	–
At employer and school cafeterias	1.0	3.4	1.1	0.8	0.9	0.9	0.7	0.7
Snacks and nonalcoholic beverages	31.0	33.4	35.7	37.1	34.0	31.2	20.1	14.5
At fast-food restaurants*	22.8	21.6	25.6	28.4	25.3	23.1	14.8	11.1
At full-service restaurants	5.9	5.6	7.0	6.1	6.4	6.4	5.1	3.0
At vending machines, mobile vendors	9.1	12.3	10.6	12.1	11.3	7.3	4.2	2.5
At employer and school cafeterias	2.7	4.6	3.4	3.7	3.0	2.1	0.9	0.7
Breakfast and brunch	28.4	26.3	30.6	32.6	31.2	27.8	24.1	18.0
At fast-food restaurants*	21.8	19.2	24.5	25.8	24.7	21.2	17.7	11.0
At full-service restaurants	8.9	7.3	7.9	8.3	9.2	9.7	10.5	8.9
At vending machines, mobile vendors	1.6	3.1	1.3	2.2	1.7	1.3	0.8	0.6
At employer and school cafeterias	2.8	2.9	2.9	3.9	4.1	2.1	0.8	0.7

* The category fast-food restaurants also includes take-out, delivery, concession stands, buffets, and cafeterias other than employer and school.
Note: Figures shown are from the diary portion of the Consumer Expenditure Survey. Not all food-away-from-home categories are included in the diary survey. For more information about the survey, see Appendix A. "–" means sample is too small to make a reliable estimate.
Source: Bureau of Labor Statistics, unpublished data from the 2010 Consumer Expenditure Survey

Table 12.8 Amount Purchasers Spent on Restaurant Meals during the <u>Average Week</u>, 2010

(average amount spent by consumer units purchasing restaurant meals during the average week of 2010, by category and age of consumer unit reference person, 2010)

	total consumer units	under 25	25 to 34	35 to 44	45 to 54	55 to 64	65 to 74	75+
Amount spent on meals at meals at restaurants and carry-outs during the average week	**$57.61**	**$45.76**	**$61.43**	**$69.75**	**$61.02**	**$52.95**	**$49.14**	**$39.26**
Lunch	27.41	22.48	27.52	31.21	28.43	26.06	24.78	24.24
At fast-food restaurants*	17.28	14.80	19.44	19.42	17.73	16.42	13.36	11.65
At full-service restaurants	27.85	23.60	25.89	29.79	27.40	27.48	28.96	30.26
At vending machines, mobile vendors	4.81	5.21	5.88	4.40	4.44	5.38	3.10	5.79
At employer and school cafeterias	16.48	18.16	13.76	19.76	16.98	12.29	12.03	9.46
Dinner	42.13	30.90	42.12	48.65	43.71	40.69	38.83	34.79
At fast-food restaurants*	21.43	18.85	22.41	24.67	21.68	19.24	17.12	16.78
At full-service restaurants	49.54	35.06	50.43	58.17	51.75	47.56	43.86	41.55
At vending machines, mobile vendors	7.46	4.72	10.71	10.10	6.94	4.65	6.98	–
At employer and school cafeterias	13.46	20.53	10.28	14.81	11.70	11.36	10.45	9.23
Snacks and nonalcoholic beverages	9.66	9.42	10.03	11.23	9.74	8.71	8.36	6.02
At fast-food restaurants*	8.65	8.09	9.23	10.41	8.43	7.63	7.36	5.06
At full-service restaurants	9.31	10.73	9.34	8.26	9.94	9.61	8.25	8.14
At vending machines, mobile vendors	3.96	5.11	3.86	3.87	3.99	4.00	3.13	1.99
At employer and school cafeterias	4.09	3.45	4.72	6.18	3.05	2.86	3.26	3.08
Breakfast and brunch	14.36	11.66	15.34	14.13	14.95	13.17	15.71	14.02
At fast-food restaurants*	9.75	7.85	11.57	10.10	9.75	8.58	9.84	7.34
At full-service restaurants	18.34	15.17	19.42	20.05	18.32	16.98	18.25	18.54
At vending machines, mobile vendors	3.87	3.91	3.08	3.15	4.79	3.73	5.95	3.64
At employer and school cafeterias	9.45	11.22	9.66	6.70	12.01	7.11	8.86	6.15

* The category fast-food restaurants also includes take-out, delivery, concession stands, buffets, and cafeterias other than employer and school.

Note: Figures shown are from the diary portion of the Consumer Expenditure Survey. Not all food-away-from-home categories are included in the diary survey. For more information about the survey, see Appendix A. "–" means sample is too small to make a reliable estimate.

Source: Calculations by New Strategist based on unpublished data from the Bureau of Labor Statistics 2010 Consumer Expenditure Survey

13

Spending on Transportation, 2010

Transportation is the second-largest expenditure category, and the average household devoted 16 percent of its budget, or $7,677, to it in 2010. Average household spending on transportation fell 18 percent between 2000 and 2010, after adjusting for inflation, the lion's share of the reduction occurring since the overall peak-spending year of 2006. But trends in transportation spending have been mixed. Households spent 40 percent less on vehicle purchases in 2010 than in 2000, after adjusting for inflation. Gasoline and motor oil spending increased by a painful 47 percent between 2000 and 2006 as prices climbed, but spending declined 11 percent in the four years that followed. Spending on public transportation declined 10 percent between 2006 and 2010.

Annual Spending

The biggest spenders on transportation, householders aged 45 to 54, spent an average of $9,255 on the category in 2010, or 21 percent more than the overall average. While householders aged 45 to 54 spend the most on new cars (29 percent more than average), those aged 35 to 44 spend more than others on new trucks (a category that includes sport utility vehicles and minivans). The biggest spenders on used vehicles are householders aged 25 to 34. Spending on public transportation is above average among householders aged 35 to 64. Householders aged 45 to 54 spend 27 percent more than the average household on airline fares. Householders aged 65 to 74 spend the most on intercity train fares as well as ship fares. Householders under age 25 spend more than others on towing charges.

Quarterly Spending

During the average quarter of 2010, 1.2 percent of households purchased a new car or truck. Those who bought new cars spent an average of $21,959, while those who bought new trucks spent $27,982. The 3.6 percent of households that bought used cars and trucks during the average quarter spent much less—$8,095 and $9,875, respectively. Twenty-nine percent of households paid vehicle finance charges during the average quarter of 2010, the figure peaking at 38 percent among householders aged 25 to 34. Eleven percent of households purchased airplane tickets during the average quarter of 2010, the figure peaking at 12 percent among householders aged 45 to 64. Among households that purchased plane tickets, average spending during the quarter was $770.

Weekly Spending

During the average week of 2010, 62 percent of households purchased gasoline, spending an average of $56. The percentage of households that spent on gasoline during the average week peaks at 69 percent among householders aged 35 to 44. Gas buyers in the age group spent an average of $61 during the week.

Table 13.1 Transportation: Average Annual Spending by Age, 2010

(average annual spending of consumer units (CU) on transportation, by age of consumer unit reference person, 2010)

	total consumer units	under 25	25 to 34	35 to 44	45 to 54	55 to 64	65 to 74	75+
Number of consumer units (in 000s)	121,107	8,034	20,166	21,912	25,054	21,359	13,031	11,551
Average number of persons per CU	2.5	2.0	2.9	3.3	2.8	2.2	1.9	1.6
Average before-tax income of CU	$62,481.00	$26,881.00	$59,613.00	$76,128.00	$79,589.00	$68,906.00	$49,711.00	$31,782.00
Average annual spending of CU, total	48,108.84	27,482.77	46,617.48	55,945.67	57,788.25	50,899.73	41,433.85	31,528.55
Transportation, average annual spending	7,677.32	4,692.05	8,230.74	8,763.35	9,255.06	8,110.61	6,085.55	4,288.23
VEHICLE PURCHASES	2,588.40	1,591.44	3,414.92	2,905.43	3,041.44	2,584.38	1,637.82	1,334.68
Cars and trucks, new	1,219.26	393.16	1,482.95	1,341.46	1,480.40	1,451.72	719.07	669.74
New cars	614.84	349.63	724.62	482.79	795.00	741.47	418.09	455.22
New trucks	604.42	43.53	758.34	858.67	685.41	710.26	300.98	214.52
Cars and trucks, used	1,317.98	1,106.99	1,893.71	1,477.51	1,522.01	1,052.57	910.50	664.94
Used cars	634.64	403.04	962.20	631.17	744.25	576.08	453.08	305.83
Used trucks	683.34	703.95	931.51	846.34	777.75	476.49	457.42	359.12
Other vehicles	51.15	91.29	38.25	86.45	39.02	80.09	8.25	–
New motorcycles	22.54	60.11	22.58	35.83	21.59	19.19	4.26	–
Used motorcycles	28.62	31.18	15.68	50.63	17.44	60.89	3.99	–
GASOLINE AND MOTOR OIL	2,132.31	1,493.16	2,207.75	2,536.52	2,574.75	2,214.90	1,765.67	979.64
OTHER VEHICLE EXPENSES	2,464.03	1,332.77	2,173.71	2,776.28	3,022.92	2,763.32	2,199.37	1,686.34
Vehicle finance charges	243.03	137.09	303.38	309.50	298.21	248.14	154.22	56.27
Automobile finance charges	104.19	77.85	139.96	111.76	122.75	107.34	72.17	35.71
Truck finance charges	113.93	56.28	150.10	171.37	134.04	103.67	59.33	18.85
Motorcycle and plane finance charges	4.05	1.93	5.82	8.89	4.35	2.52	–	–
Other vehicle finance charges	20.86	1.02	7.50	17.48	37.07	34.61	22.72	1.72
Maintenance and repairs	787.28	480.16	705.48	889.37	947.17	894.27	700.87	502.64
Coolant, additives, brake and transmission fluids	4.09	4.80	4.10	4.25	5.93	3.94	2.78	1.06
Tires—purchased, replaced, installed	139.40	101.55	122.70	164.91	174.45	151.43	124.22	65.31
Parts, equipment, and accessories	44.82	40.21	41.38	60.92	55.39	36.09	43.35	18.35
Vehicle products and cleaning services	8.44	8.40	4.52	12.20	12.19	7.07	6.84	4.31
Vehicle video equipment	1.48	0.93	1.10	1.02	2.21	1.06	0.54	3.63
Miscellaneous auto repair, servicing	83.75	62.78	67.78	91.83	95.42	104.23	56.28	78.59
Body work and painting	26.78	20.35	14.94	30.94	33.39	32.45	30.84	14.69
Clutch and transmission repair	35.41	16.90	24.06	43.88	44.26	49.52	29.70	13.17
Drive shaft and rear-end repair	5.03	0.76	3.33	6.08	5.51	7.29	3.70	5.21
Brake work	63.91	26.40	61.55	66.68	79.81	77.54	58.88	34.80
Repair to steering or front-end	19.38	6.64	21.06	19.66	24.43	19.80	21.09	11.12
Repair to engine cooling system	24.00	10.91	21.91	30.43	28.90	25.48	18.71	17.15
Motor tune-up	45.15	21.08	39.36	50.05	56.54	51.00	38.67	34.48
Lube, oil change, and oil filters	72.88	45.44	69.47	79.54	86.13	77.99	76.94	42.49
Front-end alignment, wheel balance, rotation	16.09	4.02	15.47	16.68	22.02	15.39	17.87	10.87
Shock absorber replacement	5.65	3.68	2.43	6.94	3.26	12.06	5.11	4.14
Tire repair and other repair work	51.67	30.50	51.44	58.54	48.52	56.92	50.52	52.19
Vehicle air conditioning repair	13.33	4.33	12.18	19.18	13.93	11.63	16.15	9.15
Exhaust system repair	10.24	1.33	10.81	10.41	10.93	13.50	13.02	4.48
Electrical system repair	29.60	22.84	16.67	30.84	40.06	33.12	31.11	23.60
Motor repair, replacement	67.88	39.38	65.59	70.85	80.15	85.94	50.45	45.75
Auto repair service policy	16.18	4.77	27.78	10.83	22.34	19.70	3.98	7.87

	total consumer units	under 25	25 to 34	35 to 44	45 to 54	55 to 64	65 to 74	75+
Vehicle insurance	$1,010.42	$498.05	$741.16	$1,074.33	$1,261.92	$1,181.10	$979.14	$878.03
Vehicle rental, leases, licenses, other charges	423.31	217.46	423.69	503.07	515.63	439.81	365.14	249.40
Leased and rented vehicles	200.89	94.17	213.08	260.40	238.58	188.16	168.67	119.15
Rented vehicles	36.78	8.10	31.59	34.85	40.06	49.17	39.01	36.95
Leased vehicles	164.11	86.06	181.49	225.54	198.52	138.99	129.65	82.20
Car lease payments	89.67	69.92	100.30	108.24	106.42	64.97	85.78	63.36
Truck lease payments	60.04	12.07	75.10	89.67	72.25	58.26	36.80	13.98
Vehicle registration, state	102.53	43.63	97.94	116.87	125.18	114.05	96.33	60.86
Vehicle registration, local	8.37	7.99	5.47	9.03	9.72	11.54	6.93	5.32
Driver's license	9.00	8.24	9.55	8.40	9.73	10.76	7.94	6.04
Vehicle inspection	11.37	5.68	10.31	12.48	13.49	14.24	10.07	6.60
Parking fees	38.19	36.17	44.58	41.28	52.41	32.93	26.65	14.50
Parking fees in home city, excluding residence	31.29	34.66	38.98	33.98	43.56	24.11	19.27	10.58
Parking fees on trips	6.91	1.51	5.60	7.30	8.85	8.82	7.38	3.92
Tolls	24.45	10.25	24.02	33.10	35.22	25.70	13.68	5.21
Tolls on trips	4.27	1.24	3.58	4.51	4.72	5.54	5.17	2.75
Towing charges	3.99	6.41	6.09	3.90	3.70	3.64	2.42	1.82
Automobile service clubs	18.63	3.62	8.75	11.01	20.88	31.21	25.20	25.24
PUBLIC TRANSPORTATION	492.59	274.69	434.36	545.13	615.95	548.01	482.70	287.56
Airline fares	325.31	138.82	274.39	359.99	411.87	372.16	332.58	195.54
Intercity bus fares	10.34	7.25	6.52	12.12	14.55	8.45	12.09	8.18
Intracity mass transit fares	66.87	69.83	85.10	87.30	78.27	64.56	25.46	20.47
Local transportation on trips	16.86	8.65	12.32	13.60	22.40	20.43	21.46	12.84
Taxi fares and limousine service	16.43	34.03	18.94	19.90	13.70	16.07	3.15	15.14
Intercity train fares	15.67	9.75	9.40	16.12	20.12	15.30	21.99	13.76
Ship fares	39.34	6.36	26.88	32.57	50.59	50.61	65.97	21.63
School bus	1.77	–	0.81	3.52	4.45	0.43	–	–

Note: Annual average spending figures for some items may seem low because both purchasers and nonpurchasers are used to calculate the annual average; to find out how much purchasers spend on items, see the quarterly or weekly spending tables. Subcategories may not add to total because some are not shown. "–" means sample is too small to make a reliable estimate.
Source: Bureau of Labor Statistics, unpublished tables from the 2010 Consumer Expenditure Survey

Table 13.2 Transportation: Indexed Annual Spending by Age, 2010

(indexed average annual spending of consumer units (CU) on transportation, by age of consumer unit reference person, 2010; index definition: an index of 100 is the average for all consumer units; an index of 125 means that spending by consumer units in that group is 25 percent above the average for all consumer units; an index of 75 indicates spending that is 25 percent below the average for all consumer units)

	total consumer units	under 25	25 to 34	35 to 44	45 to 54	55 to 64	65 to 74	75+
Average annual spending of CU, total	$48,109	$27,483	$46,617	$55,946	$57,788	$50,900	$41,434	$31,529
Average annual spending of CU, index	100	57	97	116	120	106	86	66
Transportation, annual spending index	100	61	107	114	121	106	79	56
VEHICLE PURCHASES	100	61	132	112	118	100	63	52
Cars and trucks, new	100	32	122	110	121	119	59	55
New cars	100	57	118	79	129	121	68	74
New trucks	100	7	125	142	113	118	50	35
Cars and trucks, used	100	84	144	112	115	80	69	50
Used cars	100	64	152	99	117	91	71	48
Used trucks	100	103	136	124	114	70	67	53
Other vehicles	100	178	75	169	76	157	16	–
New motorcycles	100	267	100	159	96	85	19	–
Used motorcycles	100	109	55	177	61	213	14	–
GASOLINE AND MOTOR OIL	100	70	104	119	121	104	83	46
OTHER VEHICLE EXPENSES	100	54	88	113	123	112	89	68
Vehicle finance charges	100	56	125	127	123	102	63	23
Automobile finance charges	100	75	134	107	118	103	69	34
Truck finance charges	100	49	132	150	118	91	52	17
Motorcycle and plane finance charges	100	48	144	220	107	62	–	–
Other vehicle finance charges	100	5	36	84	178	166	109	8
Maintenance and repairs	100	61	90	113	120	114	89	64
Coolant, additives, brake and transmission fluids	100	117	100	104	145	96	68	26
Tires—purchased, replaced, installed	100	73	88	118	125	109	89	47
Parts, equipment, and accessories	100	90	92	136	124	81	97	41
Vehicle products and cleaning services	100	100	54	145	144	84	81	51
Vehicle video equipment	100	63	74	69	149	72	36	245
Miscellaneous auto repair, servicing	100	75	81	110	114	124	67	94
Body work and painting	100	76	56	116	125	121	115	55
Clutch and transmission repair	100	48	68	124	125	140	84	37
Drive shaft and rear-end repair	100	15	66	121	110	145	74	104
Brake work	100	41	96	104	125	121	92	54
Repair to steering or front-end	100	34	109	101	126	102	109	57
Repair to engine cooling system	100	45	91	127	120	106	78	71
Motor tune-up	100	47	87	111	125	113	86	76
Lube, oil change, and oil filters	100	62	95	109	118	107	106	58
Front-end alignment, wheel balance, rotation	100	25	96	104	137	96	111	68
Shock absorber replacement	100	65	43	123	58	213	90	73
Tire repair and other repair work	100	59	100	113	94	110	98	101
Vehicle air conditioning repair	100	32	91	144	105	87	121	69
Exhaust system repair	100	13	106	102	107	132	127	44
Electrical system repair	100	77	56	104	135	112	105	80
Motor repair, replacement	100	58	97	104	118	127	74	67
Auto repair service policy	100	29	172	67	138	122	25	49

	total consumer units	under 25	25 to 34	35 to 44	45 to 54	55 to 64	65 to 74	75+
Vehicle insurance	**100**	**49**	**73**	**106**	**125**	**117**	**97**	**87**
Vehicle rental, leases, licenses, other charges	**100**	**51**	**100**	**119**	**122**	**104**	**86**	**59**
Leased and rented vehicles	100	47	106	130	119	94	84	59
Rented vehicles	100	22	86	95	109	134	106	100
Leased vehicles	100	52	111	137	121	85	79	50
Car lease payments	100	78	112	121	119	72	96	71
Truck lease payments	100	20	125	149	120	97	61	23
Vehicle registration, state	100	43	96	114	122	111	94	59
Vehicle registration, local	100	95	65	108	116	138	83	64
Driver's license	100	92	106	93	108	120	88	67
Vehicle inspection	100	50	91	110	119	125	89	58
Parking fees	100	95	117	108	137	86	70	38
Parking fees in home city, excluding residence	100	111	125	109	139	77	62	34
Parking fees on trips	100	22	81	106	128	128	107	57
Tolls	100	42	98	135	144	105	56	21
Tolls on trips	100	29	84	106	111	130	121	64
Towing charges	100	161	153	98	93	91	61	46
Automobile service clubs	100	19	47	59	112	168	135	135
PUBLIC TRANSPORTATION	**100**	**56**	**88**	**111**	**125**	**111**	**98**	**58**
Airline fares	100	43	84	111	127	114	102	60
Intercity bus fares	100	70	63	117	141	82	117	79
Intracity mass transit fares	100	104	127	131	117	97	38	31
Local transportation on trips	100	51	73	81	133	121	127	76
Taxi fares and limousine service	100	207	115	121	83	98	19	92
Intercity train fares	100	62	60	103	128	98	140	88
Ship fares	100	16	68	83	129	129	168	55
School bus	100	–	46	199	251	24	–	–

Note: "–" means sample is too small to make a reliable estimate.
Source: Calculations by New Strategist based on the Bureau of Labor Statistics' 2010 Consumer Expenditure Survey

Table 13.3 Transportation: Total Annual Spending by Age, 2010

(total annual spending on transportation, by consumer unit (CU) age groups, 2010; consumer units and dollars in thousands)

	total consumer units	under 25	25 to 34	35 to 44	45 to 54	55 to 64	65 to 74	75+
Number of consumer units	121,107	8,034	20,166	21,912	25,054	21,359	13,031	11,551
Total annual spending of all CUs	$5,826,317,286	$220,796,574	$940,088,102	$1,225,881,521	$1,447,826,816	$1,087,167,333	$539,924,499	$364,186,281
Transportation, total annual spending	929,777,193	37,695,930	165,981,103	192,022,525	231,876,273	173,234,519	79,300,802	49,533,345
VEHICLE PURCHASES	313,473,359	12,785,629	68,865,277	63,663,782	76,200,238	55,199,772	21,342,432	15,416,889
Cars and trucks, new	147,660,921	3,158,647	29,905,170	29,394,072	37,089,942	31,007,287	9,370,201	7,736,167
New cars	74,461,428	2,808,927	14,612,687	10,578,894	19,917,930	15,837,058	5,448,131	5,258,246
New trucks	73,199,493	349,720	15,292,684	18,815,177	17,172,262	15,170,443	3,922,070	2,477,921
Cars and trucks, used	159,616,604	8,893,558	38,188,556	32,375,199	38,132,439	22,481,843	11,864,726	7,680,722
Used cars	76,859,346	3,238,023	19,403,725	13,830,197	18,646,440	12,304,493	5,904,085	3,532,642
Used trucks	82,757,257	5,655,534	18,784,831	18,545,002	19,485,749	10,177,350	5,960,640	4,148,195
Other vehicles	6,194,623	733,424	771,350	1,894,292	977,607	1,710,642	107,506	–
New motorcycles	2,729,752	482,924	455,348	785,107	540,916	409,879	55,512	–
Used motorcycles	3,466,082	250,500	316,203	1,109,405	436,942	1,300,550	51,994	–
GASOLINE AND MOTOR OIL	258,237,667	11,996,047	44,521,487	55,580,226	64,507,787	47,308,049	23,008,446	11,315,822
OTHER VEHICLE EXPENSES	298,411,281	10,707,474	43,835,036	60,833,847	75,736,238	59,021,752	28,659,990	19,478,913
Vehicle finance charges	29,432,634	1,101,381	6,117,961	6,781,764	7,471,353	5,300,022	2,009,641	649,975
Automobile finance charges	12,618,138	625,447	2,822,433	2,448,885	3,075,379	2,292,675	940,447	412,486
Truck finance charges	13,797,721	452,154	3,026,917	3,755,059	3,358,238	2,214,288	773,129	217,736
Motorcycle and plane finance charges	490,483	15,506	117,366	194,798	108,985	53,825	–	–
Other vehicle finance charges	2,526,292	8,195	151,245	383,022	928,752	739,235	296,064	19,868
Maintenance and repairs	95,345,119	3,857,605	14,226,710	19,487,875	23,730,397	19,100,713	9,133,037	5,805,995
Coolant, additives, brake and transmission fluids	495,328	38,563	82,681	93,126	148,570	84,154	36,226	12,244
Tires—purchased, replaced, installed	16,882,316	815,853	2,474,368	3,613,508	4,370,670	3,234,393	1,618,711	754,396
Parts, equipment, and accessories	5,428,016	323,047	834,469	1,334,879	1,387,741	770,846	564,894	211,961
Vehicle products and cleaning services	1,022,143	67,486	91,150	267,326	305,408	151,008	89,132	49,785
Vehicle video equipment	179,238	7,472	22,183	22,350	55,369	22,641	7,037	41,930
Miscellaneous auto repair, servicing	10,142,711	504,375	1,366,851	2,012,179	2,390,653	2,226,249	733,385	907,793
Body work and painting	3,243,245	163,492	301,280	677,957	836,553	693,100	401,876	169,684
Clutch and transmission repair	4,288,399	135,775	485,194	961,499	1,108,890	1,057,698	387,021	152,127
Drive shaft and rear-end repair	609,168	6,106	67,153	133,225	138,048	155,707	48,215	60,181
Brake work	7,739,948	212,098	1,241,217	1,461,092	1,999,560	1,656,177	767,265	401,975
Repair to steering or front-end	2,347,054	53,346	424,696	430,790	612,069	422,908	274,824	128,447
Repair to engine cooling system	2,906,568	87,651	441,837	666,782	724,061	544,227	243,810	198,100
Motor tune-up	5,467,981	169,357	793,734	1,096,696	1,416,553	1,089,309	503,909	398,278
Lube, oil change, and oil filters	8,826,278	365,065	1,400,932	1,742,880	2,157,901	1,665,788	1,002,605	490,802
Front-end alignment, wheel balance, rotation	1,948,612	32,297	311,968	365,492	551,689	328,715	232,864	125,559
Shock absorber replacement	684,255	29,565	49,003	152,069	81,676	257,590	66,588	47,821
Tire repair and other repair work	6,257,599	245,037	1,037,339	1,282,728	1,215,620	1,215,754	658,326	602,847
Vehicle air conditioning repair	1,614,356	34,787	245,622	420,272	349,002	248,405	210,451	105,692
Exhaust system repair	1,240,136	10,685	217,994	228,104	273,840	288,347	169,664	51,748
Electrical system repair	3,584,767	183,497	336,167	675,766	1,003,663	707,410	405,394	272,604
Motor repair, replacement	8,220,743	316,379	1,322,688	1,552,465	2,008,078	1,835,592	657,414	528,458
Auto repair service policy	1,959,511	38,322	560,211	237,307	559,706	420,772	51,863	90,906

	total consumer units	under 25	25 to 34	35 to 44	45 to 54	55 to 64	65 to 74	75+
Vehicle insurance	$122,368,935	$4,001,334	$14,946,233	$23,540,719	$31,616,144	$25,227,115	$12,759,173	$10,142,125
Vehicle rental, leases, licenses, other charges	51,265,804	1,747,074	8,544,133	11,023,270	12,918,594	9,393,902	4,758,139	2,880,819
Leased and rented vehicles	24,329,185	756,562	4,296,971	5,705,885	5,977,383	4,018,909	2,197,939	1,376,302
Rented vehicles	4,454,315	65,075	637,044	763,633	1,003,663	1,050,222	508,339	426,809
Leased vehicles	19,874,870	691,406	3,659,927	4,942,032	4,973,720	2,968,687	1,689,469	949,492
Car lease payments	10,859,665	561,737	2,022,650	2,371,755	2,666,247	1,387,694	1,117,799	731,871
Truck lease payments	7,271,264	96,970	1,514,467	1,964,849	1,810,152	1,244,375	479,541	161,483
Vehicle registration, state	12,417,101	350,523	1,975,058	2,560,855	3,136,260	2,435,994	1,255,276	702,994
Vehicle registration, local	1,013,666	64,192	110,308	197,865	243,525	246,483	90,305	61,451
Driver's license	1,089,963	66,200	192,585	184,061	243,775	229,823	103,466	69,768
Vehicle inspection	1,376,987	45,633	207,911	273,462	337,978	304,152	131,222	76,237
Parking fees	4,625,076	290,590	899,000	904,527	1,313,080	703,352	347,276	167,490
Parking fees in home city, excluding residence	3,789,438	278,458	786,071	744,570	1,091,352	514,965	251,107	122,210
Parking fees on trips	836,849	12,131	112,930	159,958	221,728	188,386	96,169	45,280
Tolls	2,961,066	82,349	484,387	725,287	882,402	548,926	178,264	60,181
Tolls on trips	517,127	9,962	72,194	98,823	118,255	118,329	67,370	31,765
Towing charges	483,217	51,498	122,811	85,457	92,700	77,747	31,535	21,023
Automobile service clubs	2,256,223	29,083	176,453	241,251	523,128	666,614	328,381	291,547
PUBLIC TRANSPORTATION	59,656,097	2,206,859	8,759,304	11,944,889	15,432,011	11,704,946	6,290,064	3,321,606
Airline fares	39,397,318	1,115,280	5,533,349	7,888,101	10,318,991	7,948,965	4,333,850	2,258,683
Intercity bus fares	1,252,246	58,247	131,482	265,573	364,536	180,484	157,545	94,487
Intracity mass transit fares	8,098,425	561,014	1,716,127	1,912,918	1,960,977	1,378,937	331,769	236,449
Local transportation on trips	2,041,864	69,494	248,445	298,003	561,210	436,364	279,645	148,315
Taxi fares and limousine service	1,989,788	273,397	381,944	436,049	343,240	343,239	41,048	174,882
Intercity train fares	1,897,747	78,332	189,560	353,221	504,086	326,793	286,552	158,942
Ship fares	4,764,349	51,096	542,062	713,674	1,267,482	1,080,979	859,655	249,848
School bus	214,359	–	16,334	77,130	111,490	9,184	–	–

Note: Numbers may not add to total because of rounding and missing subcategories. "–" means sample is too small to make a reliable estimate.
Source: Calculations by New Strategist based on the Bureau of Labor Statistics' 2010 Consumer Expenditure Survey

Table 13.4 Transportation: Share of Annual Spending by Age, 2010

(percentage of total annual spending on transportation accounted for by consumer unit age groups, 2010)

	total consumer units	under 25	25 to 34	35 to 44	45 to 54	55 to 64	65 to 74	75+
Share of total consumer units	100.0%	6.6%	16.7%	18.1%	20.7%	17.6%	10.8%	9.5%
Share of total before-tax income	100.0	2.9	15.9	22.0	26.4	19.5	8.6	4.9
Share of total annual spending	100.0	3.8	16.1	21.0	24.8	18.7	9.3	6.3
Share of total annual transportation spending	100.0	4.1	17.9	20.7	24.9	18.6	8.5	5.3
VEHICLE PURCHASES	100.0	4.1	22.0	20.3	24.3	17.6	6.8	4.9
Cars and trucks, new	100.0	2.1	20.3	19.9	25.1	21.0	6.3	5.2
New cars	100.0	3.8	19.6	14.2	26.7	21.3	7.3	7.1
New trucks	100.0	0.5	20.9	25.7	23.5	20.7	5.4	3.4
Cars and trucks, used	100.0	5.6	23.9	20.3	23.9	14.1	7.4	4.8
Used cars	100.0	4.2	25.2	18.0	24.3	16.0	7.7	4.6
Used trucks	100.0	6.8	22.7	22.4	23.5	12.3	7.2	5.0
Other vehicles	100.0	11.8	12.5	30.6	15.8	27.6	1.7	–
New motorcycles	100.0	17.7	16.7	28.8	19.8	15.0	2.0	–
Used motorcycles	100.0	7.2	9.1	32.0	12.6	37.5	1.5	–
GASOLINE AND MOTOR OIL	100.0	4.6	17.2	21.5	25.0	18.3	8.9	4.4
OTHER VEHICLE EXPENSES	100.0	3.6	14.7	20.4	25.4	19.8	9.6	6.5
Vehicle finance charges	100.0	3.7	20.8	23.0	25.4	18.0	6.8	2.2
Automobile finance charges	100.0	5.0	22.4	19.4	24.4	18.2	7.5	3.3
Truck finance charges	100.0	3.3	21.9	27.2	24.3	16.0	5.6	1.6
Motorcycle and plane finance charges	100.0	3.2	23.9	39.7	22.2	11.0	–	–
Other vehicle finance charges	100.0	0.3	6.0	15.2	36.8	29.3	11.7	0.8
Maintenance and repairs	100.0	4.0	14.9	20.4	24.9	20.0	9.6	6.1
Coolant, additives, brake and transmission fluids	100.0	7.8	16.7	18.8	30.0	17.0	7.3	2.5
Tires—purchased, replaced, installed	100.0	4.8	14.7	21.4	25.9	19.2	9.6	4.5
Parts, equipment, and accessories	100.0	6.0	15.4	24.6	25.6	14.2	10.4	3.9
Vehicle products and cleaning services	100.0	6.6	8.9	26.2	29.9	14.8	8.7	4.9
Vehicle video equipment	100.0	4.2	12.4	12.5	30.9	12.6	3.9	23.4
Miscellaneous auto repair, servicing	100.0	5.0	13.5	19.8	23.6	21.9	7.2	9.0
Body work and painting	100.0	5.0	9.3	20.9	25.8	21.4	12.4	5.2
Clutch and transmission repair	100.0	3.2	11.3	22.4	25.9	24.7	9.0	3.5
Drive shaft and rear-end repair	100.0	1.0	11.0	21.9	22.7	25.6	7.9	9.9
Brake work	100.0	2.7	16.0	18.9	25.8	21.4	9.9	5.2
Repair to steering or front-end	100.0	2.3	18.1	18.4	26.1	18.0	11.7	5.5
Repair to engine cooling system	100.0	3.0	15.2	22.9	24.9	18.7	8.4	6.8
Motor tune-up	100.0	3.1	14.5	20.1	25.9	19.9	9.2	7.3
Lube, oil change, and oil filters	100.0	4.1	15.9	19.7	24.4	18.9	11.4	5.6
Front-end alignment, wheel balance, rotation	100.0	1.7	16.0	18.8	28.3	16.9	12.0	6.4
Shock absorber replacement	100.0	4.3	7.2	22.2	11.9	37.6	9.7	7.0
Tire repair and other repair work	100.0	3.9	16.6	20.5	19.4	19.4	10.5	9.6
Vehicle air conditioning repair	100.0	2.2	15.2	26.0	21.6	15.4	13.0	6.5
Exhaust system repair	100.0	0.9	17.6	18.4	22.1	23.3	13.7	4.2
Electrical system repair	100.0	5.1	9.4	18.9	28.0	19.7	11.3	7.6
Motor repair, replacement	100.0	3.8	16.1	18.9	24.4	22.3	8.0	6.4
Auto repair service policy	100.0	2.0	28.6	12.1	28.6	21.5	2.6	4.6

	total consumer units	under 25	25 to 34	35 to 44	45 to 54	55 to 64	65 to 74	75+
Vehicle insurance	**100.0%**	**3.3%**	**12.2%**	**19.2%**	**25.8%**	**20.6%**	**10.4%**	**8.3%**
Vehicle rental, leases, licenses, other charges	**100.0**	**3.4**	**16.7**	**21.5**	**25.2**	**18.3**	**9.3**	**5.6**
Leased and rented vehicles	100.0	3.1	17.7	23.5	24.6	16.5	9.0	5.7
Rented vehicles	100.0	1.5	14.3	17.1	22.5	23.6	11.4	9.6
Leased vehicles	100.0	3.5	18.4	24.9	25.0	14.9	8.5	4.8
Car lease payments	100.0	5.2	18.6	21.8	24.6	12.8	10.3	6.7
Truck lease payments	100.0	1.3	20.8	27.0	24.9	17.1	6.6	2.2
Vehicle registration, state	100.0	2.8	15.9	20.6	25.3	19.6	10.1	5.7
Vehicle registration, local	100.0	6.3	10.9	19.5	24.0	24.3	8.9	6.1
Driver's license	100.0	6.1	17.7	16.9	22.4	21.1	9.5	6.4
Vehicle inspection	100.0	3.3	15.1	19.9	24.5	22.1	9.5	5.5
Parking fees	100.0	6.3	19.4	19.6	28.4	15.2	7.5	3.6
Parking fees in home city, excluding residence	100.0	7.3	20.7	19.6	28.8	13.6	6.6	3.2
Parking fees on trips	100.0	1.4	13.5	19.1	26.5	22.5	11.5	5.4
Tolls	100.0	2.8	16.4	24.5	29.8	18.5	6.0	2.0
Tolls on trips	100.0	1.9	14.0	19.1	22.9	22.9	13.0	6.1
Towing charges	100.0	10.7	25.4	17.7	19.2	16.1	6.5	4.4
Automobile service clubs	100.0	1.3	7.8	10.7	23.2	29.5	14.6	12.9
PUBLIC TRANSPORTATION	**100.0**	**3.7**	**14.7**	**20.0**	**25.9**	**19.6**	**10.5**	**5.6**
Airline fares	100.0	2.8	14.0	20.0	26.2	20.2	11.0	5.7
Intercity bus fares	100.0	4.7	10.5	21.2	29.1	14.4	12.6	7.5
Intracity mass transit fares	100.0	6.9	21.2	23.6	24.2	17.0	4.1	2.9
Local transportation on trips	100.0	3.4	12.2	14.6	27.5	21.4	13.7	7.3
Taxi fares and limousine service	100.0	13.7	19.2	21.9	17.3	17.3	2.1	8.8
Intercity train fares	100.0	4.1	10.0	18.6	26.6	17.2	15.1	8.4
Ship fares	100.0	1.1	11.4	15.0	26.6	22.7	18.0	5.2
School bus	100.0	–	7.6	36.0	52.0	4.3	–	–

Note: Numbers may not add to total because of rounding. "–" means sample is too small to make a reliable estimate.
Source: Calculations by New Strategist based on the Bureau of Labor Statistics' 2010 Consumer Expenditure Survey

Table 13.5 Percent of Consumer Units That Spent on Transportation during the Average Quarter, 2010

(percent of consumer units purchasing transportation during the average quarter of 2010, by transportation category and age of consumer unit reference person, 2010)

	total consumer units	under 25	25 to 34	35 to 44	45 to 54	55 to 64	65 to 74	75+
Percent spending on transportation during the average quarter	**94.7%**	**88.7%**	**96.3%**	**96.7%**	**96.7%**	**95.9%**	**95.0%**	**85.0%**
VEHICLE PURCHASES	**5.0**	**4.9**	**6.8**	**5.6**	**6.0**	**4.3**	**3.1**	**2.4**
Cars and trucks, new	**1.2**	**0.4**	**1.5**	**1.3**	**1.4**	**1.4**	**0.9**	**0.9**
New cars	0.7	0.3	0.9	0.6	0.8	0.7	0.5	0.6
New trucks	0.5	0.1	0.6	0.7	0.6	0.7	0.3	0.3
Cars and trucks, used	**3.6**	**4.3**	**5.2**	**4.0**	**4.4**	**2.7**	**2.2**	**1.5**
Used cars	2.0	2.2	2.9	2.0	2.5	1.5	1.0	0.9
Used trucks	1.7	2.2	2.4	2.1	2.1	1.2	1.2	0.6
Other vehicles	**0.2**	**0.2**	**0.2**	**0.4**	**0.2**	**0.3**	**0.1**	**–**
GASOLINE AND MOTOR OIL	**90.1**	**80.6**	**91.1**	**92.2**	**93.2**	**91.9**	**91.5**	**79.5**
Gasoline	89.3	79.1	90.3	91.6	92.4	91.1	91.0	78.5
Diesel fuel	2.0	0.8	1.5	2.2	2.7	2.6	1.9	0.8
Gasoline on trips	19.9	14.5	19.8	21.4	21.7	23.0	21.9	9.3
Motor oil	8.4	7.0	9.1	9.0	10.6	8.9	6.6	3.2
Motor oil on trips	19.9	14.5	19.8	21.4	21.7	23.0	21.9	9.3
OTHER VEHICLE EXPENSES	**81.8**	**64.8**	**84.7**	**85.8**	**86.7**	**84.7**	**80.8**	**65.7**
Vehicle finance charges	**28.9**	**18.9**	**37.5**	**35.7**	**33.5**	**28.4**	**20.7**	**8.2**
Automobile finance charges	15.5	12.1	20.7	16.3	18.0	16.3	11.0	5.4
Truck finance charges	15.0	7.7	20.0	21.1	17.5	13.7	9.7	2.8
Motorcycle and plane finance charges	0.8	0.5	1.2	1.6	1.0	0.7	–	–
Other vehicle finance charges	1.3	0.4	1.2	1.8	1.7	1.6	1.2	0.3
Maintenance and repairs	**54.6**	**40.6**	**56.5**	**57.6**	**59.3**	**57.4**	**55.4**	**39.3**
Coolant, additives, brake and transmission fluids	5.6	5.8	5.9	5.7	7.7	5.5	4.4	1.9
Tires—purchased, replaced, installed	8.7	6.2	8.9	9.4	10.7	8.8	7.8	5.0
Vehicle products and cleaning services	4.1	2.7	3.3	4.2	4.6	5.0	4.5	2.7
Parts, equipment, and accessories	9.0	7.3	9.6	10.1	10.5	9.3	7.9	5.1
Vehicle audio equipment, excluding labor	0.2	0.2	0.2	0.2	0.3	0.2	0.1	0.1
Vehicle video equipment	0.2	0.2	0.2	0.2	0.3	0.2	0.1	0.1
Body work and painting	1.1	0.8	0.7	1.0	1.2	1.3	1.5	0.8
Clutch and transmission repair	1.3	0.8	1.2	1.5	1.2	1.6	1.1	0.8
Drive shaft and rear-end repair	0.4	0.1	0.3	0.5	0.4	0.4	0.4	0.2
Brake work	5.2	3.0	5.2	5.6	5.9	5.9	5.0	3.0
Repair to steering or front-end	1.3	0.7	1.3	1.5	1.5	1.3	1.5	0.7
Repair to engine cooling system	1.9	1.5	1.9	2.2	2.2	2.1	1.5	1.4
Motor tune-up	4.4	2.9	4.4	4.8	5.1	5.1	3.9	2.8
Lube, oil change, and oil filters	34.7	24.7	36.1	36.1	37.3	36.5	36.8	25.4
Front-end alignment, wheel balance, rotation	2.8	1.2	2.5	3.1	3.6	2.8	3.4	1.9
Shock absorber replacement	0.3	0.2	0.3	0.4	0.2	0.5	0.3	0.3
Tire repair and other repair work	6.2	3.6	6.0	7.1	6.6	6.5	6.2	5.3
Exhaust system repair	0.9	0.3	0.8	0.9	1.0	1.0	1.2	0.4
Electrical system repair	2.4	1.4	1.8	2.4	2.8	3.1	2.6	1.9
Motor repair, replacement	2.5	2.0	2.3	2.7	2.8	2.7	2.4	1.8
Auto repair service policy	0.5	0.2	0.6	0.6	0.5	0.7	0.3	0.4
Vehicle accessories including labor	0.5	0.4	0.5	0.6	0.5	0.5	0.4	0.3
Vehicle air conditioning repair	1.0	0.3	0.9	1.3	0.9	1.0	1.2	1.0

	total consumer units	under 25	25 to 34	35 to 44	45 to 54	55 to 64	65 to 74	75+
Vehicle insurance	54.6%	34.6%	60.0%	60.9%	59.4%	56.7%	49.4%	39.1%
Vehicle rental, leases, licenses, other charges	45.1	32.4	43.9	48.0	49.5	49.0	45.6	33.3
Leased and rented vehicles	5.6	3.0	6.7	6.4	6.6	5.8	4.7	2.8
Rented vehicles	2.8	0.9	3.0	3.0	3.4	3.7	2.5	1.1
Auto rental	0.6	0.3	0.9	0.7	0.6	0.5	0.4	0.4
Auto rental on trips	2.0	0.4	1.9	2.1	2.4	2.9	2.0	0.5
Truck rental	0.2	0.1	0.3	0.2	0.2	0.2	0.0	0.2
Truck rental on trips	0.1	0.0	0.1	0.1	0.2	0.2	0.1	0.0
Leased vehicles	3.0	2.2	3.9	3.6	3.4	2.2	2.3	1.8
Car lease payments	1.9	2.0	2.4	2.1	2.3	1.2	1.8	1.5
Truck lease payments	1.2	0.3	1.7	1.7	1.3	1.1	0.6	0.3
Vehicle registration, state	18.8	10.3	16.6	20.0	21.7	21.4	19.9	14.3
Vehicle registration, local	1.9	1.3	1.4	2.3	2.5	2.2	1.9	1.3
Driver's license	5.5	5.0	5.4	5.7	5.9	5.7	5.6	4.4
Vehicle inspection	6.9	3.8	6.5	7.1	8.0	7.5	7.2	5.2
Parking fees	12.7	12.9	14.6	14.7	14.0	12.5	11.1	5.1
Parking fees in home city, excluding residence	10.3	11.6	11.9	11.6	11.1	10.1	8.6	4.3
Parking fees on trips	3.4	1.8	3.6	4.3	4.2	3.5	3.3	1.0
Tolls and electronic toll passes	9.5	4.9	9.2	12.1	11.8	10.3	7.6	3.6
Tolls on trips	6.3	3.3	5.6	6.8	7.5	7.5	6.7	3.2
Towing charges	1.0	1.1	1.4	0.9	1.0	0.9	0.6	0.7
Global positioning services	0.5	0.1	0.2	0.6	0.6	0.7	0.6	0.5
Automobile service clubs	5.2	0.9	2.5	3.5	5.7	7.9	7.6	7.6
PUBLIC TRANSPORTATION	19.3	19.4	21.0	20.1	20.5	19.9	17.0	13.6
Airline fares	10.6	6.8	10.6	10.6	12.0	12.0	11.0	6.9
Intercity bus fares	4.3	4.1	3.3	4.1	4.9	5.0	5.0	3.0
Intracity mass transit fares	7.8	9.6	9.2	8.9	8.2	7.6	5.0	4.9
Local transportation on trips	5.0	3.1	4.5	5.1	5.7	6.0	5.4	3.4
Taxi fares and limousine service on trips	5.0	3.1	4.5	5.1	5.7	6.0	5.4	3.4
Taxi fares and limousine service	3.5	5.5	5.0	4.0	2.9	2.8	2.7	2.6
Intercity train fares	4.3	3.7	3.5	4.1	4.8	5.1	4.9	3.1
Ship fares	2.5	1.1	1.9	2.8	3.1	3.0	2.8	1.3
School bus	0.1	–	0.1	0.3	0.1	0.0	–	–

Note: Figures shown are from the interview portion of the Consumer Expenditure Survey. Not all transportation categories are included in the interview survey.
For more information about the survey, see the introduction or glossary. "–" means sample is too small to make a reliable estimate.
Source: Bureau of Labor Statistics, unpublished data from the 2010 Consumer Expenditure Survey

Table 13.6 Amount Purchasers Spent on Transportation during the Average Quarter, 2010

(average amount spent by consumer units spending on transportation during the average quarter of 2010, by transportation category and age of consumer unit reference person, 2010)

	total consumer units	under 25	25 to 34	35 to 44	45 to 54	55 to 64	65 to 74	75+
Amount spent on transportation during the average quarter	$1,968.02	$1,302.38	$2,143.76	$2,200.52	$2,317.48	$2,024.82	$1,539.47	$1,161.58
VEHICLE PURCHASES	12,864.81	8,086.59	12,591.89	13,040.53	12,630.56	14,955.90	13,208.23	14,138.56
Cars and trucks, new	25,191.32	25,202.56	25,220.24	26,200.39	26,063.38	26,883.70	21,149.12	18,003.76
New cars	21,958.57	25,708.09	19,690.76	19,786.48	24,237.80	25,745.49	20,494.61	17,782.03
New trucks	27,982.41	21,765.00	33,260.53	32,039.93	26,773.83	26,112.50	22,130.88	18,493.10
Cars and trucks, used	9,077.00	6,391.40	9,174.95	9,304.22	8,569.88	9,892.58	10,441.51	11,232.09
Used cars	8,094.90	4,580.00	8,381.53	8,091.92	7,383.43	9,601.33	10,891.35	8,890.41
Used trucks	9,874.86	8,035.96	9,909.68	10,123.68	9,438.71	10,181.41	9,858.19	14,480.65
Other vehicles	5,328.13	10,373.86	3,984.38	5,541.67	4,241.30	6,257.03	2,062.50	–
GASOLINE AND MOTOR OIL	591.52	463.25	605.59	687.63	690.80	602.46	482.48	308.26
Gasoline	550.26	446.66	572.34	640.40	644.40	548.95	434.33	293.40
Diesel fuel	464.05	460.24	521.92	564.62	490.04	396.86	378.68	175.31
Gasoline on trips	148.23	95.46	124.47	147.30	145.27	175.81	169.25	131.03
Motor oil	29.42	32.77	25.90	33.18	30.29	29.75	24.92	24.52
Motor oil on trips	1.49	0.96	1.25	1.48	1.46	1.77	1.71	1.32
OTHER VEHICLE EXPENSES	684.73	495.18	649.59	736.63	786.28	714.50	604.89	514.18
Vehicle finance charges	210.16	181.43	202.04	216.49	222.88	218.36	186.62	170.72
Automobile finance charges	168.16	160.32	169.12	170.99	170.87	164.94	164.47	165.32
Truck finance charges	189.88	182.25	188.10	202.66	191.81	188.90	153.70	168.91
Motorcycle and plane finance charges	120.54	98.47	124.36	138.91	109.85	96.92	–	–
Other vehicle finance charges	392.11	68.92	153.69	242.78	561.67	551.11	461.79	165.38
Maintenance and repairs	322.49	255.40	283.57	345.09	358.68	346.16	293.10	269.99
Coolant, additives, brake and transmission fluids	18.26	20.80	17.37	18.58	19.25	18.07	15.94	13.95
Tires—purchased, replaced, installed	401.04	406.85	343.12	437.20	409.12	430.69	396.62	324.60
Vehicle products and cleaning services	39.29	20.50	36.26	36.81	50.54	38.63	33.13	39.00
Parts, equipment, and accessories	123.95	138.46	107.65	150.64	132.51	97.12	137.36	90.84
Vehicle audio equipment, excluding labor	253.57	235.87	664.77	306.82	123.21	135.71	60.00	44.23
Vehicle video equipment	217.65	129.17	183.33	141.67	204.63	165.63	103.85	1,296.43
Body work and painting	637.62	635.94	533.57	758.33	725.87	614.58	524.49	489.67
Clutch and transmission repair	697.05	515.24	485.08	716.99	892.34	783.54	700.47	396.69
Drive shaft and rear-end repair	359.29	271.43	252.27	316.67	372.30	467.31	264.29	766.18
Brake work	309.64	217.11	297.06	297.68	339.91	328.56	292.64	289.04
Repair to steering or front-end	378.52	247.76	405.00	332.09	421.21	372.18	363.62	427.69
Repair to engine cooling system	309.28	177.11	285.29	352.20	323.99	299.06	316.05	310.69
Motor tune-up	255.37	184.27	226.21	261.77	278.80	248.54	249.16	304.59
Lube, oil change, and oil filters	52.51	45.92	48.16	55.10	57.79	53.43	52.31	41.84
Front-end alignment, wheel balance, rotation	141.64	85.90	155.95	133.23	154.63	135.95	131.01	146.89
Shock absorber replacement	428.03	460.00	233.65	394.32	452.78	568.87	387.12	345.00
Tire repair and other repair work	207.68	212.40	215.05	205.26	182.96	218.92	203.05	245.25
Exhaust system repair	301.18	127.88	350.97	285.99	287.63	344.39	273.53	260.47
Electrical system repair	305.79	422.96	235.45	315.98	355.14	270.59	295.72	304.12
Motor repair, replacement	684.27	504.87	706.79	658.46	713.08	810.75	534.43	631.91
Auto repair service policy	777.88	745.31	1,157.50	436.69	1,139.80	665.54	398.00	562.14
Vehicle accessories including labor	165.31	254.49	183.89	135.94	103.13	189.81	348.75	46.32
Vehicle air conditioning repair	336.62	360.83	327.42	374.61	370.48	290.75	351.09	233.42

	total consumer units	under 25	25 to 34	35 to 44	45 to 54	55 to 64	65 to 74	75+
Vehicle insurance	**$397.63**	**$371.29**	**$346.59**	**$378.45**	**$447.87**	**$413.65**	**$398.08**	**$397.59**
Vehicle rental, leases, licenses, other charges	**234.65**	**168.00**	**241.06**	**262.29**	**260.47**	**224.35**	**200.36**	**187.46**
Leased and rented vehicles	893.64	782.14	792.71	1,020.38	909.22	816.67	895.28	1,052.56
Rented vehicles	324.91	222.53	262.38	290.42	295.43	336.78	385.47	847.48
Auto rental	315.68	96.77	328.49	348.59	255.00	370.50	378.13	219.08
Auto rental on trips	293.31	263.07	226.22	260.77	279.96	323.61	356.44	531.52
Truck rental	136.25	236.54	100.86	94.32	116.67	110.71	1,458.33	137.50
Truck rental on trips	493.75	650.00	179.17	647.22	503.26	473.44	463.46	491.67
Leased vehicles	1,390.76	977.95	1,160.42	1,570.61	1,481.49	1,551.23	1,397.09	1,154.49
Car lease payments	1,167.58	865.35	1,044.79	1,320.00	1,182.44	1,309.88	1,218.47	1,063.09
Truck lease payments	1,261.34	914.39	1,124.25	1,288.36	1,368.37	1,277.63	1,483.87	1,127.42
Vehicle registration, state	136.20	105.90	147.86	146.01	144.22	133.49	121.08	106.62
Vehicle registration, local	107.86	159.80	99.09	100.33	96.05	133.56	93.65	104.72
Driver's license	41.06	41.45	44.63	36.84	41.51	47.61	35.70	34.40
Vehicle inspection	41.50	37.87	39.71	44.26	42.42	47.21	35.06	31.79
Parking fees	75.06	70.31	76.39	70.30	93.52	65.97	60.24	70.94
Parking fees in home city, excluding residence	76.24	74.83	82.03	72.98	98.37	59.74	55.95	61.66
Parking fees on trips	50.36	20.52	38.89	42.54	52.68	63.36	55.57	98.99
Tolls and electronic toll passes	64.55	52.84	65.41	68.28	74.62	62.14	44.88	36.59
Tolls on trips	16.94	9.39	15.87	16.61	15.69	18.39	19.35	21.42
Towing charges	103.91	148.38	112.78	105.98	91.58	103.41	97.58	70.00
Global positioning services	79.41	35.00	43.42	84.68	79.76	69.52	90.52	103.80
Automobile service clubs	89.22	100.56	86.12	79.32	91.74	98.64	83.11	83.58
PUBLIC TRANSPORTATION	**635.51**	**327.88**	**518.56**	**674.59**	**749.82**	**684.09**	**722.85**	**519.02**
Airline fares	770.15	507.38	646.54	853.06	861.65	773.40	759.32	712.61
Intercity bus fares	60.40	44.10	48.80	74.45	74.39	42.68	59.97	68.17
Intracity mass transit fares	214.33	182.04	231.00	246.61	238.05	212.93	128.59	105.08
Local transportation on trips	52.89	43.53	43.40	42.01	61.89	53.36	62.13	60.37
Taxi fares and limousine service on trips	31.08	25.56	25.50	24.66	36.36	31.34	36.49	35.45
Taxi fares and limousine service	102.05	60.12	105.68	103.03	121.05	99.20	110.47	101.89
Intercity train fares	91.74	66.42	68.12	97.82	105.89	75.00	113.12	110.61
Ship fares	396.57	140.71	357.45	295.02	413.32	424.58	582.77	409.66
School bus	491.67	–	184.09	352.00	1,011.36	358.33	–	–

Note: Figures shown are from the interview portion of the Consumer Expenditure Survey. Not all transportation categories are included in the interview survey.
For more information about the survey, see the introduction or glossary. "–" means sample is too small to make a reliable estimate.
Source: Calculations by New Strategist based on unpublished data from the Bureau of Labor Statistics 2010 Consumer Expenditure Survey

Table 13.7 Percent of Consumer Units That Spent on Transportation during the <u>Average Week</u>, 2010

(percent of consumer units spending on transportation during the average week of 2010, by transportation category and age of consumer unit reference person, 2010)

	total consumer units	under 25	25 to 34	35 to 44	45 to 54	55 to 64	65 to 74	75+
Percent spending on transportation during the average week	**65.4%**	**55.9%**	**67.6%**	**71.8%**	**70.6%**	**68.6%**	**59.6%**	**44.9%**
Gasoline	**62.0**	**54.1**	**64.1**	**69.3**	**67.6**	**64.7**	**55.4**	**40.0**
Diesel fuel	**0.7**	**0.9**	**0.9**	**0.7**	**0.6**	**0.7**	**1.2**	**0.4**
Motor oil	**1.7**	**1.3**	**1.7**	**1.7**	**2.0**	**1.6**	**1.5**	**1.1**
Coolant, additives, brake and transmission fluids	**1.2**	**1.0**	**1.0**	**1.4**	**1.4**	**1.3**	**1.0**	**0.9**
Other vehicle expenses	**15.4**	**9.4**	**14.3**	**16.3**	**18.4**	**17.9**	**14.2**	**9.7**
Maintenance and repairs	5.9	3.8	5.1	6.3	6.8	7.8	5.2	3.3
Vehicle audio equipment, excluding labor	0.1	0.2	0.2	0.1	0.1	0.2	–	–
Vehicle products and cleaning services	1.3	0.9	1.0	1.4	1.7	1.3	1.6	0.5
Miscellaneous auto repair, servicing	4.9	3.2	4.1	5.4	5.5	6.6	3.8	3.0
Vehicle insurance	8.9	5.9	8.4	9.4	10.7	9.5	8.6	6.2
Vehicle rental, leases, licenses, and other charges	2.4	1.3	2.2	2.8	3.1	2.8	2.2	1.0
Tolls and electronic toll passes	2.4	1.3	2.2	2.8	3.1	2.8	2.2	1.0
Taxi fares and limousine service	**1.0**	**1.2**	**1.3**	**1.0**	**0.9**	**0.6**	**0.5**	**1.4**

Note: Figures shown are from the diary portion of the Consumer Expenditure Survey. Not all transportation categories are included in the diary survey. For more information about the survey, see the introduction or glossary. "–" means sample is too small to make a reliable estimate.
Source: Bureau of Labor Statistics, unpublished data from the 2010 Consumer Expenditure Survey

Table 13.8 Amount Purchasers Spent on Transportation during the <u>Average Week</u>, 2010

(average amount spent by consumer units spending on transportation during the average week of 2010, by transportation category and age of consumer unit reference person, 2010)

	total consumer units	under 25	25 to 34	35 to 44	45 to 54	55 to 64	65 to 74	75+
Amount spent on transportation during the average week	**$88.62**	**$74.02**	**$77.01**	**$93.45**	**$100.42**	**$92.33**	**$80.68**	**$77.58**
Gasoline	**56.33**	**52.03**	**53.96**	**61.41**	**63.27**	**56.16**	**47.62**	**38.52**
Diesel fuel	**75.68**	**82.56**	**67.44**	**89.19**	**54.84**	**87.88**	**72.95**	**74.29**
Motor oil	**16.97**	**25.56**	**13.10**	**11.98**	**18.59**	**20.37**	**19.48**	**15.79**
Coolant, additives, brake and transmission fluids	**13.11**	**29.59**	**11.00**	**11.27**	**14.58**	**13.43**	**10.00**	**11.36**
Other vehicle expenses	**141.18**	**118.66**	**113.44**	**141.83**	**147.25**	**143.25**	**143.23**	**191.26**
Maintenance and repairs	31.81	37.08	30.37	32.11	31.72	32.09	23.14	47.89
Vehicle audio equipment, excluding labor	110.00	23.81	93.75	33.33	112.50	225.00	–	–
Vehicle products and cleaning services	12.80	18.18	9.38	17.04	13.94	10.77	8.28	17.78
Miscellaneous auto repair, servicing	32.99	37.58	31.40	32.78	33.45	30.35	28.42	50.00
Vehicle insurance	218.07	161.82	169.64	220.02	225.98	240.32	218.70	271.54
Vehicle rental, leases, licenses, and other charges	15.98	15.63	18.83	14.70	19.35	12.37	11.71	11.22
Tolls and electronic toll passes	15.98	15.63	18.83	14.70	19.35	12.37	11.71	11.22
Taxi fares and limousine service	**33.68**	**56.52**	**28.35**	**38.38**	**27.96**	**50.00**	**12.00**	**21.48**

Note: Figures shown are from the diary portion of the Consumer Expenditure Survey. Not all transportation categories are included in the diary survey. For more information about the survey, see the introduction or glossary. "–" means sample is too small to make a reliable estimate.
Source: Calculations by New Strategist based on unpublished data from the Bureau of Labor Statistics 2010 Consumer Expenditure Survey

Appendix A: About the Consumer Expenditure Survey

History

The Consumer Expenditure Survey is an ongoing study of the day-to-day spending of American households. In taking the survey, government interviewers collect spending data on products and services as well as data on the amount and sources of household income, changes in saving and debt, and demographic and economic characteristics of household members. The Bureau of the Census collects data for the survey under contract with the Bureau of Labor Statistics, which is responsible for analysis and release of the data.

Since the late 19th century, the federal government has conducted expenditure surveys about every 10 years. Although the results have been used for a variety of purposes, their primary application is to track consumer prices. In 1980, the Consumer Expenditure Survey became continuous with annual release of data. The survey is used to update prices for the market basket of products and services used in calculating the consumer price index.

Description of the Consumer Expenditure Survey

The Consumer Expenditure Survey comprises two components: an interview survey and a diary survey. In the interview portion of the survey, respondents are asked each quarter for five consecutive quarters to report their expenditures for the previous three months. The interview survey records purchases of big-ticket items such as houses, cars, and major appliances, and recurring expenses such as insurance premiums, utility payments, and rent. The interview component covers about 95 percent of all expenditures.

The diary survey records expenditures on small, frequently purchased items during a two-week period. These detailed records include expenses for food and beverages purchased in grocery stores and at restaurants, as well as other items such as tobacco, housekeeping supplies, nonprescription drugs, and personal care products and services. The diary survey is intended to capture expenditures respondents are likely to forget or recall incorrectly over longer periods of time.

Average spending figures shown in this report represent integrated data from both the diary and interview components of the survey. Integrated data provide a more complete accounting of consumer expenditures than either component of the survey is designed to do alone.

Data Collection and Processing

Interview and diary surveys use two separate, nationally representative samples. For the interview survey, about 7,000 consumer units are interviewed on a rotating panel basis each quarter for five consecutive quarters. Another 7,000 consumer units kept weekly diaries of spending for two consecutive weeks. Data collection is carried out in 91 areas of the country.

The Bureau of Labor Statistics reviews, audits, and cleanses the data, then weights them to reflect the number and characteristics of all U.S. consumer units. Like any sample survey, the Consumer Expenditure Survey is subject to two major types of error. Nonsampling error occurs when respondents misinterpret questions or interviewers are inconsistent in the way they ask questions or record answers. Respondents may forget items, recall expenses incorrectly, or deliberately give wrong answers. A respondent may remember how much he or she spent at the grocery store but forget the items picked up at a local convenience store. Most surveys of alcohol consumption or spending on alcohol suffer from this type of underreporting, for example. Mistakes during the various stages of data processing and refinement can also cause nonsampling error.

Sampling error occurs when a sample does not accurately represent the population it is supposed to represent. This kind of error is present in every sample-based survey and is minimized by using a proper sampling procedure. Standard error tables documenting the extent of sampling error in the Consumer Expenditure Survey are available from the Bureau of Labor Statistics at http://www.bls.gov/cex/csxstnderror.htm.

Although the Consumer Expenditure Survey is the best source of information about the spending behavior of American households, it should be treated with caution because of the above problems. Comparisons with consumption data from other sources show that Consumer Expenditure Survey data tend to underestimate expenditures except for rent, fuel, telephone service, furniture, transportation, and personal care services. Despite these problems, the data reveal important spending patterns by demographic segment that can be used to better understand consumer behavior.

Definition of Consumer Unit

The Consumer Expenditure Survey uses the consumer unit as the sampling unit instead of the household, the sampling unit used by the Census Bureau. The term "household" is used interchangeably with the term "consumer unit" in this book for convenience, although they are not exactly the same. Some households contain more than one consumer unit.

The Bureau of Labor Statistics defines consumer unit as (1) members of a household who are related by blood, marriage, adoption, or other legal arrangements; (2) a person living alone or sharing a household with others or living as a roomer in a private home or lodging house or in permanent living quarters in a hotel or motel, but who is financially independent; or (3) two or more persons living together who pool their income to make joint expenditure decisions. The bureau defines financial independence in terms of "the three major expenses categories: housing, food, and other living expenses. To be considered financially independent, at least two of the three major expense categories have to be provided by the respondent."

The Census Bureau uses household as its sampling unit in the decennial census and in the monthly Current Population Survey. The Census Bureau's household "consists of all persons who occupy a housing unit. A house, an apartment or other groups of rooms, or a single room is regarded as a housing unit when it is occupied or intended for occupancy as separate living quarters; that is, when the occupants do not live and eat with any other persons in the structure and there is direct access from the outside or through a common hall."

The definition goes on to specify that "a household includes the related family members and all the unrelated persons, if any, such as lodgers, foster children, wards, or employees who share the housing unit. A person living alone in a housing unit or a group of unrelated persons sharing a housing unit as partners is also counted as a household. The count of households excludes group quarters."

Because there can be more than one consumer unit in a household, consumer units outnumber households by several million. Young adults under age 25 head most of the additional consumer units.

For More Information

To find out more about the Consumer Expenditure Survey, contact the specialists at the Bureau of Labor Statistics at (202) 691-6900, or visit the Consumer Expenditure Survey home page at http://www.bls.gov/cex/. The web site includes news releases, technical documentation, and current and historical summary-level data. The detailed average spending data shown in this report are available from the Bureau of Labor Statistics only by special request.

For a comprehensive look at detailed household spending data for all products and services, see the 17th edition of *Household Spending: Who Spends How Much on What*. New Strategist's books are available in hardcopy or as downloads with links to the Excel version of each table. Find out more by visiting http://www.newstrategist.com or by calling 1-800-848-0842.

Appendix B: Spending on Mortgage Principal and Capital Improvements, 2010

The spending statistics reported by the Consumer Expenditure Survey do not include spending on mortgage principal reduction or capital improvements to owned homes. Because the survey treats home equity as an asset, principal reduction and capital improvements are regarded as asset accumulation rather than expenditures. The table shows the average amount spent by households in 2010 for mortgage principal reduction and capital improvements. Adding these figures to expenditures for the category "owned dwellings" gives a more complete picture of the average amount households devote to housing.

(average annual reduction in mortgage principal and change in capital improvement for owned homes, by age of consumer unit reference person, 2010)

	total consumer units	under 25	25 to 34	35 to 44	45 to 54	55 to 64	aged 65 or older total	65 to 74	75+
Reduction of mortgage principal	$1,579.34	$234.05	$1,172.55	$2,141.18	$2,439.62	$1,846.31	$743.19	$1,058.87	$387.09
Change in capital improvements	760.08	72.96	635.15	827.06	702.54	1,151.95	745.59	904.31	566.54

Source: Bureau of Labor Statistics, 2010 Consumer Expenditure Survey

Glossary

age The age of the reference person.

alcoholic beverages Includes beer and ale, wine, whiskey, gin, vodka, rum, and other alcoholic beverages.

annual spending The annual amount spent per household. The Bureau of Labor Statistics calculates the annual average for all households in a segment, not just for those that purchased an item. The averages are calculated by integrating the results of the diary (weekly) and interview (quarterly) portions of the Consumer Expenditure Survey. For items purchased by most households—such as bread—average annual spending figures are a fairly accurate account of actual spending. For products and services purchased by few households during a year's time—such as cars—the average annual amount spent is much less than what purchasers spend.

apparel, accessories, and related services Includes the following:

• *men's and boys' apparel* Includes coats, jackets, sweaters, vests, sport coats, tailored jackets, slacks, shorts and short sets, sportswear, shirts, underwear, nightwear, hosiery, uniforms, and other accessories.

• *women's and girls' apparel* Includes coats, jackets, furs, sport coats, tailored jackets, sweaters, vests, blouses, shirts, dresses, dungarees, culottes, slacks, shorts, sportswear, underwear, nightwear, uniforms, hosiery, and other accessories.

• *infants' apparel* Includes coats, jackets, snowsuits, underwear, diapers, dresses, crawlers, sleeping garments, hosiery, footwear, and other accessories for children.

• *footwear* Includes articles such as shoes, slippers, boots, and other similar items. It excludes footwear for babies and footwear used for sports such as bowling or golf shoes.

• *other apparel products and services* Includes material for making clothes, shoe repair, alterations and sewing patterns and notions, clothing rental, clothing storage, dry cleaning, sent-out laundry, watches, jewelry, and repairs to watches and jewelry.

baby boom Americans born between 1946 and 1964.

cash contributions Includes cash contributed to persons or organizations outside the consumer unit including court-ordered alimony, child support payments, support for college students, and contributions to religious, educational, charitable, or political organizations.

consumer unit (1) All members of a household who are related by blood, marriage, adoption, or other legal arrangements; (2) a person living alone or sharing a household with others or living as a roomer in a private home or lodging house or in permanent living quarters in a hotel or motel, but who is financially independent; or (3) two or more persons living together who pool their income to make joint expenditure decisions. Financial independence is determined by the three major expense categories: housing, food, and other living expenses. To be considered financially independent, at least two of the three major expense categories have to be provided by the respondent. For convenience, called household in the text of this report.

consumer unit, composition of The classification of interview households by type according to (1) relationship of other household members to the reference person; (2) age of the children of the reference person; and (3) combination of relationship to the reference person and age of the children. Stepchildren and adopted children are included with the reference person's own children.

earner A consumer unit member aged 14 or older who worked at least one week during the 12 months prior to the interview date.

education Includes tuition, fees, books, supplies, and equipment for public and private nursery schools, elementary and high schools, colleges and universities, and other schools.

entertainment Includes the following:

• *fees and admissions* Includes fees for participant sports; admissions to sporting events, movies, concerts, plays; health, swimming, tennis, and country club memberships, and other social recreational and fraternal organizations; recreational lessons or instructions; and recreational expenses on trips.

• *audio and visual equipment and services* Includes television sets; radios; cable TV; tape recorders and players; video cassettes, tapes, and discs; video cassette recorders and video disc players; video game hardware and software; personal digital audio players; streaming and downloading audio and video; sound components; CDs, records, and tapes; musical instruments; and rental and repair of TV and sound equipment.

• *pets, toys, hobbies, and playground equipment* Includes pet food, pet services, veterinary expenses, toys, games, hobbies, and playground equipment.

• *other entertainment equipment and services* Includes indoor exercise equipment, athletic shoes, bicycles, trailers, campers, camping equipment, rental of campers and trailers, hunting and fishing equipment, sports equipment, winter sports equipment, water sports equipment, boats, boat motors and boat trailers, rental of boats, landing and docking fees, rental and repair of sports equipment, photographic equipment, film, photo processing, photographer fees, repair and rental of photo equipment, fireworks, pinball and electronic video games.

expenditure The transaction cost including excise and sales taxes of goods and services acquired during the survey period. The full cost of each purchase is recorded even though full payment may not have been made at the date of purchase. Expenditure estimates include gifts. Excluded from expenditures are purchases or portions of purchases directly assignable to business purposes and periodic credit or installment payments on goods and services already acquired.

federal income tax Includes federal income tax withheld in the survey year to pay for income earned in survey year plus additional tax paid in survey year to cover any underpayment or under-withholding of tax in the year prior to the survey.

financial products and services Includes accounting fees, legal fees, union dues, professional dues and fees, other occupational expenses, funerals, cemetery lots, dating services, shopping club memberships, and unclassified fees and personal services.

food Includes the following:

• *food at home* Refers to the total expenditures for food at grocery stores or other food stores during the interview period. It is calculated by multiplying the number of visits to a grocery or other food store by the average amount spent per visit. It excludes the purchase of nonfood items.

• *food away from home* Includes all meals (breakfast, lunch, brunch, and dinner) at restaurants, carry-outs, and vending machines, including tips, plus meals as pay, special catered affairs such as weddings, bar mitzvahs, and confirmations, and meals away from home on trips.

generation X Americans born between 1965 and 1976; also known as the baby-bust generation.

gifts for people in other households Includes gift expenditures for people living in other consumer units. The amount spent on gifts is also included in individual product and service categories.

health care Includes the following:

• *health insurance* Includes health maintenance plans (HMOs), Blue Cross/Blue Shield, commercial health insurance, Medicare, Medicare supplemental insurance, long-term care insurance, and other health insurance.

• *medical services* Includes hospital room and services, physicians' services, services of a practitioner other than a physician, eye and dental care, lab tests, X-rays, nursing, therapy services, care in convalescent or nursing home, and other medical care.

• *drugs* Includes prescription and nonprescription drugs, internal and respiratory over-the-counter drugs.

• *medical supplies* Includes eyeglasses and contact lenses, topicals and dressings, antiseptics, bandages, cotton, first aid kits, contraceptives; medical equipment for general use such as syringes, ice bags, thermometers, vaporizers, heating pads; supportive or convalescent medical equipment such as hearing aids, braces, canes, crutches, and walkers.

Hispanic origin The self-identified Hispanic origin of the consumer unit reference person. All consumer units are included in one of two Hispanic origin groups based on the reference person's Hispanic origin: Hispanic or non-Hispanic. Hispanics may be of any race.

household According to the Census Bureau, all the people who occupy a household. A group of unrelated people who share a housing unit as roommates or unmarried partners is also counted as a household. Households do not include group quarters such as college dormitories, prisons, or nursing homes. A household may contain more than one consumer unit. The terms "household" and "consumer unit" are used interchangeably in this report.

household furnishings and equipment Includes the following:

• *household textiles* Includes bathroom, kitchen, dining room, and other linens, curtains and drapes, slipcovers and decorative pillows, and sewing materials.

• *furniture* Includes living room, dining room, kitchen, bedroom, nursery, porch, lawn, and other outdoor furniture.

• *carpet, rugs, and other floor coverings* Includes installation and replacement of wall-to-wall carpets, room-size rugs, and other soft floor coverings.

• *major appliances* Includes refrigerators, freezers, dishwashers, stoves, ovens, garbage disposals, vacuum cleaners, microwave ovens, air-conditioners, sewing machines, washing machines, clothes dryers, and floor-cleaning equipment.

• *small appliances and miscellaneous housewares* Includes small electrical kitchen appliances, portable heating and cooling equipment, china and other dinnerware, flatware, glassware, silver and other serving pieces, nonelectric cookware, and plastic dinnerware. Excludes personal care appliances.

• *miscellaneous household equipment* Includes computer hardware and software, luggage, lamps and other lighting fixtures, window coverings, clocks, lawn mowers and gardening equipment, hand and power tools, telephone answering devices, personal digital assistants, Internet services away from home, office equipment for home use, fresh flowers and house plants, rental of furniture, closet and storage items, household decorative items, infants' equipment, outdoor equipment, smoke alarms, other household appliances, and small miscellaneous furnishing.

household services Includes the following:

• *personal services* Includes baby sitting, day care, and care of elderly and handicapped persons.

• *other household services* Includes computer information services; housekeeping services; gardening and lawn care services; coin-operated laundry and dry-cleaning of household textiles; termite and pest control products; moving, storage, and freight expenses; repair of household appliances and other household equipment; reupholstering and furniture repair; rental and repair of lawn and gardening tools; and rental of other household equipment.

housekeeping supplies Includes soaps, detergents, other laundry cleaning products, cleansing and toilet tissue, paper towels, napkins, and miscellaneous household products; lawn and garden supplies, postage, stationery, stationery supplies, and gift wrap.

housing tenure "Owner" includes households living in their own homes, cooperatives, condominiums, or townhouses. "Renter" includes households paying rent as well as families living rent free in lieu of wages.

income before taxes The total money earnings and selected money receipts accruing to a consumer unit during the 12 months prior to the interview date. Income includes the following components:

• *wages and salaries* Includes total money earnings for all members of the consumer unit aged 14 or older from all jobs, including civilian wages and salaries, Armed Forces pay and allowances, piece-rate payments, commissions, tips, National Guard or Reserve pay (received for training periods), and cash bonuses before deductions for taxes, pensions, union dues, etc.

• *self-employment income* Includes net business and farm income, which consists of net income (gross receipts minus operating expenses) from a profession or unincorporated business or from the operation of a farm by an owner, tenant, or sharecropper. If the business or farm is a partnership, only an appropriate share of net income is recorded. Losses are also recorded.

• *Social Security, private and government retirement* Includes payments by the federal government made under retirement, survivor, and disability insurance programs to retired persons, dependents of deceased insured workers, or to disabled workers; and private pensions or retirement benefits received by retired persons or their survivors, either directly or through an insurance company.

• *interest, dividends, rental income, and other property income* Includes interest income on savings or bonds; payments made by a corporation to its stockholders, periodic receipts from estates or trust funds; net income or loss from the rental of property, real estate, or farms, and net income or loss from roomers or boarders.

• *unemployment and workers' compensation and veterans' benefits* Includes income from unemployment compensation and workers' compensation, and veterans' payments including educational benefits, but excluding military retirement.

• *public assistance, supplemental security income, and food stamps* Includes public assistance or welfare, including money received from job training grants; supplemental security income paid by federal, state, and local welfare agencies to low-income persons who are aged 65 or older, blind, or disabled; and the value of food stamps obtained.

• *regular contributions for support* Includes alimony and child support as well as any regular contributions from persons outside the consumer unit.

• *other income* Includes money income from care of foster children, cash scholarships, fellowships, or stipends not based on working; and meals and rent as pay.

indexed spending Indexed spending figures compare the spending of particular demographic segments with that of the average household. To compute an index, the amount spent on an item by a demographic segment is divided by the amount spent on the item by the average household. That figure is then multiplied by 100. An index of 100 is the average for all households. An index of 132 means average spending by households in a segment is 32 percent above average (100 plus 32). An index of 75 means average spending by households in a segment is 25 percent below average (100 minus 25). Indexed spending figures identify the consumer units that spend the most on a product or service.

life and other personal insurance Includes premiums from whole life and term insurance; endowments; income and other life insurance; mortgage guarantee insurance; mortgage life insurance; premiums for personal life liability, accident and disability; and other non–health insurance other than homes and vehicles.

market share The market share is the percentage of total household spending on an item that is accounted for by a demographic segment. Market shares are calculated by dividing a demographic segment's total spending on an item by the total spending of all households on the item. Total spending on an item for all households is calculated by multiplying average spending by the total number of households. Total spending on an item for each demographic segment is calculated by multiplying the segment's average spending by the number of households in the segment. Market shares reveal the demographic segments that account for the largest share of spending on a product or service.

millennial generation Americans born between 1977 and 1994.

occupation The occupation in which the reference person received the most earnings during the survey period. The occupational categories follow those of the Census of Population. Categories shown in the tables include the following:

• *self-employed* Includes all occupational categories; the reference person is self-employed in own business, professional practice, or farm.

• *wage and salary earners, managers and professionals* Includes executives, administrators, managers, and professional specialties such as architects, engineers, natural and social scientists, lawyers, teachers, writers, health diagnosis and treatment workers, entertainers, and athletes.

• *wage and salary earners, technical, sales, and clerical workers* Includes technicians and related support workers; sales representatives, sales workers, cashiers, and sales-related occupations; and administrative support, including clerical.

• *retired* People who did not work either full- or part-time during the survey period.

owner *See* housing tenure.

pensions and Social Security Includes all Social Security contributions paid by employees; employees' contributions to railroad retirement, government retirement and private pensions programs; retirement programs for self-employed.

personal care Includes products for the hair, oral hygiene products, shaving needs, cosmetics, bath products, suntan lotions, hand creams, electric personal care appliances, incontinence products, other personal care products, personal care services such as hair care services (haircuts, bleaching, tinting, coloring, conditioning treatments, permanents, press, and curls), styling and other services for wigs and hairpieces, body massages or slenderizing treatments, facials, manicures, pedicures, shaves, electrolysis.

quarterly spending Quarterly spending data are collected in the interview portion of the Consumer Expenditure Survey. The quarterly spending tables show the percentage of households that purchased an item during an average quarter, and the amount spent during the quarter on the item by purchasers. Not all items are included in the interview portion of the Consumer Expenditure Survey.

reading Includes subscriptions for newspapers, magazines, and books through book clubs; purchase of single-copy newspapers and magazines, books, and encyclopedias and other reference books.

reference person The first member mentioned by the respondent when asked to "Start with the name of the person or one of the persons who owns or rents the home." It is with respect to this person that the relationship of other consumer unit members is determined. Also called the householder or head of household.

region Consumer units are classified according to their address at the time of their participation in the survey. The four major census regions of the United States are the following state groupings:

• *Northeast* Connecticut, Maine, Massachusetts, New Hampshire, New Jersey, New York, Pennsylvania, Rhode Island, and Vermont.

• *Midwest* Illinois, Indiana, Iowa, Kansas, Michigan, Minnesota, Mississippi, Nebraska, North Dakota, Ohio, South Dakota, and Wisconsin.

• *South* Alabama, Arkansas, Delaware, District of Columbia, Florida, Georgia, Kentucky, Louisiana, Maryland, Mississippi, North Carolina, Oklahoma, South Carolina, Tennessee, Texas, Virginia, and West Virginia.

• *West* Alaska, Arizona, California, Colorado, Hawaii, Idaho, Minnesota, Nevada, New Mexico, Oregon, Utah, Washington, and Wyoming.

renter *See* housing tenure.

shelter Includes the following:

• *owned dwellings* Includes interest on mortgages, property taxes and insurance, refinancing and prepayment charges, ground rent, expenses for property management and security, homeowner's insurance, fire insurance and extended coverage, landscaping expenses for repairs and maintenance contracted out (including periodic maintenance and service contracts), and expenses of materials for owner-performed repairs and maintenance for dwellings used or maintained by the consumer unit, but not dwellings maintained for business or rent.

• *rented dwellings* Includes rent paid for dwellings, rent received as pay, parking fees, maintenance, and other expenses.

• *other lodging* Includes all expenses for vacation homes, school, college, hotels, motels, cottages, trailer camps, and other lodging while out of town.

• *utilities, fuels, and public services* Includes natural gas, electricity, fuel oil, coal, bottled gas, wood, other fuels; residential telephone service, cell phone service, phone cards; water, garbage, trash collection; sewerage maintenance, septic tank cleaning; and other public services.

size of consumer unit The number of people whose usual place of residence at the time of the interview is in the consumer unit.

state and local income taxes Includes state and local income taxes withheld in the survey year to pay for income earned in survey year plus additional taxes paid in the survey year to cover any underpayment or under-withholding of taxes in the year prior to the survey.

tobacco and smoking supplies Includes cigarettes, cigars, snuff, loose smoking tobacco, chewing tobacco, and smoking accessories such as cigarette or cigar holders, pipes, flints, lighters, pipe cleaners, and other smoking products and accessories.

transportation Includes the following:

• *vehicle purchases (net outlay)* Includes the net outlay (purchase price minus trade-in value) on new and used domestic and imported cars and trucks and other vehicles, including motorcycles and private planes.

• *gasoline and motor oil* Includes gasoline, diesel fuel, and motor oil.

• *other vehicle expenses* Includes vehicle finance charges, maintenance and repairs, vehicle insurance, and vehicle rental licenses and other charges.

• *vehicle finance charges* Includes the dollar amount of interest paid for a loan contracted for the purchase of vehicles described above.

• *maintenance and repairs* Includes tires, batteries, tubes, lubrication, filters, coolant, additives, brake and transmission fluids, oil change, brake adjustment and repair, front-end alignment, wheel balancing, steering repair, shock absorber replacement, clutch and transmission repair, electrical system repair, repair to cooling system, drive train repair, drive shaft and rear-end repair, tire repair, vehicle video equipment, other maintenance and services, and auto repair policies.

• *vehicle insurance* Includes the premium paid for insuring cars, trucks, and other vehicles.

• *vehicle rental, licenses, and other charges* Includes leased and rented cars, trucks, motorcycles, and aircraft, inspection fees, state and local registration, drivers' license fees, parking fees, towing charges, tolls on trips, and global positioning services.

• *public transportation* Includes fares for mass transit, buses, trains, airlines, taxis, private school buses, and fares paid on trips for trains, boats, taxis, buses, and trains.

weekly spending Weekly spending data are collected in the diary portion of the Consumer Expenditure Survey. The data show the percentage of households that purchased an item during the average week, and the amount spent per week on the item by purchasers. Not all items are included in the diary portion of the Consumer Expenditure Survey.